点校本

建中靖国续灯录

【上】

宋 惟白 辑

朱俊红 点校

海南出版社

图书在版编目(CIP)数据
建中靖国续灯录(点校本)/(宋)惟白辑;朱俊红点校.
—海口:海南出版社,2011.10
ISBN 978-7-5443-3942-1
Ⅰ.①建…　Ⅱ.①惟…②朱…　Ⅲ.①云门宗-中国-北宋
Ⅳ.①B946.5
中国版本图书馆 CIP 数据核字(2011)第 161828 号

建中靖国续灯录(点校本)

作　　者:[宋]惟　白
点　　校:朱俊红
责任编辑:刘德军
装帧设计:第三工作室·嵇倩女
责任印制:杨　程
印刷装订:三河市祥达印装厂
读者服务:杨秀美
海南出版社　出版发行
地址:海口市金盘开发区建设三横路 2 号
邮编:570216
电话:0898-66812776
E-mail:hnbook@263.net
经销:全国新华书店经销
出版日期:2011 年 10 月第 1 版　2011 年 10 月第 1 次印刷
开　　本:880mm×1230mm　1/32
印　　张:28.25
字　　数:700 千
书　　号:ISBN 978-7-5443-3942-1
定　　价:68.00 元(全二册)

本社常年法律顾问:中国版权保护中心法律部

目　录

《建中靖国续灯录》卷第三·对机门

庐陵清原山行思禅师第十世

《建中靖国续灯录》卷第五·对机门

庐陵清原山行思禅师第十一世

《建中靖国续灯录》卷第六·对机门

卢陵清原山行思禅师第十一世

《建中靖国续灯录》卷第七·对机门

南岳怀让禅师第十二世

潭州兴化禅院慈明禅师法嗣

滁州琅琊山惠觉广照禅师法嗣

《建中靖国续灯录》卷第十·对机门

庐陵清原山行思禅师第十二世

越州天衣山义怀禅师法嗣

《建中靖国续灯录》卷第十一·对机门

庐山清原山行思禅师第十二世

筠州大愚晓舜禅师法嗣

越州天衣山在和禅师法嗣

《建中靖国续灯录》卷第十二·对机门

南岳怀让禅师十三世

《建中靖国续灯录》卷第十三·对机门

南岳怀让禅师第十三世

洪州黄龙山慧南禅师法嗣

《建中靖国续灯录》卷第十四·对机门

南岳怀让禅师第十三世

《建中靖国续灯录》卷第十五·对机门

庐陵清原山行思禅师第十三世

《建中靖国续灯录》卷第十六·对机门

庐陵清原山行思禅师第十三世

东京惠林宗本圆照禅师法嗣

《建中靖国续灯录》卷第十七·对机门

庐陵清原山行思禅师第十三世

东京法云圆通禅师法嗣

《建中靖国续灯录》卷第十八·对机门

庐陵清原山行思禅师第十三世

《建中靖国续灯录》卷第十九·对机门

南岳怀让禅师第十四世

《建中靖国续灯录》卷第二十·对机门

南岳怀让禅师第十四世

《建中靖国续灯录》卷第二十五·对机门

庐陵清原山行思禅师第十四世

庐陵清原山行思禅师第十二世

《建中靖国续灯录》卷第二十八·颂古门

《建中靖国续灯录》卷第二十九·偈颂门

《建中靖国续灯录》卷第三十·偈颂门

灯录难读吗？

广济

自达磨东渡，禅宗一脉得以在中华流行，滥觞于六祖慧能。禅宗渐次与中华文化相融合，演变成为中华特有的一种文化现象。而作为记录宗门师承、传道的灯录作品，不单单是宗门修行者所必读，也可使语言学、民俗学研究者，从中了解到方言、风俗之流变。

灯录萌芽于南北朝，至宋代达到顶峰。此次点校的《景德传灯录》《建中靖国续灯录》《天圣广灯录》《嘉泰普灯录》《联灯会要》《五灯会元》便是宋代灯录作品的代表。这些作品对于现代读者而言，似乎有些看不懂了。

真的是看不懂这么简单吗？在我看来不是这样的。中国古代教育一直属于形而上的，在一个讲求心性之学的年代，灯录所涉及的内容会很容易被读者接受。近现代以来，科学的发展，使人们的注意力更多地转向了物质世界，对于心灵层面的求索逐渐变成一种奢侈。而灯录作品所传达的信息，与当下人们所擅长的思维模式全然不同，因此，产生阅读上的障碍便显得十分正常。

如何读懂灯录呢？在阅读灯录之前，必要的功课还是要作的。首先要读一点经论，比如《首楞严经》《法华经》《金刚经》《肇论》《中论》等等。经论属于资粮，悟解前需要它来指引道路；悟解后依然需要它来印定所悟。灯录中，有一大部分公案围绕经论中涉及的概念、名言展开。比如，出自《肇论》的"物不迁"，《首楞严经》的"十方薄伽梵，一路涅槃门"，《金刚经》的"一切诸佛及诸佛阿耨多罗三藐三菩提法，皆从此经出"等。如果不了解这些经典、概念，也就无法了解公案中问者的诉求，而答者的解释更无从捕捉。

其次，要对佛教在中国的演变过程有一些了解。佛教进入中国大抵在东汉明帝十年左右(另说更早一些)，至达磨东渡，其间约五百多年。在这五百年间，佛教不是静止不变的，它迅速与中国固有文化融合，且产生分化，形成不同的宗派。各宗因所依经论的不同，而表述不一。只有了解了这些宗派间的差异，才能体会到禅宗一脉"直指人心"的良苦用心处。

有了上面两点的准备，阅读灯录作品就要容易许多。但问题还会有，这就牵涉到了禅宗自身所具有的特色。首先是"直指人心"。凡谈及禅宗必提及这四个字。通过这四个字，可以知道禅宗的修习次第，第一步便是开悟本心。之后的工作是以悟印经，渐次圆熟。后面的部分属于悟后修行。

从修行的次第中可以知道，禅宗并不排斥经典。经典如同规范绳墨，指引着修行的正确方向。只是禅宗特别强调第一个步骤，这让许多人产生了误解。而误解的产生与灯录作品有着直接原因。在灯录中，悟后修行的部分被隐去了。为什么要隐去这部分呢？原因其实很简单，虽然顿悟本心，但顿悟的过程不是持续不断的。当下的悟解只能解决当下的问题，对于悟解前所沾染的习气，并不能一下从根本上断除。这就需要依靠悟解所得与外力共同作用，最终进入究竟之境。此处的外力就是经论。

以戒烟为例。知道香烟的危害，这是悟解；从根本上戒除，属于悟后修行。戒烟需要自身的勇气，也需要外界的强制。勇气是悟解所得，外界强制是依经论，克服习气。戒烟成功是最终的究竟。通过这个例子，读者可以对禅宗的特点有一个概要了解。

禅门难入，只难在入门第一步。古来大德为了让修行者能够迅速开悟，用尽了一切办法。比如雪峰滚球，德山棒，临济呵。更有甚者，直接呵佛骂祖。读这些公案，不应当拘泥于文字的表面意思，而应当看到它的底面是什么。

这里便遇到了第二个问题，灯录语言的“遮”与“表”。遮指的是剔除所有不对的知见，所谓拣却诸余；表指显示正确的道理，所谓直示当体。比如，在论及什么是本心时，遮法的表述是“不生不灭，不垢不净，不增不减，非凡非圣，非性非相”等；表法的表述是“朗朗照照，灵明独鉴，惺惺寂寂”等。又比如,谈到水,遮法是不干,表法是湿。了解了公案的语言特征,对于阅读是极有帮助的。

第三,下面大致说一下几个经常遇到的对待词,比如空有、真妄、迷悟。这几个对待词在灯录中常见。如果依经论解义,一来不是这篇文章所能承载的,二来掉进了名句义理的窠臼,第三也违背了禅宗的主旨。不过,这里可以通过例子来时行简要说明。

冬天,水变成了冰。如果执着于这是“冰”,属于迷,属于假有,属于幻,属于相。如果天气转暖,冰化为水,“冰”便不复存在。此时,属于悟,属于真,属于实有,属于本的是什么呢?是“湿”。水的本性属“湿”。水变成冰,属于习气,属于妄,它破坏了水“湿”的特质。冰化为水,属于修行,破除习气带来的负面影响。

禅宗之所以伟大,之所以能够被中国人所接受,就在于它所倡导的“直指人心”。明白这一点,反观灯录,讲的就是什么是习气(性识无定,恶习结业,逐境而生。水化冰),带来的恶果(转轮五道,而无休息。冰),如何破除习气(志心归敬,及瞻礼赞叹。冰化水),以最终的结果(毕竟成佛。湿)。

灯录难读吗?不难读,只是缺少块敲门砖。希望上面的文字成够对读者诸君有所帮助。

又，灯录之所以历久弥新，其中最主要的原因便是它的语言特色。公案在记录时，采用的是白话体，虽然时代久远，但相较同时代的古文，要浅白得多。对于读者而言，几乎不存在字面理解上的障碍。如果抛开修行的因素，作为工作之余的一种休闲读物，于淡淡墨香中，于宗师的智慧激发中，发出会心一笑，不也是一件乐事吗。

最后，对此次点校的灯录作品选用版本作一个说明。《五灯会元》《天圣广灯录》《建中靖国续灯录》《嘉泰普灯录》均采用上海商务印书馆涵芬楼 1923 年影印《续藏经》本。《景德传灯录》采用的是 1929 年上海涵芬楼影印常熟瞿氏铁琴铜剑楼藏宋刻本。所选版本均是目前影响较大的版本。但也有其不足处，刊印中有个别错误。这一方面是所依刻本有误，另一方面是本身校对问题。此次点校，尽量保持了原本面目，对于明显错误处，以点校说明方式体现。

一曰正宗门(西天此土诸祖相传,契悟因缘,直叙宗致)
二曰对机门(诸方师表啐啄应机,敷唱宗猷,发明心要)
三曰拈古门(具大知见拈提宗教,抑扬先觉,开凿后昆)
四曰颂古门(先德渊奥颂以发挥,词意有规,宗旨无忒)
五曰偈颂门(古今知识内外兼明,唱道篇章,录为龟鉴)

御制建中靖国续灯录序

昔释迦如来之出世也，受燃灯之记，生净饭之家，分手指乎天地，而真机已露。游门观于生死，而幼缘顿寂。及手[①]倡道鸡园，腾芳鹫岭，无边刹境遂现一毫之端，大千经卷毕出微尘之里。西被竺土，东流震旦。编叶而书，则一时圣教虽传于庆喜；持花而笑，则正法眼藏已付于饮光。

自达磨西来，寔为初祖。其传二、三、四、五，而至于曹溪，于是双林之道逾光，一滴之流浸广。自南岳、清原而下，分为五宗，各擅家风，应机酬对。虽建立不同，而会归则一。莫不箭锋相拄，鞭影齐施，接物利生，启悟多矣。源派演迤，枝叶扶疏，而云门、临济二宗遂独盛于天下。

朕膺天宝命，绍国大统。恭惟艺祖辟度门于绵寓，太宗阐秘义于敷天，章圣传灯于景德，永昭广灯于天圣，皆宏畅真风，协助神化，以成无为之治者也。于皇神考，尤乡空宗。元丰三年，诏于大相国寺，创二禅刹，辟惠林于东序，建智海于右庑。逮壬戌之岁，以今岁国大长公主及集庆军节度观察留后驸马都尉张敦礼之请，复建法云禅寺于国之南。于是祖席辉光，丛林鼎盛。天下之袭方袍、慕禅悦者，云集于上都矣。

---

① 手：原刻如此。疑为“乎”之误。

今敦礼以其寺住持僧佛国禅师惟白所集《建中靖国续灯录》三十卷来上，且以序文为请。惟白探最上乘，了第一义，屡入中禁，三登高座，宣扬妙旨，良惬至怀。昔能仁说《法华经》，放眉间白毫相光，照东方万八千世界，而弥勒发问，文殊决疑，以谓日月灯明佛，本光瑞如此。持是经者，妙光法师；得其证者，普明如来。今续灯之名，盖灯灯相续，光光涉入。义有在于是矣。

噫！圆澄觉海，本含裹于十方；生灭空沤，遂沉沦于三有。因明立所，由尘发知；织妄相成，转入诸趣，良可悲也！若回光内照，发真归元，则是录也，直指性宗，单传心印。可得于眉睫，可荐于言前。举手而擎妙喜之世界，弹指以现庄严之楼阁。神通运用，真不可得而思议哉！嘉与有众，缔此胜缘；俱离迷津，偕之觉路，斯朕之志已。建中靖国元年八月十五日赐序。

《建中靖国续灯录》卷第一·正宗门

本师释迦牟尼佛

尔时世尊,种智圆成,熏修示迹。悲深愿广,应现受生。性洁霜花,心驰雪岭。逾城午夜,习想六年。沐尼连河,诣菩提树。升金刚座,敷吉祥茅。诸定遍修,明星现悟。顿成正觉,等念含生。四十九年,三乘显著。拈花普示,微笑初传。对大众前,印正法眼。嘱行教外,别付上根。莲目普观,华偈亲说:"法本法无法,无法法亦法。今付无法时,法法何曾法。"

第一摩诃迦叶尊者

尔时摩诃迦叶尊者,分坐传衣,因花悟道。岩间石室,演法度生。世尊示灭,结集圣教。斥出阿难,未尽诸漏。毕钵岩前,磐陀石上。坐至中夜,便证道果。即现神通,透石而入。于是迦叶,付正法眼,而说偈言:"法法本来法,无法无非法。何于一法中,有法有不法。"

第二阿难尊者

尔时阿难尊者,坐石悟道,结集圣言。一唱我闻,三疑顿息。大事既办，将求宗嗣。诣常水河，化为金地。集诸圣众，顾得道弟子商那和修，付正法眼，而说偈言："本来付有法，付了言无法。各各须自悟，悟了无无法。"

第三商那和修尊者

尔时商那和修尊者，着自然衣，而为示生。作大商主，忽悟无常。闻佛入灭，投阿难出家，而证道果。

一日，见长者子优婆鞠多而问曰："汝年几耶？"鞠多曰："我年十七。"师曰："汝身十七？汝性十七？"鞠多视师，问曰："师发白耶？心白耶？"和修曰："我但发白，非心白耳。"鞠多曰："我身十七，非性十七。"和修遂与授戒。传正法眼藏，而说偈言："非法亦非心，无心亦无法。说是心法时，是法非心法。"

第四优波鞠多尊者

尔时优婆鞠多尊者，十七出家，二十证果。广度有情，筹盈石室。

有长者子，名曰香象。投师出家，师乃问曰："汝身出家？汝心出家？"答曰："我所出家，非为身心。"师曰："不为身心，复谁出家？"答曰："夫出家者，无我我故，心不生灭。心不生灭，即是常道。既是常故，诸佛亦常。本来心相，其体亦然。"师曰："汝今大悟，心自明了。"豁然顿证，易名提多迦。付正法眼藏,而说偈言:"心自本来心,本心非有法。有法本有心,非心非本法。"

第五提多迦尊者

尔时提多迦尊者,金日出照,甘泉泛涌。应瑞而生,实亦希有。出家得道,传法度人。

有弥遮迦尊者,见师慈相,便省夙因。弃本仙术,而求圣果。殷勤问曰:"我于仙道,更无进趣,唯守虚静,不达至理。"师曰:"佛言:'修仙敬学小道似绳牵。'汝可自知之。若弃小流,顿归佛法大海,便证无生。"弥遮迦闻语,顿证妙道。即付正法眼藏,而说偈言:"通达本法心,无法无非法。悟了同未悟,无心亦无法。"

第六弥遮迦尊者

尔时弥遮迦尊者,弃仙投佛,出家悟道。行化北天,祥云现相。

有婆须蜜多者,身体严净,手执酒器,而问师曰:"何方而来?欲往何所?"师曰:"从自心来,欲往无处。"曰:"识我手中物否?"师曰:"此是触器而负净者。"曰:"还识我否?"师曰:"我即不识,识即非我。汝当称名,吾即知矣。"曰:"姓颇罗堕,名婆须蜜。"师曰:"佛记于汝,当绍禅祖。"即舍酒器,顿悟夙因。出家受具,深入觉道。弥遮迦付正法眼藏,而说偈言:“无心无可得,说得不名法。若了心非心,始解心心法。”

第七婆须蜜尊者

尔时婆须蜜多尊者,自省夙缘,置器出家。游行诸国,广作佛事。

有佛陀难提曰:“我今欲与尊者论义。”师曰:“义即不论,论即不义。若拟论义,终非义论。”难提即自悟心,便即敬伏。求师出家,愿可济度。师知传法时至,付正法眼藏,而说偈言:“心同虚空界,示等虚空法。证得虚空时,无是无非法。”

第八佛陀难提尊者

尔时佛陀难提尊者,顶有肉珠,光明莹彻。智慧渊冲,辩捷无碍。

有伏驮蜜多而问曰:“父母非我亲,谁是最亲者?诸佛非我道,谁是最道者?”师曰:“汝言与心亲,父母非可比。汝行与道合,诸佛心即是。外求有相佛,与汝不相似。欲识汝本心,非合亦非离。”伏驮闻是妙偈,顿入佛道。五体投地,深自庆跃。即与剃度,付正法眼藏,而说偈言:“空无内外,心外亦如此。若了虚空故,是达真如理。”

第九伏驮蜜多尊者

尔时伏驮蜜多尊者,生五十年,唯坐一床。口不曾言,足不履地。闻偈得道,传法利人。

有难生者,求师出家,即与剃度。羯磨之际,祥光上烛。仍感舍利,显为瑞应。长坐不卧,习常精进。通达法性,便证道果。付正法眼藏,而说偈言:"真理本无名,因名显真理。受得真实法,非真亦非伪。"

第十胁尊者

尔时胁尊者,处胎六十年。神珠梦应,而遂诞生。满室光明,非谓凡兆。既得道果,利物为先。至一林中,地变金色。

有富那夜奢,至师前合掌而立。师问曰:"汝从何来?"答曰:"我心非往。"问曰:"汝何处住?"答曰:"我心非止。"问曰:"汝不定耶?"答曰:"诸佛亦然。"问曰:"汝非诸佛。"答曰:"诸佛亦非。"师知是法器,传正法眼藏,而说偈言:"真体自然真,因真说有理。领得真真法,无行亦无止。"

第十一富那夜奢尊者

尔时富那夜奢尊者,心明博达,性无所求。遇胁尊者得法，化导游行。

有马鸣大士问曰："我欲识佛，何者即是？"师曰："汝欲识佛，不识者是。"曰："佛既不识，焉知是乎？"师曰："汝既不识，焉知不是。"曰："此是锯义。"师曰："彼是木义。"曰："锯义者何？"曰："与汝平出。"曰："木义者何？"师曰："汝被我解。"马鸣豁然开悟，因付正法眼藏，而说偈言："迷故如隐显，明暗不相离。今付隐显法，非一亦非二。"

第十二马鸣尊者

尔时马鸣尊者，以有作无作诸功德胜，闻木义得法，转妙法轮。

有大魔王与师捔[①]力，即现本身，礼拜悔过。师曰："汝名谁耶？"答曰："我名迦毗摩罗。"师曰："尽汝神力，变化若何？"曰："我化大海，不足为难。"师曰："汝化性海得否？"答曰："何谓性海？我未曾知。"师曰："性海者，山河大地，皆依建立。三昧六通，由兹发现。"迦毗摩罗闻言，忽然悟入性海。遂付正法眼藏，而说偈言："隐显即本法，明暗元不二。今付了悟法，非取亦非离。"

① 捔：音决。同"角"。

第十三迦毗摩罗尊者

尔时迦毗摩罗尊者,本习外道,归心佛乘。游西印土。

至一深山,有龙树尊者出迎。问曰:“深山孤寂,龙蟒所居。大德至圣,何枉神足?”师曰:“我非至圣,来访贤者。”龙树默念曰:“此师得决定性明道眼否?是大圣继真乘否?”师曰:“汝虽心语,吾已意知。但办出家,何虑不圣?”龙树闻已,悔谢。即与度脱,付正法眼藏,而说偈言:“非隐非显法,说是真实际。悟此隐显法,非愚亦非智。”

第十四龙树尊者

尔时龙树尊者,具大智见,无所不通。弘阐宗教,古今希有。

一日,提婆相访,师令侍者将满钵水示之,提婆投一针,欣然契会师意。即延语道,又现圆月相示之,复契妙旨。付正法眼藏,而说偈言:“为明隐显法,方说解脱理。于法心不证,无瞋亦无喜。”

第十五迦那提婆尊者

尔时迦那提婆尊者,幼而博识,才辩纵横。遐迩名播,诸国所推。自顾胸怀,殊无所愧。投针契道,广利群生。

有罗睺罗多者,以木耳因缘问师,师以颂示之。感悟前因,投师出家。即证道果,付正法眼藏,而说偈言:"本对传法人,为说解脱理。于法实无证,无终亦无始。"

第十六罗睺罗多尊者

尔时罗睺罗多尊者,出家传法,随处利生。

至室罗筏城金水河上,有僧伽难提安然入定,伺候七日,方从定起。师问曰:"汝身定耶?心定耶?"曰:"身心俱定。"师曰:"身心俱定,何有出入?"曰:"虽有出入,不失定相。"师曰:"既不失定相,何物动静?"曰:"动静非物,物非动静。"师曰:"此义不然。"往反征问,词折义屈,心意豁然。稽首归依,顿领玄旨。因付正法眼藏,而说偈言:"于法实无证,不取亦不离。法非有无相,内外云何起。"

第十七僧迦难提尊者

尔时僧伽难提尊者,宝庄严王子也。生而能言,常赞佛事,令毋信向。后习禅定,继祖时至,遂传心印,广化众生。

有一童子,手持宝镜,投师出家,俾为给侍。因风吹殿上铜铃响，师问曰："风鸣耶？铃鸣耶？"曰："非风铃鸣，我心鸣耳。"师曰："心复谁乎？"曰："俱寂静故。"师曰："善哉善哉，真达佛理。"遂付正法眼藏，而说偈言："心地本无生，因地从缘起。缘种不相妨，华果亦复尔"

第十八伽耶舍多尊者

尔时伽耶舍多尊者，持镜出家，闻铃证道。遂游诸国，观气求嗣。

有鸠摩罗多见而问曰："师是何人？"师曰："我佛弟子。"罗多闻语，神识悚然。却复还家，闭于门户。师即徐至扣门，罗多应曰："此舍无人。"师曰："道无者谁？"罗多忽悟必是智人，开门礼敬。辨狗验金，遂得道果。付正法眼藏，而说偈言："有种有心地，因缘能发萌。于缘不相碍。当生生不生。"

第十九鸠摩罗多尊者

尔时鸠摩罗多尊者，为自在天，闻法利根。继祖时至，降生人间。验金得果，济度群品。

有阇夜多问曰："我家信佛，常萦疾苦。邻舍旃陀，所作如意。彼何幸，而我何辜？"师曰："何足疑乎！且善恶报应，有三世焉。见仁夭暴寿，逆吉义凶，便亡因丧果，虚招罪咎。殊不知影响相应[1],毫厘靡忒。经百千劫,亦不磨灭。"阇夜多闻语,顿释所疑。深悟业理,志求出家。于宝塔前剃发授戒,佛放光明。即付正法眼藏,而说偈言:"性上本无生,为对求人说。于法既无得,何怀决不决。"

第二十阇夜多尊者

尔时阇夜多尊者,智慧渊冲,化导无量。罗阅城中,广兴佛事。

有婆修盘头,常一食不卧,六时礼诵。师见而问曰:"汝如此精进,与道远矣。设经尘劫,皆虚妄本。"曰:"师蕴何德而讥于我?"师曰:"我不求道,亦不颠倒。我不礼佛,亦不轻慢。我不长坐,亦不懈怠。我不一食,亦不杂食。我不知足,亦不贪欲。心无所希,故名曰道。"婆修闻师示诲,发无漏智,叙陈夙因。传正法眼藏,而说偈言:"言下合无生,同于法界性。若能如此解,通达事理竟。"

第二十一婆修盘头尊者

尔时婆修盘头尊者,在胎遇记,必为世灯。生长苦行,而获道果。

游行至那提国,国王子摩拏罗,投师出家。得大神力,

① 应:《景德传灯录》作"随"。

顿悟心宗,当绍祖位。传正法眼藏,而说偈言:“泡幻同无碍,如何不了悟。达法在其中,非今亦非古。”

第二十二摩拏罗尊者

尔时摩拏罗尊者,舍王宫乐。出家证道,信香为瑞。

往月氏国,有鹤勒那问:“龙子何聪?鹤众何感?”师论其夙因,心即开悟。又复问曰:“我今当修何业,令鹤众转得人身?”师曰:“佛有无上法宝,展转相传。我今付嘱,汝宜信受,无令断绝,广度有情。”鹤众因此而得解脱。付正法眼藏,而说偈言:“心随万境转,转处实难[①]幽。随流认得性,无喜亦无忧。”

第二十三鹤勒那尊者

尔时鹤勒那尊者,生时天花散彩,金钱布地。收养王宫,广现神变。后出家传法,随处指迷。

有师子比丘问曰:“我欲求道,当何用心?”师曰:“汝若求道,无所用心。”师子曰:“既无用心,谁作佛事?”师曰:“若有用心,即非功德。若无用心,即是佛事。”师子闻说,心即开悟。付正法眼藏,而说偈言:“认得心性时,可说不思议。了了无可得,得时不说知。”

---

① 难:《景德传灯录》作“能”。

第二十四师子尊者

尔时师子尊者,问道传法,开诱五众。名闻遐迩,人天钦服。

有长者携一子,拳一手而礼拜。师问曰:“可还我珠。”其子即开手[①]献珠,众皆惊异。师具说前因,即度出家,名婆舍斯多。师将还夙债,预付正法眼藏,而说偈言:“正说知见时,知见俱是心。当心即知见,知见即于今。”

第二十五婆舍斯多尊者

尔时婆舍斯多尊者,母梦神剑,即觉有孕。既诞,遇师子尊者,显发夙因,密传心印。至南天竺国,摧伏外道。

国王太子不如蜜多,投师出家。师问曰:“汝欲出家,当为何事?”太子曰:“我今出家,不为其事。”师曰:“不为其事,因何出家?”太子曰:“我所出家,即为佛事。”师曰:“若为佛事,当何所作?”太子曰:“无所作者,即真佛事。”师叹曰:“太子智慧天至,必诸圣降迹。”即与授具,大地震动,灵异颇多。付正法眼藏,而说偈言:“圣人说知见,当境无是非。我今悟真性,无道亦无理。”

① 手:原刻作“子”,误。

第二十六不如蜜尊者

尔时不如蜜多尊者,舍太子位,投尊者出家。传法利生。

至东印土,有婆罗门子,街巷游行无定。师问曰:“汝行何急?”答曰:“师行何缓?”师曰:“汝今何姓?”答曰:“与师同姓。”师曰:“汝忆前事否?”答曰:“我念远劫与师同居。”师曰:“共为何事?”答曰:“师演摩诃般若,我转甚深修多罗。”师曰:“今日所谈,深契夙因。”即度出家,名般若多罗。付正法眼藏,而说偈言:“真性心地藏,无头亦无尾。应缘而化物,方便呼为智。”

第二十七般若多罗尊者

尔时般若多罗尊者,既得法已,行化南印,国玉太子共所钦敬。

因以宝珠为施,师复示问。各陈所见,唯菩提多罗曰:“此是世宝,未足为上;于诸宝中,法宝为上。此是世光,未足为上;于诸光中,智光为上。此是世明,未足为上;于诸明中,心明为上。此是世珠,未足为上;于诸珠中,心珠为上。师有其道,其宝即现。”

师复问曰:“于诸物中,何物为相?”答曰:“于诸物中,不起无相。”师曰:“于诸物中,何物最高?”答曰:“于诸物中,人我最高。”师曰:“于诸物中,何物最大?”答曰:“于诸物中,法性最大。”既见问答精妙,即与落发。感白日月现,地三震动,便证圣果。付正法眼藏,而说而偈言:“心地生诸种,因事复因理。果满菩提圆,花开世界起。”

第二十八达磨大师

尔时唐土初祖菩提达磨尊者,南天竺国王第三太子也。施珠辨义,发明心地。于诸法性,顿得通量。传法时至,远来此土。梁帝不契,面壁少林。

有神光法师,立雪断臂,坚求诸佛要道,师为易名慧可。一日,问曰:“诸佛法印,可得闻乎?”师曰:“诸佛法印,匪从人得。”可曰:“乞师安心。”师曰:“将心来,与汝安。”可曰:“觅心不可得。”师曰:“与汝安心竟。”

师又诲曰:“汝可内息诸虑,外息诸缘。”可忽顿证而告曰:“弟子已息诸缘。”师曰:“莫落空否?”可曰:“不落空。”师曰:“以何所证,言不落空?”可曰:“明明了了,无觉无知。”师曰:“如是如是。”

师将归西天,示门人曰:“汝等各陈所见,吾欲付西天衣钵,以为表证。”道副曰:“如我所见,不执文字,不离文字,而为道用。”师曰:“汝得吾皮。”尼总持曰:“如我所见,如庆喜见阿閦佛国,一见更不再见。”师曰:“汝得吾肉。”

道育曰:“如我所见,四大本空,五蕴非有,无一法可得。”师曰:“汝得吾骨。”慧可最后礼三拜,依位而立。师曰:“汝得吾髓。”遂付正法眼藏,而说偈言:“吾本来兹土,传法救迷情。一花开五叶,结果自然成。”

第二十九惠可正宗普觉禅师

尔时二祖惠可正宗普觉禅师,立雪断臂,传钵授衣。继阐玄风,博求法嗣。

有一居士,聿来设礼。问曰:“弟子久缠风恙,乞师忏罪。”师曰:“将罪来,与汝忏。”居士良久曰:“觅罪性不可得。”师曰:“与汝忏罪竟,宜依佛法僧住。”居曰:“今日已知是僧,未审何名佛法?”师曰:“是心是佛,是心是法。法佛无二,僧宝亦然。”居士曰:“弟子始知罪性不在内,不在外,不在中间。如其心然,佛法无二也。”师深器之,曰:“汝是吾宝也,宜名僧璨。”即与落发。付正法眼藏,而说偈言:“本来缘有地,因地种花生。本来无有种,花亦不曾生。”

第三十僧璨镜智禅师

尔时三祖僧璨镜智禅师,忏罪得道,落发传衣。任缘利人,居无常处。

有沙弥道信见师,问曰:“乞与解脱法门。”师曰:“谁缚汝?”答曰:“无人缚。”师曰:“既无人缚,何求解脱?”信于言下大悟,侍奉九载。付正法眼藏,而说偈言:“花种虽因地,从地种花生。若无人下种,花地尽无生。”

第三十一道信大医禅师

尔时四祖道信大医禅师,生而超异,顿悟空宗。入解脱门,宛如夙习。既续祖风,将求嗣法。

于黄梅路上,见一小儿,骨相奇秀,异乎常童。师见问曰:“汝何姓?”答曰:“姓即有,不是常姓。”师曰:“是何姓?”答曰:“是佛性。”师曰:“汝无佛性。”答曰:“佛性空故,所以言无。”师识其法器,俾为侍者。后付正法眼藏,而说偈言:“花种有生性,因地花生生。大缘与性合,当生生不生。”

第三十二弘忍大满禅师

尔时五祖弘忍大满禅师,童儿得道。乃栽松道者后身,居黄梅东山,大振玄风。

有卢居士远来,师曰:“汝什么处来?”答曰:“岭南来。”师曰:“来作什么?”答曰:“来求作佛。”师曰:“汝岭南人无佛性。”答曰:“人有南北,佛性岂有南北?”师叱曰:“着槽厂去。”即入碓坊,服劳杵臼。腰间坠石,昼夜不息。传衣时至,遂命入室,乃谓曰:“诸佛出世,为一大事。无上妙法,真实圆明。今付于汝,汝善护持,无令断绝。”而说偈言："有情本[1]下种，因地果还生。无情既无种，无性亦无生。"

第三十三慧能大鉴禅师

尔时六祖慧能大鉴禅师，卖樵闻经，顿悟心印。远至黄梅，求其密证，遂传衣钵。隐于怀集，因辨风幡，发扬大事。道俗皈依，龙天瞻仰。演无上乘，度无量众。当机开悟，密契潜符。犹如时雨，普润一切。

将欲归真，遂告众曰："汝等信根纯熟，决定无疑。衣钵不传，各任大事。依吾行者，定证圣果。"普告大众，而说偈言："心地含诸种，普雨悉皆萌。顿悟花情已，菩提果自成。"

南岳怀让禅师

师到曹溪，祖师问曰："从什么处来？"师曰："从嵩山安国师处来。"祖曰："什么物与么来？"师八年后，一日忽省，而告祖师曰："说似一物即不中。"祖曰："还假修证否？"师曰："修证即不无，只遮不污染。"祖曰："只遮不污染，诸佛所护念。汝今如是，吾亦如是，西天二十八祖亦如是，唐土六祖亦如是。般若多罗谶汝足下出一马驹子，蹈杀天下人去在。汝善护持。"

---

① 本：《景德传灯录》《联灯会要》俱作"来"。

后居南岳,传正法眼。

庐陵清原山行思禅师

师到曹溪,参礼祖师。问曰:“当何所务即得不落阶级?”祖师曰:“汝曾作什么来?”师曰:“圣谛亦不为。”祖曰:“落何阶级?”师曰:“圣谛尚不为,何阶级之有?”祖曰:“如是如是,汝善护持。”曹溪学众虽多,师居第一。

后归清原山弘扬此事,传正法眼。

江西道一马大师

在庵中坐次,让和尚问曰:“在遮里作什么?”师曰:“坐禅。”让曰:“坐禅图什么?”师曰:“图作佛。”让有间取砖于庵前磨,师曰:“磨砖作什么?”让曰:“磨砖作镜。”师曰:“磨砖岂得成镜?”让曰:“磨砖既不成镜,汝坐禅岂得成佛?”师悚然起立,问曰:“如何即是?”让曰:“汝若坐禅,禅非坐卧。汝若坐佛,佛非定相。譬人驾车,车若不行,打车即是?打牛即是?”师忽顿悟,侍奉十年,日益微奥。

后在江西,随处传正法眼。

南岳石头希迁禅师

投六祖落发，禀旨寻思三年，方悟其意。迳往清原，思和尚问曰："子什么处来？"师曰："曹溪来。"思曰："汝到曹溪得个什么？"师曰："未到曹溪亦不曾失。"思曰："若恁么，何用到曹溪？"师曰："若不到曹溪，争知不失？"思曰："象角虽多，一麟足矣。"

后居南岳，传正法眼。

洪州百丈怀海大智禅师

一日，随马大师游田中，见野鸭子。大师问："是什么？"师云："野鸭子。"少顷，鸭子飞去。大师云："什么处去也？"师云："飞过去也。"大师扭师鼻，师作忍痛声。大师云："又道飞过去？"师因有省。

后住百丈，传正法眼。

澧州天皇道悟禅师

初参径山国一禅师，次至马大师宗席，皆契心要。后到石头，问曰："离却定慧，以何法示人？"石头曰："我遮里无奴婢，离个什么。"师曰："如何明得？"石头曰："汝撮得虚空么?”师曰:“恁么即不从今日去也。”石头曰:“汝早晚从那边来。”师曰:“道悟不是那边人。”石头曰:“我已知汝来处。”师曰:“何以赃诬于人?”石头曰:“汝身见在。”师曰:“虽然如此,毕竟如何示于后人?”石头曰:“谁是后人?”师从兹顿悟。

后住天皇,传正法眼。

筠州黄蘖希运禅师

初参百丈,问曰:“师参马祖,有何因缘?”百丈举再参因缘,师不觉吐舌。百丈云:“作什么?”师云:“今日因师见马大师大机之用。”百丈云:“子已后莫承嗣马大师么?”师云:“我不识马大师。我若嗣他,恐丧我儿孙。”百丈曰:“如是如是。”

后师资机感非一,住黄蘖山,传正法眼。

澧州龙潭崇信禅师

一日,问天皇和尚曰:“弟子久事于师,未蒙指示。”天皇曰:“每日无不指示。”师曰:“什么处是指示?”天皇曰:“汝擎茶来,吾为汝受。汝若和南,吾便起手。”师因开悟。

后住龙潭,传正法眼。

镇府临济义玄禅师

初参黄蘗,问佛法的的大意,三度发问,黄蘗打六十拄杖。至大愚,举此因缘,愚云:“黄蘗得恁么老婆心。”师忽顿悟,便归侍奉黄蘗。

后往河北阐化,传正法眼。

鼎州德山宣鉴禅师

侍立龙潭,夜深下去,既黑,龙潭点纸烛与师,师才接,潭即吹灭。师忽大悟,作礼。龙潭曰:“子见什么道理?”师曰:“从今日已去,不疑天下老和尚舌头。”龙潭次辰示众曰:“可中有个汉,牙如利剑,眼似流星,口若血盆,面生黑漆,一棒打不回头,他时后日向孤峰顶上盘结草庵,呵佛骂祖去在。”师即焚却文字便行。

后住德山,传正法眼。

魏府兴化存奖禅师

初参临济发明。后遇大觉,打二十棒,因悟临济参黄蘗因缘。

后出世住兴化,继嗣临济,传正法眼。

福州雪峰义存禅师

九上洞山,三到投子。寻到德山,师资缘契。一日,问曰:“从上诸圣以何法示人?”山打一棒云:“道什么?”师忽悟,如桶底脱。因至鳌山,岩头作证,自己胸襟流出,可以盖天盖地。

后归雪峰,传正法眼。

汝州宝应南院慧颙禅师

参兴化和尚,大悟玄旨,密契宗风。啐啄应机,主宾互换。当锋酬敌,独冠诸方。

居南院道场,传正法眼。

韶州云门文偃禅师

初参睦州陈尊宿,发明心地。寻入岭,参雪峰。一日,遇升堂,僧问:“如何是佛?”峰云:“苍天苍天。”师闻,忽释所疑,契会宗要。

后广主刘氏请居云门,传正法眼。

汝州风穴延昭禅师

初参镜清,发明祖意。后参南院,师才至门,院云:“入门须辨主。”师云:“端的请师分。”院以左手拍膝,师便喝。院以右手拍膝,师又喝。院举左手云:“遮里即从汝。”举右手云:“那里作么生?”师云:“瞎。”

院拈拄杖,师云:“夺却拄杖打和尚,莫言不道。”院云:“三十年住持,今日被黄面浙子钝致。”师云:“和尚大似持钵不得,诈道不饥。”院云:“曾到此间否?”师云:“是何言欤?”院云:“端的问汝。”师云:“也不得放过。”院云:“且坐吃茶。”师即展礼。

后嗣宗风,应沩仰悬记。大振祖机,传正法眼。

汝州首山省念禅师

遍参知识,常诵《法华经》。到风穴会中,一日,遇升堂,风穴示众云:“世尊不说说,迦叶不闻闻。”良久,便下座。师曰:“此顿悟心宗。”遂入室,具陈所证。风穴再问曰:“世尊不说说,迦叶不闻闻。汝作么生会?”师曰:“动容扬古路,不堕悄然机。”风穴然之。

后住首山,传正法眼。

汾州太子院善昭禅师

太原人也。积习熏闻,孤标异俗。去饰受具,杖策游方。所至少留,随机扣问。历参知识七十余员,最后受印汝州念禅师。由是名声颇闻,缁素向慕。前后八请,皆不一诺。

淳化四年,道俗千人迎至西河,方止斯院。门庭峻捷,玄机莫凑。所印可者皆为道器。德誉洋洋,名播上国。都尉李侯请居潞府承天,彼方士民,洒涕遮留。师谓专使曰:"暂赴厨馔,食毕取书。"既而诣之,不起于座,已趣圆寂。阇维后,收舍利起塔。

师平生阅大藏经六遍,提纲宗要一十策,其余应物机缘具如本传。

问:"心地未安时如何?"师曰:"谁乱你?"僧曰:"争奈遮个何?"师云:"自作自受。"

问:"学人未悟时如何?"师云:"谁言未悟?"僧曰:"悟后如何?"师云:"莫诈明头。"

问:"祖意教意,是同是别?"师云:"岩高松冷健,涧曲水流迟。"

问:“如何是祖师西来意?”师云:“青绢扇子足风凉。”

问:“如何是学人着力处?”师云:“嘉州打大像。”

问:“如何是学人转身处?”师云:“陕府灌铁牛。”

问:“如何是学人亲切处?”师云:“河西弄师子。”

问:“如何是第一玄?”师云:“亲嘱饮光前。”僧曰:“如何是第二玄?”师云:“绝相离言诠。”僧曰:“如何是第三玄?”师云:“明鉴照无偏。”僧曰:“恁么则三玄已超今古外,九天皆唱太平歌。”师云:“杲日舒光无不照,幽冥尽耀豁乾坤。”

上堂云:“夫参学者,须具本分眼目,临机别取邪正。不受人谩,不被佛祖所滞,不随言语所转,不被诸法所惑,不依一切神妙解会。凡有来者尽皆验破。何故?伊倚会解,展弄机锋;求觅知见,问佛问祖;向上向下,自意祖意,皆可打伊。直饶一切不依,恰好点罚;万水千山,恰好吃棒。到恁么时,是个汉始得。凡有编辟言句,或盖或覆,将来辨主眼目,或呈知见,擎头戴角,一识得,尽好打也。或只当面识破,或则贬之辱之,状似轩镜临台,有何妖魅可现乎?何故?狐狸能隐本状者也。珍重。”

《建中靖国续灯录》卷第二 · 对机门

庐陵清原山行思禅师第八世

韶州云门山文偃匡真禅师法嗣

成都府香林澄远禅师

姓上官氏,汉州绵竹人也。投成都真相院出家,十六岁圆具。后离蜀入秦,登青峰,蹑子陵,旋之荆湘。参后龙牙,有发机之地。寻过岭,抠衣云门匡真禅师,请益祖意,大豁所疑。侍奉十有八载,日探玄旨。

复归成都,请住导江水精宫吴将军院。甲子岁,嘉王奏请师住香林禅院。雍熙四年丁亥二月,知府密学宋公珰请至普安院安下。十二日,遍辞众官曰:"老僧行脚去。"通判曰:"遮僧风狂,八十岁行去那里?"密学曰:"大善知识去住自在。"至十三日,示众云:"老僧四十年来不能打得成一片。"言讫坐逝。府主为师作丧主。十六日,归葬香林院方丈之北郛。

问:"法身极则处,请师一言。"师曰:"出入自在。"僧曰:"未审如何保任?"师云:"亲自闻知。"

问:“师子窟中无异兽,香林密意付何人?”师云:“此之一问,阖国尽知。”

问:“如何是毗卢师、法身主?”师云:“为象竭力。”僧曰:“未审意旨如何?”师云:“阇梨还记得么?”僧曰:“适来已祇对和尚了也。”师云:“祸出私门。”

问:“如何是无缝塔?”师云:“合掌当胸。”僧曰:“如何是塔中人?”师云:“露也。”

问:“大道真源,如何得到?”师云:“问者是谁?”僧曰:“作何道业,即得与道相应?”师云:“无你用心处。”

问:“三乘十二分教即不问,如何是宗门中事?”师云:“檀特、罗浮。”僧曰:“学人未省,乞师垂示。”师云:“幸不去远。”

问:“大肯底人更有疑也无?”师云:“冥冥独语。”问:“大了底人如何决择?”师云:“蓦过多少?”

问:“如何是祖师西来意?”师云:“觌面相呈,更无余事。”僧曰:“十二时中如何履践?”师云:“不用气力。”

问:“如何是三身佛?”师云:“狐非师子类。”僧曰:“如何是三身中人?”师云:“灯非日月明。”

问:“佛法两字为什么转说转新?”师云:“与天下人作榜样。”僧曰:“直得句下无私时如何?”师云:“进道有门。”

问:“威音王已前是什么人先悟?”师云:“名流天地。”

问:“如何是西来的的意?”师云:“坐久成劳。”僧曰:“便回转时如何?”师云:“堕落深坑。”

问:“如何是地狱中人?”师云:“瞥然多劫。”僧曰:“修何行业,即得如是?”师云:“不改旧时容。”僧曰:“毕竟如何?”师云:“千里不回头。”

问:“如何是祖意?”师云:“灵机自照。”僧曰:“如何是教意?”师云:“遮里是什么所在?”僧曰:“祖意与教意,相去多少?”师云:“速礼三拜。”

问:“生死海中出头不得者,如何提接?”师云:“酌然不虚。”

问:“教法未来时如何?”师云:“阎罗天子。”僧曰:“来后如何?”师云:“大宋国里。”

问:“不出门而知天下时如何?”师云:“大海里藏身。”

问:“不犯日前事,来机何辨的?”师云:“十字路头华表柱。”

问："一举便及第时如何？"师云："踔[①]跳上天，走过东海。"僧曰："恁么则撒手那边去也。"师云："虾跳不出斗。"

问："如何是心出家？"师云："牛头栴檀。"僧曰："意旨如何？"师云："熏天炙地。"

问："如何是诸佛心？"师云："妄想中注脚。"僧曰："如何是和尚心？"师云："向阇梨道什么？"

问："三界茫茫，如何止息？"师云："妙机在掌。"僧曰："更有用心处也无？"师云："事不重言。"

问："诸佛从何证得？"师云："莫虚此问。"僧曰："得证后如何？"师云："百草头上。"

问："真妄俱泯时如何？"师云："阇梨善问，香林善对。"僧曰："还得祖意也无？"师云："适来问什么？"

问："本来无一物，将何指示人？"师云："黑底黑，白底白。"僧曰："意旨如何？"师云："一人才了一人来。"

问："起坐相随，为什么不觑其容？"师云："图他一粒米。"

---

① 踔：音蹦。同"蹦"。

问:“如何是和尚方便门?”师云:“更无别说。”僧曰:“便与么去,还合道否?”师云:“千江万水。”

问:“如何是诸佛本源?”师云:“所问端的。”僧曰:“究竟如何?”师云:“前后际断。”

问:“一子出家,九族解脱。目连为什么母入地狱?”师云:“礭[①]。”

问:“古镜未磨时如何?”师云:“清机不在掌。”僧曰:“磨后如何?”师云:“历历在当人。”

问:“如何是平常心?”师云:“早朝不审,晚后珍重。”

问:“一尘含法界,九世刹那分。未审一尘从何起?”师云:“起也。”

问:“格外之谈,什么人得闻?”师云:“须弥山。”

问:“抱璞投师,请师一鉴。”师云:“灵龟曳尾。”僧曰:“未审是真是假?”师云:“伶利者可知。”

师云:“是汝诸人尽是担钵囊向外行脚,还识得性也未?若识得,试出来道看。你若识不得,只是被人热瞒将

① 礭:音却。水激石,险峻不平貌。

去,且问你诸人。是你参学,日夕用心,扫地煎茶,游山玩水,你且钉钉唤什么作自性?诸人且道始终不变不异,无高无下,无好无丑,不生不灭,究竟归于何处?诸人还知得下落所在也未?若于遮里知得所在,是诸佛解脱法门,悟道见性,始终不疑不虑,一任横行,一切人不奈你何。

"出言吐气,实有来处,收得元本契书。如人买田,尚乃须得元本契书。若不得他元本契书,终是不稳,遮莫经官判状,亦是不得。其奈不收得元本契书,终是被夺却。你等诸人参禅学道,亦复如是。还有人收得元本契书么?试拈出看。你且唤什么作元本契书?诸人试道看。若是伶利底,才闻与么说着,便知去处。若不知去处,向外边学得千般巧妙,记持解会,口似倾河,终不究竟,与你自己天地差别。且去衣钵下,体当寻觅看。若有个见处,上来遮里,老僧与你证明。若觅不得去,且依行队。"

上堂云:"诸上坐,古往今来只是一个无事人。不造作,不攀缘,无所得。一念相应,不受后有。不见病恼逼迫,四大本空,五蕴虚假。起心动念,有少疑虑,尽属魔民,皆落妄想。若得实地,顺逆皆通。实际理地,无法当情。凡有施设,不住前尘。物物当体,都无所得。本来解脱,不假功成。故曰:'一切法常住。'且无你加减处。尽十方法界,一尘一刹,头头并是一真人体,皆是受由门庭。若离此外,别有何见,并是捏目生花,三头二首,外道邪魔,鬼神群队。且不编入本性,与你自己了无交涉。"

上堂云:"诸人还见有众生界么?还见有上来下去么?

还见有诸佛境界么？还见有世间、出世间么？还见有苦乐贵贱么？还见有生死去来种种等事么？且你诸人妄认凡夫，你还实识得凡夫性么？你一个身，假借父母胞胎、地水火风、五谷气味资持，随阴阳成长，有一个形体；百年、五十年还归四大去，什么处是你凡夫性？又作么生知道圣人自别将片身心拟入圣位？你作么生入？什么处是你去处？还实有来去么？还实有舍凡夫位、入圣人位么？若言实有，头上安头。若言实无，斩头觅活。

“你个个出来，言语分明，叉手并足，不可是精魅鬼神来助，你各各好生体取，莫憨痴。云门先师道：‘我举一则语，教你直下承当，早是撒屎着你头上。直饶拈一毫头，尽大地一齐明得去，也是剜肉作疮。然虽如是，亦须到遮田地始得。莫掠虚。’每日只为你诸人心不休歇，忉忉为你，只教你自省去。算你不是别人，受屈作么？香林且不嫌你诸人，实无法传授与你，亦不曾说着一字。信即便信。不信，自家停腾，莫向遮里看。老僧口为你得彻困，犹自不用心，且莫殢[①]我。”

上堂云：“悟了底人，见一切境各不别。竹是竹，木是木，山河大地不碍眼睛。你诸人还见拂子么？”众无语，便下座。

---

① 殢：音替。滞留。

饶州荐福承古禅师

操行高洁，禀性虚明。参大光敬玄禅师，乃曰："只是个草里汉。"遂参福严雅禅师，乃曰："只是个脱洒衲僧。"由是终日默然，深探先德洪规。一日，览云门禅师对机，忽然发悟，乃曰："却较些子。"自此韬藏，不求名闻。栖止云居山弘觉禅师塔中，四方学者奔凑，因曰"古塔主"也。

景祐四年冬，范公仲淹出守鄱阳。闻师道德，遣便请居荐福，开阐宗风。庆历五年仲冬四日，升堂说偈云："天地本同根，鸟飞空有迹。雪伴老僧行，须弥撼金锡。乙酉冬至四，灵光一点赤。珍重会中人，般若彼罗蜜。"言毕坐逝。

升堂日，上首白搥罢，师云："适来如是咨白，大众还甘也无？若据大众分上，假饶诸佛出世，犹是自谩；祖师西来，诳惑庸小；自余之辈，不在形言。若也谈禅说要，大似含血噀人。问答往来，如同魔娆。禅德，大众面前作么生下口？虽然如是，事无一向，理出百途，曲为下机，有疑请问。"

问："如何是荐福境？"师云："莫。"僧曰："如何是境中人？"师云："莫。"

问："知师久蕴囊中宝，今日当筵略借看。"师云：

“莫。”僧曰:“和尚岂无方便?”师云:“莫。”

问:“大善知识将何为人?”师云:“莫。”僧曰:“恁么则有问有答去也。”师云:“莫。”

有僧才拟伸问,师云:“问话且止。直饶问得答得,与道差殊。大众,以此问话数个阇梨,总未有个出家眼目。一万里外有善知识出世,洗耳攒眉,拂袖远去,争肯来遮里五体投地,问个如何若何。仁者,还知大众各各自己分上是个什么门风?是个什么体格?直得诸佛仰望不及,天下祖师锁口有分。若能如是明得见得,佛之与祖,如同梦幻空华;闻甚深法门,也似风声谷响。自己颖脱独拔,犹闲法界有情,齐成正觉,岂不是丈夫汉、真出家儿?将此开堂,所生钧祉,上祝今上皇帝,山岳为寿,日月齐明。珍重。”

问:“青青翠竹尽是真如,郁郁黄花无非般若。如何是般若?”师云:“黄泉无老少。”僧曰:“春来草自青。”师云:“声名不朽。”僧曰:“若然者,碧眼胡僧也皱眉。”师云:“退后三步。”僧曰:“若。”师云:“吽吽。”

问:“临济举拂,学人起拳,是同是别?”师云:“讹言乱众。”僧曰:“恁么则依令而行也。”师云:“天涯海角。”

问:“曲调已成,还许学人继和也无?”师云:“官不容针。”僧曰:“果是伯牙。”师云:“自家看。”僧拊掌三下,师云:“三十棒。”

问："学人上来，请师垂示。"师云："金刚草鞋。"僧曰："恁么则退后三步。"师云："酌然千万里。"

问："天人交集，四众臻临，如何是和尚为人底句？"师云："渌泛清波。"僧曰："点。"师云："过。"僧拊掌，师云："退。"

问："一喝分宾主，照用一时行。此意如何？"师云："干柴湿蒌。"僧便喝，师云："红焰炎天。"

上堂云："云门匡真大师如今现在，诸人还见么？若也见得，便是山僧同参。见么见么？此事直须谛听始得，不可自谩。且如往古黄蘗闻百丈和尚举马大师下喝因缘，他因大省。百丈问：'子向后莫承嗣大师否？'黄蘗云：'某虽识大师，要且不见大师。若承嗣大师，恐丧我儿孙。'大众，当时马大师迁化未得五年，黄蘗自言不见，当知黄蘗见处不圆，要且只具一只眼。山僧即不然，识得云门大师，亦见得云门大师，方可承嗣云门大师。只如云门入灭已得一百余年，如今作么生说个亲见底道理？会么？通人达士方可证明。眇之徒心生疑劣谤。见得，不在言之。未见者，如今看取。不请久立，珍重。"

上堂云："夫出家为无为法。无为法中无利益、无功德。近来出家人贪着福慧，与道全乖。若为福慧，须到明心。若要达道，无你用心处。所以常劝诸人，莫学佛法，但自休心。利根者，画时解脱。钝根者，或三五年，远不过十年。若不悟去，老僧与你入拔舌地狱。参。"

上堂云："行脚人面前说个什么即得？何以十语九中，不如一默？然虽恁么道，大似斧斫了手摩挲。若更待山僧开口，可谓灸疮瘢上更着艾炷。各自下去。"

庐陵清原山行思禅师第九世

成都府香林澄远禅师法嗣

随州智门光祚禅师

久参香林，大悟心印。出为师表，缁素咸宗。啐啄迅机，应酬飞辨。门下嗣法，悉世宗匠。都尉李侯奏赐章服，坐灭虽远，道风益扬。法子法孙，愈久愈盛。

上堂。良久云："莫有作家禅客？出来。虽然如是，风不来，树不动。"时有僧问："如何是佛？"师云："抱赃叫屈。"

问："如何是祖师西来意？"师云："山云野雉。"

问："如何是禅？"师云："最苦是黄连。"

问："如何是道？"师云："甜底是甘草。"

问:“莲花未出水时如何?”师云:“莲花。”僧曰:“出水后如何?”师云:“荷叶。”

问:“师子返踯即不问,虎头生角时如何?”师云:“生得几个?”僧曰:“恁么则退身三步也。”师云:“龙头蛇尾。”

问:“古人拈起拄杖,意旨如何?”师云:“看楼打楼。”僧曰:“放下拄杖,意旨如何?”师云:“百杂碎。”

问:“鱼游陆地时如何?”师云:“取死不迟。”僧曰:“却下碧潭时如何?”师云:“钻泥刺土。”

问:“诸法寂灭相,不可以言宣时如何?”师云:“好个问头。”僧曰:“恁么则普天匝地。”师云:“更是一堆。”

问:“如何是无缝塔?”师云:“四楞着地。”僧曰:“如何是塔中人?”师云:“鼻孔三斤称不起。”

问:“威音王已前,是什么人先悟?”师云:“何不问露柱?”僧曰:“便恁么会时如何?”师云:“二头三手。”

问:“大用现前,不存轨则时如何?”师云:“你为什么趯破脚指头?”

问:“金刚眼中着得个什么?”师云:“一把沙。”僧曰:“为什么如此?”师云:“非公境界。”

问:"绝功勋处,如何履践?"师云:"更买两緉[①]草鞋。"僧曰:"恁么则退步也。"师云:"太少在。"

问:"国师三唤侍者,意旨如何?"师云:"怜儿不觉丑。"僧曰:"国师孤负侍者,意旨如何?"师云:"美食不中饱人餐。"僧曰:"侍者孤负国师,意旨如何?"师云:"粉骨碎身未足酬。"

问:"三身中,那身说法?"师云:"阇梨鼻孔舍。"僧曰:"因什么如此?"师云:"谤斯经故,获罪如是。"

问:"作么生是和尚歇人一句?"师云:"阇梨不恁么来即得。"僧曰:"只如恁么来,还得休歇也未?"师云:"驴年。"

问:"尽大地人各置一问,问问各别,未审和尚如何祇对?"师弹指一下。僧曰:"未审还副他问也无?"师云:"随州纸贵。"

问:"如何是不变异句?"师云:"变也。"僧曰:"毕竟如何?"师云:"凫脚长,鹤脚短。"

问:"如何是般若体?"师云:"蚌含明月。"僧曰:"如何是般若用?"师云:"兔子怀胎。"

---

① 緉:音两。一双。

问:“未有世界时,还有佛法也无?”师云:“少一时不生,剩一时不死。”

问:“如何是透法身句?”师云:“猢狲系露柱。”

问:“空王殿主以何为侍者?”师云:“楼至佛。”

问:“如何是清净法身?”师云:“满眼是尘埃。”

问:“如何是色空?”师云:“蕹园里卖葱。”

问:“古镜未磨时如何?”师云:“也只是个铜片。”僧曰:“磨后如何?”师云:“且收取。”

问:“学人有一问,未审还答也无?”师云:“南地鹊,北地狐。”僧曰:“意旨如何?”师云:“三身里看。”

师云:“汝若进一步,即迷其理。若退一步,又失其事。若也寂然,又同无性。作么生免得此过?所以古人道:‘明知恁么故不犯。’正当恁么时,切忌倾朴着。”

上堂云:“诸上坐,还有疑情?出来对众,大家共你商量,理长处就。所以赵州八十尚自行脚,只是要饱丛林,又且不担板。若有作者,但请对众施呈。忽有岐跘[①]察辨,呈

① 跘:音祥。通“翔”。又,趋行也。

中藏锋,忽棒忽喝;或施圆相,或象王回施,师子返掷;或拗折拄杖,或推倒禅床,但请施呈。还有么?"众无对。

又云:"若是宗门中儿孙,须瞻祖师机,方可是祖师苗裔。不可吃却祖师饭,着却祖师衣,趁謴[①]过日,便道'我是行脚僧',遮个只唤作名字比丘。徒消信施,阎罗王久后索你草鞋钱有日在。莫道我得便宜,忽然一日眼光落地,入地狱如箭,又图个什么?各自着便宜,又不是憨汉也。久立。"

示众云:"山僧记得在母胎中有一则语,今日举示大众,诸人不得作道理商量。还有人商量得么?若商量不得,三十年后不得错举。"

灌州罗汉禅师

问:"如何是佛?"师云:"牛头阿房。"僧曰:"如何是法?"师云:"剑树刀山。"

问:"刹竿头上风车子,意旨如何?"师云:"不拨自转。"

问:"腊月火烧山,意旨如何?"师云:"寸草不生。"

---

① 謴:音棍。戏弄人。

问:“如何是道?”师云:“家家门口通长安。”

问:“如何是本来心?”师云:“路过了也。”

问:“如何是为人一句?”师云:“拖泥带水。”僧曰:“意旨如何?”师云:“郎当不少。”

随州双泉山琼山主

上堂云:“欲识双泉道,纵横迴自幽。山连韶石峻,水接蜀江流。北顾平源浅,南瞻岐路稠。审思真谛理,月照叩峰头。”

饶州荐福承古禅师法嗣

洪州观音选禅师

问:“朝盖亲临于法会,请师提唱答皇恩。”师云:“云卷星当汉。”僧曰:“犹是学人疑处。”师云:“风停月在池。”僧曰:“恁么则风云会处千寻直,日月中时八面明。”师云:“莫错认。”

问:“千圣共传无底钵,师今得法嗣何人?”师云:“壁立千万仞,花开三四枝。”僧曰:“恁么则古师嫡子,云门儿孙。”师云:“伶利人难得。”

问:“如何是观音境?”师云:“烟篆透出碧霄去,青山螺髻隔江来。”僧曰:“如何是境中人?”师云:“金仙扶宝位,铁柱锁蛟龙。”

问:“佛未出世时如何?”师云:“静。”僧曰:“出世后如何?”师云:“风。”僧曰:“何异孟春犹寒?”师云:“打折驴腰。”僧曰:“路逢剑客须呈剑也。”师云:“犹自犹自。”

上堂云:“拟而不拟,挂人唇齿。瞪目长江,遍观海水。寒山道兮不知底,寒山性兮天下美。坐枯木兮有终有始,似孩童兮降伏魔鬼。入市忘归兮清风自起,拟寒山兮白云千里万里。”

上堂。拈拄杖云:“山僧一条拄杖,卓在孤峰顶上。采来摩捋多时,曲直自有模样。拈起横亘十方,放下群魔胆丧。说甚古佛释迦,拟议也须吃棒。”击禅床一下。

和州净戒守密禅师

问:“扬眉瞬目,早是纷纭。不涉言诠,请师答话。”师云:“肯认鹭鹚为野鹤,难将杨柳比青松。”僧曰:“渔翁歌帝德,樵父乐升平。”师云:“定州梨子江南价。”

问:“如何是清净法身?”师云:“青莲华香。”僧曰:“如何是法身向上事?”师云:“白莲华香。”

问:“如何是佛?”师云:“稽首稽首。”僧云:“学人有分也无?”师云:“顿首顿首。”僧作舞而去。师云:“似即恰似,是即不是。”

上堂云:“祖师心印,无痕无状。历劫分明,未尝间断。拈轻负重,处处无妨。退后进前,亦不欠少。然虽如是,有意即错,无言即差。况诸佛天真之性,天真之道,本来清净,与虚空同寿。”

上堂云:“大道廓然,本无迷悟。不落是非,圣凡同路。若言即心即佛,如鬼有角。若言非心非佛,如羊无角。上士闻之,一悟千悟。下士闻之,如痴如哑。何故如此?譬如醍醐上味,为世所珍,遇斯之人,应难信受。久立。”

潭州开福禅院从受禅师

示众云:“少室九年不可论,无风特地起波痕。西来的旨不能慎,直到如今累子孙。”

潞州妙胜臻禅师法嗣

潭州大沩山承禅师

问:“达磨未来时如何?”师云:“浮云笼太岳。”僧曰:“来后如何?”师云:“明月落千溪。”

问:“梁王为什么不识达磨?”师云:“彼彼丈夫。”

问:“九年面壁,意旨如何?”师云:“一人传虚,万人传实。”

问:“如何是古佛家风?”师云:“蒲团草座。”僧曰:“若遇客来,将何祇对?”师云:“吃茶去。”僧曰:“昔日赵州,今日和尚。”师云:“错。”

问:“如何是无底篋子?”师云:“少人用得。”

问:“一花开五叶,结果自然成。如何是一花?”师云:“芬芳直至今。”

西川雪峰钦山主

上堂云:“昨日一,今日二。不用思量,快须瞥地。不瞥地,蹉过平生勿巴鼻。咄。”

襄州洞山普乐寺初禅师法嗣

潭州报慈嵩禅师

问:“如何是佛?”师云:“头戴天,脚蹈地。”

问:“北斗藏身,意旨如何?”师云:“百岁老人入漆瓮。”

荆南福昌德贤禅师

问:“去离不得时如何?”师云:“子承父业。”僧曰:“如何是衲僧活计?”师云:“甘里种田。”

问:“如何是古佛心?”师云:“蔟花簇锦。”

问:“承师有言,隔河招手。意旨如何?”师云:“被里张帆。”僧曰:“恁么则南山起云,北山下雨也。”师云:“蹈不着。”

蕲州黄梅龙华祥禅师

问:“如何是佛?”师云:“银鬃朱尾。”僧曰:“学人不会。”师云:“两眼似銮铃。”

金陵奉先道琛融照禅师法嗣

庐山莲华峰祥庵主

问:“如何是雪岭泥牛吼?”师云:“听。”僧曰:“如何是云门木马嘶?”师云:“响。”

师临示疾时,举拄杖问众云:“汝道古佛到遮里,为什么不肯住?”众无对。师云:“为他途路不得力。”复云:“作么生得力去?”乃横肩拄杖云:“榔㮽横担不顾人,却入千峰万峰去。”言毕圆寂。

庐陵西峰豁禅师

问:“金乌未出时如何?”师云:“东西不辨,南北不分。”僧曰:“出后如何?”师云:“好丑难逃。”

问:“和风习习,春日迟迟。学人上来,愿闻法要。”师云:“随分有春色,一枝三四花。”僧曰:“百红千紫才观了,不羡灵云老古锥。”师云:“你具什么眼?”僧曰:“一枝岩畔笑春风。”师云:“也只道得一半。”

江州崇胜卸禅师

问:“羚羊未挂角时如何?”师云:“寻溪过涧。”僧曰:“挂角后如何?”师云:“鼻孔辽天。”

问:“如何是学人受用三昧?”师云:“横担拄杖。”僧曰:“意旨如何?”师云:“步步蹈实。”

上堂云:“寒时寒,热时热,古德重重成漏泄。智者无荣名不迁,迷者翻云底时节。底时节,真不彻。时寒,各请归堂歇。”

随州龙居山明教宽禅师法嗣

桂州寿宁善义禅师

一日,去辞宽禅师。宽问:“甚么处去?”师云:“大安山去。”宽云:“不涉途程,道将一句来。”师云:“九九八十一。”宽喝云:“乱走作么?”师乃有省。

上堂。良久,举拂子示众云:“只么会得,不妨省力。虽然如是,比上不足,比下有余。”时有僧问:“鼓声才罢人皆听,未审如何密领之?”师云:“只恐阇梨不问。”僧曰:“此问还当否?”师云:“静处萨婆诃。”

明州岳林贤禅师

本住洪州香城。引退后,游山至泐潭,礼马祖禅师真,忽然悟道,乃曰:“今年五十五,游山见马祖。低头礼三拜,目前无可睹。”

自此称为“水牯牛”。往诸方索斗,遂遍游禅席,勘诸知识。皇祐初,入京谒都尉李侯,请相见,即便坐逝。

邛州西林义琛禅师

问:“如何是和尚家风?”师云:“井中红焰,月里浮沤。”

问:“如何是古镜?”师云:“老僧怕他。”僧曰:“为什么怕他?”师云:“惭惶惭惶。”

问:“佛未出世时如何?”师云:“风调雨顺。”僧曰:“出世后如何?”师云:“国泰民安。”

问:“如何是大道?”师云:“不障往来人。”僧曰:“如何是道中人?”师云:“要作什么?”

问:“如何是向上事?”师云:“黄莺树上一枝华。”

师于明道二年五月望日辞众。至十八日,沐浴端坐而逝。茶毗,收舍利,建塔于鹤山之北。

郢州林溪脱禅师法嗣

西剑州凤凰山智广禅师

问:“万法本闲,时人自闹。如何是万法?”师云:“刹刹尘尘。”

问:“灵松无异色时如何?”师云:“方显岁寒心。”

问:“如何是学人一卷经?”师云:“说因说果。”

上堂云:“秋山叠叠,秋水澄澄。秋风凛凛,秋月亭亭。此时独倚高楼望,拊掌临风笑数声。”

舒州投子通禅师

问:“达磨未来时如何?”师云:“两岸唱渔歌。”僧曰:“来后如何?”师云:“大海涌风波。”

问:“般若是经,金刚是喻。学人上来,请师垂示。”师云:“一槌两当,盖覆将来。”僧曰:“谢师指示。”师云:“你作么生会?”僧曰:“一槌两当,盖覆将来。”师云:“学语之流。”

问:“如何是孤峰顶上节操长松?”师云:“能为万象主,不逐四时凋。”

问:“如何是和尚遮里佛法。”师云:“东壁打西壁。”

师云:“早是老婆心也。虽然如是,也不易会。只如达磨未来,且道此土还有也无?若有,何用更来此土?上坐,且作么生理论有无?且道达磨甚么时来?而今又向何处去也？遮里若有个省觉，许上坐具一只眼。若也未会，久立。"

上堂云："朝朝相似，日日一般，更有新奇也拈不出。至于诸圣出来，且不敢诳于上坐。因甚如此？盖为上坐是行脚人，如今共上坐在遮里，聚集少时，早是欺屈诸人了也。更若停腾，是非锋起，不如且歇。珍重。"

南岳般若启柔禅师法嗣

蓝田县真禅师

问："如何是竺土大仙心？"师云："是谁传来？"

问："如何是露地白牛？"师云："莫教吃人苗稼。"

问："如何是无情说法？"师云："还见香台么？"

问："如何是不二法门？"师云："一亦不是。"

问："如何是大定门？"师云："拈柴择菜。"

问："如何是千年石上古人踪？"师云："移易不得。"

问："如石含玉时如何？"师云："合如是。"

问:“求之不得时如何?”师云:“用求作么?”僧曰:“如何即得?”师云:“几时失来?”

问:“诸佛未出世时如何?”师云:“你问我答。”僧曰:“出世后如何?”师云:“我问你答。”

问:“如何是向上关捩子?”师云:“蹈不着。”僧曰:“未审蹈着后如何?”师云:“赚却人。”

师云:“成山假就于始篑[①],修途托至于初步。上坐适来从地炉边来,还与初步同别?若言同,即不会不迁。若言别,亦不会不迁。上坐作么生会?还会么?遮里不是那里,那里不是遮里,且道是一处两处?是迁不迁?是来去不是来去?若于此显明得,便乃古今一如,初终自尔;念念无常,心心永灭。所以道:‘观方知彼去,去者不至方。’上坐适来恁么来,却请恁么去。参。”

韶州披云智寂禅师法嗣

庐山开先照禅师

问:“向上宗乘,乞师垂示。”师云:“白云断处见明月。”僧曰:“犹是学人疑处。”师云:“黄叶落时闻捣衣。”

---

① 篑:音匮。土筐。

问:“如何是禅?”师云:“十语九中,不如一默。”僧曰:“恁么则少林曾面壁,千古播徽猷[①]。”师云:“你分上又作么生?”僧曰:“相对无言好消息,不须更去问南能。”师云:“莫乱统。”

问:“如何是和尚家风?”师云:“一条寒涧木,得力胜儿孙。”僧曰:“用者如何?”师云:“百杂碎。”

上堂云:“丛林规矩,古佛家风。一参一请,一粥一饭。且道明得个甚事?只为诸人心心不停,念念不住。若能不停处停,念处无念,自合无生之理。与么说话,笑破他人口。参。”

金陵天宝禅师

问:“当机不荐时如何?”师云:“钝。”僧曰:“荐得后如何?”师云:“快。”

问:“白云抱幽石时如何?”师云:“非公境界。”

问:“如何是和尚家风?”师云:“裂半作三。”僧曰:“学人未晓。”师云:“鼻孔针筒。”

---

① 徽猷:美善之道。

洪州泐潭山谦禅师法嗣

虔州丫山[①]宗盛禅师

问："古人面壁，意旨如何？"师云："为你要问？"

问："如何是衣里明珠？"师云："切宜保惜。"

问："如何是沙门端的事？"师云："不要问别人。"

问："如何是解脱门？"师云："从遮里入。"

上堂云："钟声清，鼓声响，早晚相闻休忘想。荐得徒劳别问津，莫道山僧无伎俩。咄。"

---

① 丫山：原刻作"了山"。依《五灯会元》改。

《建中靖国续灯录》卷第三・对机门

庐陵清原山行思禅师第十世

随州智门光祚禅师法嗣

明州雪窦山资圣寺明觉禅师

讳重显,姓李氏。遂州大寂九世之孙也。兴国五年四月八日生,始诞,旦夕瞑目若寐。幼即异常,不慕游戏,或见沙门,挽衣大喜。长依普安院仁铣上人出家,受具之后,横经讲席,究理穷玄,诘问锋驰,机辩无敌。咸知法器,佥指南游。

一造智门,即伸问曰:"不起一念,云何有过?"门召近前,师即趋进,门以拂子击之曰:"会么?"师欲对次,门又击之,豁然开悟,情量颖脱。

次涉江湘,道业益著。宗匠器重,缁徒悚服。演法洞庭,学者云集。学士曾公会钦其德望,召居雪窦,大启祖闱,洞示玄奥。都尉李侯遵勖特奏章服,侍中贾公昌朝寻乞美号,由是四方翘楚,皆臻法席。升堂入室,悉驰道誉。

化缘将毕，一日游山，四顾周览，谓侍者曰："何日复来于此。"者哀乞道偈，师曰："平生唯患语之多矣。"翌日，出杖屦衣盂，散及徒众，乃曰："七月七日，复相见耳。"盥沐摄衣，北首而逝。云门谶曰："二百年后，吾道重显。"即师之名也，岂虚然哉！

开堂日，于法座前顾视大众，乃云："若论本分相见，不必高升法座。"遂以手指云："无量佛土一时现前，各各子细观瞻。其或涯际未知，不免拖泥带水。"便升座。上首白槌罢，有僧方出，师乃约住云："如来正法眼藏，委在今日，放开则瓦砾生光，把住则真金失色。权柄在手，杀活临时。其有作家，共相证据。"

问："远离翠峰祖席，已临雪窦道场，是一是二？"师云："马无千里谩追风。"僧曰："恁么则云散家家月。"师云："龙头蛇尾。"

问："德山、临济棒喝已彰，和尚如何为人？"师云："放过一着。"僧拟议，师便喝。僧曰："恁么则别有在。"师云："射虎不真，徒劳没羽。"

问："次大法螺，击大法鼓。朝宰临筵，如何即是？"师云："清风来未休。"僧曰："恁么则得遇于师也。"师云："一言已出，驷马难追。"

师复顾大众云："人天普集，合发明个甚事？焉可互分宾主，驰骋问答，便当宗乘。此门广大，威德自在，辉腾今古，把定乾坤。千圣只言自知，五乘莫能建立。所以声前悟旨，犹迷顾鉴之端。言下知宗，尚味识情之表。诸人要知真实相为么？但以上无攀仰，下绝己躬，自然常光现前，个个壁立千仞。还辨明得也无？未辨辨取，未明明取。既辨明得，便能截生死流，踞祖佛位；妙圆超悟，正在兹时；堪报不报之恩，以助无为之化。珍重。”

问：“如何是佛法大意？”师云：“祥云五色。”僧曰：“学人不会。”师云：“头上漫漫。”

问：“达磨未来时如何？”师云：“猿啼古木。”僧曰：“来后如何？”师云：“鹤唳青霄。”僧曰：“即今事作么生？”师云：“一不成，二不是。”

有僧出礼拜，起云：“请师答话。”师便棒。僧曰：“岂无方便？”师云：“罪不重科。”复有一僧出礼拜，起云：“请师答话。”师云：“两重公案。”僧曰：“请师不答话。”师亦棒。

问：“古人道‘北斗里藏身’，意旨如何？”师云：“千闻不如一见。”僧曰：“此话盛行。”师云：“老鼠衔铁。”

问：“古人道‘皎皎地绝一丝头’，只如山河大地又且如何？”师云：“面赤不如语直。”僧曰：“学人未晓。”师云：“遍问诸方。”

问:“如何是实学底事?”师云:“针劄[①]不入。”僧曰:“乞师方便。”师云:“水到渠成。”

问:“如何是教外别传一句?”师云:“看看腊月尽。”僧曰:“恁么则流芳去也。”师云:“哑子吃瓜。”

问:“如何是学人自己?”师云:“乘槎斫额。”僧曰:“莫只遮便是?”师云:“浪死虚生。”

问:“如何是缘生义?”师云:“金刚铸铁券。”僧曰:“学人不会。”师云:“闹市里牌。”僧曰:“恁么则行到水穷处,坐看云起时。”师云:“列下。”

问:“四十九年说不尽底,请师说。”师云:“争之不足。”僧曰:“谢师答话。”师云:“铁棒自看。”

问:“如何是把定乾坤眼?”师云:“拈却鼻孔。”僧曰:“学人不会。”师云:“一喜一悲。”僧拟议。师云:“苦。”

问:“如何是脱珍御服,挂弊垢衣。”师云:“垂手不垂手。”僧曰:“乞师方便。”师云:“左眼挑筋,右眼抉肉。”

问:“龙门争进举,那个是登科?”师云:“重遭点额。”僧曰:“学人不会。”师云:“退水藏鳞。”

---

① 劄:音扎。同“扎”。

问:“学人乍入丛林,诸事不会,还拯济也无?”师云:“苏州纸贵。”僧曰:“和尚岂无方便?”师云:“脑后拔楔。”

问:“寂寂忘言,谁是得者?”师云:“卸帽穿云去。”僧曰:“如何领会?”师云:“披蓑带雨归。”僧曰:“三十年后此话盛行。”师云:“一场酸涩。”

问:“坐断毗卢底人,师还接否?”师云:“殷勤送别潇湘岸。”僧曰:“恁么则学人罪过也。”师云:“天宽地窄太愁人。”

问:“生死到来,如何迴避?”师云:“定花板上。”僧曰:“莫便是他安身立命处也无?”师云:“符到奉行。”

师云:“大众前共相酬唱,也须是个汉始得。若也未有奔流度刃底眼,不劳拈出。所以道,如大火聚,近着则燎却面门;亦如按太阿宝剑,冲前则丧身失命。”乃云:“太阿横按祖堂寒,千里应须息万端。莫待冷光轻闪烁,”复云,“看看。”便下座。

上堂。问:“如何是维摩一默?”师云:“寒山访拾得。”僧曰:“恁么则入不二之门。”师云:“嘘。”复云:“维摩大士去何从,千古令人望莫穷。不二法门休更问,夜来明月上孤峰。”

上堂云:“大众,遮一片田地分付来多时也。尔诸人四至界畔，犹未识在。若要中心树子，我也不惜。”良久云：“为祥为瑞。”

师云：“两重公按。”复云：“雪覆芦花欲暮天，谢家人不在渔船。白牛放却无寻处，空把山童赠铁鞭。”

黄州护国院寿禅师

问：“如何是一路涅槃门？”师云：“寒松青有千年色，一径风飘四季香。”

问：“如何是灵山一会？”师云：“如来才一顾，迦叶便低眉。”

韶州南华寺宝缘慈济禅师

问：“如何是祖师西来意？”师云：“青山渌水。”僧曰：“未来时还有意也无？”师云：“高者高，低者低。”

上堂。举拄杖云：“拈起也，峰峦失色；放下也，祖佛迷踪。作者当头，光临背上，犹是买帽相头，看风使帆。若向衲僧门下，千山万水。”

邵武军灵泉晓禅师

问：“如何是西来意？”师云：“第一到屯门。”僧曰：“学人不会。”师云:“末后藏熊耳。”

洪州百丈山智映宝月禅师

问:“师唱谁家曲,宗风嗣阿谁?”师云:“窣堵那吒掌上擎。”僧曰:“恁么则北塔嫡子,韶石儿孙。”师云:“斫额望新罗。”

问:“如何是佛?”师云:“梵王前引,帝释后随。”僧曰:“谢师答话。”师云:“龙蛇易辨,衲子难谩。”

福州慈云山绍诜禅师

问:“如何是佛?”师云:“额头上汗出。”

问:“如何是慈云山?”师云:“徒劳仰面看。”僧曰:“如何是慈云水?”师云:“急。”

复州青山好禅师

问:“师唱谁家曲,宗风嗣阿谁?”师云:“昔日灵山亲授记,今朝汶水令方行。”僧曰:“恁么则雷布云门洞,雨洒景陵城去也。”师云:“九宫八卦。”

鄂州黄龙海禅师

问:“如何是黄龙家风?”师云:“看。”僧曰:“忽遇客来,如何祗待?”师以拄杖点之。

问:“如何是最初一句?”师云:“堀[①]地讨天。”

桂阳芙蓉山文喜禅师

问:“祖祖相传传祖印,师今得法嗣何人?”师云:“从地涌出。”僧曰:“毕竟是谁家之子?”师云:“特地罔措。”

鼎州德山僧可禅师

问:“如何是佛?”师云:“头长面短。”僧曰:“意旨如何?”师云:“手纤脚大。”

鼎州彰法澄泗禅师

问:“如何是佛法大意?”师云:“多少人摸不着。”僧曰:“忽然摸着看又作么生?”师云:“堪作什么?”

---

① 堀:音哭。穿穴。

澧州药山宣禅师

问:“如何是道?”师云:“东西南北。”僧曰:“如何是道中人?”师云:“有贵有贱。”

明州广慧清顺禅师

问:“师唱谁家曲,宗风嗣阿谁?”师云:“不可埋没人。”僧曰:“恁么则北塔嫡子。”师云:“墙壁有耳。”

问:“如何是佛?”师云:“水到渠成。”僧曰:“争奈不会。”师云:“却较些子。”

筠州九峰勤禅师

问:“如何是道?”师云:“逢春无绿草。”僧曰:“如何是道中人?”师云:“南来北往。”

问:“方便门中,请师垂示。”师云:“佛不夺众生愿。”僧曰:“恁么则谢师方便。”师云:“却须吃棒。”

上堂云:“口罗舌沸,千唤万唤,露柱因什么不回头?”良久云:“美食不中饱人吃。”便下座。

潭州云盖山继鹏禅师

问:“如何是佛法大意?”师云:“舌头无骨。”

问:“如何是祖师西来意?”师云:“汤瓶火里煨。”

问:“佛未出世时如何?”师云:“天。”僧曰:“出世后如何?”师云:“地。”

上堂云:“高不在绝顶,富不在福严。乐不在天堂,苦不在地狱。”良久云:“相识满天下,知心能几人。”

泉州云台省因禅师

问:“如何是和尚家风?”师云:“嗔拳不打笑面。”僧曰:“如何施设?”师云:“天台则有,南岳则无。”

问:“如何是佛?”师云:“月不破五。”僧曰:“意旨如何?”师云:“初三十一。”

问:“如何是佛法大意?”师云:“今日好晒麦。”僧曰:“意旨如何?”师云:“问取磨头。”

问:“如何是佛?”师云:“眼大鼻头尖。”

上堂云:“菩萨子,不在内,不在外,不在中间,且道落在什么处?”良久云:“南瞻部州,北郁单越。”

蕲州五祖山师戒禅师法嗣

筠州洞山妙圆禅师

讳自宝,寿州人也。峡石寺受业,头陀苦行,粝食垢衣。参戒禅师发明心地,天人密护,神鬼莫测。所至丛林,推为导首。出世三十年,居四大刹,道风遐布,朝野钦闻。都尉李侯遵勖特奏章服、师名,以嘉德望。

问:“如何是佛?”师云:“头脑相似。”

问:“师唱谁家曲,宗风嗣阿谁?”师云:“言犹在耳。”僧曰:“恁么则五祖嫡子,云门儿孙。”师云:“日驰五百。”

无为军西禅文岫禅师

问:“如何是和尚为人一句?”师云:“路逢剑客须呈剑。”僧曰:“学人未会。”师云:“不是诗人莫献诗。”

蕲州十王怀楚禅师

问:“如何是佛?”师云:“巍巍堂堂。”

问:“如何是透法身句?”师云:“大有人问了。”僧曰:“意旨如何?”师云:“静处萨婆诃。”

舒州海会通禅师

问:“如何是和尚为人一句?”师云:“清光满目。”僧曰:“学人不会。”师云:“茶[①]灰抹土。”

问:“如何是佛法大意?”师云:“柿桶盖嵕[②]笠。”僧曰:“学人不晓。”师云:“行时头顶戴,坐则挂高阁。”

蕲州义台子祥禅师

问:“如何是义台境?”师云:“路不拾遗。”僧曰:“如何是境中人?”师云:“桀犬吠尧。”

问:“如何是祖师西来意?”师云:“曾问几人来?”僧曰:“即今问和尚。”师云:“且莫当头。”

复州北塔思广禅师

问:“如何是衲僧变通事?”师云:“东涌西没。”僧曰:“变通后如何?”师云:“地肥茄子嫩。”

---

① 茶:通“搽”。
② 嵕:音宗。同“㚇”。

问:“如何是和尚家风?”师云:“左手书右字。”僧曰:“学人不会。”师云:“欧头拗脚①。”

明州天童山景德怀清禅师

问:“如何是祖师西来意?”师云:“眼里不着沙。”僧曰:“如何领会?”师云:“耳里不着水。”僧曰:“恁么则礼拜也。”师云:“东家点灯,西家暗坐。”

上堂云:“西湖隐出山峰秀,楼橹参差若画成。禅流共在祇园住,莫教虚度一生。”便下座。

越州宝严叔芝禅师

问:“如何是佛?”师云:“土身木骨。”僧曰:“意旨如何?”师云:“五彩金装。”僧曰:“恁么则顶礼去也。”师云:“天台楖榡。”

苏州翠峰慧颙禅师

问:“师唱谁家曲,宗风嗣阿谁?”师云:“门开东岭上。”僧曰:“恁么则五祖嫡子也。”师云:“猿啸老松枝。”

---

① 欧头拗脚:《联灯会要》作“欧头柳脚”。《续传灯录》作“拗头折脚”。

台州瑞岩圭禅师

问:“祖印即提于此日,未审宗风嗣阿谁?”师云:“黄梅东岭山偏秀,白莲池畔水分流。”僧曰:“恁么则莲峰亲授旨,瑞岭继敷扬。”师云:“依俙南岳,仿佛天台。”

蕲州五祖山秀禅师

问:“无法可说,是名说法。既是无法可说,又将何说?”师云:“霜寒地冻。”僧曰:“空生不解岩中坐,惹得天花动地来。”师云:“日出冰消。”僧拟议。师云:“何不进语?”僧又无语。师云:“车不横推,理不曲断。”

襄州白马辩禅师

问:“如何是佛?”师云:“水来河涨。”僧曰:“如何是法?”师云:“风来树动。”

蕲州四祖山端禅师

法身颂云:灯心刺着石人脚,火急去请周医博。路逢庞公相借问,六月日头干晒却。

苏州定慧道海禅师

问:"诸佛出世,已涉繁辞,作么生是的旨?"师云:"逢人不得错举。"僧曰:"不因一事,不长一智。"师云:"怪之不及。"

韶州舜峰蒙正禅师

问:"师唱谁家曲?"师云:"孙宾[①]长啸。"僧曰:"五祖嫡嗣。"师云:"一任针锋。"

温州雁荡山灵峰文吉禅师

问:"祖祖相传传祖印,师今得法嗣何人?"师云:"无角铁牛眠少室,生儿石女老黄梅。"僧曰:"恁么则韶阳儿孙,祖峰嫡子。"师云:"雁荡天台。"僧曰:"祖意已蒙师指示,为人一句又如何?"师云:"两重公案。"

问:"昔日灵山分半座,饮光对面被茶糊。今朝此席亦如是,还有完全句也无?"师云:"一步两步。"僧曰:"金风吹落叶,玉露滴青松。"师云:"紧峭[②]草鞋。"僧曰:"一回举着一回新。"师便打。

---

① 孙宾:即孙膑。

② 峭:音俏。缚也。

潭州云盖山志颙禅师

问:“豹岩雾卷,鸟道云开。海众咸臻,潮音愿振。”师云:“月映千江白。”僧曰:“恁么则五云岭秀,三井风清。”师云:“云开万里新。”

问:“如何是云盖境?”师云:“山角金屏掩,松萝玉帐垂。”僧曰:“如何是境中人?”师云:“紫袍公子少,雪顶野僧多。”

问:“如何是祖师西来意?”师云:“古寺碑难读。”僧曰:“未审意旨如何?”师云:“读者尽攒眉?”

问:“如何是和尚家风?”师云:“遮天盖地。”僧曰:“忽遇客来,如何祇待?”

师云:“赵州道底,”师顾视大众,喝一喝,云,“诸禅德,莫是宾主历然么?莫是先照后用么?莫是照用同时么?若恁么会,临济宗风,平沉苦海。既不恁么会,作么生商量?”良久,喝一喝,拍绳床一下。

上堂云:“昨日三,今日四。把断要津,放开捏聚。无限禅徒,特地罔措。咄。”

随州水南智昱禅师

上堂云："欲识解脱道，今日参较早。唯念路行难，水深鱼不少。参。"

上堂云："欲识解脱道，鸡鸣已天晓。赵州庭前柏，打落青州枣。咄。"

潭州报慈嵩禅师法嗣

郢州兴阳山逊禅师

问："如何是佛？"师云："发白面皱。"僧曰："如何是法？"师云："寒来暑往。"

问："如何是三界外事？"师云："洛阳千里余，不得旧时书。"

东川乾明居信禅师法嗣

澧州药山寻肃禅师

问："佛未出世时如何？"师云："大树大皮裹。"僧曰："出世后如何？"师云："小树小皮缠。"

问:“如何是不动尊?”师云:“四王抬不起。”

益州郫[①]县西禅垂白禅师

问:“香烟才起,大众云臻。祖师西来,请师垂示。”师云:“心光自照。”僧曰:“恁么则一句于师亲领得,永镇郫城万古传。”师云:“是人有分。”

江陵福昌重善禅师法嗣

鼎州德山文捷禅师

问:“尽令提纲,人亡海竭。一棒一喝,犹落化门。学人上来,请师举唱。”师云:“礼拜头着地。”僧曰:“恁么则吉日良时。”师云:“两脚向空。”

湖州上方齐岳禅师

问:“如何是上方境?”师云:“碎云点出千峰秀,迸石泉流万古清。”僧曰:“如何是境中人?”师云:“红莲座上江南客,白玉池边碧眼胡。”僧曰:“人境已蒙师指示,临机一句又如何?”师云:“葛藤休得也未?”

---

① 郫:音皮。郫县,在中国四川省。

问:“莲华未出水时如何?”师云:“应是乾坤惜,不教容易开。”僧曰:“出水后如何?”师云:“香透碧波敷水面,叶铺金沼覆鸳鸯。”

问:“牛头未见四祖,为什么百鸟衔花献?”师云:“从苗辨地,因语识人。”僧曰:“更有向上事也无?”师云:“有。”僧曰:“如何是向上事?”师云:“在舍只言为容易,临筌方觉取鱼难。”

问:“如何是函盖乾坤句?”师云:“春英红烂熳。”僧曰:“如何是截断众流句?”师云:“孟女泣长城。”僧曰:“如何是随波逐浪句?”师云:“水长船高。”

问:“如何是祖师西来意?”师云:“少林空夜月。”僧曰:“未审意旨如何?”师云:“谁听老猿啼?”

问:“如何是学人一卷经?”师云:“甚处得来?”僧曰:“如何受持?”师云:“胡人不点头。”

问:“佛未出世时如何?”师云:“花须连夜发。”僧曰:“出后如何?”师云:“莫待晓风吹。”

问:“如何是和尚家风?”师云:“枯澹传千古。”僧曰:“若遇客来,将何祇待?”师云:“精粗随众等。”

问:“如何是菩提?”师云:“砖头瓦子。”僧曰:“意旨如何?”师云:“苦。”

问:“如何是诸佛本源?”师云:“深。”僧曰:“如何是深?”师云:“浅。”

问:“如何是夺人不夺境?”师云:“永夜明堂空有月。”僧曰:“如何是夺境不夺人?”师云:“词清越席谈今古。”僧曰:“如何是人境俱夺?”师云:“山河万类沉沧海。”僧曰:“如何是人境俱不夺?”师云:“少年公子卷珠帘。”僧曰:“人境已蒙师见答,更有尖新意也无?”师云:“平原青草合,富贵几人休。”

问:“如何是先照后用?”师云:“临济先锋,德山殿后。”僧曰:“如何是先用后照?”师云:“德山先锋,临济殿后。”僧曰:“如何是照用同时?”师云:“临济德山归骼胔[①]。”僧曰:“如何是照用不同时?”师云:“君向潇湘我向秦。”僧曰:“离四照用外,还有奇特事也无?”师云:“年高春睡晚,病久出山迟。”

师云:“人境照用是临济家风,算来吾门祖道,甚处有多般。先人格调,粗有所归。凡百应用,事在当人。善知识无问不从,无机不应。若不是,上方也大难只当。何故如此?诸人总是外方降不下底禅客,便到遮里侧聆。若也一句参差,宗门丧矣。然虽如此,你遮一队漆桶子,眼中滴

① 胔:音字。鸟兽残骨。

血有日去在。”

上堂云:“山青水碧,颇称修真。白云澹泞,实堪养道。遮里若能了得,是汝善知识。傥若未能明得,也不易消遣。何故如此?每日见山被山阂,见水被水流,直饶一句下承当,也是三家村里汉。久立。”

上堂云:“旋收黄叶烧青烟,竹榻和衣半夜眠。粥后放参三下鼓,孰能更话祖师禅。”便下座。

上堂云:“恁么贴贴地,多少次第,多少或现,未开口已前,光明动地,何不回顾些子?须要三个五个近前,问一两则话,待老和尚开两片皮,一时近前,听佛听法。到恁么时,是非竞起,葛藤满地,堪作什么?诸仁者,若据宗乘理论,直是三世诸佛到遮里,头破作七分。然虽如此,水长即船高。”击禅床,下座。

明州育王山常坦禅师

问:“如何是有中有?”师云:“金河峰上。”僧曰:“如何是无中无?”师云:“般若堂前。”

问:“古镜未磨时如何?”师云:“千年松柏下。”僧曰:“磨后如何?”师云:“一年一度春。”

问:“如何是文殊?”师云:“木马嘶空人不顾,铁牛东畔笑呵呵。”僧曰:“如何是普贤?”师云:“隐隐玉楼红日照,巍巍金殿白云封。”

问:“如何是诸佛机?”师云:“群魔外道不能移。”僧曰:“如何是诸佛用?”师云:“万象森罗非别共。”僧曰:“机用相去多少?”师云:“十万八千。”

问:“如何是诸佛出身处?”师云:“来年开选场。”僧曰:“不会。”师云:“五月里看取。”

上堂云:“千花竞发,百鸟啼春,是向上句;诸佛出世,知识兴慈,是向下句,作么生是不涉二途句?若识得,顶门上出气。若识不得,土牛耕石田。”以拄杖击禅床,下座。

江陵福昌询禅师

问:“如何是佛?”师云:“华开金谷暖,柳拂玉墀香。”僧曰:“恁么则春令既行,万方道泰。”师云:“开口迷全体,无言露半身。”

越州四明小赟[①]禅师

问:“万水朝宗即不问,直截根源事若何?”师云:“水急如箭。”僧曰:“意旨如何?”师云:“风雪满衣。”僧礼拜。

① 赟:音晕。

师云："头上戴天华，侧耳寻岐路。"

福州灵峰显英禅师

问："如何是诸佛向上人？"师云："白云覆青山。"僧曰："莫便是和尚为人处也？"师云："渌沼从长渠。"

西剑州元封文政禅师

问："万法归一，一归何所？"师良久云："会么？"僧无语。师云："两个也。"

润州金山瑞新禅师

问："梵王请佛，盖为群生。学士请师，复谈何事？"师云："泥牛饮尽三江水，木马寒嘶一夜风。"僧曰："更有向上事也无？"师云："佳人虽解能言语，听不分明一似空。"僧曰："三十年后，专为流通。"师云："到老惺惺。"

问："如何是佛？"师云："面黄不贴金。"僧曰："意旨如何？"师云："八风吹不动。"

蕲州北禅广教怀志禅师法嗣

舒州四面山怀清禅师

初往蕲口兴化。问："临济三玄，似石女向波中作舞。云门关棙闪烁，如鹞子过新罗。去此二途，兴化当行何令？"师云："道什么？"僧曰："恁么则和尚与古人出气。"师云："再犯不容。"僧应[①]："你？"师以拄杖打禅床云："若不点破，将谓山僧瞌睡。"

南岳福严良雅禅师法嗣

衡州常宁北禅智贤禅师

问："师唱谁家曲，宗风嗣阿谁？"师云："掷钵峰峦秀，名高海外传。"僧曰："昔日福严亲得旨，今朝此地化迷徒。"师云："终是饱丛林。"

问："如何是佛？"师云："匙挑不起。"僧曰："如何是道？"师云："险路架桥。"

上堂云："年穷腊尽，无可与大众分岁。老僧烹一头露

① 应：疑"曰"字。

地白牛，炊土田米饭，煮野菜羹，烧榾柮[1]火，大众围炉，唱村田乐。何以如此？免见倚他门户傍他墙，致使时人唤作郎。珍重。”

上堂。良久云：“冤苦冤苦作什么？百丈不在，老僧今日困。”下座。

上堂。呵呵大笑云：“争怪得老僧。”便下座。

南岳衡岳寺振禅师

示众云：“阿呵呵，瘦松寒竹锁清波。有时独坐磐陀上，无人共唱太平歌。朝看白云生洞口，暮观明月照娑婆。有人问我居山事，三尺杖子搅黄河。”

福州衡山禅院了实禅师

问：“权机棒喝且放一边，不耻家风，便请相见。”师云：“礼拜头着地。”僧曰：“莫便是和尚为人处也无？”师云：“点。”

① 榾柮：音骨剁。木疙瘩。

鼎州德山慧远禅师法嗣

兴元府大中仁辩禅师

问:"如何是焦崖境?"师云:"庭前寒松老,祖意不西来。"僧曰:"如何是境中人?"师云:"胡僧碧眼深,跣足蹑阶行。"

益州菩提桂芳禅师

问:"诸佛出世,梵王前引,帝释后随。和尚出世,有何祥瑞?"师云:"三春物象妍。"僧曰:"学人未晓。"师云:"溪花红似锦,岸柳翠如蓝。"僧曰:"便恁么去时如何?"师云:"未曾骑竹马,切忌跨金龙。"

庐山开先善暹禅师

临江军人也。操行清苦,知识明悟。遍参宗匠,机辩迅捷。禅林目曰"海上横行道者"。一日,远禅师升堂,顾视大众云:"师子颦呻,象王回顾。"师忽有省,入室陈解。远曰:"子作么生会?"师回顾云:"后园驴吃草。"远然之。自此道风愈播。后出世开先,住十八年,大振祖风。联其芳者,名耀一时。

开堂日，上省白槌罢，师云："千圣出来，也只是稽首赞叹，诸代祖师提挈不起。是故始从迦叶，迄至山僧，二千余年，月烛慧灯，星排道树；人天普照，凡圣齐荣。且道承甚么人恩力？老胡也只道：'明星出现时，我与大地有情同时成道'。如是则彼既丈夫，我亦尔，孰为不可？良由诸人不肯承当，自生退屈。所以便推排一人半个先达出来，递相开发，也只是与诸人作个证明。今日人天会上，莫有久游赤水，夙在荆山；怀袖有珍，顶门有眼，到处践踏觉场底衲僧么？却请为新出世长老作个证明。还有么？"时有僧出，师云："象驾峥嵘谩进途，谁信螳螂能拒辙。"问："灵山一会，何异今日？"师云："莫妄想。"僧曰："作家宗师。"师云："三十年后，自有人知。"

问："说佛说祖，雪上加霜。如何是默默之机？"师云："口边吃棒。"僧拟议，师便喝。

问："一棒一喝，犹是葛藤。瞬目扬眉，拖泥带水。如何是直截根源？"师云："速。"僧曰："恁么则祖师正宗，和尚把定。"师云："野渡无人舟自横。"

问："如何是祖师西来意？"师云："洛阳城古。"僧曰："学人不会。"师云："少室山高。"

问："达磨未来时如何？"师云："清贫长乐。"僧曰："来后如何？"师云："浊富多忧。"

问:“如何是露地白牛?”师云:“瞎。”

问:“妙峰顶上即不问,半山相见事如何?”师云:“把手过江来。”僧曰:“高步出长安。”师云:“脚下一句作么生道?”僧便喝。师云:“山腰里走。”

问:“一雨所润,为什么万木不同?”师云:“羊羹虽美,众口难调。”

问:“年穷岁尽时如何?”师云:“依旧孟春犹寒。”

问:“更深夜静时如何?”师云:“老鼠入灯笼。”

问:“瞥嗔瞥喜时如何?”师云:“适来菩萨面,如今夜叉头。”

师云:“选佛选祖,今正是时,莫只恁么怀疑终日。如似有解,已过平生。幸逢胜集,对众决择。然则此事亦非在争锋唇舌。所以道:‘屏却咽喉唇吻道将来。’如此则便可以忘怀自得。取定方寸,自然常光现前,各各孤运其照。山河大地,不碍见闻;万象森罗,寻常显还。当有于此承当得底么?既然各自孤运,更教阿谁承当?草衣输野客,木食属山人。珍重。”

上堂云:“一若是,二即非,东西南北人不知。休话指天兼指地,青山白云徒尔为。”以拄杖击香台一下。

庐陵禾山禅智禅师

讳楚才,临江军人也。僧仪挺拔,蕴德异常。心契德山,名闻江国。大丞相刘公沆一见问道,遂有发明。为方外交,敬以师礼。请居禾山,兼住显亲。特奏章服、师号,仍不许别迁法席。圣旨批允,崇重若此。

问:"佛令祖令,诸方并行。未审和尚如何?"师云:"山僧退后。"僧曰:"恁么则诸方不别也。"师云:"伏惟伏惟。"

问:"如何是道?"师云:"十字街头看。"僧曰:"如何是道中人?"师云:"南头卖贵,此头买贱。"

问:"古镜未磨时如何?"师云:"乾坤藏不得。"僧曰:"磨后如何?"师云:"照破万家门。"

问:"如何是离凡圣底句?"师云:"山河安掌上。"僧曰:"恁么则迥超今古外。"师云:"展缩在当人。"

问:"一毫未发时如何?"师云:"海晏河清。"僧曰:"发后如何?"师云:"遍界无知己。"

问:"如何是和尚说法底口?"师云:"放一线道。"

问："抱璞投师，请师雕琢。"师云："不琢。"僧曰："为什么不琢？"师云："弄巧翻成拙。"

问："如何是无缝塔？"师云："须弥顶上。"僧曰："如何是塔中人？"师云："梵王、帝释。"

上堂云："太虚无系，任运升腾。古镜当台，不言自显。群生迷妄，逐境千差。取舍难忘，于斯远矣。要得省力么？情忘所觉，见绝功勋。体露真常，即如如佛。禾山恁么道，笑杀众中衲僧。虽然如是，若解笑我者，共我同参。且道参见什么人？珍重。"

上堂云："禾山家风，诸方奚同。言食无味，触处皆通。不把格尺，遇缘即宗。十方刹土，普印其中。禅徒买卖，岂在匆匆。"击香台，下座。

秀州资圣院盛勤禅师

问："法会光扬于此日，师今得法嗣何人？"师云："逢人莫错举。"僧曰："未审如何举似？"师云："自然春到来。"

问："如何是正法眼？"师云："山青水渌。"

问："如何是佛？"师云："泥龛塑像。"僧曰："如何是法？"师云："春寒秋热。"

问:"机锋转处,作者犹迷。学人上来,乞师垂示。"师云:"南有雪峰,北有赵州。"僧曰:"恁么则澄江流皓月,江流月不流。"师云:"云在青天水在瓶。"

问:"如何是为人一句?"师云:"入泥入水。"僧曰:"莫便是也无?"师云:"孤负杀人。"

问:"世尊拈花,迦叶微笑,意旨如何?"师云:"当阳花易发,背日雪难消。"僧曰:"雪峰辊毬,玄沙斫碑,又且如何?"师云:"春深日渐暖,人多跣足行。"

问:"四威仪中,如何履践?"师云:"鹭鸶立雪。"僧曰:"恁么则闻钟持钵,日上栏干。"师云:"鱼跃千江水,龙腾万里云。"僧曰:"毕竟又如何?"师云:"山中逢猛兽,天上见文星。"

上堂云:"多生觉悟非干衲,一点分明不在灯。"拈拄杖云:"拄杖头上祖师,灯笼脚下弥勒,须弥山腰鼓细即不问你,作么生是分明一点?你若道得,无边刹境总在你眉毛上。你若道不得,作么生遇得罗刹桥?"良久云:"水流千派月,山锁一溪云。"卓一下。

上堂云:"依经解义,三世佛冤。离经一字,还同魔说。既然如是,衲僧家十二时中以何为据?"拈拄杖云:"沩山笠子,志公席帽。"击香卓,下座。

上堂云："诸佛说教，说文显理，指色明空；语必徇俗，理必明真；或权或实，应人天机。若向衲僧分上，又隔一重山。久立。"

潭州鹿苑圭禅师

桂州临桂人也，姓熊氏。幼年颖悟，志趣异常。投西峰山蒙禅师出家，府帅宋公一见异之，策经得度。便慕参寻，内外该博。

至德山远禅师法席，命为侍者，大悟心宗。丞相刘公洗见如夙契，请住鹿苑，大振祖风。后与时忤，遂隐京都。

问："如何是禅？"师云："餐风饮露。"僧曰："意旨如何？"师云："谛听谛听。"

问："如何是道？"师云："吴头楚尾。"僧曰："如何是道中人？"师云："骑马踏镫，不如步行。"

问："朕兆未分时如何？"师云："庭草深三尺。"僧曰："分后如何？"师云："清溪钓明月。"僧曰："如何是向上一路？"师云："波旬仰面看。"

问："如何是佛？"师云："顶上放毫光。"

问："如何是第一义谛？"师云："胡人读汉书。"

上堂云:“凡有因缘,须晓其宗。若晓其宗,无是无不是。用则波腾海沸,全真体以运行;体则镜静水澄,举随缘而会寂。且道兜率天宫几人行,几人坐?若向遮里辨得清浊,许你诸人东西南北,如云似鹤。于此不明,踏破草鞋,未有日在。参。”

上堂云:“云门抽顾,衲僧罔措。月落星沉,茫茫无数。释迦当关,然灯回路。匝地风云,悉唎苏嚧。”

上堂。拈拄杖云:“断崖抹处鬼神号,出云便指南山高。横按膝上异吹毛,敢待诸方拥毳[①]袍。”卓一下,下座。

江陵府开福德贤禅师法嗣

郢州大阳山文昱禅师

问:“如何是佛?”师云:“额广平正。”僧曰:“恁么则瞻礼有分。”师云:“鼻耸圆长。”

日芳上座

问:“如何是函盖乾坤句?”师举拄杖。僧曰:“如何是截断众流句?”师横按拄杖。僧曰:“如何是随波逐浪句?”

① 毳:音翠。鸟兽细毛。

师掷下拄杖。僧曰:“三句外,请师道。”师便起。

赞贤禅师真:清仪瘦兮可瞻可仰,仰之非亲;妙笔图兮可拟可像,像之非真。非亲非真,秋月盈轮。有言无味兮的中的,既往如在兮觅焉觅。当机隐显兮丝发看讹,金乌卓午兮迅风霹雳。

《建中靖国续灯录》卷第四·对机门

南岳怀让禅师第十一世

汾州太子禅院善昭禅师法嗣

潭州兴化禅院慈明禅师

讳楚圆,姓李氏。全州人也。童稚神悟,迥与众殊。依隐静寺出家受具。摄衣游方,遍参知识。最后访汾阳昭禅师,昭预谓首座曰:"非久当有异僧至,传持吾道。"

一日,遂率首座游山,座曰:"何往?"昭曰:"接侍者去。"座曰:"老和尚颠倒作什么?"昭曰:"但去游山。"遂步林间,果逢师至,乃曰:"此真吾侍者矣。"

即与同归,令造丈室。一言玄契,洞彻心源。执持巾瓶,经于一纪。后欲辞行,昭乃谓曰:"子之法器,吾已久知。吾在首山先师处亲证三昧王,研穷的要。今付于汝,汝善护持。宜往南方,大兴吾道。"

师受嘱已,径造江西筠州洞山宝禅师法席。终日壁坐,宝即异之,下而问曰:"达磨九年面壁,意旨如何?"师云:“空腹高心。”翌日,宝升座,推为导首。师出世四十年,五坐道场。都尉李侯遵勖奏赐章服、师号。

开堂日,上首白槌罢,师云:“会么?昔曼殊大士于灵山会上,十万众前,将末后一槌以为第一义句。今日上首倒行此令,且道与昔是同是别?若乃断得,不用扬眉。其或未明,有疑请问。”问:“郡侯勤重请,法驾渡湘江。掷钵峰前事,请师为举扬。”师云:“风不来,树不动。”僧曰:“忽遇作家,只与么还当不当?”师便喝。僧曰:“气急杀人。”师云:“三十年后来,与你二十棒。”

问:“如何是难思之法?”师云:“山僧今日败阙。”僧曰:“与么则昔日五千增上慢,今朝大众息疑情。”师云:“被此一问,直得冰消瓦解。”僧曰:“学人罪过。”师云:“知过必改。”

问:“如何是夺人不夺境?”师云:“神会曾磨普寂碑。”僧曰:“如何是夺境不夺人?”师云:“须信壶中别有天。”僧曰:“如何是人境两俱夺?”师云:“寰中天子,塞外将军。”僧曰:“如何是人境俱不夺?”师云:“明月清风任去来。”

问:“如何是佛?”师云:“面如满月目如莲,天上人间咸恭敬。”

问:“古人面壁,意旨如何?”师云:“有年无德。”

问:“师登四处花王座,只履西归事若何?”师云:“虚空无障碍,南北任升腾。”僧曰:“谢和尚答话。”师云:“闲者闲兮忙者忙。”

问:“三门不闭即不问,枯木堂前事若何?”师云:“也好消息。”僧曰:“一人有庆,兆民赖之。”师云:“千古有知音。”僧礼拜,师便喝。

问:“如何是和尚家风?”师云:“有锡降龙虎。”僧曰:“忽遇上上人来又如何?”师云:“无心伏鬼神。”

问:“海上云游时如何?”师云:“苦。”

师云:“五峰岌岌,独露太虚之中。布水滔滔,冷泻碧霄岩畔。龙潭幽僻,游鱼透即无门。天柱山高,水云进而无路。垂钩四海,少遇狞龙。一句当锋,罕逢知己。所以三玄权设,应病施方。四拣开遮,观根逗诱。过去诸佛,悲愿难穷。西祖东流,不忘付嘱。河沙知识,善巧多方。万派同源,皆归大海。且道水不洗水一句作么生道?还有人道得么?试出来道看。设你道得倜傥分别,也未梦见衲僧脚跟在。”卓拄杖,下座。

上堂云:“诸佛放光明,助发实相义。”拈拄杖云:“遮个是南源拄杖子,阿那个是实相义?你若见去,被见闻所转。若也不见,行脚眼在什么处?”喝一喝,下座。

上堂。良久云："有时先照后用，有时先用后照，有时照用同时，有时照用不同时。所以道：有明有暗，有起有倒。"乃喝云："且道是照是用？还有人缁素得么？若有，试出来呈丑拙看。若无，山僧今日失利。"

上堂云："摩竭提国，水泄不通。少室峰前，亲行此令。作么生是此令？还有道得底么？和泥合水道将来。有么？"良久云："游子乍闻征袖湿，佳人才唱翠眉低。"一喝。

上堂云："说佛说祖，和泥合水。向上向下，衲僧破草鞋。总不恁么，无绳自缚。且道独脱一句作么生道？还有人道得么？试对众道将一句来。有么有么？"良久云："冢上更加泥。"喝一喝。

上堂云："吾有一言，绝虑忘缘。巧说不得，只要心传。更有一语，无过直举。且道作么生是直举一句？"良久，以拄杖画一画，喝一喝。

上堂云："灵山一会，千圣共臻。释主瞬眸，饮光微笑。衲僧门下，犹在半途。且道全提一句作么生道？"良久云："怜儿不觉丑。"卓拄杖一下。

上堂云："昨日作婴孩，今朝年已老。未明三八九，难踏古皇道。手掩黄河干，脚趯须弥倒。浮生梦幻身，人命夕难保。天堂与地狱，皆由心所造。南山北岭松，北岭南山草。一雨润无边，根苗壮枯槁。五湖参禅人，可问虚空讨。死脱夏天衫,生披冬月袄。分明无事人,特地生烦恼。"唱一喝。

上堂云:"万机游刃,终日弘道。猪肉按头事作么生道?还有人道得么?若也道得,倒道将一句来。"良久云:"金锁连镮,刀挑不出。"喝一喝。

上堂云:"昨夜漫天总雪,大地一时皎洁。今朝庭际无人,莫道山僧不说。"

上堂云:"钵盂粗,鐼[①]子细,匙箸短长无一截。有时应供与谁论,嗟叹文殊与弥勒。久立圣众,珍重。"

上堂云:"太阳升,南北走。夜月圆,天未晓。鼻孔里藏身一句即不问,你诸人脚跟下一句作么生道?还有道得底么?"良久云:"相识满天下,知心有几人。"喝一喝。

师室中插剑一口,以草鞋一对、水一盆置在剑边。每见入室,即云:"看看。"有至剑边拟议者,师云:"险,丧身失命了也。"便喝出。

筠州太愚山兴教守芝禅师

问:"如何是祖师西来意?"师云:"天寒日短。"

---

① 鐼:音坟。钵子。

问:“马师未见让师时如何?”师云:“紧。”僧曰:“见后如何?”师云:“切。”

问:“如何是洪州境?”师云:“藤王阁下千江秀,孺子庭前薄雾生。”僧曰:“如何是境中人?”师云:“出入敲金镫,朱衣对锦屏。”

问:“一切有为法,如梦幻泡影。真实事,请师举。”师云:“两段不同,向下文长。”

问:“满身是眼,口在什么处?”师云:“三跳不过。”僧曰:“学人不会,特伸请益。”师云:“章底词秋罢,歌韵向春生。”

上堂云:“翠岩路险巇[1],举步涉千溪。更有洪源水,滔滔在岭西。”击禅床一下云:“久立,珍重。”

上堂云:“槌钟击鼓,聚集禅徒;上来下去,子承父业,赚多少人。”击禅床一下。

上堂云:“端然踞坐,度脚买靴。左顾右视,不准一钱。”打禅床云:“珍重。”

---

① 巇:音戏。险也。

上堂云："火生于木，非自佗来。青出于蓝，不同受染。人人共吃一茎齑，若更觅一茎吃，入地狱如箭射。"

上堂云："法鼓才动，大众云集。三世诸佛、二十八祖还来参么？如有一人不到，各与二十棒。何故如是？得人一牛，还人一马。"

上堂。大众集定，师云："现成公按也是打揲不辨。[①]"击禅床，下座。

上堂。擎起香合，示众云："明头合？暗头合？道得，一任横行。道不得，且合却。"便下座。

上堂云："沙里无油事可哀，翠岩嚼饭喂婴孩。佗[②]时好要智端的，始觉从前满面灰。珍重。"

上堂云："云收雾卷，江山皎日。拟话多途，又拈不出。"打禅床，下座。

上堂云："十地心惊，二乘罔测。衲僧门下，铜头铁额。"击禅床，下座。

上堂云："大洋海底排班位，从头第二鬓毛斑。为甚不到第一鬓毛斑？要会么？金蕊银丝成玉露，高僧不坐凤凰

① 公按：即公案。揲：音叠。摺叠。

② 佗：同"他"。

台。”击禅床，下座。

上堂云：“德山入门便棒，临济入门便喝。翠岩即不然，三门前好与三十棒。何谓如此？棒喝齐施已早赊，古今皆赞绝周遮。二途不涉凭何说，南海波斯进象牙。”击禅床云：“珍重。”

滁州琅琊山开化广照禅师

讳惠觉。西洛人也。父为衡阳太守，因疾倾丧。师扶衬归洛，过澧阳药山古刹，宛若夙居，缘此出家。游方参问，得法汾阳。应缘滁水，与雪窦明觉同时唱道，四方皆谓“二甘露门”也。迨今淮南遗化如在。

问：“如何是佛？”师云：“铜头铁额。”僧曰：“意旨如何？”师云：“鸟觜[①]鱼腮。”

问：“阿难结集即不问，迦叶微笑事如何？”师云：“克时克节。”僧曰：“自从灵鹫分灯后，直至支那耀古今。”师云：“点朱点漆。”

问：“如何是宾中宾？”师云：“手携书剑谒明君。”僧曰：“如何是宾中主？”师云：“卷起珠帘无可睹。”僧曰：“如何是主中宾？”师云：“三更过孟津。”僧曰：“如何是主中

① 觜：音嘴。同“嘴”。

主?”师云:“独坐镇寰宇。”

问:“莲华未出水时如何?”师云:“猫鼠戴纸帽。”僧曰:“出水后如何?”师云:“狗子着靴行。”

问:“如何是无缝塔?”师云:“永镇红霞里。”僧曰:“如何是塔中人?”师云:“常伴白云眠。”

问:“一尘才起,大地全收时如何?”师云:“李广射落云中雁。”僧曰:“龙吟雾起,虎啸风生。”师云:“惊得胡儿走似烟。”

问:“拈槌举拂即不问,瞬目扬眉事若何?”师云:“赵州曾见南泉来。”僧曰:“学人未晓。”师云:“今冬多雨雪,贫家争奈何。”

问:“如何是沙门行?”师云:“左手画方,右手画圆。”僧曰:“天台石桥窄,南岳坐具宽。”师云:“背上负七星,口里念真言。”

上堂云:“欲知常住身,当观烂坏体。欲知常住性,当观拄杖子。拄杖子吞却须弥,须弥吞却拄杖子。衲僧到遮里若也拟议,剑梁落膊输降款,铁作胸襟到海隅。”击禅床一下。

上堂云:“奇哉十方佛,元是眼中花。欲识眼中花,元是十方佛。欲识十方佛,不是眼中花。欲识眼中花,不是十方佛。于此明得,过在十方佛。于此未明,声闻起舞,独觉临妆。珍重。”

上堂云:“见闻觉知,俱为生死之因。见闻觉知,正是解脱之本。譬如师子返踯,南北东西且无定止。汝等诸人若也不会,且莫孤负释迦老子。咄。”

上堂云:“山僧今日为汝诸人说破,明眼衲僧莫去泥里打坐。珍重。”

上堂云:“天高莫测,地厚宁知。白云片片岭头飞,渌水潺潺涧下急。东涌西没一句即不问尔,生前杀后一句作么生道?”良久云:“时寒,吃茶去。”

上堂云:“林间鸟叫,岭上猿啼。万法凝然,将何显露?”良久云:“拟议更思量,箭过新罗国。”

上堂。拈拄杖云:“三世诸佛在火焰里转大法轮,天下老和尚在百草头上转大法轮,山僧在拄杖头上转大法轮。还会么?若也未会,拄杖子重说偈言去也。”击禅床一下。

上堂云:“阿呵呵,是什么。开口是,合口过。轻舟短棹泛波心,蓑衣箬笠从佗破。咦。”

上堂云："十方诸佛是个烂木橛，三贤十圣是个第溷[1]头筹子。汝等诸人来到遮里作么？"良久云："欲得不招无间业，莫谤如来正法轮。"

舒州法华禅院齐举禅师

问："师唱谁家曲，宗风嗣阿谁？"师云："藏头白，海头黑。"僧曰："汾阳嫡子。"师云："莫乱针锥。"

问："如何是佛？"师云："芦芽穿膝。"

问："如何是祖师西来意？"师云："唇红齿白。"

问："如何是夺人不夺境？"师云："白菊作开红日暖，百年翁子不逢春。"僧曰："如何是夺境不夺人？"师云："大地绝消息，翛然独任真。"僧曰："如何是人境两俱夺？"师云："草荒人变色，凡圣两齐空。"僧曰："如何是人境俱不夺？"师云："清风与明月，野老笑相亲。"

潭州石霜崇胜院法永禅师

问："六国未宁时如何？"师云："铜柱永标蛮子国。"僧曰："宁后如何？"师云："铁旗吹尽未灰心。"

---

① 溷：音混。混浊。又，厕所。

问:“如何是和尚家风?”师云:“摘破香囊熏大国,凿开天窍吼真风。”

问:“如何是佛?”师云:“臂长衫袖短。”

问:“如何是祖师西来意?”师云:“布裤膝头穿。”

上堂云:“霜华台上,翠色回环。枯木堂前,猿啼虎啸。诸人到遮里,立地覯[①]取,便好休去歇去。其或疑情未息,狂解峥嵘,更看山僧遮一解。”以拄杖卓一下。

湖州天圣皓太禅师

问:“如何是佛?”师云:“黑漆圣僧。”僧曰:“如何是佛法大意?”师云:“看墙似土色。”

问:“宝剑未出匣时如何?”师云:“寒光辉北斗。”僧曰:“出匣后如何?”师云:“群魔万里摧。”

舒州投子山圆修禅师

问:“曹溪一曲师亲唱,药忌相投事若何?”师云:“快人一言,快马一鞭。”僧曰:“此话三十年后盛行。”师云:“莫乱统。”

---

① 覯:音构。遇见。

问:"达磨未来时如何?"师云:"出口入耳。"僧曰:"来后如何?"师云:"叉手并足。"

唐州龙潭圆禅师

师辞汾阳,汾阳云:"别无送路,与子一条拄杖、一条手巾。"师云:"手巾与和尚受用,拄杖不用得。"昭云:"但将去,有用处在。"师便收。昭云:"又道不用?"师喝一喝,便下去。昭云:"已后不让临济。"师云:"正令已行。"

昭来日送出三门,云:"汝介丘逢尉迟时如何?"师云:"一刀两段。"昭云:"被现那吒又怎生?"师便拽拄杖。昭喝云:"遮回全体分付。"

问:"如何是介山境?"师云:"七贤行得稳。"僧曰:"如何是境中人?"师云:"稚子昔遭伤。"

问:"昔日穷经,今日参禅,此理如何?"师云:"两彩一赛。"僧曰:"作么生领会?"师云:"去后不留踪。"僧曰:"如何是佛?"师云:"火烧不然。"

问:"古殿无佛时如何?"师云:"三门前合掌。"

汝州叶县广教归省明寿禅师法嗣

舒州浮山圆鉴禅师

讳法远。郑州人也。投三交嵩禅师出家。幼为沙弥，见僧入室请问赵州庭柏因缘，嵩诘其僧，师傍有省。

后游诸方，遍历丛席，知识堂奥，步武轩昂，禅林命曰"远公虎子"。叶县省老、汾阳昭师、大阳明安、琅琊广昭，悉延前席，为众领袖。开堂，拈香语云："汝海枯木上生花，别迎春色。"由是道风大扇，德望愈驰；祖印高提，黠慧资俗，因又目之"录公名耳"。缘尽化终，坐灭本山。

开堂日，示众云："看风使帆即不可。若教山僧举扬宗旨，据令全提，三世诸佛尽乃平沉，法堂阶前草深一丈。然虽如是，且向建化门中。事无一向。"

问："师唱谁家曲，宗风嗣阿谁？"师云："八十翁翁辊绣毬。"僧曰："一句迥然开祖胄，三玄戈甲振丛林。"师云："李陵元是汉朝臣。"

问："大善知识须具出人眼，如何是出人底眼？"师云："黄河九曲。"僧曰："真善知识。"师云："陕府铁牛。"僧曰："如何是清净法身？"师云："寸丝不挂。"

问:“如何是佛?”师云:“大者如兄,小者如弟。”

问:“如何是祖师西来意?”师云:“平地起骨堆。”

问:“莲华未出水时如何?”师云:“焦砖打着连底冻。”僧曰:“出水时如何?”师云:“洋澜左里,无风浪起。”

问:“周行七步,犹涉繁词。指天指地,意在于何?”师云:“当锋不点的,旌旗两路分。”僧曰:“法海之中,自得其用。”师云:“不因子置问,忆得富楼那。”

问:“祖师门下,壁立千仞。正令当行,十方坐断。和尚将何表示?”师云:“寒猫不捉鼠。”僧曰:“莫便是为人处也无?”师云:“波斯不系腰。”

问:“新岁已临,旧岁何往?”师云:“目前无异怪,不用贴钟馗。”僧曰:“毕竟事如何?”师云:“将谓目前无。”僧以手画云:“争奈遮个何?”师便打。

师与待制王公论道,画一圆相,问曰:“一不得匹马单枪,二不得衣锦还乡。鹊不必喜,鸦不必殃。速道速道。”公罔措。师云:“勘破了也。”

上堂云:“昨日拈香,拟为汾阳和尚,又缘孤佗叶县老人。既为叶县老人,又乃孤负佗汾阳和尚。然虽如是,一客不烦两主,一鸟不栖二林。于此二途,须至一决。何故?

成山假就于始篑,修途托至于初步。如斯更不向汾阳浪里竞棹孤舟,却向汝海枯木上生花,别迎春色。”

上堂云:“灵山会上尽被欺谩,少室峰前知而故犯。胡言易会,汉语难明。泽广藏山,理能伏豹。且道不负时机作么生道?”拈拄杖云:“星河秋一雁,砧杵夜千家。”

上堂云:“更莫论古话今,只据面前事,与你诸人定夺区分。”

僧便问:“如何是目前事?”师云:“鼻孔。”僧曰:“如何是向上事?”师云:“眼睛。”

师云:“若是论宗举要,须是本色衲僧始得。其或皮肉之流,心眉之侣,身遭影射,病在药端;迹浪分岐,难谐凑泊。何谓也?龙象蹴蹋,非驴骡所堪。然虽如是,大树大皮裹,小树小皮缠。”

上堂云:“若论此事,如两家着棋相似。何谓?敌手知音,当机不让。若是缀五饶三,又通一路始得。有一般底,只解闭门作活,不会夺角冲关,硬节与虎口齐彰;凮[①]破后,徒劳绰干。所以道:‘肥边易得,瘦肚难求。’私行而往往失黏,心粗而时时投撞。休夸国手,谩说神仙。赢凮输筹即不问,且道黑白未分时,一着落在甚处?”良久,拈拄杖云:

① 凮:音局。同“局”。

"从前十九路,迷悟几多人。"

上堂。大众才集,师云:"不鼓自鸣,好与三十棒。"

上堂云:"我有一句子,待无舌人问,我即道。"下座。

上堂云:"阇梨知有处,老僧道不得。老僧知有处,阇梨道不得。"良久云:"道不得处,切须道取。腊月三十日,凭你雁南飞。珍重。"

上堂云:"未彻底人,参句不如参意。大彻底人,得意不如得句。"以拄杖一卓,下座。

汝州宝应禅院法昭演教禅师

问:"如何是人法本来齐?"师云:"白牛耕人地,触目是全真。"

问:"如何是赵州东院西?"师云:"超然无间断,密印付长空。"

问:"佛未出世时如何?"师云:"虚空无筋骨。"僧曰:"佛出世后如何?"师云:"大地起红尘。"

问:"如何是大自在正眼?"师云:"大洋海内独横身。"僧曰:"恁么则知难而退。"师云:"祸福无门人自召。"

问:“如何是佛法大意?”师云:“灯和夜月连天照。”僧曰:“意旨如何?”师云:“火飞岳面红尘起。”

问:“如何是祖师西来意?”师云:“少林岩畔千峰秀。”僧曰:“如何委悉?”师云:“汝海东流耀古今。”

问:“如何是法王法?”师云:“长三尺。”僧曰:“用者如何?”师云:“闹市看青天。”

问:“如何是本来心?”师云:“头大尾小。”僧曰:“如何得见?”师云:“地深三尺余。”

问:“如何是随色摩尼珠?”师云:“逢场作戏。”僧曰:“作家相见时如何?”师云:“换手槌胸。”

问:“如何是古佛心?”师云:“杀人放火。”

问:“本自湛然时如何?”师云:“吃棒。”僧曰:“未审过在甚处?”师云:“再犯不容。”

问:“如何是和尚妙用底心?”师云:“踏地槌胸。”僧曰:“不会,请师别道。”师云:“大众齐合掌,一时念弥陀。”

问:“达磨面壁九年,意旨如何?”师云:“大地白如银。”僧曰:“恁么则触处罢真空。”师云:“汝海任东流。”

问:“师子吼时全意气,文殊仗剑意如何?”师云:“三春花烂熳,万古看岩崖。”僧曰:“尘劫永罢。”师云:“巧说千般计,一失更难回。”

问:“文殊赞善财即不问,维摩默然事如何?”师槌胸三下。僧曰:“向上事如何?”师云:“休鬼语。”

问:“拟伸一问,即为影草时如何?”师云:“截舌三分。”僧曰:“意旨如何?”师云:“莫遣异人闻。”

问:“一言合道时如何?”师云:“七颠八倒。”僧曰:“学人礼拜。”师云:“教休不肯休,直待雨霖头。”

上堂云:“湛寂之机,超然物外。达本无生,含融万有。灵山会上,事已周遮。宝应今朝,为蛇画足。禅德,你若信得彻去,便超凡越圣,与祖佛同途。你若觅言觅句,觅佛觅祖,展转勿交涉。赚你。珍重。”

上堂云:“寒松千尺,瑞鹤难栖。月冷潭澄,游鱼不现。若到宝应门下,直须具眼。定动之间,丧却身命。见个甚么?参。”

上堂云:“十二时中许你一时绝学,即是学佛法。不见阿难多闻第一,却被迦叶摈出,不得结集。方知聪明博学,记持忆想,向外驰求,与灵觉心转勿交涉。五蕴壳中透脱不过,顺情生喜,违情生怒;盖覆深厚,自缠自缚,无有解脱。流浪生死,六根为患,众苦所逼,无自由分,而被妄心于中主宰。大丈夫儿,早构取好。”喝一喝云:“参。”

上堂。良久云:“无事不要生事,冬寒夏热。参。”

上堂云:“若论此事,从古至今未曾有人举唱得。若有举唱得,尽大地人失却性命,如无孔铁锤相似,一时亡锋结舌去,犹较些子。会么?我若假立个宾主,动遮两片皮,举指头,拈拂子,颠倒顺你,便教你有个问处。遇明眼人前,拈掇不出。见佗鲁祖和尚,才见僧来便面壁,被长庆道:‘恁么接人,驴年也接个不得。’我如今看鲁祖,只是个不识羞汉。诸人行脚,合自肯重取好。”

唐州大乘山慧果禅师

问:“如何是道?”师云:“宽处宽,窄处窄。”僧曰:“如何是道中人?”师云:“苦处苦,乐处乐。”僧曰:“道与道中人相去多少?”师云:“十万八千。”

问:“如何是祖师西来意?”师云:“天晴日出。”僧曰:“意旨如何?”师云:“雨下云生。”

襄州石门山蕴聪慈照禅师法嗣

唐州大乘山德遵禅师

问慈照:“古人索火,意旨如何?”照云:“任佗[1]灭。”师云:“灭后如何?”照云:“初三十一。”师云:“正好时节。”照云:“见什么道理?”师云:“今日好困。”因而有颂:“索火之机实快哉,藏锋妙用少人猜。要会我师亲的旨,红炉火尽不添柴。”

问:“如何是佛?”师云:“及时供养。”僧曰:“如何是祖师西来意?”师云:“鼻大口方。”

师云:“上来又不问,下去又不疑。不知是不是,是即也大奇。”良久云:“参。”

湖州景清禅院居素明照禅师

问:“即此见闻非见闻,为什么法身有三种病、二种光?”师云:“填凹就缺。”

问:“如何是观音入理之门?”师云:“鸦鸣鹊噪。”

---

① 佗:同“他”。全书均以“佗”表“他”,依原刻,不做改动。

问:“见闻觉知曾受用,为什么无眼哑人却不肯?”师云:“堪笑胡僧暗点头。”

润州金山达观禅师

讳昙颖。钱唐人也。姓丘氏。于龙兴寺投师出家受具。通贯竺书,博涉儒典。复参知识,体究真乘。后依慈照禅师法席,密契宗旨。三十余年,五迁大刹。道誉益崇,缁素忻仰。亟相王文康公曙、夏文庄公竦、节度使李公端懿、端愿,咸扣玄关,敬以师礼。时录其语,目曰《登门集》。嘉祐五年正月旦日,升堂辞众。复归丈室,趺坐而灭。

开堂日,有僧出众拟欲伸问,师喝云:“汝拟夺我法席那?”僧拟议。师云:“出去。”良久云:“重开佛日,再扇祖风。还有不落照临者,致将一问来。”问:“优昙花易见,善知识难逢。朝宰亲临,请师提唱。”师云:“当初比望钓灵鳌,今日何期得跛鳖。”僧曰:“且请领话。”师云:“俊鹞已过海,钝鸟犹挨篱。”僧曰:“当机一句,迥然峭拔。”师拍手云:“叱叱。”

问:“塞却咽喉唇吻,请师道。”师云:“是我咽喉唇吻,汝作么生塞得?”僧曰:“恁么则学人罪过。”师喝云:“若不是藏院和尚在此,烂槌一顿。”

问:“经文最初两字是什么字?”师云:“以字。”僧曰:“有什么交涉?”师云:“八字。”僧曰:“好赚人。”师云:“谤此经故,获罪如是。”

问:“一百二十斤铁枷教阿谁担?”师云:“老僧。”僧曰:“自作自受。”师云:“苦苦。”

问:“和尚还曾念佛也无?”师云:“不曾念佛。”僧曰:“为什么不曾念?”师云:“怕污人口。”

问:“马大师一喝,百丈三日耳聋,意旨如何?”师云:“我一生不曾着人喝,一生耳聋。”僧曰:“如何领会?”师云:“近来又眼暗。”僧礼拜。师云:“眼昏书字大,耳重语声高。”

问:“净地上死人即不问,荆棘林过后又如何?”师云:“波斯合梵赞。”僧曰:“善法堂前也要问过。”师云:“契丹舞番曲。”僧曰:“待将达观今朝语,举向诸方作者看。”师云:“此地无通事,终须问大乡。”

僧出礼拜,师云:“遮僧却曾同参来。”僧无语。师云:“若不同床卧,争知被里穿。”

上堂云:“才涉唇吻,便落意思。并是死门,故非活路。直饶透脱,犹在沉沦。莫教孤负平生,虚度此世。要得不孤负平生么?”拈拄杖云:“须是莫被拄杖谩始得。看看,拄杖子穿过汝诸人髑髅,踣跳入鼻孔里去也。”卓一下。

上堂。众集定,首座出礼拜,师云:“好好问着。”首座低头问话次,师云:“今日不答话。”便归方丈。

上堂云:“山僧门庭别,已改诸方辙。为文殊拔出眼里楔,教普贤休嚼口中铁,劝人放开髂蛇手,与汝斫却系驴橛,驻意拟思量。”喝云:“捏捏。参。”

上堂云:“山僧平生意好相扑,只是无人搭对。今日且共首座搭对,卷起袈裟下座,索首座相扑。”首座才出,师云:“平地上吃交。”便归方丈。

上堂云:“三世诸佛是奴婢,一大藏教是涕唾。”良久云:“且道三世诸佛是谁奴婢?”乃将拂子画一画,云:“三世诸佛过遮边,且道一大藏教是谁涕唾?”师乃自唾一唾。

上堂云:“秤槌井底忽然浮,老鼠多年变作牛。惠空见了拍手笑,三脚猢狲差异猴。”

上堂云:“五千教典,诸佛常谈;八万尘劳,众生妙用,犹未是金刚眼睛在。如何是金刚眼睛?”良久云:“瞎。”

上堂。大众集定,有僧才出礼拜,师云:“欲识佛性义,当观时节因缘。”僧便问:“如何是时节因缘?”师便下座。

杭州龙华寺齐岳宝觉禅师

问:"师唱谁家曲,宗风嗣阿谁?"师云:"凤凰当丙案,汉水向东流。"僧曰:"谷隐嫡子,临济儿孙。"师云:"白云横谷口,樵子问踪由。"

问:"如何是佛?"师云:"鼻修额广。"僧曰:"意旨如何?"师云:"柳目杨眉。"

苏州洞庭山慧月禅师

问:"如何是翠峰境?"师云:"山高月先照,湖近水浮光。"僧曰:"如何是境中人?"师云:"凭栏看远棹,策杖指前峰。"

问:"俱胝一指意如何?"师云:"月落三更穿市过。"

明州杖锡修已禅师

问:"如何是无缝塔?"师云:"四楞着地。"僧曰:"如何是塔中人?"师云:"高枕无忧。"

问:"如何是祖师西来意?"师云:"舶船过海,赤脚回乡。"

洪州双林寺巳禅师

问："师唱谁家曲，宗风嗣阿谁？"师云："凤凰林下好商量。"僧曰："恁么则汝水东流，临济宗派。"师云："咫尺隔天涯。"

问："如何是祖师西来意？"师云："青松相对起悲风。"

问："如何是佛法大意？"师云："人平不语，水平不流。"

问："如何是双林境？"师云："红霞生碧峤，绿竹引清风。"僧曰："如何是境中人？"师云："前三三，后三三。"

问："单刀直入时如何？"师云："据令而行。"僧应诺，师便打。

襄州谷隐山可琮禅师

问："师唱谁家曲，宗风嗣阿谁？"师云："山连嵩岳秀，水接汉江流。"

问："如何是佛？"师云："积薪放火。"

问："如何是祖师西来意？"师云："日出东方，光临西户。”

抚州疏山古禅师

问：“师今登宝座，祖道嗣何人？”师云：“独秀山高，凤凰岭峻。”僧曰：“恁么则石门嫡子，临济儿孙。”师云：“一手不独拍。”

越州云门山显钦禅师

上堂。良久云：“好个话头，若到诸方，不得错举。”便下座。

湖州安吉上方新禅师

问：“色心不二，彼我无差。离此二途，师意如何？”师云：“廓落无依青嶂外。”僧曰：“未晓端的。”师云：“白云不到紫霄峰。”僧曰：“恁么则见月休观指。”师云：“作么生是月？”僧拟议，师便喝。

处州仁寿嗣珍禅师

问：“知师已得禅中旨，当场一句为谁宣？”师云：“土鸡瓦犬。”僧曰：“如何领会？”师云：“门前不与山童扫，任意拙钗满路岐。”

问:“如何是南明境?”师云:“亭台千界月,花木四时春。”僧曰:“如何是境中人?”师云:“身披穿破衲,背负断弦琴。”

上堂云:“明明无悟,有法即迷。日上无云,丽天普照。眼中无翳,空本无花。无智人前,不得错举。”良久云:“但恁么。”

杭州承天辩元禅师

问:“莲华未出水时如何?”师云:“水底不见。”僧曰:“出水后如何?”师云:“馨香满路。”

上堂云:“春风膏雨霁,寒食四怜清。若话西来意,迢迢十万程。”

苏州翠峰山普禅师

问:“昔日梵王请佛,盖为群生。今朝王臣请师,如何为众?”师云:“言前道断无方外,意外全提有象先。”僧曰:“大众证明,学人有赖。”师云:“莫谓壶中别有天。”

泉州栖隐院自然禅师

问:“老胡出世,目顾四方。和尚出世,如何表示?”师云:"清气为天,浊气为地。"僧曰:"恁么则信手拈来草。"师云:"有甚交涉。"

汝州广慧院居琏真惠禅师法嗣

东京华严院道隆圆明禅师

问:"有情之本,依智海以为源。含识之流,总法身而为体。离此二途,请师别道。"师云:"木马昼嘶,泥牛夜吼。"僧曰:"恁么则一言才出,四众沾恩。"师云:"莫埋没大众。"

问:"如何是道?"师云:"高高低低。"僧曰:"如何是道中人?"师云:"脚瘦草鞋宽。"

师云:"有问还遭点,无言又被呵。再为通消息,蟾桂叶婆娑。盖为众生浩浩,逐本末以何归;处世茫茫,据生死而何托。自是业尘系绊,意网蒙遮,不能反己回光,心源自照。名相分别,与道差殊。建立乖真,非干造化。若乃尽令提纲,真金也须失色。久立,珍重。"

临江军慧力院慧南禅师

问:"师唱谁家曲,宗风嗣阿谁?"师云:"铁牛不吃栏边草,直上须弥顶上眠。"僧曰:"恁么则昔向汝阳亲得旨,临江今日大敷扬。"师云:"礼拜了退。"

问:“如何是佛?”师云:“头大尾小。”僧曰:“学人未晓。”师云:“眉长三尺二。”僧曰:“人人皆顶戴,见者尽攒眉。”师长嘘一声,僧拍手一下,便礼拜。师云:“一任踍跳。”

汝州广慧德宣禅师

问:“祖祖相传传祖印,师今得法嗣何人?”师云:“仲氏吹埙,伯氏吹篪[①]。”僧曰:“恁么则广慧嫡子,首山之孙。”师云:“切莫错商量。”

潭州神鼎山鸿諲禅师法嗣

澧州夹山灵泉子英禅师

问:“如何是夹山境?”师云:“举世尽闻猿抱子,有谁曾见鸟衔花。”僧曰:“如何是境中人?”师云:“牧童歌旷野,樵父笑深云。”

问:“久负没弦琴,请师弹一曲。”师云:“担版汉。”僧曰:“一堂风冷澹,千古意分明。”师云:“是什么曲调?”

问:“如何是正法眼?”师云:“日出扶桑照大千。”

---

① 篪:音迟。乐器一种。

上堂云:“梅天霖雨任沉暝,困倦难教昧鹤形。不睡眼开心不异,非闻朝暮更惺惺。大众,睡底自有睡底道理,不睡自有不睡底道理。”忽有人出问:“如何是不睡底眼?”良久云:“日月不行忉利天。”下座。

随州善光山兰禅师

问:“玄机历掌人皆向,今日当筵愿指南。”师云:“海门横铁柱。”僧曰:“恁么则神锋不露顶。”师云:“陆地钓鱼舟。”僧曰:“且礼三拜。”师便打。

师云:“一见一切见,处处皆成现。龙门透过时,口里无钓线。参。”

天台妙智寺光云禅师

问:“如何是祖师西来意?”师云:“东篱黄菊。”僧曰:“意旨如何?”师云:“九月重阳。”

上堂。拈拄杖云:“看看,祖师来也,汝等诸人于此荐取。若荐得,便请丹霄独步。若荐不得,不免少林冷坐。”卓一下。

潭州龙兴禹禅师

问:“郡僚佥请师登座,为人一句望宣扬。”师云:“海晏河清。”僧曰:“玄关已剖人皆耸,物外高奇鸟道分。”师云:“四海歌谣贺太平。”

上堂云:“大道不远,至理非遥。动静卷舒,无非佛事。恁么说话,笑杀傍观。且道如何得相应去?”良久云:“千言万语无人会,又逐流莺过短墙。咄。”

江陵开圣院宝情山主

问:“如何是开圣境?”师云:“三乌引路。”僧曰:“如何是境中人?”师云:“二虎巡山。”

《建中靖国续灯录》卷第五·对机门

庐陵清原山行思禅师第十一世

明州雪窦山重显明觉禅师法嗣

越州天衣山义怀禅师

姓陈氏。温州乐清人。母因梦星殒于庭,祥光满室,已而诞。师幼寡言笑,出语异众。投诚出家,其受业师预梦神人告曰:“明日法王来也。”翌旦师至,即异待之。受具后,闻讲经云“应无所住而生其心”,微有省悟。发问诰难,众莫能对。

及游诸方,遍参知识。印可虽众,未罄宗旨。后抵都下,遇言法华,拊师背曰:“云门、临济也。”遂造苏州翠峰明觉禅师法席。因汲水次,担堕于地,豁然大悟,显即印可。后住铁佛、投子、柤[①]林、广教、景德、杉山、天衣、荐福,道化盛行,嗣法者悉世龙象。学士苏澥、吏部苏注,皆以师敬。

问:“如何是佛?”师云:“布发掩泥,横身卧地。”僧曰:

① 柤:音但。

“未审意旨如何?”师云:“任是波旬也皱眉。”僧曰:“恁么则谢师指示。”师云:“西天此土。”

问:“如何是祖师西来意?”师云:“泛杯千顷浪,登岭万重山。”

问:“如何是不动尊?”师云:“一手提不起。”僧曰:“未审意旨如何?”师云:“进上圣明君。”

问:“门庭肃静,宾主历然。不落化门,请师便道。”师云:“阳气发时无硬地。”僧曰:“犹是建化门中,请师别道。”师云:“枯木无花莫怨春。”

问:“止止不须说,我法妙难思。作么生是难思底句?”师云:“与人作榜样。”僧曰:“恁么则人天奔浪也。”师云:“你到他处作么生举?”僧曰:“大家要分明。”师云:“德山、临济权且寄库。”

问:“投子下禅床,意旨如何?”师云:“前头是三门,中间是佛殿。”僧曰:“忽遇客来,如何看待?”师云:“水到渠成。”随后便打。

问:“一言相契时如何?”师云:“吃棒了退。”僧曰:“三十年后,不忘师恩。”师打一棒。

问:“学人上来,请师说法。”师云:“林间鸟噪,水底鱼行。”

问:“三界无家,师归何处?”师云:“竹密不妨流水过,山高岂碍白云飞。”僧曰:“莫便是和尚安身处也?”师云:“日出东方夜落西。”

问:“旧店新开时如何?”师云:“汝不是南番舶主。”僧曰:“开后如何?”师云:“还我话头来。”僧曰:“遇舶主来时如何?”师云:“想君不是金牙作。”僧拟议,师便喝,僧亦喝,师云:“斋后钟。”

上堂云:“云生谷口,水滴悬崖。猿啸孤峰,雁横碧落。眼睛定动,鼻孔辽天。箭发离弦,新罗国里。”便下座。

上堂。良久云:“物境萧条,寒风刮地。渡水胡僧,泛杯道士。筑着磕着,稽首不审。若问彼彼来由,各各随浪逐浪。”

上堂云:“阇王杀父,圆悟无生。善星出家,生陷地狱。彼亦丈夫,各自退屈。通身是眼,见处偏枯。截断众流,正是随波逐浪。诸仁者要会么?冬瓜长儱侗,瓠子曲弯弯。”

上堂云:“波澄镜静,鱼龙可观。手内丝纶,复将何用。东西浩渺,南北茫然。一笛横吹,长天万里。”

上堂云:“须弥顶上不扣金钟,毕钵岩中无人聚会。山僧倒骑佛殿，诸人反着草鞋。朝游檀特，暮到罗浮。拄杖针筒，自家收取。”

上堂云：“衲僧横说竖说，未知有顶门上眼。”时有僧问：“如何是顶门上眼？”师云：“衣穿瘦骨露，屋破看星眠。”

问：“如何是古佛机？”师云：“得。”僧无语。师云：“尽乾坤大地人，总解书，总识字。且道是那个得字？试定当看。若定当得，许你具正法眼。”

上堂云：“林间翠竹，陌上黄花。主伴交参，共谈斯事。不用南询诸友，东见文殊，一时向目前参取。行脚事毕。”

上堂。大众集定，云：“上来打个不审，能消万两黄金。下去打个珍重，亦消得四天下供养。若作佛法话会，滴水难消。若作无事商量，眼中着屑。且作么生即是？”良久云：“还会么？珍重。”

上堂云：“夫为宗师，须是夺耕人之牛，饥人之食，遇贱即贵，遇贵即贱。夺耕人之牛，令他苗稼丰登；夺饥人之食，令他永绝饥渴；遇贱即贵，握土成金；遇贵即贱，变金成土。老僧亦不夺耕人之牛，饥人之食，何谓？耕人之牛，我复何用？饥人之食，我复何餐？我也不握土成金，也不变金作土，何也？金是金，土是土。玉是玉，石是石；僧是僧，俗是俗；古今天地，古今人伦，古今日月。虽然如此，打破大散关，几个迷逢达磨。"

上堂云："一钳一锤，抽钉拔楔。大唐鼓鞴，新罗打铁。诸仁者，尽乾坤大地是个槌，且道栖在什么处？若更问你么钳，与山僧一时败阙。参。"

上堂云："雁过长空，影沉寒水。水无沉影之心，雁无遗踪之意。若能如是，方解向异类中行。不用续凫截鹤，夷岳杯壑。放行也，百丑千拙；收来也，挛挛拳拳。用之，则敢与八大龙王斗富；不用，都来不直半分钱。参。"

上堂云："髑髅常干世界，鼻孔摩触家风。芭蕉闻雷开，葵花随日转。诸仁者，芭蕉闻雷开，还有耳么？葵花随日转，还有眼么？若也会得，西天即是此土。若也不会，七九六十三。收。"

上堂云："云笼古殿，迦叶攒眉。露滴阶墀，空生泪泣。森罗举唱，孰是知音。水乳难分，鹅王善别。忽然顶门眼开，莫道山僧压良为贱。"下座。

上堂云："夫宗师提谈祖道，有自受用三昧、他受用三昧。若论自受用三昧，三世诸佛立在下风；文殊提鞋，普贤挈杖，未为分外，放一线道。说他受用三昧，一尘一佛土，一叶一释迦；重重楼阁，无尽善财；眠底是眠底弥勒，立底是立底释迦。所以病有千差，药兴万种。二千年前，灵山会上有五百比丘得四禅定，具五神通，以宿命智，各各见过去杀父、杀母、杀阿罗汉及诸重罪，于自心内各怀疑怖。于是文殊手握利剑，以逼如来。世尊谓文殊曰：'住住。不应作逆，勿得害我。我必被害，为善被害。文殊师利，从本已来，无有我人，但以内心见有我人，内心起时，我必被害，即名为害。'于是五百比丘各各自悟本心，如梦如幻。于梦幻中无有父母、能生、所生，乃至杀阿罗汉等。五百比丘异口同音，乃赞文殊云：'文殊大智士，深达法源底。自手握利剑，持逼如来身。如剑佛亦尔，一相无有二。无相无所生，是中云何杀。'诸仁者，作么生说个如剑佛亦尔？"拈拄杖云："看看，文殊菩萨变作楖栗拄杖，在山僧手里。"良久云："你若近前，却变作金刚宝剑。你若退后，却变作德山、临济，蔡州个个瓦解冰消。"击禅床，下座。

上堂云："灵源绝迹，普现色身。法离断常，有无堪示。所以道：'尘尘不见佛，刹刹不闻经。'要会灵山亲授记，昼见日，夜见星。"良久云："若到诸方，不得错举。参。"

信州广教景先禅师

问："师唱谁家曲，宗风嗣阿谁？"师云："有水皆含月，无山不带云。"僧曰："不睹云中雁，焉知沙塞寒。"师云："胡言易会，汉语难明。"

饶州妙果院自政禅师

问："香风满路人皆委，一朵莲开事若何？"师云："相识满天下。”僧曰:“一堂风冷澹,千古意分明。”师云:“只恐不是玉。”僧曰:“适来已蒙师指示,人天一会尽沾恩。”师云:“切忌盈虚。”

舒州东禅院贤禅师

问:“说佛说祖,魔魅家风。演妙谈真,未为极则。去此二途,请师别道。”师云:“放汝三十棒。”僧便喝。师云:“罪不重科。”僧以手画一画,师云:“野狐精。”僧曰:“且礼和尚三拜。”师云:“一任踌跳。”

苏州荐福知一禅师

问:“知师久唱韶阳曲,北斗藏身事若何?”师云:“片帆离古岸。”僧曰:“恁么则云门重孙,雪窦嫡子。”师云:“风送过沧洲。”

上堂云:“雪岭泥牛吼,云门木马嘶。巨灵分大华,严子隐深溪。”

越州天衣在和禅师

问:“祖祖相传传祖印,师今得法嗣何人?”师云:“人将语试,水将杖探。”僧曰:“廓周沙界。”师云:“一夜歌开尽,百花犹未知。”

湖州海会择芝禅师

问:“师唱谁家曲,宗风嗣阿谁?”师云:“宝镜当台。”僧曰:“恁么则雪窦嫡子。”师云:“窥天鉴地。”

越州称心省倧禅师

问:“已赴称心,将离双涧。如何是不动尊?”师云:“上马见路。”僧曰:“恁么则动而常寂。”师云:“千里万里。”

问:“五叶香风清宇宙,师今得法嗣何人?”师云:“言前打当,句后分明。”僧曰:“恁么则黄河清有日,雪岭木人欢。”师云:“且喜勿交涉。”

问:“如何是祖师西来意?”师云:“行人念路。”僧曰:“学人不会。”师云:“紧峭草鞋。”

问:“学人未识佛性,乞师指个入头。”师云:“一雨普沾,千山秀色。”僧曰:“未审如何保任?”师云:“退身三步。”

问:“如何是道?”师云:“纵横十字。”僧曰:“如何是道中人?”师云:“相逢不下马,各自有前程。”

上堂云："佛种从缘起，是故说一乘。"拈拄杖云："拄杖是缘，那个是佛种？拄杖是一乘法，那个是缘？遮里参见释迦老子了，却买草鞋行脚，不得向衲僧门下过，打折汝腰。且道衲僧据个什么？"良久云："三十年后莫孤负人。"卓一下。

明州上山德隆禅师

问："师唱谁家曲，宗风嗣阿谁？"师云："有时直上孤峰顶，月下披云啸一声。"僧曰："乳峰一枝，此日独秀。"师云："龙蛇易辨，衲子难瞒。"僧曰："谢师方便。"师云："一拨便转。"

越州称心清演禅师

问："知师久蕴囊中宝，今日当筵略借看。"师云："红日一轮。"僧曰："学人不会。"师云："清风四起。"僧曰："恁么则雪窦嫡子。"师云："莫乱道。"

明州岳林藏院宗善禅师

问："如何是道？"师云："深耕浅种。"僧曰："如何是道中人？"师云："田舍奴。"

问："如何是末上消息？"师云："独掌不浪鸣。"僧礼拜,师便打。

杭州证圣守环禅师

问:"金轮示迹,玉毾[①]垂芳。古路坦然,如何举唱?"师云:"千年常住一朝僧。"僧曰:"恁么则云生岭上。"师云:"更有奇特么?"僧便喝,师亦喝。僧曰:"两重公案。"师嘘一声。

杭州承天传宗禅师

开堂日,上首白槌罢,师云:"机轮才转,千眼顿开。智刃一挥,十方肃静。有何俊士,不避死生,剔起眉毛,出众相见。"问:"如何是诸佛本源?"师云:"千江流白月。"僧曰:"如何领会?"师云:"三十年后。"

问:"如我按指,海印发光时如何?"师云:"平地起波澜。"僧曰:"请师按指。"师云:"风前声已急,一曲过扬州。"

问:"如何是宗门中事?"师云:"文殊有敕。"僧曰:"学人请益。"师云:"西天令严。"

问:"祖意教意,是同是别?"师云:"胡马嘶北风,越鸟

---

① 毾:音叠。细毛布。

巢南枝。”

问：“如何是凤凰家风？”师云：“龙行虎步。”僧曰：“客来将何祇待？”师云：“盘里明珠。”

问：“远远相投，请师一接。”师云：“碧波千万丈。”僧曰：“乞师方便。”师云：“直钓巨鳌归。”

问：“久负勿弦琴，请师弹一曲。”师云：“徒劳侧耳。”僧曰：“与么则得闻于未闻。”师云：“又被风吹别调中。”

问：“大用现前，不存轨则时如何？”师云：“承天今日高竖降旗。”僧便喝，师云：“临济儿孙。”僧又喝，师便打。

问：“如何是般若体？”师云：“云笼碧峤。”僧曰：“如何是般若用？”师云：“月在清池。”

师云：“人天普集，宾主交驰。问者雄辨滔滔，若百川之流水。答者峻机叠叠，若圆器之倾珠。去古佛庙前，总使不着。何谓广大门风？威德自在，不用弹指，楼阁门开，便见祖风与尧风并扇，佛日与舜日齐明；截生死流，踞祖佛位。还会么？久立，珍重。”

上堂云：“上青水碧，文殊常现于目前。雨洒云舒，普贤周遍于法界。风鸣鸟语，观音时演于圆通。叶落花开，毗卢全示于真要。忽若骑驴入你鼻孔里，牵牛入你眼睛中,又作么生商量?参。"

上堂云:"闻声悟道,犹是听响之流。见色明心,何异眼中着屑。真如佛性,要且未出苦源。行布圆融,恰似无绳自缚。若是衲僧家,喝散白云,冲开碧落,横身三界,独步大方。若不如是,徒为丈夫。"喝一喝,下座。

上堂云:"春风飈飈[①],春鸟喈喈[②]。绿柳溪边半舞,桃华岭上斗开。翻思昔日灵云老,直至如今不见来。"拈拄杖云:"来也来也,与他穿过鼻孔。"

上堂云:"大众前出来相见,也须是个本分作家始得。应时如锋,应机如电。点着不来,新罗国里。珍重。"

上堂云:"衲僧门下,不在多端。达士相逢,非存目击。始知拈槌举拂,眼里尘沙。瞬目扬眉,犹是钝汉。直下明得,无孔铁锤。拟欲寻思,千里万里。"卓拄杖一下。

鼎州乾明知应禅师

问:"莲华未出水时如何?"师云:"撑天拄地。"僧曰:"出水后如何?"师云:"填沟塞壑。"

---

① 飈:音拂。风也。
② 喈:音阶。音声和谐。

上堂云:“马祖升堂,百丈卷席。火动烟生,云擎雨色。觌面相呈,一何轻掷。重赏三千,轻酬八百。参。”

天台宝相蕴欢禅师

问:“如何是学人自己?”师云:“曾问几人来?”

问:“如何是佛?”师云:“堂堂八尺余。”

苏州万寿神初惠照禅师

问:“祖祖相传传祖印,师今得法嗣何人?”师云:“乳窦峰高翠倚天。”僧曰:“恁么则雪窦嫡子也。”师云:“休向水中捞宝月,且于身上认衣珠。”

潭州龙兴智传禅师

桂州阳朔人也。姓莫氏。圆顶游方,久参雪窦。出世三湘,道归四众。治平中示灭。平生行住坐卧处悉涌舍利,禅徒唱得衣物者,至今舍利日生。有于真前志诚求者,随心示应。

问:“久处湖湘,拟伸一问,师还答否?”师云:“何得拖泥带水?”僧便喝,师云:“一阵雨,一阵凉。”僧礼拜,师云:“有头无尾。”

汉阳军凤栖仲卿禅师

道性超拔，学行和光。唱导凤栖，嗣法雪窦。嘉祐中，以《大藏经》因缘，入京谒诸朝士，相国韩魏公颇深器之，由是翕然而就。

问："古佛出世，为大事因缘。和尚出世，当为何事？"师张口吐舌，僧曰："只遮个，别更有在？"师云："朝三千，暮八百。"

问："百骸俱溃散，一物镇长灵。如何是一物？"师云："苦哉佛陀耶。"僧曰："和尚还有为人处也无？"师云："弄精魂汉。"僧曰："何必如此？"师云："讳人道着。"

上堂云："道无前后，达者由人。虽然根性利钝差殊，究实元无有异。所以三乘教法，接引迷途。执相滞名，卒难造入。是故过去诸佛于此涅槃，现在诸佛于此成道，未来诸佛于此修行。不见达磨大师道：'吾本来兹土，传法救迷情。一花开五叶，结果自然成。'"拈拄杖云："会么？彼一时，此一时。嵩山果熟也，一任诸人采摘。"卓拄杖一下。

上堂云："巍巍堂堂，三界无双。磊磊落落，十方寥廓。拟议则丧身失命，思量则千错万错。"喝一喝，下座。

温州平阳宝庆子环禅师

问:“大施门开,请师一决。”师云:“风行草偃。”僧曰:“一句截流又作么生?”师云:“水到渠成。”僧曰:“华盖山上云,慎江江里水。”师云:“郎中在此。”

问:“古镜未磨时如何?”师云:“清风来不尽。”僧曰:“磨后如何?”师云:“明月照重城。”僧曰:“太守临筵,请师一照。”师云:“是何面孔?”僧曰:“三十年后。”师云:“赚杀人。”

师拈拄杖云:“朝到西天,暮归东土即且致,把断要津一句作么生道?若也道得,不出门知天下。若道不得,拄杖子笑你。”击禅床一下。

温州雁荡灵岩寺德初禅师

问:“大众临筵,如何举唱?”师云:“谢塘青草年年长,瓯浦潮来日日新。”僧曰:“莫便是为人处?”师云:“且莫错认。”问:“棒喝齐收,请师相见。”师云:“老僧不如汝。”僧曰:“专为流通。”师云:“堪作什么?”

问:“心生种种法生,如何是种种法生?”师云:“我与汝葛藤。”僧曰:“今日已见于师也。”师云:“且喜勿交涉。”僧礼拜,师云:“孤负杀人。”

师云："问得须弥岌峇，海水腾波，祖道门中未有少分。何故？从门入者，不是家珍。本自圆融，何须特地？便乃人人踞妙峰孤顶，个个彻诸法根源，不假慈氏阁中，今日一时明取。还明得也无？若也明得，故号丈夫，不孤千圣深恩，亦答国王大化。珍重。"

真州长芦崇福禅院祖印禅师

讳智福。江州人，夏文庄之系族也。出家圆具，遂参雪窦，发明祖意。道行才智，洒然超迈。四处住持，胜缘毕集。三十年间，众盈五百。豫章郡王宗谔，稔闻道风，遥伸师礼，奏赐章服、师名。

开堂日，上首白槌罢，师云："适来槌下，早落第二义门。敢问大众，作么生是第一义谛？傥或缁素未明，却请当场问过。"问："如何是教外别传一句？"师云："问不着。"僧曰："为什么问不着？"师云："白云千万里。"僧曰："学人退身三步。"师云："更待何时？"

问："宝剑未出匣时如何？"师云："涩。"僧曰："出后如何？"师云："利。"

问："如何是第一机？"师曰："不为鼷鼠。"僧曰："岂无方便？"师云："静处萨婆诃。"

师云:"问在答处,答在问宗,一任诸人点头。忽若问不在答处,答不在问宗,又且作么生摸索?"乃展手云:"无遗丝发,一时分付。请诸人各各仔细观瞻,甚生门风?甚生标格?傥一念回光,千圣共彻;不历僧祇,岂劳修证?截生死河,踞祖佛位,便乃高超三界,永出四流;万德圆明,十方独步,可不同酬佛恩,共显王化?"

湖州报本有兰禅师

问:"道无横径,立者皆危。如何是道?"师云:"日耀祥光澹。"僧曰:"意旨如何?"师云:"风摇瑞色浓。"僧礼拜,师云:"犹欠一着。"

问:"拨尘见佛即不问,宝剑挥空事若何?"师云:"脚下看。"僧曰:"脚下且致,向上事又且如何?"师云:"天晴日出,雨下云兴。"

问:"法本无说,当说何明?"师云:"水中盐味,色里胶青。"僧曰:"便恁么时如何?"师云:"三十年后。"

师云:"衣中至宝,何假披沙?各自持来,复将何用?交光互入,不隐不彰。达磨九年,不敢动着,恐屈儿孙。报本不惜眉毛,普示大众。"拈起拄杖,大众拟议,一时打杀。

上堂云:"大无方,小无所。半合半开,未可相许。岭梅初拆众花荣,微雨微晴春力普。春力普,到头莫问曹溪祖。"

上堂云:"法无有尔,理见非常。至道无当,刹尘应物。直得风行草偃,响顺声和,无纤芥可齐。是卓牌闹市,要得不伤和气。闲与露柱商量,苟能自契点头。莫谓山僧多口。"便下座。

越州称心守明禅师

问:"如何是佛?"师云:"道什么?"僧曰:"如何是法?"师云:"道什么?"僧曰:"如何是僧?"师曰:"道什么?"僧曰:"谢师重重相为。"师云:"道什么?"

庐山汤院守恩禅师

问:"学人上来,请师说法。"师云:"花开媚景。"僧曰:"恁么则言不虚发。"师云:"玉叶芬芳。"

真州六合香积孜禅师

问:"四山相逼则不问,六合门开事若何?"师云:"七通八达。"僧曰:"恁么则妙用任纵横。"师云:"三脚虾蟆跳上天。"

问:"如何是坐禅僧?"师云:"万事总无能。"僧曰:"如何是入定僧?”师云:“四海本澄澄。”僧曰:“如何是行道僧?”师云:“六合势腾腾。”僧曰:“如何是应供僧?”师云:“三轮等性空。”

上堂云:“菩萨之道,不可图度。万法本无,四空宁有?假无为为宗,无相为本。量包沙界,德洽乾坤。或演一乘,或垂三句,或令悟本,悉使返源。究竟之中,必无是事。了得本心心了了,山河大地亦闲闲。”

上堂云:“本有之心,丝毫不隔。因兹错念,遂致邪非。垢尽遇人,使明己见。作么生是己见?四海洪波静,一轮天地明。”

信阳军乾明则禅师

问:“师唱谁家曲,宗风嗣阿谁?”师云:“片云生海峤,一雁过寒空。”僧曰:“与么则雪窦嫡子也。”师云:“一岭英英,六花皎皎。”

问:“如何是祖师西来意?”师云:“清风生碧落。”僧曰:“意旨如何?”师云:“明月映长江。”问:“如何是海印三昧?”师云:“但向己求。”僧曰:“学人不会。”师云:“莫从他觅。”

问:“如何是日用道?”师云:“一箭到西天。”僧云:“到后如何?”师云:“周遍法界。”

处州南明日慎禅师

问:“师子未出窟时如何?”师云:“清风满地。”僧曰:“出窟后如何?”师云:“群狐脑裂。”

问:“祖意与教意,是同是别?”师云:“水天影交碧。”僧曰:“毕究是同是别?”师云:“松竹声相寒。”

师云:“设使问似倾湫倒岳,东西踞地,南北知方;逆顺无拘,出没自在;尽大地草木丛林悉为智刃,且于建化门中,犹较些子。若据本分相见,可谓十万八千。”

南岳云峰元益首座

李林宗居士问:“意欲出尘今未出,请师今日决疑情。”座云:“作么生是出尘意?”士惘然,座云:“还会么?”士忽然省悟,有颂云:“心镜从来莹,洪河本自深。只因师问后,沙石化为金。”座云:“正趋地狱。”士曰:“人我无相,胡为地狱?”座云:“汝今何在?”士曰:“见今对答。”座曰:“只此是黄金。”

舒州投子山法宗道者

问:“如何是道者家风?”者云:“袈裟裹草鞋。”僧曰:

“意旨如何?”者云:“亦脚下桐城。”

韶州南华宝缘慈济禅师法嗣

韶州甘露山自缘禅师

问:“祖意西来,乞师垂示。”师云:“青山绿水长相对。”僧曰:“毕竟如何?”师云:“还我话头来。”

广州兴化延庆禅师

上堂云:“言前荐得,孤负平生。句后投机,全乖道体。离此二途,祖宗门下又且如何?”良久云:“眼里瞳儿吹木笛。”

韶州永泰宗宝禅师

问:“如何是和尚家风?”师云:“千年松柏。”僧曰:“忽遇客来,将何祇待?”师云:“万载一条新。”

韶州宝寿行德禅师

在南华受请,恰遇新冬,师示众云:“新冬新宝寿,言是旧时言。若会西来意,波斯上舶船。”

上堂云:“云散长空,月生天际。有眼者辨取。”

韶州白虎山守升禅师

问:“如何是佛?”师云:“有眼无鼻孔。”

韶州佛陀山宗钦禅师

问:“如何是和尚直截为人一句?”师打一拂子云:“会么?”僧云:“不会。”师云:“逢人莫错举。”

韶州双峰山法崇禅师

问:“不露圭角句,未语先分付。如何是先分付?”师云:“道什么?”僧曰:“恁么则谢师指示。”师云:“汝作么生会?”僧无对,师云:“赚却人。”

韶州乐昌县宝林山海月禅师

问:“如何是佛?”师云:“十相具足。”僧曰:“莫只遮便是?”师云:“少一不可。”

韶州延祥法迎禅师

问:“牛头未见四祖时如何?”师云:“拄杖、拂子。”僧曰:“见后如何?”师便打,僧曰:“今日亲见和尚。”师云:“再犯不容。”

韶州舜峰惠宝禅师

问:“步步登高时如何?”师云:“险。”僧曰:“不进不退时如何?”师云:“丧。”僧曰:“如何即是?”师云:“苏嚧苏嚧。”

襄州洞山普乐子荣禅师法嗣

庐山圆通祖印禅师

讳居讷。汉州蹇氏子也。十三受具,十五开讲。一挥谈麈,千人匝坐。器宇冰清,心源海湛。敏惠冠绝,行解超伦。出语成章,落笔盈卷。忽舍所学,远参禅宗。见荣禅师,顿悟祖意。后出世住归宗,未几迁上圆通,又移四祖,后还圆通。欧阳文忠公修一见,深仰风规。每问南来士人:“曾见讷禅师否?”由是朝野望重。皇祐中,仁宗皇帝诏居京城净因,坚让不赴。就赐章服、师号。

熙宁三年中,一日,辞江牧刘公述及诸僚属,归院沐浴,端坐示灭。刘公率缁俗数千,送至荼毗。焰中白气,上贯太阳。众皆惊仰。

问:“如何是和尚家风?”师云:“紫霄峰畔归宗寺。”僧曰："忽遇客来，将何祗待？"师云："游山玩水。"

问："祖刹重兴时如何？"师云："人在破头山。"僧曰："一朝权在手。"师便打。

师云："三乘十二分教还曾道着么？"良久云："吃茶去。"

洪州百丈山智映宝月禅师法嗣

杭州惠因祥禅师

问："师唱谁家曲，宗风嗣阿谁？"师云："天圆地方。"僧曰："端的请师一言。"师云："若到诸方，分明举似。"

师云："南山高，北山低，日出东方夜落西。白牛上树觅不得，乌鸡入水大家知。且道觅得后又如何？"良久云："堪作什么？"

杭州慧因义宁禅师

问："佛未出时如何？"师云："摩耶夫人。"僧曰："出世后如何？"师云："悉达太子。"

上堂云："澄停识浪，水清影现。悟无念体，寂灭现前。东弗于代，西瞿耶尼，许汝恁么会，三十年后且莫颟顸。参。”

潭州云盖山继鹏禅师法嗣

越州诸暨钟山报恩禅院谭禅师

问:“善法堂中师子吼,利人一句又如何?”师云:“重叠关山路。”僧曰:“与么则紫邻岩畔千花秀,白玉堂前万姓歌。”师云:“念话杜家。”

问:“至道无难,唯嫌拣择。如何是不拣择?”师云:“昨日初三,今日初四。”僧曰:“此犹是拣择。”师云:“龙蛇易辨,衲子难满。”

问:“一问一答,犹落建化门庭。未审第一义中如何举唱?”师云:“檐前雨滴,雪满长空。”僧曰:“若然者,到头霜夜月,任运落前溪。”师云:“作家禅客。”僧曰:“和尚莫瞒人好。”师云:“却是你瞒我。”

问:“如何是祖师西来意?”师云:“只履已归葱岭久,而今休更问来端。”僧曰:“得与么去时如何?”师云:“南山起云,北山下雨。”

问:“杖锡已居于此日,请师一句利人天。”师云:“鼻孔大头向下。”僧曰:“向上还有事也无?”师云:“有。”僧曰:“如何则是?”师云:“欲穷千里目,更上一层楼。”

上堂云:“法身无象,应物现形。诸禅德,作么生说个应物现形底道理?”拈拄杖示众云:“世尊身长丈六,遮个拄杖子亦长丈六;弥勒身长千尺,遮个拄杖子亦长千尺。方圆任器,隐显从他。大包天地,细入尘芦。如驴觑井,如井觑驴。得之者,运筹帷幄,把断要津。失之者,杳杳忽忽,虚生浪死。得失二途,一时放却。敢问诸人,且道山僧拄杖子毕竟长多少?”良久云:“笑指客从何处来。”击香台一下。

上堂。顾视大众云:“若未能如是,且须俗机宜。所以仲冬严寒,人人尽贺日南长至。禅人到此,直须眨上眉毛。莫学东村王老,夜来失了巴鼻。参。”

筠州洞山晓聪禅师法嗣

云居晓舜禅师

筠阳人也。少年粗猛,忽悟浮幻,投师出家,乃修细行。参聪禅师,一日入室,聪问云:“古镜未磨时如何?”曰:“黑似漆。”聪云:“磨后如何?”曰:“照天照地。”聪云:“我即不恁么。”师便问:“古镜未磨时如何?”曰:“此去朗州不远。”师云:“磨后如何?”曰:“黄鹤楼前鹦鹉洲。”师忽有省。由是道誉远布,禅徒依之。

后住筠州大愚庐山栖贤。治平中,一日,召大众云:

"本来无事,临行何语。片时片时,便去便去。"言毕而逝。

问:"师唱谁家曲,宗风嗣阿谁?"师云:"云有出山势,水无投涧声。"僧曰:"新丰一箭,直射大愚。"师云:"今日几遭雨水。"

问:"如何是为人一句?"师云:"晴天日出。"僧曰:"与么则从此无疑。"师云:"雨下云阴。"

问:"千里特来即不问,旧店新开事若何?"师云:"你要买个甚么?"僧提起坐具云:"还有遮个么?"师云:"东行不见西行利。"僧曰:"有钱堪作好儿郎。"师云:"吽,你谑我。"

问:"承师有言'不谈玄,不说妙',去此二途,如何指示?"师云:"虾蟆赶鹞子。"僧曰:"全因此问。"师云:"老鼠弄猴狲。"

上堂云:"唯一坚密身,一切尘中现。虾蟆蚯蚓各有窟穴,乌鹊鸠鸽亦有窠巢,正当与么时,为甚么人说法?"良久云:"方以类聚,物以群分。"

上堂云:"学道莫生分别,分别便成解会。但信自心是佛,历劫更无迷昧。久立。"

上堂云:"三峡道无别,朝朝只么说。僧繇会写真,镇府出镔铁。珍重。”

上堂云:“不长不短,不小不大。此个道理是谁境界? 咄。”

上堂云:“尽力提不起,放下绝无踪。借问诸禅者,此理若为通?”

上堂云:“言不假繁,道不假修。若人会得,任性随流。久立。”

潭州大沩山密印寺怀宥禅师

问:“人将语试,金将火试。未审衲僧将什么试?”师云:“拄杖子。”僧曰:“毕竟如何?”师云:“退后着。”僧应喏,师便打云:“教休不肯休,直待雨霖头。”

杭州佛日山明教禅师

讳契嵩。藤州东山人也。俗姓李氏。七岁出家,十三得度。十九游方,遍参知识,得法于洞山聪禅师。常居永安兰若,披寻内外典籍。乐于著撰,力扶宗教。嘉祐中,以所述《禅门传法正宗记》《定祖图》《辅教编》,上进仁宗皇帝,敕颁天下,附入大藏。赐号明教。

熙宁四年六月四日,示灭于灵隐寺。寿六十有六。是月八日荼毗，眼、舌、男三根不坏，顶骨上出舍利，红白晶莹。师平生顶戴观音，口诵名号。木槵数珠亦烧不坏。其如解行高洁，性智虚明。宋代高僧鲜有如师，具在陈《贤良行业记》。

《建中靖国续灯录》卷第六·对机门

卢陵清原山行思禅师第十一世

洪州泐潭山宝峰院怀澄禅师法嗣

东京十方净因禅院大觉禅师

讳怀琏,姓陈氏。漳州龙溪县人也。诞生之夕,梦僧伽降室,因小字"泗州"。既有异兆,佥知祥应。龆龀[1]出家,丱[2]角圆顶。督志道学,寝食无废。一日洗面,泼水于地,微有省发。即慕参寻,远造泐潭澄禅师法席,投机印可。

次历丛林,众向道誉。年过不惑,名动仁御。奉诏住净因禅院,三宣内苑。对圣敷扬,开悦宸衷。赐号"大觉",并制赞颂,须许赓酬[3]。天眷日深,颇若师友。其磨衲、金钵、宝珠,皆上旨批赐。晚以高年,乞身林下。敕从所请,随意住持。因止育王山,云徒复凑。道合圣心,名重当世。本朝宗匠,未如荣幸。

① 龆龀:音条衬。童年。
② 丱:音灌。幼年。
③ 赓酬:以诗歌与人相赠答。

师皇祐二年十二月十九日，仁宗皇帝宣入后苑化成殿，令一依开堂时仪范，升座说法。宣左街副僧录慈云大师清满启白，清满谢恩罢，乃曰："帝苑春光，皇家启会。万乘既登于舜殿，两街获奉于尧眉。爰当和育之辰，正是阐扬之日。宜谈祖道，上副宸衷。谨白。"

师遂升座，拈香祝圣毕，敷坐。华严禅师白槌云："法筵龙象众，当观第一义。"师云："适来白槌，甚好消息。还有证据者么？出来对圣人前试通吐看。"时有宣教大师问："满目尽观银世界，未审普贤在什么处？"师云："犹似对面不识。"僧曰："六牙白象空中立，万乘君王坐宝台。"师云："帝网重重向此开。"

师复云："古佛堂中，曾无异说。流通句内，诚有多谈。得之，妙用无亏。失之，触途成滞。所以溪山云月，且处处以同风；水鸟树林，亦头头而显道。若于迦叶门下，直得尧风荡荡，舜日明明；野老讴歌，渔人鼓舞。当此时节，纯乐无为。久渎圣聪，伏惟珍重。"

问："诸佛出世，利济群生。猊座师登，将何拯济？"师云："山高海阔。"僧曰："花发无根树，鱼跳万仞峰。"师云："新罗国里。"僧曰："慈舟不棹清波上，剑峡徒劳放木鹅。"师曰："脱却衣裳卧荆棘。"僧曰："人将语试。"师云："惯得其便。"僧拊掌，师云："更跨跳。"

问:“橹棹不停时如何?”师云:“清波箭急。”僧曰:“恁么则移舟谙水势,举棹别波澜。”师云:“济水过新罗。”僧曰:“古佛位中留不住,夜来依旧宿芦花。”师云:“儿童不识十字街。”

问:“圣君御颂亲颁赐,和尚将何报此恩?”师云:“两手托地。”僧曰:“恁么则一人有庆,兆民赖之。”师云:“半寻拄杖搅黄河。”

问:“坐断毗卢顶,不禀释迦文,犹未是学人行业。如何是学人行业?”师云:“斫额望明月。”僧以手便拂,师曰:“作什么?”僧忙然,师云:“赚却一船人。”

师云:“若论‘佛法’两字,是加增之辞,廉纤之说。诸人向遮里承当得,尽是二头三手,譬如金屑虽贵,眼中着一点不得。若是本分衲僧,才闻举着此事,便一摆摆断,不受纤尘,独脱自在,最为亲的。然后便能在天同天,在人同人,在僧同僧,在俗同俗,在凡同凡。在圣同圣。一切处出没自在,并拘检佗不得,名邈佗不得。何也?为渠能建立一切法故。一切法要且不是渠,渠既无背面,第一不用妄与安排。但知十二时中,平常饮啄,快乐无忧。只此相期,更无别事。所以古人云:放旷长如痴兀人,佗家自有通人爱。”

上堂云:“文殊宝剑,得者为尊。”乃拈拄杖云:“净因今日恁么,直得千圣路绝。虽然如是,犹是矛楯相攻。不犯锋铓，如何运用？”良久云：“野蒿自发空临水，江燕初归不见人。参。”

上堂云：“太阳东升，烁破大千之暗。诸人若向明中立，犹是影响相驰。若向暗中立，也是藏头露影汉。到遮里，作么生吐露？”良久云：“逢人只可三分语，未可全抛一片心。参。”

上堂云：“世法里面迷却多少人，佛法里面醉却多少人。只如不迷不醉，是什么人分上事？”

上堂云：“言锋才击，义海交深。若要径截一路，各请归堂。”

上堂云：“应物现形，如水中月。”遂拈起拄杖云：“遮个不是物，即今现形也。且道月在甚么处？”良久云：“长空有路还须透，潭底无踪不用寻。”击香台一下。

上堂云：“白日东上，白日西落，急如投壶闪寥廓。神龙一举透无边，纤鳞犹向泥中跃。灵焰中，休凑泊，三岁孩童髽[①]四角。参。”

上堂。良久，举起拳头云：“握拳则五岳倒卓，展手则五指参差。有时把定佛祖关，有时托开千圣宅。今日遮里

① 髽：音抓。梳在头顶两旁的发髻。

相呈,且道作何使用?”拍禅床一下,云:“向下文长,付在来日。”

天台赤城山用良禅师

问:“三门与自己,是同是别?”师云:“八两移作半斤。”僧曰:“恁么则秋水泛渔舟。”师云:“东家点灯,西家觅油。”僧曰:“山高月上迟。”师云:“道什么?”僧曰:“莫瞌睡。”师云:“入水见长人。”

临江军有文禅师

上堂云:“建山寂寞,坐倚城郭。无味之谈,七零八落。”以拄杖敲香台,下座。

福州雪峰象敦禅师

问:“如何是佛?”师云:“火照鱼行。”僧曰:“如何是法?”师云:“唐人译不出。”僧曰:“佛法已蒙师指示,未审毕竟又如何?”师云:“腊月三十日。”

杭州灵隐山云知慈觉禅师

问:“一佛出世,各坐一华。和尚出世,有何祥瑞?”师云:“白云横谷口。”僧曰:“光前绝后。”师云:“错。”僧曰:

“大众证明。”师云:“点。”

问:“如何是道?”师云:“什么道?”僧曰:“大道。”师云:“欲行千里,一步为初。”僧曰:“如何是道中人?”师云:“西天驻泊,此土都监。”僧礼拜,师云:“吽吽。”

问:“如何是佛?”师云:“筇州九节杖。”僧曰:“如何是向上事?”师云:“向上即且致,佛话作么生会?”僧拟议,师云:“几合放过。”

上堂云:“日月云霞为天标,山川草木为地标,招贤纳士为德标,闲居趣寂为道标。”乃拈拄杖云:“且道遮个是什么标? 会么? 拈起则有文有彩,放下则粝粝[①]磕磕。直得不拈不放,又作么生?”良久云:“扶过断桥水,伴归明月村。”

上堂云:“秋风起,庭梧坠,衲子纷纷看祥瑞。张三李四卖器虚,拾得寒山争贱贵。觌面相酬,更无难易。四衢道中,棚栏瓦市。逼塞虚空,普天匝地。任是临济赤肉团上,雪老南山鳖鼻。玄沙见虎,俱胝举指。一时拈来,当面布施。更若拟议,千山万水。”复云:“过。”

① 粝:音粒。米粗糙。

明州金鹅山靖旻禅师

问:"禅客相逢,合谈何事?"师云:"德山令行。"僧曰:"早知今日事,悔不慎当初。"师云:"人无远虑。"

云居山守亿禅师

上堂云:"马祖才升堂,雄峰便卷席。春风一阵来,满地花狼藉。"

婺州西塔殊禅师

问:"知师已受请,家风略借看。"师云:"风摇寒木。"僧曰:"恁么则石上横筇坐,茶余看日低。"师云:"叶落秋江。"

婺州承天惟简禅师

问:"佛与众生,是一是二?"师云:"花开满木红,花落万枝空。"僧曰:"毕竟是一是二?"师云:"唯余一朵在,明日恐随风。"

问:"如何是吹毛剑?"师云:"星多不当月。"僧曰:"用者如何?"师云:"落。"僧云:"落后如何?"师云:"观世音菩萨。”

问:“如何是和尚家风?”师云:“理长即就。”僧曰:“如何领会?”师云:“绘雉不成鸡。”

问:“开口即失,闭口即丧。未审如何说?”师云:“舌头无骨。”僧曰:“不会。”师云:“对牛弹琴。”

问:“山河大地与自己同别?”师云:“灸病不得穴。”僧曰:“毕竟是同是别?”师云:“买帽相头。”

师云:“夫遮那之境界,众妙之玄门。知识说之而莫穷,善财酌之而不竭,文殊体之而寂寂,普贤证之以重重。若也随其法性,如云收碧汉,本无一物。若也随其知用,似花开春谷,应用无边。虽说遍恒沙,乃同遵一道。且问诸人,作么生是一道?”良久云:“白云断处见明月,黄叶落时闻捣衣。参。”

上堂云:“头不戴天,足不履地。鼻不嗅香,舌不了味。塞却咽喉,何处出气?”良久云:“寒来向火困来眠,谁言总别兼同异。参。”

上堂云:“莫离盖缠,莫求佛祖。去此二途,以何依怙?江淹梦笔,天龙见虎。古老相传,月不跨五。参。”

上堂云:“一刀两段,埋没宗风。师子翻身,拖泥带水。

直饶坐断十方,不通凡圣,脚跟下好与二十拄杖。”

上堂云:“拈一放一,妙用纵横。去解除玄,收凡破圣。若望本分草料,大似磨砖作镜。衲僧家合作么生?”良久云:“寔[①]。”

上堂云:“顺也是,逆也是,逆顺交参真至理。若人于此拟休功,犹指化城为宝地。参。”

杭州临安九峰净土鉴韶禅师

问:“承闻和尚是泐潭嫡子,是否?”师云:“是。”僧云:“还记得当时得力句么?”师云:“记得。”僧曰:“请举看。”师云:“左手握拳,右手把笔。”

问:“承师有言,君子可入,意旨如何?”师云:“披衣入市去,剃发上山来。”

问:“羚羊未挂角时如何?”师云:“雄唤雌鸣。”僧曰:“挂角后如何?”师云:“一文两个。”僧曰:“此莫是和尚见处也无?”师云:“不用礼拜。”

问:“药山不许看经,意旨如何?”师云:“夜半点灯毬。”

---

① 寔:音实。同“实”。

上堂云："山僧说禅，恰似蚝螠吐油，捏着便出。若不捏着，一滴也无。何以故？只为不曾看读得古今因缘，及预先排叠胜妙见知。等候升堂，便磨唇缩觜，将粥饭气熏炙诸人。凡有一问一答，盖不得已。岂独山僧，看佗大通智胜如来，默坐十劫，无开口处。后因诸天梵天及十六王子再三勤请，方始说之。却不是秘惜，只为不敢埋没诸人。山僧既不埋没诸人，不得道山僧会升座。参。"

洪州寿圣普詷[①]禅师

问："朝盖已临于法会，还有西来意也无？"师云："上士由山水。"

问："说佛说法，殃及儿孙。演妙谈玄，野狐群队。离此二途，如何为人？"师云："一个不得，两个又多。"僧曰："一叶落，天下秋。"师云："谷秀花铺锦。"僧曰："不因举棹，争见渔人。"师云："将谓胡须赤。"

筠州洞山永孚禅师

上堂云："棒头挑日月，木马夜嘶鸣。"拈拄杖云："云门大师来也。"卓一下，云："炊砂作饭，看井作裤。"

---

① 詷：音禅。

金陵广慧遇新禅师

问："师是谁家嫡子，甚处儿孙？"师云："将谓是仙陀。"僧曰："亲见泐潭来。"师云："更请问傍人。"

问："如何是道者家风？"师云："看楼打楼。"僧曰："为什么东行不见西行利？"师云："拈头作尾，拈尾作头，还我第三段来？"僧礼拜，师云："吽吽。"

问："佛未出世时如何？"师云："脚前脚后。"僧曰："出世后如何？"师云："恰似不齐。"

令滔首座

参泐潭怀澄禅师。澄一日问："祖师西来，单传心印。直指人心，见性成佛。子作么生会？"滔云："某甲不会。"澄却问："子未出家时作个什么？"滔曰："牧牛。"澄曰："作么生牧？"滔曰："早朝骑出去，晚后复骑归。"澄曰："子大好不会。"滔于言下忽然大悟，遂成颂云："放却牛绳便出家，剃除须发着袈裟。有人问我西来意，拄杖头挑苏哩啰。"

筠州洞山自宝妙圆禅师法嗣

筠州洞山鉴迁禅师

问："如何是新丰一曲？"师云："自歌自咏深云里。"僧曰："谁是知音？"师云："闲坐闲行古洞中。"

问："王侯请而不去，和尚去时如何？"师云："官差不自由。"僧曰："终是涉廉纤。"师云"棒头有眼。"僧曰："便请。"师云："惯钓长鲸，耻看跛鳖。"

筠州洞山清辩禅师

问："百丈得大机，黄蘗得大用，未审和尚得个什么？"师便喝，僧亦喝，师便打，僧曰："争奈大众眼何？"便归众，师嘘嘘。

舒州海会通禅师法嗣

随州水南太平兴国文秀禅师

问："如何是祖师西来意？"师云："拄杖子。"

问："如何是水南境？"师云："随峰山色秀，遍地百花开。”僧曰:“如何是境中人?”师云:“迦叶擎拳,阿难合掌。”

复州北塔思广禅师法嗣

荆门军当阳县玉泉景德禅院承皓禅师

姓王氏。眉州丹棱人也。依大力院出家登具。游方,参复州北塔广禅师,发明心要,得大自在三昧。制赤犊鼻[①],书历代祖师名而服之曰:“唯有文殊、普贤犹较些子。”且书于带上,自是诸方曰“皓布裈”。

初住郢州大阳,师在谷隐,受大阳请,上堂云:“山僧在谷隐十年,不曾饮谷隐一滴水,嚼谷隐一粒米。汝若不会来,大阳与汝说。”携拄杖下座。僧入室次,狗子在室中,师叱一声,狗子出去。师云:“狗却会,尔不会。”

问:“如何是佛?”师云:“截断脚跟。”僧曰:“如何是法?”师云:“掀尔脑盖。”

师云:“晷运推移,布裈赫赤。莫怪不洗,无来替换。”下座。

上堂云:“粥稀后坐,床窄先卧。耳聩爱声高,眼昏宜字大。珍重。”

---

① 犊鼻:短裤。

师于元祐六年十二月二十八日示寂，门人围绕，师笑曰："吾年八十一，老死舁尸出。儿郎齐着力，一年三百六十日。"言毕而逝。

苏州翠峰慧颙禅师法嗣

杭州广果择能禅师

问："师是谁家嫡子，甚处儿孙？"师云："适来拈香了也。"僧曰："恁么则亲见翠峰来。"师云："相悉人难得。"

蕲州四祖山端禅师法嗣

福州广明常委禅师

问："知师久蕴囊中宝，今日当场略借看。"师云："看。"僧曰："恁么则谢师指示。"师云："等闲垂一钓，容易上钩来。"

潭州云盖山志颙禅师法嗣

云居山文庆海印禅师

问："云门一曲师亲唱，北斗藏身事若何？"师云：

“险。”僧曰:“学人未晓,请师再指。”师云:“仰面看青天。”

问:“如何是祖师西来意?”师云:“少林一只履。”

问:“如何是函盖乾坤句?”师云:“合。”僧曰:“如何是随波逐浪句?”师云:“阔。”僧曰:“如何是截断众流句?”师云:“窄。”

问:“佛意祖意即不问,如何是和尚家风?”师云:“上拄天,下拄地。”僧曰:“莫只遮便是么?”师云:“错。”

上堂云:“随波逐浪,举世皆是知音;截断众流,天下罕逢作者。”遂拈拄杖,击香台一下,云:“大众还会么?若向遮里透得,石壁山河不相隔碍,十方刹土廓尔皆通。举目则觑破三十三天,飒然粉碎;动步则踏翻金刚水际,涓滴不留。向葛藤窠里横身,且无系绊;于荆棘林中摆手,不挂锋铓。叱起陕府铁牛,耕破坤维大地;唤取嘉州大像,把住日月星辰。辊转太虚,横铺世界。以东为西,将南作北。释迦性命尚自不存,祖师眼睛那堪更用。如今忽有个衲僧出来,蓦口一掴,掀倒禅床,你道云居还肯伦也无?肯与不肯,一切分付德山、临济。”遂喝一喝,以拄杖卓一下。

上堂云:“道本无为,法非延促。一念万年,千古在目。月白风恬,山青水渌。法法现前,头头具足。祖意教意,非直非曲。要识庐陵米价,会取山前麦熟。”以拂子击禅床,下座。

上堂云："马师即心即佛，大似埋桩钉橛；牛头横说竖说，宛如枝上生节。欲识佛祖性义，会取春寒秋热。"拍绳床，下座。

明州上方齐岳禅师法嗣

越州东山国庆顺宗禅师

问："师唱谁家曲，宗风嗣阿谁？"师云："一人传虚，万人传实。"僧曰："恁么则大梅嫡子也。"师云："重言不当吃。"

师云："心生则种种法生，心灭则种种法灭。"拈起拄杖云："此个是法，那个是灭底心？若人道得，许你顶门上具眼。其或不然，云暗不知天早晚，雪深难辨路高低。参。"

润州金山瑞新禅师法嗣

湖州天圣楚祥禅师

问："芙蓉堂上，已焚海岸之香。师子座前，愿听胡家之曲。"师云："风来金殿冷。"僧曰："今日得闻于未闻。"师云："雪覆玉阶寒。"僧曰："恁么则渊明空负勿弦琴，宋玉徒劳夸白雪。"师云："休言千岁竹，将比万年松。"

师云："天地为橐籥，动而有应。故春则和融，夏则烦热,秋则微凉,冬则凝结,以至群类人伦,各徇其性,盖一气之所致。然虽如此,贤者太贤愚者愚。"

温州极乐用基禅师

问:"如何是太平境?"师云:"几竿翠竹侵云汉,一派清流入慎江。"僧曰:"如何是境中人?"师云:"左眼半斤,右眼八两。"

湖州天圣守道禅师

问:"骑虎头,把虎尾,中间事作么生?"师云:"吃棒。"僧曰:"三十年后有人举着在。"师云:"钝致杀人。"

师云:"日月绕须弥,人间分昼夜,南阎浮提人只被明暗色空留碍。且道不落明暗一句作么生道?"良久云:"柳色黄金嫩,梨花白雪香。参。"

衡州北禅智贤禅师法嗣

潭州兴化崇辩禅师

讳绍铣。泉州人也。生有奇相,遂舍出家。受具游方,遍趋禅室。罢历江表,远入湘川。参北禅贤禅师,深蒙印决。一住兴化,四十余年。提唱祖道,建立佛事。海量包纳,大度规模。福慧兼济,近世希有。大丞相章公惇昔安抚荆湖,见师器重,特奏神宗皇帝赐椹服、师名及随身度牒,其旌异如此。

问:"如何是潇湘境?"师云:"会春园里游春会,明月池边玩月明。"僧曰:"如何是境中人?"师云:"锦袍公子犹嫌冷,更有樵夫跣足行。"僧曰:"人境已蒙师指示,向上宗乘事若何?"师云:"劝君不用镌顽石,路上行人口似碑。"

师拈拄杖云:"一大藏教,是拭不净故纸;超佛越祖之谈,是诳謼闾阎汉。若论衲僧门下,一点也用不得。作么生是衲僧门下事?"良久云:"多虚不如少实。"击香台一下。

江州法昌倚遇禅师

黄龙南禅师经过,师上堂,拈拄杖示众云:"若向遮里会去,是头上安头。若也不会,又是斩头觅活。汝等诸人且作么生承当?虽然如是,法昌今日恁么举唱,也是看人只揖,觑马提鞭。本分宗匠面前,是何言欤?且道本分宗匠具何高见?"良久云:"云开山色秀,雨过涧流清。"

庐山开先善暹禅师法嗣

云居山佛印禅师

讳了元。姓林氏,饶州浮梁人也。至道壬申六月六日诞生,祥光上烛。须发爪齿,宛然具体。风骨爽拔,孩孺异常。发言成章,语合经史,闾里先生称曰神童。年将顶角,博览典坟。卷不再舒,洞明今古。才思俊迈,风韵飘然。志慕空宗,投师出家。试经圆具,感悟夙习。

即遍参寻,远造庐山开先暹禅师法席,投机印可。丛林拔萃,出为宗匠。三十余年,九坐道场,四众倾向。搢绅硕儒咸钦道望,名动朝野。神宗皇帝宣赐高丽磨衲、金钵,以旌师德。元符元年元正七日,写偈坐灭本山。余如知院大尉蒋公之奇塔记。

问:"祖意教意即不问,灵山微笑意如何?"师云:"知时别宜。"僧曰:"恁么则国清才子贵,家富小儿娇。"师云:"因逢桃李树,忆着故园春。"僧曰:"不因渔父引,争得见波涛。"师云:"且莫错会。"

问:"如何是诸佛说不到底法?"师云:"蚁子解寻腥处走,苍蝇偏向臭边飞。"僧曰:"学人未晓,请师再指。"师云:"九万里鹏从海出,一千年鹤辽天归。"

问:"如何是佛?"师云:"木头雕不就。"僧曰:"恁么则皆是虚妄也。"师云:"梵音深远,令人乐闻。"

问:"如何是城里佛?"师云:"倚门倚户。"僧曰:"如何是村里佛?"师云:"食麻食麦。"僧曰:"如何是山里佛?"师云:"依草附木。"

问："如何是祖师的的意？"师云："不出此问。"

问："如何是不方不圆底句？"师云："上不到天，下不到地。"僧曰："如何是句中玄？"师云："村人弄骆驼。"僧曰："如何是意中玄？"师云："唯佛与佛乃能知之。"僧曰："如何是用中玄？"师便打。

问："达磨九年面壁，意旨如何？"师云："闭口深藏舌。"僧曰："学人未晓。"师云："一言已出，驷马难追。"

无畏居士问师借《楞伽经》，师云："经涉文字，不如一棒一喝便了去好。"士云："虽然棒喝，犹是第二月。"师云："今日遭人点检。"

问："大修行人还入地狱也无？"师云："在里许。"僧曰："大作业人还上天堂也无？"师云："虾跳不出斗。"僧曰："恁么则镬汤炉炭吹教灭，剑树刀山喝使摧。"师云："自作自受。"

师云："适来禅客出众礼拜，各以无量珍宝布施大众；又于面门上放大光明，照耀乾坤，令诸人普得相见。于此明得，可谓十方诸佛各坐其前，常为劳生演说大法，岂假山僧重重注破。如或未然，不免横身徇物。"乃按拄杖云："万般草木根苗异，一得春风尽放花。"

上堂云："遍十方，周法界，无相光中常自在。更无丝发可商量,弥勒文殊闲买卖。释迦悭,迦叶富,黄金白玉如泥土。善财不识楼阁门,”忽拈拄杖云,“撞着灯笼兼露柱。”击禅床,下座。

上堂云:“人间寒食,洞里花开。游蜂与胡蝶争飞,燕子共黄鹂对语。玄沙老汉却道深谈实相,善说法要,好热杜撰。云居则不然,一翳在目,空花乱坠。久立。”

上堂云:“时当孟夏,节届朱明。山花结子似垂珠,岩树成阴张翠幄。莺狂陌上,断送残春。燕语梁间,留连过客。是田父移苗之日,乃禅流禁足之辰。休将拄杖向肩挑,尽把钵囊高挂起。而况阎浮路上,须知生死劫长。天宫快乐易轮回,地狱煎熬多苦楚。算来万事,只在寸心,今日与诸人一时休歇。作么生是上座休歇处?”良久云:“云满诸峰雨未收,牧童吹笛倒骑牛。曲中便是升平乐,世上千般逐水流。”

上堂云:“江湖本静,因风而波浪俄生;日月长存,触雾而光明遂昧。诸人欲得风恬水湛,雾卷天空,各请归堂,不用久立。”

上堂云:“寒,寒,风撼竹声干。水冻鱼行涩,林疏鸟宿难。早是严霜威重,那堪行客衣单。休思紫陌山千朵,且拥红炉火一攒。放下茱萸空中竹橛,倒却迦叶门前刹竿。直下更云不会,算来也大无端。参。”

东京大相国寺智海正觉禅师

讳本逸。姓彭氏,福州人也。九岁出家,遇普度不受,后比试为僧。

志慕游方,即造开先暹禅师法席。入室,暹举达磨传法偈,因而开悟。初住饶州荐福,云徒臻集。神宗皇帝诏住智海,赐号“正觉”,朝中搢绅益钦道望。

开堂日,神宗皇帝遣中使降香。师谢恩毕,登座拈香,祝延圣寿罢,乃敷坐。净因净照禅师白槌竟,师普视大众云:“龙楼与凤阙巍峨,瑞气同祥云叆叇。于是观得十方佛土不行而至,百千三昧无作而成。苟不然也,有疑请问。”问:“慧林才盛,匝地垂阴。智海既通,将何接引?”师云:“言犹在耳。”僧曰:“争奈学人未晓。”师云:“不妨伶利。”

问:“入门问讳即且致,入国观光事若何?”师云:“一逢天子圣,总是太平年。”僧曰:“太平后如何?”师云:“梯山航海,纳壁献琛。”僧曰:“皇风荡荡,帝道平平。”师云:“老僧不如上座。”

问:“三千里外蒙丹诏,未审将何报国恩?”师云:“作驴作马。”僧曰:“粉骨碎身未足酬,一句了然超百亿。”师云:“牵犁拽杷。”僧曰:“石人岭上呵呵笑,木女溪边屡点头。”师云:“不知是不是,若是也大奇。”

师云:“诸菩萨子,欲识佛性义,当观时节因缘。何也?和风习习,揭开细柳之眉。春日迟迟,烘哢黄鹂之舌。庭花似锦,汀草如茵。蝶舞蜂吟,渔歌樵唱。钟梵与管弦合杂,儒流同释子相参。古今一致,左右逢原。如是则窥一尘而十方俱现,聆一音而沙界齐闻。谈玄演妙而靡异凡伦,千变万化而不离真际。头头有据,物物无私。不假踌躇,炳然自著。直饶于斯见得倜傥分明,如昼见日,若向衲僧门下,天地悬殊。所以道:不要三乘要祖宗,三乘不要为君通。君今要出三乘学,后夜猿啼在众峰。臣僧奉敕开堂,举扬宗旨,伏愿皇帝陛下位齐北极,寿比南山。邦歌有道之君,民贺无私之化。久立众慈,伏惟珍重。”

问:“如何是佛?”师云:“东涌西没。”僧曰:“如何是道?”师云:“七颠八倒。”僧曰:“如何是法?”师云:“你问我答。”僧曰:“如何是禅?”师云:“不方不圆。”僧曰:“便恁么会时如何?”师云:“伶利人难得。”

问:“祖意西来,如何举唱?”师云:“风吹黄叶落,片片覆庭莎。”僧曰:“竹密不妨流水过,山高岂碍白云飞。”师云:“反蚁难寻穴,归禽易见窠。”僧曰:“便恁么会时如何?”师云:“鹞子过新罗。”

问:“十方同聚会,个个学无为。如何是无为?”师云:“饥嗔饱喜。”僧曰:“遮个是有为。”师云:“山僧年迈。”僧曰:“也有些子。”师云:“喏喏。”

问:“如何是佛法大意?”师云:“鹿野苑中谈四谛。”僧曰:“未审意旨如何?”师云:“末头先度五俱轮。”

问:“古镜未磨时如何?”师云:“青青河畔草。”僧曰:“磨后如何?”师云:“郁郁园中柳。”僧曰:“磨与未磨,是同是别?”师云:“同别且致,还我镜来。”僧拟议,师便喝。

师云:“开口是,合口是,眼下无妨更着鼻。开口错,合口错,眼与鼻孔都拈却。佛也打,祖也打,真人面前不说假。佛也安,祖也安,衲僧肚皮似海宽。此乃一出一入,半合半开,是山僧寻常用底。敢问诸禅德,刹竿因甚头指天,力士何故揎起拳?”良久云:“参。”

上堂云:“我有遮一着,人人口里嚼。嚼得破者,速须吐却。嚼不破者,翻成毒药。”乃召:“诸禅德,作甚滋味?试请道看。”良久云:“医王不是无方义,千里酥香象不回。”

上堂云:“春雨微微,继日以时。庭花欲发未发,原草将披未披。岭上泥牛频吼,林间木马长嘶。堪笑老卢无志气,贪佗衣钵夜奔驰。自从龙朔星霜后,殃及儿孙知不知。”喝一喝,下座。

上堂云:“翻手为文,覆手为武。且执单刀,阶墀伏事。不翻不覆,文武双全。坐筹帷幄之间,决胜千里之外。无明罗刹活捉生擒,生死魔军冰消瓦解。直得皇风荡荡,帝道平平;统三界以为家,作四生之恃怙。正当此时,且道功归何处?”良久云:“大勋不立赏,柴扉草自深。”

上堂。拈拄杖云:“遮拄杖,在天也,与日月并明。在地也,与山河同固。在王侯也,以代蒲鞭。在百姓也,防身御恶。在衲僧也,昼横肩上,度水穿云;夜宿旅亭,撑门拄户。且道在山僧手里用作何为?要会么?有时放步东湖上,与僧遥指远山青。”击绳床,下座。

庐山万杉善爽禅师

问:“如何是万杉境?”师云:“万株杉下千寻竹。”僧曰:“如何是境中人?”师云:“老僧叉手对阇梨。”

问:“佛法大意,请师指示。”师云:“昆仑头戴华山尖。”

师云:“古即今,今即古,家家窗下有诸祖。文殊示现满山川,自是时人不能悟。大众,且道悟个什么?咄。”

晚参。侍者度拂子与师,师云:“百丈昔因拈起悟,始觉蒸糊是面做。禅人到此莫商量,向道僧堂对厨库。”复云:“经有经师,论有论师,律有律师。教老僧说个什么?”良久云:“春因归堂打睡。”

越州天章寺元楚宝月禅师

问："如何是佛？"师云："番人不着裤。"僧曰："学人未晓。"师云："道士却簪冠。"僧曰："向上更有事也无？"师云："有。"僧曰："如何是向上事？"师云："月似弯弓，少雨多风。"

问："如何是祖师西来意？"师云："南人性獠。"僧曰："意旨如何？"师云："北海浪粗。"

问："如何是佛法大意？"师云："一年三百六十日。"僧曰："便恁么会时如何？"师云："迢迢十万不足远。"僧曰："毕竟如何？"师云："饭来开口困展脚。"

问："祖师西来即不问，蜡人轻重事如何？"师云："八两依前是半斤。"僧曰："学人未审以何为验？"师云："瞎。"

师云："焕然善法堂，巍然师子座。或问天章：'具什么眼便踞此位？'天章答曰：无佗也，三十年前向无寸草处逢个无舌底汉，授得一无生宝丹，大包天地，细入无间。虽有离娄之明，视之不能见其形；虽有师旷之聪听之，不能闻其声。嗅之莫辨其香，舐之莫识其味。半合半开，成团成块。一吞于腹，亦三十年。不历渐次，不由地位。直坐毗卢之顶，下视十方国土。若庵摩勒果，指于掌中，更说什么善法之堂、师子之座可不可乎？然虽如此，犹是建化门庭。若据衲僧门下,一点也用不着。且道衲僧有什么长处?"良久云:"腊雪消未尽,春风依旧来。"

上堂云:"鼓声错落,山色崔嵬。本既不有,甚处得来?"良久云:"高着眼。"

洪州寿圣元舜禅师

问:"鱼未成龙时如何?"师云:"生风起浪。"僧曰:"成龙后如何?"师云:"兴云致雨。"僧曰:"般若无根,如何掘凿?"师云:"铁树生花。"

筠州洞山慧圆禅师

问:"远离庐阜,将届新丰。不涉程途,请师便道。"师云:"山僧今日倦。"僧曰:"知识方便在什么处?"师云:"瞎。"僧便喝,师云:"犹未省在。"

师云:"学非稽古,道愧当时。俯仰无门,乃随众意。古人道:'无事上山行一转,借问时人会也无。'只如老僧与诸人从庐阜来,遇夜便宿,逢晓便行,直至此间,一脚在前,一脚在后。如今各各高挂钵囊,阁却拄杖,更有什么事可会?然虽如是,若不登楼望,焉知沧海深。"

庐陵禾山楚才禅师法嗣

衡州北禅慧云禅院升禅师

问:"四众已临伸请命,愿师为众便敷扬。"师云:"道什么?"僧曰:"得遇作家。"师云:"山僧未曾答话。"僧嘘嘘,师云:"龙蛇易辨,衲子难瞒。"

问:"师离显亲兰若,来居北禅道场。如何是不动尊?"师云:"今日行十五里。"僧曰:"恁么则三转法轮。"师云:"有什么交涉。"僧曰:"毕竟如何?"师云:"紧帩草鞋。"僧礼拜,师云:"真师子儿。"

师云:"三伏炎炎杲日辉,少林密意露囊锥。于兹未晓重提掇,燕雀梁间语细微。此意知音同道契,沿[1]流禅客若为知。山僧如此葛藤语,碧眼胡僧笑皱眉。参。"

上堂云:"猿啼碧嶂,雀噪檐间。秋风乍扇于长天,暑气渐消于郊野。庭莎露滴,溪草含烟。尧年而禾稼丰登,野老而相逢共唱。诸高德,既然如是,山僧更不可重说偈言。"

上堂:"咄。超佛祖,"拈禅床一下,云,"圣凡绝。与

① 沿:音沿。同"沿"

么会，犹未彻。大众毕竟如何？三冬将欲尽，未若有霜雪。参。”

澧州报恩禅院绍端禅师

问：“如何是禅？”师云：“一。”僧曰：“百丈岩前还有路也无？”师云：“有。”僧曰：“蒙师指示。”师云：“云生岭上。”

师云：“若论祖师玄旨，可谓平地起堆。更问如何，箭过新罗。久立。”

抚州曹山宝积院雄禅师

问：“如何是佛？”师云：“寒猫不捉鼠。”

问：“一尘一佛国，一叶一释迦。学人如何下足？”师云：“大地草漫漫。”僧曰：“谢师答话。”师云：“明眼人难瞒。”僧曰：“大众一时记取。”师云：“曹山今日失利。”

问：“法雷一震，龙象四来。如何行令？”师云：“清风不会依家意，吹散白云撩乱飞。”僧曰：“学人还有安身立命处也无？”师云：“脚踏实地。”

上堂云：“善应群方，万机丛凑。相逢相见即不问你，拈匙把箸为什么道不得？”良久云：“曹山今日失利。”

上堂云:“山不青,水不渌,南北东西无下足。白云片片岭头飞,夜来却入芦花宿。参。”

上堂云:“千江竞凑,万派同源。宝月腾辉,光分沙界。山河大地,明暗自殊。坐卧经行,何人分上。其中莫有言语道断,函盖相应底衲僧么?出来与曹山相见。”时有僧出,方礼拜次,师云:“大众分明记取话头。”

澧州钦山悟勤禅师法嗣

鼎州梁山应圆禅师

问:“如何是佛?”师云:“寸步千里。”僧曰:“便与么时如何?”师云:“江山重叠。”

问:“如何是超佛越祖之谈?”师云:“吃粥吃饭。”

《建中靖国续灯录》卷第七·对机门

南岳怀让禅师第十二世

潭州兴化禅院慈明禅师法嗣

洪州黄龙山崇恩惠南禅师

姓章氏。信州玉山县人也。生而神异,童稚不群。道蕴夙机,发言骇众。长依怀玉寺出家受具,遍历丛林,皆推上首。云徒仰慕,领众游方。晚造慈明禅师法席,投诚入室。明拒之三四,方诺咨参。遂问:"十二时中吃粥吃饭即不问汝,拈匙把箸一句作么生道?"师即语对,不契其旨,明遂喝出,师拟跨门,豁然大悟。寻以赵州勘婆子因缘成颂呈明,明为印证,益契玄旨。请住同安、归宗、黄蘖、黄龙,临济宗枝大盛。

开堂日,上首白槌罢,师云:"噫,好个第一义。幸自完金刚,被维那打作两橛。有人接得么?"顾视大众云:"若接不得,山僧拈头作尾。切须着眼。"

问:"宝座已登于凤岭,宗风演唱嗣何人?"师画一圆相,僧曰:"石霜一派,流入江西。"师云:"杲日当天,盲人摸地。”

问:“如何是同安境?”师云:“看不得。”僧曰:“如何是境中人?”师云:“无面目。”

问:“作家不啐啄,啐啄不作家。大众临筵,请师作家相见。”师垂一足。僧曰:“焰里寻冰雪,水下火烧天。”师乃收足。僧曰:“大众证明,真善知识。”师云:“同安不着便?阇梨不着便?”僧曰:“此犹是两家共用,掣鼓夺旗事作么生?”师掷下拂子。僧曰:“同安今日瓦解冰消。”师呵呵大笑云:“有输有赢。”

问:“如何是佛?”师云:“向汝道,汝不信。”僧曰:“请师指示。”师云:“合取狗口。”

问:“不求诸圣,不重己灵,未是衲僧分上事。如何是衲僧分上事?”师云:“三十年来罕逢此问。”僧曰:“孤负诸圣去也。”师云:“话也未答,何言孤负。”僧拊掌一下,师:“吽,放过即不可。”

问:“侬家自有同风事,如何是同风事?”师良久,僧曰:“恁么则起动和尚去也。”师云:“伶利人难得。”

有僧才出礼拜,师云:“未得问话。”其僧乃退,师云:“将谓是打陈将军,元来是行间小卒。不见你过,好好问来。”

问:“无为无事人,犹是金锁难。未审有什么过?”师云:“一字入公门,九牛拔不出。”僧曰:“学人未晓,乞师方便。”师云:“大庾岭头,笑却成哭。”

问:“滴水滴冻时如何?”师云:“未是衲僧分上事。”僧曰:“如何是衲僧分上事?”师云:“滴水滴冻。”

问:“牛头未见四祖时,为甚百鸟衔花献?”师云:“钉根桑树,阔角水牛。”僧曰:“见后为甚么不衔花?”师云:“裈无裆,裤无口。”

师云:“未登此座,一事也无。才登此座,便有许多问答。敢问大众,一问一答,还当宗乘也无?答言当去,一大藏教岂无问答,为什么教外别行,传上根辈?若言不当,适来许多问答,图个什么?行脚人当自开眼,勿使后悔。若论此事,非神通修证之能到,非多闻智慧之所谈;三世诸佛只言自知,一大藏教诠注不及。是故灵山百千万众,独许迦叶亲闻;黄梅七百高僧,衣钵分付行者,岂是汝等贪淫愚执胜负为能。夫出家者,须秉丈夫决烈之志,截断两头,归家稳坐,大开门户,运出自己家财,接待往来,赈济孤露,方有少分报佛恩德。若不然者,无有是处。”以拂子击禅床,下座。

上堂云:“横吞巨海,倒卓须弥,衲僧面前也是寻常茶饭。行脚人须是荆棘林内坐大道场,向和泥合水处认取本来面目。且作么生见得?”遂拈拄杖云:“直饶见得,未免山僧拄杖。”

上堂云:“拟心即差,动念即乖。不拟不动,土木无殊。行脚人须得转身一路。”遂拈拂子云:“遮个是山僧拂子,汝等诸人作么生转?若也转得,一为无量,无量为一。若转不得,布袋里老鸦,虽活如死。”

上堂云:“未到鹫峰,一事全无。洎到鹫峰,便有进前捋虎须之客,退后把虎尾之人。殊不晓未行已行之令,故大觉禅师唯得遍行一着。临济、德山只是互用二机,便云法道周流,大似拗曲作直。所谓棒喝截断,犹若以金博鍮。直饶东注要流,南唱北和,亘古亘今,且未有当头道着。作么生是当头一句?”良久云:“劄。”

上堂云:“山僧有时正路行,或时草里走。汝等诸人莫见锥头利,失却凿头方。不见古者道:‘开不能遮,勾贼破家。’当断不断,返遭其乱。”

上堂云:“圣凡情尽,体露真常。”拈起拂子云:“拂子踍跳上三十三天,扭脱帝释鼻孔。驴唇先生拊掌大笑道,尽十方世界觅个识好恶底人,万中无一。”击禅床一下。

上堂云:“山僧今日在汝诸人眉毛上坐,转大法轮,还有人见么?见与不见,是什么说话?好好参堂去,莫筑着露柱。”

上堂。拈拄杖云："横拈倒用，拨开弥勒眼睛。明去暗来，敲落祖师鼻孔。当是时也，目连、鹙子饮气吞声；临济、德山呵呵大笑。且道笑个什么？咄。"

上堂云："洪波浩渺，白浪滔天。截流到岸之人，端然忘虑；短棹孤舟之客，进退攒眉。且道风恬浪静一句作么生道？还有人道得么？若无人道得，山僧布施你诸人。"良久云："渔人闲自唱，樵者独高歌。"

上堂。众集，乃喝一喝，良久云："一事也无，喝个什么？"又喝一喝，云："一喝两喝后作么生？"以拂子向空书一画，云："百丈耳聋犹自可，三圣瞎驴愁杀人。"击拂子一下。

师室中常问僧"出家所以"，"乡关来历"。复扣云："人人尽有生缘处，那个是上座生缘处？"又复当机问答，正驰锋辩，却复伸手云："我手何似佛手？"又问诸方参请宗师所得，却复垂脚云："我脚何似驴脚？"三十余年示此三问，往往学者多不凑机。丛林共目为"三关"。

师于熙宁二年己酉二月十六日上堂辞众，云："山僧才轻德薄，岂堪人师。盖不昧本心，不欺诸圣，未免生死。今免生死，未出轮回。今出轮回，未得解脱。今得解脱，未得自在。今得自在，所以大觉世尊于然灯佛所无一法可得。六祖夜半于黄梅又传个什么？"乃示偈曰："得不得，传不传，归根得旨复何言。忆得首山曾漏泄，新妇骑驴阿家牵。”

至十七日午时，端坐示寂。阇维，得五色舍利，以石塔窆[①]之。

洪州翠岩广化可真禅师

在归宗南禅师堂中为座元。南问：“首座常将女子出定话为人，是否？”真云：“无。”南云：“奢而不俭，俭而不奢，为甚道无？”真云：“若是本分衲僧，也少盐酱不得。”南唤侍者：“报典座，来日只煮白粥。”

问：“我宁不说法，疾入于涅槃。朝宰临筵，师说何法？”师云：“云卷长空千里静，日轮当午八方明。”僧曰：“大众沾恩也。”师云：“知心能几人。”

问：“学人上来，请师一接。”师云：“花砖药草。”僧曰：“若不上来伸此问，焉知明月照乾坤。”师云：“不谩道。”僧拟议，师便喝。

问：“如何是佛？”师云：“同坑无异土。”

问：“如何是祖师西来意？”师云：“深耕浅种。”

---

① 窆：音扁。埋葬。

问："如何是佛法大意？"师云："五通贤圣。"僧曰："学人不会。"师云："舌至梵天。"

问："如何是学人转身处？"师云："一堵墙，百堵调。"僧曰："如何是学人着力处？"师云："千日斫柴一日烧。"僧曰："如何是学人亲切处？"师云："浑家送上渡头船。"

问："机锋才展，四海来投。向上宗乘，请师举唱。"师曰："西天此土。"僧曰："学人未晓。"师云："你着甚来由？"僧曰："花发山前路，鸟过北岩栖。"师云："脚跟下看。"

问："利人一句，请师垂示。"师云："两脚虾蟆飞上天。"僧曰："前村深雪里，昨夜一枝开。"师云："饥逢王膳不能餐。"

问："如何是道？"师云："出门便见。"僧曰："如何是道中人？"师云："担枷过状。"

师云："先德道：'此事如爆龟文，爆即成兆，不爆成钝。爆与不爆，直下便捏。'上蓝即不然，无固无必，虚空走马，旱地行船。南山起云，北山下雨。"遂拈拄杖云："拄杖子变作天大将军，巡历四天下。有守节不守节，有戒行无戒行，一时奏与天帝释。"乃喝一喝，云："丈夫自有冲天气，莫向如来行处行。"卓一下。

上堂云："扪空无迹，追响无闻。释迦、达磨谪向他方，文殊、普贤权为小使,汝等诸人向甚么处安身立命?所以道:也有权,也有要。也有明,也有暗。也有照,也有用。也有宾,也有主。放过一着,何不道取?”乃喝一喝,卓拄杖一下。

上堂云:“临阵抗敌,不惧生死者,将军之勇也。入山不惧兕虎者,猎人之勇也。入水不惧蛟龙者,渔人之勇也。作么生是衲僧勇?”拈拄杖云:“遮个是拄杖子,拈得,把得,动得,观音、势至一时摇动。若拈不得,把不得,动不得,文殊自文殊,解脱自解脱。参。”

袁州杨岐山普通禅院方会禅师

袁州宜春人。姓冷氏。落发于潭州浏阳道吾山。参慈明禅师,顿悟祖意。出世杨岐,次迁云盖,大振临济宗风。

切授法衣,乃拈起示众云:“会么?若也未会,今日无端走入水牯牛队里去也。还知么?筠阳九岫,萍实杨岐。”便升座。时有僧出,师云:“渔翁未掷钓,锦鳞冲浪来。”僧便喝,师云:“不信道。”僧拊掌归众,师云:“消得龙王多少风。”

开堂日,上首白椎罢,师云:“大众落二落三了也,诸人何不负丈夫志气?若不然者,有疑请问。”问:“如何是佛?”师云:“三脚驴子弄蹄行。”僧曰:“莫只遮便是?”师云:"湖南长老。"

问:"师唱谁家曲,宗风嗣阿谁?"师云:"隔江打鼓不曾闻。"僧曰:"兴化嫡子,临济儿孙。"师云:"因斋庆赞。"

问:"欲免心中闹,应须看古教。如何是古教?"师云:"乾坤月明,碧海波澄。"僧曰:"未审作么生看?"师云:"脚跟下。"僧曰:"忽遇洪波浩渺时如何?"师云:"十字纵横。"僧便喝,拊掌一下。师云:"看遮一员禅客。"僧曰:"打草蛇惊。"师云:"也要大家知。"

问:"人法俱遣,未是衲僧极则。佛祖双亡,犹是学人疑处。未审和尚如何为人?"师云:"只要勘破新长老。"僧曰:"恁么则旋斫生柴带叶烧。"师云:"七九六十三。"

问:"古人面壁,意旨如何?"师云:"西天人不会唐言。"

问:"如何是祖师西来意?"师云:"人心隔肚,钵口向天。"

上堂云:"雾罩长空,风生大野。百草枯木作师子吼,演说摩诃大般若。三世诸佛在你诸人脚跟下转大法轮。若也会得,功不浪施。若也不会,莫道杨岐山势险,前头更有最高峰。"

上堂云:“春雨普润,滴滴不落别处。”拈拄杖,卓一下,云:“会么?九年空面壁,年老转心孤。”

上堂云:“不见一法是大过患。”遂拈拄杖云:“穿却释迦老子鼻孔,作么生道得脱身一句?”良久云:“向道莫行山下路,果闻猿叫断肠声。”

上堂云:“举古人一转公案布施大众。”良久云:“口只堪吃饭。”

上堂。拍禅床一下,云:“只个心心是佛,十方世界最灵物。释迦老子说梦,三世诸佛说梦,天下老和尚说梦。且问诸人还曾作梦么?若也作梦,向半夜里道将一句来。”良久云:“人间纵有真消息,偷向杨岐说梦看。”

上堂云:“阿呵呵,是甚么?僧堂里吃茶去。”

上堂云:“踏着称锤硬似铁,哑子得梦向谁说。须弥顶上浪滔天,大洋海里遭火爇。参。”

上堂云:“杨岐一要,千圣同妙。布施大众,”拍禅床一下,云,“果然失照。参。”

上堂云:“杨岐一言,随方就圆。若也拟议,十万八千。”

上堂云:“杨岐一语,呵佛叱祖。明眼人前,不得错举。”

上堂云:“杨岐一句,急着眼觑。长连床上,拈匙把箸。”

上堂云:“杨岐无旨的,种田博饭吃。说梦老瞿昙,何处觅踪迹。”喝一喝,拍禅床一下。

潭州道吾山兴化悟真禅师

问:“如何是佛?”师云:“洞庭无盖。”

问:“如何是祖师西来意?”师云:“夜行人更多。”僧曰:“未审意旨如何?”师云:“天晓路旁边。”

师云:“山前麦熟,庐陵米价。镇州萝卜,更有一般。”良久云:“时挑野菜和根煮,旋斫生柴带叶烧。”

明州天童山清遂禅师

问:“丛林振誉,久仰师名。祖裔西来,何人门下?”师云:“霜花披石秀。”僧曰:“昔日霜峰,今朝凤岭。”师云:“别是一家春。”僧曰:“谢师指示。”师云:“一言已出。”

金陵蒋山太平兴国寺保心禅师

问:“月未圆时如何?”师云:“顺数将去。”僧曰:“圆后如何?”师云:“倒数将来。”

问:“如何是吹毛剑?”师云:“黑漆露柱。”

问:“声色两字如何透得?”师云:“一手吹,一手拍。”

问:“如何是道?”师云:“穿山蓦岭。”

问:“如何是密室?”师云:“四通八达。”僧曰:“如何是密室中人?”师云:“南来北往。”

上堂云:“夫钟阜名墟,龙蟠胜概。平川一带,游客尚迷。绝壑千寻,时人罕到。若也到得去,坐断毗卢顶,不禀释迦文。若也未到,一任你天台、南岳,空腹高心。”喝一喝,下座。

上堂云:“火里莲生,海中尘起。维摩默然,文殊欢喜。惹得天花遍地来,空生净虚弹指。”卓拄杖一下。

金陵蒋山觉海禅师

讳赞元。婺州义乌县傅氏子,乃傅大士之裔也。夙修种智,随愿示生。父母感祥,闾里称异。顶角受具,冠岁游方。远造石霜,升于丈室。慈明一见,云:"好好着槽厂。"师遂作驴鸣。慈明曰:"真法器耳。"俾为侍者,二十年中,运水般柴,不惮寒暑,悉己躬亲。求道事师,少有如此。

后出世苏台、天峰、龙华、白云。府帅请居志公道场,提纲宗要,机锋迅敏;解行相应,诸方推伏。大丞相王公安石重师德望,特奏章服、师名。及有俸余,悉置物产,供给禅众。公又坚辞鼎席,乐游钟山。约师萧散林下,清谈终日,此亦明世希有事也。坐灭本山。

问:"大事显扬于此日,师将何物报君恩?"师云:"玉树果香千载端,金轮光烛万年辉。"僧曰:"不虚出世也。"师云:"青山饶得白云多。"

问:"如何是道?"师云:"南通州,北入县。"僧曰:"如何是道中人?"师云:"驴前马后。"

问:"如何是佛?"师云:"眼皮拖地。"僧曰:"如何是诸佛出身处?"师云:"驴胎马腹。"

问:"离却咽喉唇吻,请师道。"师云:"波斯鼻孔不通风。"

问:"鲁祖面壁,意旨如何?"师云:"住持事繁。"

问:“路逢达道人,不将语默对。未审将什么对?”师云:“前三后四。”

问:“如何是大善知识?”师云:“屠牛剥羊。”僧曰:“为甚么如此?”师云:“业在其中。”

问:“如何是和尚家风?”师云:“东壁打西壁。”僧曰:“客来如何祗待?”师云:“山上樵,井中水。”

问:“摩腾西来即不问,少林面壁意如何?”师云:“火中巢翡翠,水上画丹青。”僧曰:“还有向上事也无?”师云:“万年松色转宜霜。”

上堂云:“云锁千岑,樵子迷出身之路。风飏四海,渔人寻回棹之津。雁过昊天,远人来信。猿啼巴峡,游侣何伤。而今勿谓行路难,雪上加霜君好看。咄。”

上堂云:“久默斯要,不务速说。释迦老子不惜手脚,山僧拟欲说破,算来家丑不可外扬。”

上堂云:“般若玄妙,本自无生。大用现前,不论时节。昨夜露柱现三头六臂,拈了须弥,踏翻大海,四天门王走向诸人眼睫里藏身。还知么?若也知去,正是瞌睡知解。若也不知,拄杖子平生热肺肠,为你点开不睡底眼。”卓一下。

上堂云:“琉璃殿上,唱出弥高。码瑙阶前,和来弥寡。

岂免舟横野水，棹发孤烟。云月古今共同，溪山南北各异。是知云门、临济、法眼、洞山，放去，疆界皎然；收来，绝无矛楯。顶门之眼，切莫迟迟。差之毫厘，龙华会里。”喝一喝。

上堂云：“遮个若是，如虎戴角。遮个若不是，唤作什么？”良久云：“喂驴喂马。珍重。”

上堂云：“风息浪平，雨余山翠。樵歌越岭，渔唱湘湾。声声互答韵清闲，一曲中含千古意。”拍手一下。

大丞相荆国公赞师真：贤哉人也！行厉而容寂，知言而能默。誉荣弗喜，辱毁弗戚。弗矜弗克，人自称德。有缁有白，来自南北。弗勾弗逆，弗抗弗抑。弗观汝华，唯食己实。孰其嗣之，我有遗则。

婺州大平兴国禅寺载休禅师

问：“师唱谁家曲，宗风嗣阿谁？”师云：“理长即就。”僧曰：“恁么则石霜嫡子。”师云：“且低声。”

问：“如何是祖师西来意？”师云：“一人传虚，万人传实。”

问：“如何是道？”师云：“朝看东南，暮看西北。”僧曰：“如何是道中人？”师云：“两两三三。”

筠州武泉山政禅师

问："如何是佛？"师云："枪刺不入。"僧曰："如何是佛法大意？"师云："衣成人，水成田。"

问："如何是前照后用？"师便喝。僧曰："如何是前用后照？"师亦喝。僧曰："如何是照用同时？"师又喝。僧曰："如何是照用不同时？"师随后便打。

师云："黄梅席上，海众千人。付法传衣，碓坊行者。是则红日西升，非则月轮东上。参。"

明州香山蕴良禅师

问："马祖升堂，百丈卷席，意旨如何？"师云："蚊子上铁牛。"僧曰："毕竟如何？"师云："乌龟倒上树。"僧曰："古之？今之？"师云："放你三十棒。"

问："如何是佛？"师云："面赤不如语直。"问："如何是透法身句？"师云："刹竿头上舞三台。"僧曰："如何是接初机句？"师云："上大人。"僧曰："如何是末后句？"师云："双林树下。"

问："垂丝千尺，意在深潭。离钩三寸，请师速道。"师云："我道不得。"僧曰："为甚么道不得？"师云："谢子证明。"僧曰:"早知今日事,悔不慎当初。"师云:"龙生龙子。"

问:"百年暗室,一灯能破时如何?"师云:"撞墙撞壁。"僧曰:"岂无方便?"师云:"透七透八。"

问:"两阵交锋时如何?"师云:"一得一失。"

问:"如何是学人转身处?"师云:"磨坊里。"

师云:"曹溪浩渺,鱼龙无处优游。多子峰高,鸟兽不能栖泊。且向江西路上两两三三,韶石门前出口入耳,不免分张遐迩,适莫亲疏。可其旨者,麟角犹稀。乖其事者,稻麻非众。到遮里,便是气冲牛斗,眼放电光,也是秦时輚[①]轹钻。咄。"

上堂。良久,呵呵大笑云:"笑个甚么?笑佗鸿鹄冲天飞,乌龟水底逐鱼儿。三个老婆六只奶,金刚背上烂如泥。阿呵呵,知不知,东村陈大耆。参。"

上堂云:"清净法身无定度,走入芦花深处去。个中遇着王老师,无问无答亦无据。参。"

---

① 輚:音铎。輚轹钻:以车拉动之大钻。丛林喻之无用之人。

苏州南峰惟广禅师

问:“如何是南峰境?”师云:“嵯峨出群岳。”僧曰:“如何是境中人?”师云:“分明领话。”僧曰:“便是为人处也无?”师云:“弄潮须是弄潮人。”

师云:“一问一答,如钟含响,似谷应声。盖为事不获已,且于建化门中放一线道。若据衲僧门下,天地悬殊。且道衲僧有甚么长处?”良久云:“尽日觅不得,有时还自来。咄。”

湖州报本澄说禅师

问:“师唱谁家曲,宗风嗣阿谁?”师云:“石鼓振时天地响。”僧曰:“英灵之者,已晓师机。昧识之流,如何领会?”师云:“玉峰危耸碧霄间。”僧曰:“恁么则霜溪嫡子,汾阳玄孙。”师云:“人无远虑,必有近忧。”

问:“如何是佛?”师云:“宝殿豁开全体现。”僧曰:“如何领会?”师云:“玉炉香起大家看。”

杭州净慈志坚禅师

问:“如何是佛?”师云:“慧日峰高。”

问:“向上一路,千圣不传。达磨西来,当为何事?”师云:“为不会者。”僧曰:“恁么则今日小出大遇。”师云:“果然。”

潭州南岳双峰寺省回禅师

问:“如何是和尚家风?”师云:“鸟道人归后,云生雨过时。”僧曰:“今日亲见双峰。”师云:“特地一场愁。”僧退身,拍一拍。师云:“记取话头。”

师云:“青山叠叠,绿水滔滔。入理深谈,如何话会?”良久云:“伯牙虽会弹,须是子期听。”拍一拍。

上堂云:“寒山把粪箕,拾得拈扫帚。寺主不知机,丰干笑破口,大众还会么?见月休观指,归家罢问程。”拍禅床,下座。

上堂云:“南番人泛船,塞北人摇橹。波斯入大唐,须弥山作舞。是甚么说话?”

师元丰六年九月十七日,沐浴净发,辞众写偈云:“九十二光阴,分明对众说。远洞散寒云,幽窗度残月。”言讫坐逝。焚化,齿、顶皆不坏,上有五色异光。

洪州兜率道宽禅师

问:“平常心是道,如何是平常心?”师云:“左出右入。”僧曰:“为什么人人不晓?”师云:“旋风千匝,尚有不周。”僧曰:“周遍本然,为什么不周?”师云:“日月虽明,不照覆盆之下。”

问:“如何是前三三,后三三?”师云:“数九不到九。”

问:“如何是佛法大意?”师云:“点茶须是百沸汤。”僧曰:“意旨如何?”师云:“吃尽莫留滓。”

问:“一尘才起,大地全收。如何是一尘?”师云:“水不洗水。”

问:“众生本来成佛,为什么有烦恼菩提?”师云:“甘草甜,黄连苦。”僧曰:“却成两段。”师云:“不妨会得好。”

问:“既是一真法界,为什么有千差万别?”师云:“根深叶盛。”僧打圆相,云:“出得遮个也无?”师云:“弄巧成拙。”

问:“有相身中无相身,如何是无相身?”师云:“舌不出口。”

问:“如何是无明路上无生路?”师云:“闹市里打磬。”僧曰:“教中为什么道永断无明,方成佛道?”师云:“方入圆,圆入方。”

师云:“向上提纲,尽转无尽。向下举唱,事属多端。觌面相呈,何人知有。若向遮里透得,七通八达,自在遨游。若透不得,满目青山,自生障碍。”喝一喝。

上堂云:“少林妙诀,古佛家风。应用随机,卷舒自在。如拳作掌,开合有时。似水成沤,起灭无定。动静俱显,语默全彰。万用自然,不劳心力。到遮里,唤作顺水放船。且道逆风举棹,谁是好手?”良久云:“弄潮须是弄潮人。”喝一喝,云:“珍重。”

上堂云:“法不可说,言语道断。有念乖真,用心失本。倚天神剑,光烁四方。日月让明,云霞散彩。正当与么时,祖佛出来,也须乞命。”良久,喝一喝。

上堂云:“山高水冷,松老云闲。枕石漱流,隈岩养性。尘机自尽,佛事长新。弥勒释迦,时时出现。大众且道什么处出现?”良久云:“石头大底大,小底小。”喝一喝。

福州古田资福善禅师

问:“如何是佛?”师云:“脚踏实地。”僧曰:“意旨如何?”师云:“仰面看天。”

潭州大沩山密印寺德乾禅师

问:“如何是祖师西来意?”师云:“水从山上出。”僧曰:“意旨如何?”师云:“溪涧岂能留。”

问:“如何是佛?”师云:“身长丈六。”僧曰:“意旨如何?”师云:“足衬双莲。”

师云:“山花似锦,文殊撞着眼睛。幽鸟绵蛮,观音塞却耳际。诸仁者,更思量个甚么?昨夜三更睡不着,翻身捉得普贤,贬向无生国里。一觉直至天明,今朝又得与诸人相见说梦。噫,是甚么说话?”以拄杖卓一下。

全州灵山本言禅师

问:“如何是佛?”师云:“谁教你恁么问?”僧曰:“今日起动和尚也。”师云:“谢访及。”

师云:“不用爱圣,圣是虚名。不用厌凡,凡是妄立。若得圣凡情尽,便乃大智现前,即如如佛。还信得及么?若信得及去,与释迦不别。若信不及,且止宿草庵,三十年后,鼻孔辽天。不得错怪人。”拂子击禅床一下。

湖州罗汉居奉禅师

问:“如何是最初一句?”师云:“未问已前。”僧曰:“如何是末后一句?”师云:“一言已出。”

师云:“最初末后句,衲僧皆罔措。更拟问如何,严冬发和气。”卓拄杖。

澧州寿圣院景韶禅师

问:“师登丈室,如何指南?”师云:“上来下去。”僧曰:“流通于世也。”师喝一喝,僧礼拜,师云:“静处萨婆诃。”

上堂云:“法本无涯际,毫端现十方。直饶玄会得,未免雪加霜。”喝一喝。

澧州药山义铣禅师

问:“拟心即差,动念即乖,如何即是?”师云:“兵随印转,将逐符行。”

问:“文殊问疾,维摩默然,意旨如何?”师云:“鼻孔辽天。”

问:“八风吹不动底人是何境界?”师云:“须弥山。”

上堂云:“山僧活计,日日一般。云横碧岫,松柏峥嵘。清风满户,明月盈堂。有眼者辨取,无眼者颟顸。且道不落见闻一句作么生道?”良久云:“木人夜半穿靴去,石女天明戴帽归。咄。”

湖州广法禅院源禅师

问:“如何是祖师西来意?”师云:“砖头瓦片。”

问:“如何是佛?”师云:“火焰里出头。”僧曰:“意旨如何?”师云:“头红面赤。”

问:“行脚不逢人时如何?”师云:“千年桃核。”僧曰:“逢人时如何?”师云:“根生土长。”

问:“如何是无缝塔?”师云:“掘不得。”僧曰:“如何是塔中人?”师云:“无面目。”

问:“闹市取静时如何?”师云:“冤不可结。”僧曰:“如何是吹毛剑?”师云:“竹片。”

问:“师子未出窟时如何?”师云:“事持牙爪。”僧曰:“出后如何?”师云:“抖擞衣毛。”僧曰:“谢师答话。”师云:“拨不转。”

问:“尘中如何辨主?”师云:“短檐帽子,长脚幞头。”

问:“如何是正法眼?”师云:“眉毛下。”僧曰:“便与么会时如何?”师云:“瞳儿笑点头。”

问:“如何是向上事?”师云:“日月星辰。”僧曰:“如何是向下事?”师云:“地狱镬汤。”

问:“如何是究竟事?”师云:“秋风黄叶落。”僧曰:“莫便是和尚见处?”师云:“春来依旧生。”

问:“万里无云时如何?”师云:“猢狲忍饿。”僧曰:“乞师拯济。”师云:“什么火色?”

问:“古人拈槌举拂,意旨如何?”师云:“白日无闲人。”僧曰:“如何承当?”师云:“如风过耳。”

问:“握剑当胸时如何?”师云:“老鸦成队。”僧曰:“正是和尚见处?”师云:“蛇穿鼻孔。”僧拂袖便出,师云:“大众相送。”

问:“从上诸圣向什么处行履?”师云:“十字街头。”僧曰:“与么则败阙也。”师云:“知你不到遮田地。”僧曰:“到后如何?”师云:“家常茶饮。”

问:“祖意教意,是同是别?”师云:“干姜附子。”僧曰:“与么则不同也。”师云:“冰片云团。”

上堂云:“春雨微微,檐头水滴。闻声不悟,归堂面壁。”

上堂云:“若论大道,直教杼山无开口处。你诸人试开口看。”僧便问:“如何是大道?”师云:“担不起。”僧曰:“为什么担不起?”师云:“大道。”

师云:“若论此事,切莫道着。道着即头角生。”有僧出众云:“头角生也。”师云:“祸事。”僧曰:“某甲罪过。”师云:“龙头蛇尾,伏惟珍重。”

师寿八十一岁,元丰八年十月十二日晚,无疾,净发沐浴,书偈云:“雪鬓霜髭九九年,半肩毳衲书诸缘。廓然笑指浮云散,玉兔流光照大千。”掷笔,趺坐而逝。

洪州百丈[①]惟政禅师

开堂日,升座拈香云:“大众会么?南源岭上石笋抽条,枯木堂前霜花吐蕊。非常之事,岂敢囊藏。学无常师,理长即就。”遂趺坐。

---

① 丈:原刻作“文”,误。

问:“师唱谁家曲,宗风嗣阿谁?”师云:“已在言前。”僧曰:“恁么则临济儿孙,石霜嫡子。”师云:“莫乱卜度。”僧曰:“争奈石笋抽条,霜花吐蕊。”师云:“一任流通。”

南岳谷泉大道

师参慈明,才至寝堂,慈明问曰:“白云横谷口,游人何处来?”师顾视左右云:“夜来何处火,烧出古人坟。”慈明曰:“未在,更道。”师作虎声,慈明打一坐具,师接住,推向禅床上。慈明却作虎声,师呵呵大笑。慈明揖云:“且坐吃茶。”师乃云:“吾参七十一员善知识,唯师有巴鼻。临济一宗,在师行矣。”

滁州琅琊山惠觉广照禅师法嗣

洪州泐潭山晓月禅师

豫章人也。性若天资,聪如神授。六经百子,三藏五乘,凡一舒卷,洞明渊奥。参琅琊广照,密传心印。五百云众,推为上首。后出世四十余年,每日三时发挥宗教,略无少怠,其训学徒若此。坐灭道济庵。

问:“师唱谁家曲,宗风嗣阿谁?”师云:“望月台前云幂幂,白龙泉畔水潺潺。”僧曰:“与么则琅琊嫡子,临济儿孙。”师云:“听事不真,唤钟作瓮。”

问:“修多罗教如标月指,未审指个什么?”师云:“请高着眼。”僧曰:“曙色未分人尽望,及乎天晓也寻常。”师云:“年衰鬼弄人。”

苏州永安定慧院起信海印禅师

问:“如何是佛法的的大意?”师云:“湘源斑竹杖。”僧曰:“不会。”师云:“枝枝带泪痕。”

问:“如何是平常句?”师云:“三脚虾蟆背巨鳌。”僧曰:“如何是玄妙无私句?”师云:“白云覆青山。”僧曰:“如何是体明无尽句?”师云:“须弥顶上浪滔天。”僧曰:“三句外,还有向上事也无?”师云:“天台南岳。”

问:“觌面相呈时如何?”师云:“好个问头。”僧曰:“何不领话?”师云:“我不识你话头。”

问:“如何是第一句?”师云:“那吒忿怒。”僧曰:“如何是第二句?”师云:“衲僧罔措。”僧曰:“如何是第三句?”师云:“西天此土。”

上堂云:“摩竭掩室,计校未成。毗耶杜词,伎俩俱尽。一棒一喝,未称衲僧。举拂扬眉,残羹馊饭。诸仁者,山僧与么说话,为佗闲事长无明。且道不伤物义句作么生道?”良久云:“常爱岭南深腊里,雪中初绽一枝梅。”

上堂云:“春风乍回,春景相催。枯梦欲发未发,柳眼似开不开。堪羡渔家江上景,数峰如畫碧崔嵬。诸仁者,且道于佛法中是何时节?”良久云:“欲得不招无间业,莫谤如来正法轮。”

上堂云:“泥蛇咬石鳖,露柱啾啾叫。须弥打一棒,阎老呵呵笑。参。”

上堂云:“若识般若,即被般若缚。若不识般若,亦是般若缚。识与不识,拈放一边,却问诸人,如何是般若体?参堂去。”

上堂云:“有时一喝,壁立千仞。有时一喝,四楞搭地。”遂喝一喝,云:“且道落在什么处?你若辨得,也好与一喝。”拍禅床一下。

上堂云:“莺声阑,蝉声急,入水乌龟头不湿。鹭鹚飞入芦花丛,雪月交辉俱不及。咄。”

福州白鹿山显端禅师

姓周氏。本州闽清县人也。受具之后,游历江淮。始到庐山祖印林禅师法席,迨余一纪,未息疑情。晚扣滁阳广照禅师之室,一见动容,即悟其旨。后归止瓯闽,命住地藏,道行大播。知府密学蔡侯闻师德誉,迁居白鹿。两住大刹四十六年,寿八十四。

元丰七载七月十二日,集众说偈云:“来说生兮去说灭,二人证龟成一鳖。悟心禅客若为论,水里银蟾天上月。”言毕而逝。

问:“佛佛授手,祖祖相传。传得底事,请师指示。”师云:“家有千金之帚,不自知非。”僧曰:“也知师得亲承旨,还许学人授也无?”师云:“车无一尺之轮,焉能到远。”

问:“如何是教意?”师云:“楞伽会上。”僧曰:“如何是祖意?”师云:“熊耳山前。”僧曰:“祖意教意,相去几何?”师云:“寒松连翠竹,秋水对红莲。”

问:“如何是不动尊?”师云:“长安路上,来往憧憧。”僧曰:“犹是动底。”师云:“徒消人食,浪费人衣。”

问:“鲁祖面壁,意旨如何?”师云:“睡不着。”

问:“如何是道?”师云:“九州百越。”僧曰:“如何是道中人?”师云:“乘肥衣锦。”

问:“如何是大善知识?”师云:“持刀按剑。”僧曰:“为什么如此?”师云:“礼防君子。”

问:“如何是异类?”师云:“鸦巢生凤。”

问:“寒暑到来,如何迴避?”师云:“千株松下。”僧曰:“意旨何如?”师云:“倒卧横眠。”

问:“如何是佛?”师云:“商州客。”问:“如何是祖?”师云:“岭南僧。”僧曰:“如何是法?”师云:“村歌社舞。”僧曰:“如何是学人行履处?”师云:“左脚踏衡山,右脚踏北海。”

上堂云:“摩腾入汉,肉上剜疮。僧会来吴,眼中添屑。达磨九年面壁,鬼魅之由。二祖立雪求心,翻成不肖。汝等诸人到遮里,如何吐露?若也道得,海上横行。若道不得,林间独卧。”以拄杖击禅床一下。

越州姜山方禅师

问:“师唱谁家曲,宗风嗣阿谁?”师云:“铁牛背上书千字。”僧曰:“琅琊嫡子也。”师云:“弥勒堂中画普贤。”僧曰:“三十年后此话盛行。”师云:“马到江边,船行千里。”

问:“如何是佛?”师云:“留髭表丈夫。”

上堂云:“金苞乍吐篱边菊,玉露初垂叶上珠。只此明明个消息,不须南北问真虚。”良久云:“好。”

杭州天竺智月禅师

问:“摩竭陀国,水泄不通。鹿野苑中,如何垂示?”师云:“棒打石人开铁眼。”僧曰:“一句流通也。”师云:“剑挥牛斗动金星。”僧曰:“谢师方便。”师云:“晴天不肯去。”

证圣禅院良禅师

问:“宝座既登,将何指示?”师云:“岭上梅方拆。”僧曰:“恁么则遍天遍地。”师云:“堤边柳渐荣。”

上堂云:“若论此事,如鸿钟待扣,声应长空。若宝鉴当台,影临万象。天不能盖,地不能载。贤愚共处,圣凡同之。不得与么道,大有人笑去在。佗笑我笑,谁知此窍。三十年后,更笑一笑。”

滁州琅琊山开化智迁禅师

问:“如何是琅琊境?”师云:“松因有限萧疏老,花为无情取次开。”僧曰:“如何是境中人?”师云:“发长僧貌丑。”

问:“如何是和尚为人句?”师云:“眼前三尺雪。”僧曰:“莫便是也无?”师云:“脑后一枝花。”

上堂云:"慧山屹屹高,则有顶难量。法海滔滔深,则无涯莫测。故我祖师西迈,禅祖东流。一灯始耀于曹溪,六叶遍芳于兰若。撮其枢要,直了心源。出没卷舒,纵横妙用。备均奥旨,顿见如来。达境智以双亡,了是非而俱泯。所以前不接后,后不别前。前后续断,中间自孤。当体湛然,应时消灭。既如是矣,亦有何事?随时应用,野老讴歌。四海晏清,八方无事。尧风远扇,舜日高明。且道恁时上将军在什么处?"良久云:"不许将军见太平。"

庐山圆通崇胜志珂禅师

问:"德山棒,临济喝,未审崇胜如何?"师云:"五老云开,千峰耸翠。"僧曰:"还许学人通一线道也无?"师云:"作么生?"僧便喝,师云:"作家。"僧拟议,师却喝。

上堂云:"上不在天,下不在地,中不在人。不在外,不在中间。二边俱不立,中道不须安。三个合头语,闻者自家看。山僧今日和泥合水,且恁么,三十年后莫颟顸。"喝一喝。

滁州琅琊山开化院继诠海月禅师

问:"知师久蕴囊中宝,今日当筵略借看。"师云:"志公剪刀。"僧曰:"岩花争竞发,涧水渌如蓝。"师云:"黄蘗拂子。"

问:“拈槌举拂即不问,瞬目扬眉事若何?”师云:“海枯终见底,人死不知心。”僧曰:“学人不会。”师云:“大海虽然阔,不宿死人尸。”僧曰:“毕竟如何?”师云:“礼拜了去。”

上堂云:“琅琊峰上,嵯峨山色如蓝。庶子泉中,潋滟水澄如镜。遂使汾阳慧炬烜赫而横遍十方,临济玄风壁立而上穷三际。泥中哮吼,木马嘶鸣。大用现前,徒劳伫思。箭穿黄叶,谁敢当锋。有不惜身命者,试出来看。”良久云:“三十年弄马骑,今日却被驴子扑。”

荆门军玉泉山务本悟空禅师

问:“如何是玉泉境?”师云:“前临紫盖,后枕清溪。”僧曰:“如何是境中人?”师云:“脚踏海眼,身坐覆船。”僧曰:“学人今日得遇于师。”师云:“去。”

袁州崇胜文捷禅师

问:“如何是诸佛出身处?”师云:“长连床上。”僧曰:“未审如何履践?”师云:“饥餐渴饮。”

问:“和尚见琅琊时得个甚么?”师云:“不欠少。”僧曰:“不藉师承去也。”师云:“老僧今年七十。”

上堂云:“困来即睡饭来餐,贵贱贤愚总一般。要会祖师端的旨,寒山拾得礼丰干。诸仁者,千般求法,莫若求心。万种多知,不知禁口。百不知,百不会,谁知自得真三昧。一任傍人笑道痴,却笑傍人无见解。山僧今日漏泄,拖泥带水,总为说了也。还委悉么?”良久,喝一喝。

江陵公安万寿子和禅师

问:“如何是佛?”师云:“烧香瞻仰。”

上堂云:“将领雄兵出塞行,匣中宝剑回光生。有人若问家风事,荆水滔滔已太平。”

师忽一日召众吃茶,众未散,端然示化。茶毗,获五色舍利千余粒。

安州九嵕山圆明仁益禅师

问:“如何是佛?”师云:“只你是。”僧曰:“不会。”师云:“会取不会底。”

上堂云:“若论此事,如钟含响,扣即发声。似谷藏音,呼之必应。向微尘里坐大道场,于一毛头演无量义。十二时中无一丝毫间隔,言谈戏论,行住坐卧。于此会得,不妨省力。然虽如是,未免为蛇画足。且作么生得脱洒去?”良久云:“前村深雪里,昨夜一枝开。”

泉州凉峰山洞渊禅师

问:“如何是涅槃?”师云:“刀斫斧劈。”僧曰:“如何是解脱?”师云:“衫长裤短。”

问:“诸圣不到处,师还知也无?”师云:“老来无力下禅床。”

问:“离四句,绝百非时如何?”师云:“柴门草自深。”

问:“狗子还有佛性也无?”师云:“松直棘曲。”

问:“如何是佛?”师云:“金沙照影。”

问:“如何是道?”师云:“玉女抛梭。”僧曰:“佛与道相去几何?”师云:“龟毛长一丈,兔角长八尺。”

问:“如何是露地白牛?”师云:“水草不曾亏。”僧曰:“还守护也无?”师咄云:“阿谁守护汝?”

问:“如何是真实相?”师云:“石不藏玉。”僧曰:“如何是方便门?”师云:“泥里洗土。”僧曰:“谢师方便。”师云:“回头看不见。”

问:“心生种种法生,心灭种种法灭。如何是心?”师云:“古渡无人过,孤舟终日横。”僧曰:“如何是种种法?”师云:“汝适来问个什么?”

上堂云:“幸自非言,何须劄嚍[①]。若是钻天鹞子,身带网罗。若是透网金鳞,眼看波浪。裁长补短,未称衲僧。平高就低,未是好手。到遮里作么生?凉峰今日不可压良为贱。”以拄杖卓一下。

真州定山方禅师

参琅琊广照禅师。唯看柏树子话,每入室陈其所见,不容措词,常被喝出。忽一日大悟,直入方丈云:“我会也。”广照曰:“汝作么生会?”云:“夜来床荐暖,一觉到天明。”广照可之。由是道望传播诸方。

上堂云:“今日与众评章,共立丛林保社。入门须辨主宾,起坐常存高下。寮舍语笑低声,佗家笔砚莫把。点茶吃了添汤,田地污须扫洒。万事一切寻常,不用强生苟且。吾门无种不有,切莫传归俗舍。是非长短谁无,信士闻以为差。如来大藏教言,好向人前说打。待伊欢喜上心,万种千般肯舍。得了修造供僧,福利全归施者。辄莫别作闲缘,果报牵犁拽把。三涂地狱辛酸,莫待临时惧怕。此乃略说大纲,看者莫生惊讶。不信但看古伽蓝,堂堂粉壁分明画。”

① 嚍:音质。野人之言。

湖州景清院居素明照禅师法嗣

湖州何山日俭禅师

问:"达磨西来人尽委,未审向上事如何?"师云:"空中种竹犹自可,石上栽莲物外鲜。"僧曰:"恁么则谢师指示。"师云:"汝道我意如何?"僧曰:"白云绽处瑞花开。"师云:"静处萨婆诃。"

杭州承天辩岑禅师

问:"凤凰山迥秀,摘出一枝新。不问三玄旨,得法嗣何人?"师云:"云藏岩窦窄,水阔玉峰低。"僧曰:"恁么则镇府宗枝。"师云:"一任钻龟打瓦。"

问:"如何是道?"师云:"称尺斗量。"僧曰:"如何是道中人?"师云:"芦苇花边,蓼丛岸下。"

兴化军翠峰子渊禅师

问:"师唱谁家曲,宗风嗣阿谁?"师云:"海云生岳面,山月落阶前。"僧曰:"恁么则承天嫡子。"师云:"孙宾恰在市。"

杭州承天自能禅师

问:“倚天长剑即不问,袖里藏锋事若何?”师云:“看。”僧以手画一画云:“遮里作么生?”师云:“收。”僧拊掌,师弹指一下。

《建中靖国续灯录》卷第八·对机门

南岳怀让禅师第十二世

舒州浮山法远圆鉴禅师法嗣

东京十方净因禅院净照禅师

讳道臻。福州古田人也,俗姓载氏。父梦伟冠裳者导从至舍,母黄氏遂妊。复梦幢幡梵呗引厖[①]眉碧眼僧至,乃诞生也。十四岁,投上生院出家,持头陀行。十九落发,粗习经论。后遂游方,参诸知识,道契圆鉴禅师。

出世开堂,英宗皇帝遣使降香,继而苗贵妃奏赐椹袍。都知兰元振又奏赐觉照师名,周国大主表乞禅号,神宗皇帝宣谕执政曰:“道臻素有名德,宜择一美号进呈。”乃赐“净照禅师”。京城创诸禅刹,选请宗匠,皆出师举,悉称诏旨。

元祐八年八月十七日,升堂辞众,写偈坐灭。

---

① 厖:音忙。厚大。

元丰三年春,慈圣光献皇后上仙,百日建斋于庆寿殿,会千法师。是日,神宗皇帝赐坐宣问:“长老将何追荐太皇?”师对曰:“臣僧得面天颜。”即诏升座。时有僧问:“太皇仙游,今在何处?”师云:“月落不离天。”

问:“飙驾既远,仁孝何追。祖意西来,乞师方便。”师云:“轩辉虽掩北,风教自存南。”僧曰:“圣君词句宣传去,寰海烝民捧诵来。”师曰:“伶利衲僧。”

问:“敕宣千法师入内,并赐椹袍,未审得何福报?”师云:“水长船高。”僧曰:“皇图永固,长兴不二之门。”师云:“净因道处,不及阇梨。”僧曰:“三边肃静民安泰,五谷丰登贺太平。”师云:“不妨道着。”僧曰:“圣人当殿,对答分明。三十年后,此话盛行。”师云:“恰是。”

问:“天赐六铢师已挂,将何报答我皇恩?”师云:“雪峰道底。”僧曰:“睿泽已蒙师指示,太皇仙驭往何方?”师曰:“天阔地阔。”僧曰:“一旦功成去,三祇果已圆。”师云:“真师子儿。”僧云:“恁么则可谓师子窟中师子。”师曰:“不得钝致山僧。”

师云:“至道本无言说,何须问答去来。盖为太皇太后,感一人之至德,集万善之鸿因,式荐仙游,证无生理。敢问诸人,今日种种佛事,时人道得。更有末后一句,还有人道得也无?”良久云:“一人有庆,兆民赖之。切念臣山野常僧,行业无取。此日伏蒙圣慈,特赐举扬宗旨。言词荒拙,冒犯天威。但臣仰荷宸恩,无任惊悚。久渎圣聪,伏惟珍重。”

问:“师唱谁家曲,宗风嗣阿谁?”师云:“有钱使钱,无钱守贫。”僧曰:“月华嫡子,临济儿孙。”师曰:“放你三十棒。”

问:“如何是净因境?”师云:“法广殿牌,仁宗亲写。”僧曰:“如何是境中人?”师云:“六代祖师天下闻。”

问:“如何是道?”师云:“古今行不尽。”僧曰:“如何是道中人?”师云:“万家烟火外,一枕水云间。”

问:“如何是佛?”师云:“朝妆香,暮换水。”

问:“如何是观音妙智力?”师云:“河南犬吠,河北驴鸣。”

问:“如何是祖师西来意?”师云:“拄杖横担不到肩。”僧曰:“谢师答话。”师云:“错认定盘星。”

师云:“一问一答,无有尽时。古人呼作无尽藏海,亦呼为方便门。于衲僧面前,远之远矣。何故?权柄在手,纵夺自由。坐断毗卢,壁立千仞。善财楼阁,孰肯优游。华藏琅函,未之足拾。丈夫猛利,本合如然。过后思量,成第二月。除兹投机徇器,止宿草庵。就下平高,曲成万物。

周流无滞，触处皆通。苟不尽毫毛，自取其咎。如斯谈说，笑杀衲僧。且道谁是解笑者？”良久云：“看。”

上堂。拈拄杖云：“榔栗木杖子，善能谈佛祖。聋人既得闻，哑人亦解语。指白石为玉，点黄金为土。便恁么会去，他家未相许。不相许，莫莽卤，南街打鼓北街舞。”

庐州兴化仁岳禅师

泉南人也。挺秀江淮禅林，拔萃圆鉴宗席。首演说法于龙舒，后传灯于淝水。熙宁十年秋，一日，书颂云：“金鸡抱玉卵，玉兔长凤儿。举头南瞻部，飞过西耶尼。”遂趺坐而逝。荼毗，获舍利千余。建塔于郡西。

问：“如何是祖师西来意？”师云：“河里木头船。”

问：“鼓声才罢，猊座高登。朝盖临筵，合谈何事？”师云：“天清地宁。”僧曰：“大众证明。”师云：“寒山拊掌，拾得呵呵。”

问：“和尚如何为人？”师举拂子。

问：“如何是和尚家风？”师云：“曲䕻[①]禅床。”僧曰：“客来如何祇待？”师云：“拄杖子。”

---

① 䕻：音禄。项也。

问:“如何是佛?”师云:“顶上螺纹。”

问:“昔日祖师伸三拜,归位端然事如何?”师云:“金刚朝合掌,泥人夜点头。”僧曰:“未审意旨如何?”师云:“十五十六,日月相逐。”僧曰:“更深方见把针人。”师云:“且莫错认。”

问:“如何是大道之原?”师云:“黄河辊底流。”僧曰:“学人未晓。”师云:“贯注新罗国。”

问:“不看澄潭月,不守枯木岩,是什么人?”师云:“潦倒渔翁,蹦踵樵子。”僧曰:“究竟如何?”师云:“相逢鼓腹,拍手讴歌。”

问:“如何是佛法大意?”师云:“临济问黄蘗。”僧曰:“学人不会。”师云:“三回吃棒来。”

问:“一花开五叶,结果自然成。如何是那一花?”师云:“不堪供养佛。”僧曰:“摘向什么处?”师云:“十字粪堆头。”

问:“一大藏教,尽是名言。离此名言,如何指示?”师云:“癞马揩枯柳。”僧曰:“学人不会。”师云:“骆驼好吃盐。”僧曰:“毕竟如何?”师云:“铁鞭指处马空嘶。”

问："佛处深宫时如何？"师云："着珍御服。"僧曰："逾城出家时如何？"师云："挂弊垢衣。"僧曰："不出不处时如何？"师云："一刀两段。"

上堂云："当今一句，已在言前。未举先闻，早彰丑陋。更待挼腰捺膝，跬步向前，拟动舌端，纷然失绪。若据衲僧分上，岂落今时？建立宗乘，随机应副。所以拈锤举拂，瞬目扬眉，谈古陈今，一斯方便。更乃看风辨的，照冉当怀；棒喝全提，岂同容易？盖是事不获已，曲为今时。到遮里，若是久曾淘汰，回首高流，历涉长波，自知冷暖。若遇初机禅客，缁素未分，权展机锋，豁明大智。要伊回光自照，直于指外明机；返本归源，莫向途中受用。变通衲子，不用踟蹰。关捩动时，新罗渤海。久立，珍重。"

蕲州白云山广教景云禅师

陕府夏县人也。姓李氏。生不荤茹，亲族异之。投西京灵山院臻上人出家，二十五落发。游方参问，得法于圆鉴禅师。后蕲守乔侯闻师道誉，命住是山。

问："如何是佛法的的大意？"师云："棒打石人开铁眼。"僧曰："即此便是也。"师云："有甚交涉？"

问："师唱谁家曲，宗风嗣阿谁？"师云："须弥顶上撞金钟。"

问:“如何是无缝塔?”师云:“任是僧繇夸好手,教君图绘也无门。”僧曰:“如何是塔中人?”师云:“扬眉招手唤,对面少人逢。”

许内翰问:“如何是广教境?”师云:“一片白云横岳顶。”翰曰:“如何是境中人?”师云:“今日尊官入院。”

上堂云:“云笼玉殿,风扫金沙。灵苗得地,遍野开花。游人赏玩,禅子叹嗟。咄。不悟少林真端的,背却弥陀讨释迦。”

上堂云:“红炉焰上,金雪花开。白云堂中,木人拊掌。直得天垂甘露,地涌珊瑚;无情日夜谈真谛,不知谁是契如如。”击禅床一下。

上堂云:“道,道,个中无紫皂。禅,禅,门与白云连。向上一路,千圣不传。胡家曲子如何唱?会么?清风明月夜,浪打钓鱼船。咄。”

上堂云:“了,了,人人道好。妙,妙,馨香谁晓。晓兮获圆通,好兮谈妙道。无限清风座下生,身中悟得无生老。无生老,报君知,一片无瑕万古辉。咄。”

无为军庐江西禅继图禅师

问:“如何是祖师西来意?”师云:“枯木岩前。”僧云:

“意旨如何?”师云:“抽条石笋。”

上堂云:“青山青郁郁,渌水渌依依。物物尚如此,禅人作么知。若乃知得,触目而真,更无别事。一一法上一如来,一一尘中一弥勒。若也不知,且向三条椽下,六尺单前,快须究取。”良久云:“自是心源不调伏,祖师元是世间人。”喝一喝。

宿州定林惠琛禅师

问:“千百亿化身,未审那个是如来身?”师云:“应物现形。”僧曰:“恁么则普现群生前。”师云:“倒退三千。”

问:“如何是道?”师云:“只在目前。”僧曰:“为什么不见?”师云:“瞎。”

秀州本觉若珠禅师

福州人也。姓卓氏。母怀妊时,常感异梦。及生,祥光照室。七岁出家,恩度受具。后慕游方,到苏州天平圆鉴禅师法席。鉴问:“父母未生时,那个是汝本来面目?”师于言下忽然有省,遂执侍巾瓶。

至舒州浮山,每入室时,运石一转。自后遁迹,日诵

《莲经》三帙，常坐不卧。后住槜[1]城，法道大播。

元祐元年十月十日，命元照律师结大界相毕。翌日，沐浴净发，召众曰："吾世缘将谢，汝善护持。"言毕，趺坐而逝。七日身不倾侧。荼毗，得五色舍利。塔葬本山。

问："如何是道？"师举起拳，僧曰："不会。"师云："拳头也不识。"

问："师唱谁家曲，宗风嗣阿谁？"师云："一音剖出尘沙界，豁达灵通副万机。"僧曰："恁么则叶县亲孙，浮山嫡子。"师云："何不领话？"僧曰："话道什么？"师云："十万八千。"

上堂云："说佛说祖，埋没宗乘。举古谈今，淹留衲子。拨开上路，谁敢当头。齐立下风，不劳拈出。无星称子，如何辨得斤两？若也辨得，须弥只重半铢。若辨不得，拗折秤衡，向日本国里与诸人相见。"

荆门军玉泉山景德谓芳禅师

问："从上诸圣，以何示人？"师拈起拄杖，僧曰："学人不会。"师云："两手分付。"僧拟议，师便打。

---

① 槜：音醉。

问："如何是和尚家风？"师云："针锋头上翻筋斗。"僧曰："意旨如何？"师云："红炉焰上碧琉璃。"

问："如何是一乘法？"师云："的当尘毛现。"

上堂云："天驹未运，宾主照用齐行。毒鼓一鸣，瞎祖盲贤失宗旨。或高提神杖，或副类千端。影草竿头火炬辉，宝剑刃中金毛吼。在主，则离南坎北；据宾，乃卯东酉西。风云合会，交光八面全收。应用同时，函盖阵图齐剪。双开双掩，令在当人。正按正提，藏锋出袖。他亡此灭，犹怀组绣香囊。获印回戈，始见文班武列。须分胜败，岂许东西。火焰七星光射，须知百花竞发。金针未举，锋露山河。玉印未开，光舒大野。晓色纤毫不犯，暗中眉目须分。白牛岩下非藏，金凤幽庭岂锁。君臣合会，舞蹈无门。浩意融怀，蜜移一步。头角未现，布异类以周流。玉线关开，尽属利生遮畔。大地都卢无的止，万古澄潭月耀腾。荒田野战眉不开，午夜阵圆宜豹变。正则龙衔异宝，偏乃鹤宿银笼。正偏巨意若支离，失晓手中珠落地。异中见异，犹尺璧而胡分。出语不晓，似空中而赴倒。敲则大夜消忘，唱乃长天免运。放旷淋漓雨不伤，犹是夜明帘外客。"

师一日沐浴净发，书颂云："三更打破无巴鼻，午夜敲开大道机。二千年前石人髓，不以露布报人知。"乃掷笔，安坐而逝。

庐山归宗承天鸿式禅师

问:“如何是归宗境?”师云:“右军墨池。”僧曰:“若不张帆,焉知海阔。”师云:“想汝不知落处。”

师于熙宁二年七月十九日上堂辞众,云:“须弥倒卓,海水逆流,石人破浪棹孤舟。拍手呵呵谁是侣,大千沙界任遨游。咄。”言毕,趺坐而逝。

东京华严普孜禅师

建州建阳谢氏子也。幼习儒老,复看佛经,至“识自心源”,夙根启发,遂投太平兴国西律院僧可崇出家得度。具戒,游方参道,诣龙舒浮山圆鉴禅师法席。入室扣请,顿悟祖意。舒人请居甘露、太平二刹,道誉大播。

后退居净因。元丰五年,左右街僧录定居华严,再整禅规。京城内外,翕然归向。八年四月十日,诏入禁中说法,天子锡赉甚厚。是月十四日,辞众坐逝。荼毗敛骨,塔于开封林家村。

师性澄止水,语洒寒冰。解达宗乘,见超情识。继唱临济三玄九带,深造曹洞五位十玄,故凑泊者望其津涯而已。

问:“如何是宾中宾?”师云:“客路似天远。”僧曰:“如何是宾中主?”师云:“侯门似海深。”僧曰:“如何是主中主?”师云:“寰中天子敕。”僧曰:“如何是主中宾?”师云:“塞外将军令。”

师云:“宾中问主,互换机锋。主中问宾,同生同死。主中辨主,饮气吞声。宾中觅宾,白云万里。故句中无意,意在句中。于斯明得,一双孤雁扑地高飞。于斯未明,一对鸳鸯溪边独立。知音禅客,相共证明。彰响异流,切须子细。”良久云:“若是陶渊明,攒眉却归去。”

舒州甘露法眼禅师

讳庆余。姓黄氏,建州建安人也。本州大中寺出家,试经得度。游历江淮宗席,参圆鉴禅师,投机印可。出世甘露,人天瞻仰。退居京师华严,王公贵人皆来咨道。都尉曹公见谓:“此真吾师也。”朝夕扣请,奏赐章服、师名。

元丰六年八月五日,示众云:“浮世幻身,安能久寄。”索笔书颂,投毫而逝。

问:“如何是意中玄?”师云:“千思万想。”僧曰:“如何是句中玄?”师云:“七步成章。”僧曰:“如何是玄中玄?”师云:“百发百中。”

师云:“三玄三要,大道直冲。活捉生擒,夺人夺境。

直得把断要津,圣凡路绝。一似倚天长剑,谁敢当头。拟议之间,丧身失命。正当恁么时,何人出来定当?”良久云:“须是王索仙陀婆始得。”

庐山归宗承天普安禅师

问:“学人上来,请师一接。”师云:“阳气发时无硬地。”僧曰:“莫便是为人处也?”师云:“卞和之璧,难遇良工。”僧曰:“不因一事,不长一智。”师云:“卖金难遇买金人。”

上堂云:“金风乍扇,黄菊初开。泉鸣山谷,月照楼台。门门显焕,物物全彰。还有荐得者么?”良久云:“令人转忆庞居士,天上人间不可陪。”

上堂云:“桃花红,李花白,堪羡灵云最高格。觌面相逢顷刻间,鹞子已过新罗国。”

南康军南山清隐院惟湜[①]禅师

问:“达磨未来时如何?”师云:“三更月到窗。”僧曰:“来后如何?”师云:“平旦日头出。”僧曰:“还有西来意也无?”师云:“一片海云遮不得,舒光直透水晶宫。”

---

① 湜:音时。

问:“如何是佛?”师云:“骂着不嗔。”僧曰:“如何是法?”师云:“唤着不应。”僧曰:“佛法两字,如何理论?”师云:“我不喜闻。”

问:“诸圣说不及处,请师说。”师云:“暗里皱眉。”僧曰:“大众侧聆也。”师云:“天明合掌。”僧呵呵大笑,师云:“切忌切忌。”

问:“如何是道?”师云:“斜街曲巷。”僧曰:“如何是道中人?”师云:“百艺百穷。”

上堂云:“南山峭峻,登者还稀。后靠万丈洪涯,猿鸟不绝。前临千尺洪波,舟楫难渡。中流渺漠,休驻兰舸。彼此岸头,不须系缆。且道向什么处安泊?”良久云:“有时因好月,特地过沧洲。”

上堂云:“一念不生,伎俩俱尽。一法未有,计较不成。便请高挂钵囊,横担拄杖;出一丛林,入一法席。踏着称槌硬似铁,岂是古佛心?青绢扇子足风凉,不是西来意。一任驴鸣狗吠,风吹日炙。”

舒州浮山太平洪琏禅师

问:“《楞伽》四卷从何得,莫是当初错下言?”师云:“蒋白元来是秀才。”

问:“达磨西来,教外别传,为什么将往随后?”师云:“锦上添花。”

师云:“教外别传,直指人心,见性成佛。敢问诸人,作么生说个见性底道理?”良久云:“远观山有色,近听水无声。”

潭州南岳衡岳寺奉能禅师

上堂云:“宗风才举,万里云收。法令若行,千峰寒色。须弥顶上,白浪滔天。大海波中,红尘满地。应思黄梅昔日,少室当年,不能退己让人,遂使桩糠答志,断臂酬心。何以衡岳遮里,山畲粟米饭,一桶匆盐羹;苦乐共住,随高就低。且不是南头买贵,北头卖贱。直教文殊稽首,迦叶攒眉;龙树、马鸣吞声饮气,目连、鹫子且不能为。为什么如此?谛观法王法,法王法如是。”

筠州大愚山兴教守芝禅师法嗣

潭州开福守义禅师

问:“如何是佛?”师云:“扑不破。”僧曰:“秋来黄叶落。”师云:“速礼三拜。”

上堂云:“潇湘岸上,总似今日风恬浪静,是人过得,不妨奇特。忽遇莲花潭内洪波浩渺,白浪滔天,又作么生过?”良久云:“行船由在把梢人。”

南岳云峰文悦禅师

洪州人也。少出家圆具,参大愚芝禅师,顿悟心印,遂遍历禅室。到泐潭澄禅师法席,遇南禅师,遂为道契。

一日,谓南曰:“观吾师法器异常,何滞于此?”南不喜师语。师从容曰:“吾师若去参慈明,他日必为临济下宗主也。”南遂诺之。遥往慈明,果然发悟。南师出世同安,师即领众助扬宗风。后洪帅请居西山翠岩,次移南岳法轮云峰。治平中,坐灭龛中,常涌舍利。

问:“如何是道?”师云:“路不拾遗。”僧曰:“如何是道中人?”师云:“草贼大败。”僧礼拜,师嘘一声。

问:“万法归一,一归何处?”师云:“黄河九曲。”僧曰:“如何是第一句?”师云:“垂手过膝。”僧曰:“如何是第二句?”师云:“万里崖州。”僧曰:“如何是第三句?”师云:“粪箕扫帚。”

问:“如何是深山岩崖佛法?”师云:“猢狲倒上树。”

问:“如何是无缝塔?”师云:“四楞着地。”僧曰:“如何是塔中人?”师云:“香风吹萎花,更雨新好者。”

问:“如何是衲衣下事?”师云:“皮裹骨。”

问:“不涉廉纤,请师速道。”师云:“须弥山。”

问:“如何是般若体?”师云:“箭穿杨叶。”僧曰:“如何是般若用?”师云:“蛇穿鼠穴。”

问:“如何是清净法身?”师云:“柴场荻草。”

上堂云:“诸佛出世,平地陷人。祖师西来,承虚接响。一大藏教,诳謼[1]闾阎。明眼衲僧,自救不了。诸人到遮里,凭何话会?”良久云:“为众竭力,祸出私门。”击禅床一下。

上堂云:“声色不到处,病在见闻。言诠不及处,过在唇吻。离却咽喉一句作么生道?若道得,坐断天下人舌头。若道不得,法轮门下有粥有饭。”

上堂云:“语不离窠窟,焉能出盖缠。片云横谷口,迷却几人源。所以道:‘言无展事,语不投机。承言者丧,滞句者迷。’汝等诸人到遮里,凭何话会?”良久云:“欲得不招无间业,莫谤如来正法轮。”

---

① 謼:音虚。说大话。

饶州承天应禅师

问："如何是芝山境?"师云："三月野花游不猒[①],更深犹插满头归。"僧曰："如何是境中人?"师云："五湖云水客,到此罢追寻。"

越州大禹山简南禅师

上堂云："湖边山边太平道,马公贺公前后意。青山屹屹变洪波,洪波渺渺成平地。不是邀君傲名利,尽为苍生垂巨庇。万顷良田千古中,儿孙不识法王记。其中有刹祟来久,雪庭筹室谁知有。翠竹黄花岁已深,陶令远师空执手。昨夜南星回北斗,"良久云,"看。"

郢州兴阳山启珊禅师

问："祖意教意,是同是别?"师云："百尺竿头开口笑。"僧曰："风高月冷乾坤静,直下无私畅杀人。"师云："歌谣满路。"僧礼拜,师便打。

上堂云："雾笼山色,雨洒长空。日月虽升,游人不见。遮个葛藤且致,泥水不分一句作么生道?"良久云："为你诸

① 猒:音厌。同"厌"。

人注破。”以拄杖击一下。

郢州兴阳山慧光院启舟禅师

上堂云:“远山岌岌,春夏如然。涓水滔滔,四时无间。平川眺望,廓落乾坤。坐对孤峰,咫尺日月。睹此时景,便合歇去。说个什么天台南岳、峨眉五台尽是尘,是未妄向他人口中作则。既不如此,又作么生商量?”良久云:“睫在目前长不见,道非物外更何求。”

筠州洞山子圆禅师

上堂。有僧出,抛下坐具。师云:“一钓便上。”僧拈起坐具。师云:“弄巧成拙。”僧曰:“自古无生曲,须是遇知音。”师云:“波斯入唐土上。”僧大笑,归众。

潭州石霜山法永禅师法嗣

金陵保宁承泰禅师

问:“师唱谁家曲,宗风嗣阿谁?”师云:“无角铁牛生意气。”僧曰:“未审的嗣何人?”师云:“潇湘月上碧天明。”

南岳福严保宗禅师

上堂云:"世尊周行七步,举足全乖。目顾四方,触途成滞。全襕授去,殃及儿孙。玉偈传来,挂人唇吻。风幡悟性,未离色尘。钵水投针,全成管见。祖师九年面壁,不见纤毫。卢公六代传衣,图他小利。江西一喝,不解护初。德峤全施,未知护末。南山鳖鼻,谩指踪由。北院枯松,徒彰风彩。云门顾鉴,落二落三。临济全提,错七错八。若说君臣五位,直如纸马过江。更推宾主交参,恰似泥人澡洗。独超象外,且非捉兔之鹰。混迹尘中,未是咬猪之狗。何异趒[①]坑堕堑,正是避溺投宜。如斯之解,正在常途。出格道人如何话会?岂不见陶潜俗子,尚自睹事见机。而今祖室子孙,不可皮下无血。"喝一喝。

南岳胜业智增禅师

问:"如何是南岳境?"师云:"音声鸟,娑罗花。"僧曰:"如何是境中人?"师云:"山间坐,林下行。"僧曰:"向上事又作么生?"师云:"万年松色拂云高。"

郢州大阳山长庆如汉禅师

问:"如何是佛?"师云:"未离兜率天,波旬眼滴血。"

① 趒:音跳。同"跳"。

僧曰:"毕竟成得什么边事?"师云:"后生虽可畏,年老得人嫌。"

问:"如何是敲磕底句?"师云:"槛外竹摇风,惊起幽人睡。"僧曰:"观音门大启也。"师云:"师子咬人。"

上堂云:"闻声悟道,失却观音眼睛。见色明心,昧了文殊巴鼻。一出一入,半开半合。泥牛昨夜游沧海,直至如今不见回。咄。"

湖州天圣皓太禅师法嗣

湖州西余山宝实禅师

问:"世尊道'我四十九年不曾说一字法',和尚因何列众升堂?"师云:"不容我祗对。"僧拟进语,师云:"十万八千。"

上堂云:"无风起浪,井底烟生。伶利衲僧,切忌蹉过。参。"

汝州宝应法昭禅师法嗣

滁州琅琊山方锐禅师

问:"一佛出世,各坐一花。和尚出世,有何祥瑞?"师云:“月中仙桂生林野,海底珊瑚秀碧峰。”僧曰:“恁么则紫金刚座重新出,优钵罗花依旧开。”师云:“玉凤夜衔花,不许时人得。”僧曰:“不因水涨,不见船高。”师云:“放过一着。”

上堂云:“造化无生物之心,而物物自成。雨露非润物之意,而灵苗自荣。所以药剂不食,而病自损。良师不亲,而心自明。故知妙慧灵光,不从缘得。到遮里,方许你进步,琅琊与你别作个相见。还有么?若无,不可厌良为贱。”

郢州兴阳山希隐禅师

问:“如何是悬崖撒手底句?”师云:“明月照幽谷。”僧曰:“如何是末后再苏底句?”师云:“白云生太虚。”僧曰:“恁么则樵夫出林丘,处处歌春色。”师云:“是人道得。”

上堂云:“了见不见,见了未了。路上行人,林间宿鸟。月里塔高十二层,天外星缠五百杪。要会么?手执夜明符,几个知天晓。参。”

润州金山县颖达观禅师法嗣

湖州上方希元禅师

问:“牛头未见四祖时如何?”师云:“富嫌千口少。”僧曰:“见后如何?”师云:“贫恨一身多。”

润州普慈院崇珍禅师

问:“如何是普慈境?”师云:“出门便见鹤林山。”僧曰:“如何是境中人?”师云:“入门便见珍长老。”

太平州瑞竹仲和禅师

问:“得坐披衣人尽委,向上宗乘事如何?”师云:“但知冰是水。”僧曰:“更有事也无?”师云:“休问水成冰。”僧曰:“弄潮须是弄潮人。”师云:“遮僧从浙中来。”

润州金山怀贤圆通禅师

问:“师扬宗旨,得法何人?”师拈起拂子,僧曰:“铁瓮城头曾印证,碧溪崖畔祖灯辉。”师拂一拂云:“听事不真,唤钟作瓮。”

太平州隐静山慧观禅师

问:“如何是隐静境?”师云:“千尺长松临古路,一条寒涧截中峰。”僧曰:“如何是境中人?”师云:“岩前枯木啼黄鸟,林下僧居半白头。”僧曰:“祖意西来又作么生?”师云:“五峰高不下,万木几回秋。”

常州南禅福圣自聪禅师

问："诸佛出世，天雨四花。和尚出世，有何祥瑞？"师云："清风满地。"僧曰："恁么则法界沾恩。"师云："杲日当空。"僧曰："向上更有事也无。"师云："有。"僧曰："如何是向上事？"师云："水因有月方知净，天为无云始见高。"

越州新昌石佛显忠祖印禅师

问："如何是不动尊？"师云："热鏊[①]上猢狲。"僧曰："如何是千百亿化身？"师云："添香换水，点灯扫地。"僧曰："如何是毗卢师、法身主？"师云："系马柱。"僧曰："有什么交涉？"师云："缚杀遮汉。"

问："会杀佛祖底始是作家，如何是杀佛祖底剑？"师云："不斩死汉。"僧曰："如何是和尚剑？"师云："令不重行。"

问："古人道'一大藏教尽是魔说'，作么生是佛说？"师云："是佛则不说。"僧曰："争奈五千卷何？"师云："不是汝分上事。"僧曰："未审是谁分上事？"师云："止止不须说，我法妙难思。"

---

① 鏊：音傲。铁锅。

问:“如何是相生?”师云:“山河大地。”僧曰:“如何是想生?”师云:“兔子望月。”僧曰:“如何是流注生?”师云:“无间断。”僧曰:“如何是色空?”师云:“五彩屏风。”

上堂云:“咄咄咄。海底鱼龙尽枯渴,三脚虾蟆飞上天,脱壳乌龟火中活。”

上堂云:“点时不到,皂白未分。到时不点,和泥合水。露柱踍跳入灯笼里即且从他,汝眉毛因什么却拖在脚跟下? 直饶于此明得,也是猢狲戴席帽。于此未明,何异蛐蟮[①]穿靴。然虽如此,笑我者多,哂我者少。”

杭州净住院居说真净禅师

师参达观,遂问云:“某甲经论粗明,禅直不信,愿师决疑。”观云:“既不信禅,岂可明经? 禅是经纲,经为禅网。提纲正网,了禅见经。”师云:“为某甲说禅看。”观云:“向下文长。”师云:“若恁么,经与禅乃一体。”观云:“佛及祖非二心,如手搦拳,如拳搦手。”师因而有省,乃成颂云:“二十余年用意猜,几番曾把此心灰。而今潦倒逢知己,蒋白元来最秀才。”

---

① 蟮:音善。蛐蟮,即蚯蚓。

宣州广教院继真文鉴禅师

师参达观,遂问云:“某甲自讲说外,究寻诸佛所说广大,如何得见边际去?”观云:“子寻常凭何讲说?”师云:“依教解义。”观云:“依教解义,三世佛怨。”师云:“离教一字,如同魔说。”观云:“不问子教义,讲说者何人?”师云:“但见动静语言,不可睹其形相。”观云:“只此无形相,便是广大。若悟此心,便见边际。”师自此有省。

上堂云:“夫欲为宗师,须了明暗句。半夜里贴眼,浑成空路。多事释迦文,生时强四顾。点胸独称尊,又周行七步。明复阿谁知,暗使何人悟。自后百千年,屈指河沙数。一盲引众盲,众盲相扶举。他日见阎老,努目空相觑。是时休叫道,镬汤无冷处。休空腹高心,但回盘转箸。寄语后世人,莫被徐六语。”

湖州西余山拱辰禅师

问:“四众云臻于此日,请师方便展家风。”师云:“语不虚发。”僧曰:“全因此日。”师云:“功不浪施。”

问:“如何是向上事?”师云:“赫日高悬。”僧展两手,师云:“作么生?”僧礼拜,师云:“犹较三十棒。”

上堂云:“灵云见花,眼中着翳。玄沙蹩指,体上遭迍。

不如且恁么过时,自然身心安乐。”

上堂云:“理因事有,心逐境生。事境俱忘,千山万水。作么生得恰好去?”良久云:“且莫剜肉成疮。”

上堂云:“登高万丈,先以一步为初。穷海千寻,实乃一滴为本。若也如此,从微至着,以浅涉深,超越门风,断定可便起。”

常州承天了素禅师

问:“师唱谁家曲,宗风嗣阿谁?”师云:“语言鹫子怕,动静马鸣惊。”僧曰:“达观之道,从此盛行。”师云:“说个什么无著与天亲。”

师举拂子云:“诸仁者,且道遮个还有法嗣也无?”众无对。师云:“披衣过孟津。”击禅床,下座。

越州法性院用章禅师

问:“师唱谁家曲,宗风嗣阿谁?”师云:“金乌出海人皆仰。”僧曰:“达观嫡子,慈照儿孙。”师云:“已是升天际,流光散百川。”僧曰:“浩瀚法才惊四众,群贤皆羡震雷音。”师云:“欢君休举目,射汝髑髅乾。”

越州法性绍明禅师

问:“如何是法性境?”师云:“海潮生户外,宝塔耸云中。”僧曰:“如何是境中人?”师云:“半凡半圣。”僧曰:“向上宗乘事若何?”师云:“六六三十六。”

苏州昆山般若善端禅师

问:“有生有灭,尽是常仪。无生无灭时如何?”师云:“昆仑着靴空中立。”僧云:“莫便是为人处也无?”师云:“石女簪花火里眠。”僧曰:“大众证明。”师云:“更看泥牛斗入海。”

苏州洞庭惠月禅师法嗣

苏州荐福亮禅师

问:“不假言诠,请师示诲。”师云:“大众总见汝恁么问。”僧曰:“莫只遮便是也无?”师云:“罕逢穿耳客。”

上堂云:“云收天际,日到阶前。景色如斯,禅流着眼。参。”

苏州瑞元嵩禅师

问："明月当天，为什么不临暗室？"师云："争奈何？"僧曰："慈悲何在？"师云："用不得。"

上堂云："三度吃棒，卒无一言，累他子孙分疏不下。直道过在什么处？试请辨看。参。"

常州承天世珍禅师

问："师唱谁家曲，宗风嗣阿谁？"师云："一轮皎洁辉沙界，万仞青山压太湖。"僧曰："恁么则洞庭嫡子。"师云："一任杓卜。"

问："如何是佛？"师云："印手分明。"僧曰："言显理幽，乞师方便。"师云："人人合掌。"

明州杖锡修巳禅师法嗣

台州黄岩保轩禅师

问："如何是佛法大意？"师云："千日斫柴一夜烧。"

问："不欲无言，略凭施设时如何？"师云："知而故犯。”僧礼拜,师便打。

明州云岩志禅师

问:“有问有答,盖是寻常。无问无答时如何?”师云:“贪观白浪,失却手棹。”僧曰:“未审意旨如何?”师云:“前头犹自可。”

明州石门山进禅师法嗣

明州瑞岩山智才禅师

问:“如何是截断众流句?”师云:“好。”僧曰:“如何是随波逐浪句?”师云:“随。”僧曰:“如何是函盖乾坤句?”师云:“合。”僧曰:“三句蒙师指,如何辨古今?”师云:“向后不得错举。”

师云:“适来遮僧所问因缘,也须是个荷负重担底汉始得。不可斗如花似锦言句,以当宗乘。若如是者,直饶学到拂石劫尽,也未有了日。何故?岂不见古人道:‘两口一无舌,即是吾宗旨。’诸禅者,还会么?不是诗人莫献诗。”

上堂云:“天平等故常覆,地平等故常载,日月平等故四时常明,涅槃平等故凡圣不二,人心平等故高低无诤。”拈拄杖,卓一下,云:“诸禅者,遮拄杖子昼夜为诸人说平等法门,还闻么?若闻去,敢保诸人行脚事毕。若言不闻,亦许诸人顶门上眼正。何故?是法平等,无有高下,是名阿耨多罗三藐三菩提。”良久,笑云:“向下文长。”

杭州龙华齐岳禅师法嗣

湖州吴山净端禅师

本州人也。一参宗匠,顿悟全机。解不存玄,见量颖脱。三迁法席,众少投机,退隐本山。

上堂云:“吴山山里师子,却来云间哮吼。别无佛法商量,不如打个筋斗。”便趒下法座。

《建中靖国续灯录》卷第九·对机门

庐陵清原山行思禅师第十二世

越州天衣义怀禅师法嗣

东京大相国寺慧林禅院圆照禅师

讳宗本。姓管氏,常州无锡人也。依苏州永安禅院升上人出家,披剃具戒。即慕参游,诣池州景德怀禅师法席。入室扣请,示以:"弥勒内宫说什么法?"云:"说遮个法。"晓夕心无间念,体究未明。偶于境中见高木上有一黄梅,而智士原曰:"五月梅子熟时,当有发明如斯。"忽然顿悟心印,洞入微奥。服勤十余载,日探玄旨。

后出世苏州瑞光,次迁净慈,学众常盈半千。寻奉诏住慧林,神宗皇帝召对,赐"圆照"禅号。未几,乞归灵岩。

元符二年十二月二十八日,沐浴更衣,召门人付嘱归逝。门人曰:"既不住世,何不留偈?"师曰:"吾四十年,无时不说,何必今日重说偈言?"遂端坐委化。

次年正月尽日,全身塔于本山。世寿八十,僧腊五十有三。四十年垂手，三住大刹，嗣法传道者，不可穷数。名扬一时者，百有余人。

开堂日，神宗皇帝遣中使降香。师谢恩毕，登座拈香，祝延圣寿罢，乃敷坐。净因净照禅师白槌竟，师云："还有五湖上士，达法高流？出众当前，共扬佛事。"问："昔日灵山胜集，随机大转法轮。今朝选佛场开，垂手愿扬佛事。"师云："炉烟起处，大众同观。"僧云："法雨普沾沙界润，群生皆赖一人恩。"师云："向后不得错举。"僧曰："可谓得闻于未闻也。"师云："闻底事作么生？"僧曰："凭师一滴曹溪水，四海为霖报我皇。"师云："伶利衲僧。"

问："圣皇垂拱岩廊上，忆得灵山佛嘱时。今日诏师扬般若，愿开方便释群疑。"师云："截流之句，只么分付？"僧曰："一言迥出威音外，翘足徒劳赞底沙。"师云："三十年后不得错会。"

问："昔为林下客，今作帝都人，未审是同是别？"师云："一月在天，影含众水。"僧曰："未离兜率，已降王宫。未出母胎，度人已毕。"师云："真不掩伪，曲不藏直。"

问："九重城里，无非触处菩提。明月堂前，已现龙华之相。不昧当时，请师一接。"师云："六街钟鼓韵冬冬，即处铺金世界中。"僧曰："更不觉城东畔始发初心。"师云："炉烟透处，匝地风生。"僧曰："可谓圣恩沾万里，喜气动千门。"师云："礼拜了退。"僧曰："也知上苑花难采，不得馨香未肯休。”师云:“道了也。”

问:“葱葱嘉气黄金阙,拂拂霜风玉露秋。正当恁么时,禅客相逢如何话会?”师云:“师子颦呻,象王哮吼。”僧曰:“龙楼凤阁,触目光辉。宝铎金钟,咸歌帝德。”师云:“大施门开,一时参取。”僧曰:“恩大不知何以报,一炉香篆祝尧年。”师云:“且听说看。”

师云:“滥承圣旨,来踞慧林。远涉长途,三千余里。既到皇都,精神豁尔。何也?楼台耸翠,殿塔交光。广陌通衢,朱门华宇。不异善财登慈氏阁,满目殊胜,遍处庄严;华藏圆明,交罗主伴;尘沙法门,一毫顿证;无边刹境,验在目前。敢问诸禅德,目前事作么生?”乃顾大众云:“还会么?若也于此明得,相共证明。若也未知涯际,正法眼藏觌面分付。”良久云:“鸡足峰前路不遥,饮光得底在今朝。”

“开堂演法,上祝皇帝陛下圣躬万岁,伏愿尧天永覆,舜日崇明。福海等于沧溟,寿山高于嵩华。护持三宝,安御万方。弥增玉叶之昌,益广萝图之茂。久立众慈,伏惟珍重。”

问:“牛头未见四祖时,为什么百鸟衔花献?”师云:“六六三十六。”僧曰:“见后为什么不衔花?”师云:“六六三十六。”僧曰:“非师不委。”师云:“西天此土。”

问:“古人道‘卷帘除却障,闭户生得碍’,未审意旨如何?”师云:“蹈着称锤硬似铁。”僧曰:“便与么去时如何?”师云:“错。”僧便喝,师便打。

问:“古者道‘言无展事,语不投机。承言者丧,滞句者迷’,和尚如何为人?”师云:“金乌急,玉兔速。”僧曰:“便与么去时如何?”师云:“后五日看。”

师云:“言无展事,语不投机。承言者丧,滞句者迷。衲僧到此,又且奚为?何如戴箬笠,披蓑衣,垂直钓,泛轻舟,访寻知识未能休。自从猿子皈青嶂,抛却钓,覆却舟,从教湘水几清秋。咄。”

上堂云:“洪音一剖,该罗八纮。一令施行,清风万里。豁开宗要,广演门风。撤向目前,光流大海。威拥三界,德被四方。高耸人天,虚怀应物。无内无外,洞彻十方。圆通现前,纵横佛事。檐头水滴,观音妙门。雨洒长空,文殊境界。休问补陀近远。觉城东际,楼阁门开,请高着眼。咄。”

上堂云:“好诸禅德,一问一答,俊哉快哉。问处如石里迸出,答处似青天霹雳。忽然而有,瞥尔而亡。若非顶门具烁迦罗眼底衲僧,到遮里,不免拈头作尾。所以道:汝生我亦生,汝杀我亦杀。生杀轮王机,交驰如电掣。”

上堂云:“头圆象天,足方似地。古貌棱层,丈夫意气。

趯倒须弥，蹈翻海水。帝释与龙王无着身处，"乃拈拄杖云，"却来拄杖上迴避。咄，任汝神通变化，究竟须遮里。"以拄杖卓一下。

上堂云："姑苏台畔，不话春秋。衲僧面前，岂论玄妙？只可着衣吃饭，玩水看山。夜见星，昼见日，两手扶犁水过膝。灵山授记只如斯，尘劫何曾异今日。"

上堂云："一句截流，万机顿削。得失是非，一时放却。与么会得，便请归堂。"

上堂云："看看，烁烁瑞光，照大千界百亿微尘国土，百亿大海，百亿须弥山，百亿日月，百亿四天下，乃至微尘刹土，皆于光中一时发现。诸仁者，还见么？若也见得，许汝亲在瑞光。若也不见，莫道瑞光不照好。参。"

上堂云："于一毫端现宝王刹，坐微尘里转大法轮。"拈起拄杖云："拄杖子是尘，作么生说个转法轮底道理？山僧今日不惜眉毛，与汝诸人说破。拈起也，海水腾波，须弥岌峇[①]。放下也，四海晏清，乾坤肃静。敢问诸人，且道拈起即是？放下即是？当断不断，两重公案。"以拄杖击禅床一下。

上堂云："千般样都来，只在丝头上。"乃拈起拄杖云：

---

① 岌峇：音极吧。煅铁声。

“还会么？一为无量，无量为一。十方如来，同此超出。若也会得，参学事毕。若更不会，何必自抑。”击禅床。

上堂云：“凉风吹，红日照，一境萧然谁不要。观音大士为宣扬，九衢卖买争头叫。脚不住，手不停，毗卢界内用分明。千圣从来只遮是，莫生退屈自相轻。参。”

上堂云：“季冬寒节，去来无别。千山万山，唯积残雪。禅客相逢，将何演说。各请归堂，随缘憩歇。若作迷逢达磨，大似眼中添屑。”

东京大相国寺惠林禅院觉海禅师

讳若冲。姓钟氏，江宁府句容人也。母初娠师，屡梦一僧端坐于寝，遂不荤茹。其父固问，即告以梦，父曰：“若果生男，当舍为僧。”

及丱岁，母携至钟山，礼志公像。师即涕泣，不肯归去。母悟前事，乃许就寺僧怀义上人出家，后依保心禅师圆具。即造池阳怀禅师法席，令看情未生时因缘，乃获开悟。巾侍数年，深达玄旨。

初住常州荐福，次住宜兴善权，又还荐福，后住北京福胜、西京法王，相国韩公绛、太师文公彦博尝加师仰。晚奉诏住慧林。

开堂日，哲宗皇帝遣中使降香。师谢恩毕，登座拈香，祝延圣寿罢，乃敷坐。法云圆通禅师白槌竟，师云："一人人面面相对，大似少林看壁。一个个眼眼相顾，何异灵山嘱付。诸仁者，实为密密堂堂，昭然独露。会中莫有证据底衲僧么？"时有僧出问："为国开堂，愿闻法要。"师云："三乘光佛祖，一句定乾坤。"僧曰："丽天杲日当轩，匝地清风满座。"师云："目前无异草，不碍往来观。"僧曰："若非顶门眼开，谁知此恩难报。"师云："酌然。"

问："鹫岭传芳东震，云门列派皇都。今朝大启觉场，请师再垂方便。"师云："上机言下悟，大道目前观。"僧曰："与么则圆照始离金色界，相蓝又见觉花开。"师云："不得错看。"

问："如何是皇都境？"师云："巍巍双阙侵霄汉，拂拂祥云罩九重。"僧曰："如何是境中人？"师云："两宫无事安磐石，万国归心有老臣。"

问："祖闱宏启，大集群贤。法令既行，请师一振。"师云："匣里青蛇吼。"僧曰："学人退身即是也。"师云："天际白虹高。"

师云："诏令臣僧为国开堂，流通至道，开发人天。夫至道者，不可以思而测，不可以想而求。精勤者未能见之，辩慧者酌然不识。若也明得，方知佛佛道同，古今不异。何是何非，孰邪孰正。不有而示有，杳若梦存；无成而似成，倏如幻住。依空源而起尽，法法无知；随化海以分形，缘缘绝待。如是会得，堪报不报之恩，用助无为之化。诸仁者，无为之化，阖国知闻，且如何是报恩底句？”良久云：“三乘有旨难彰则，一句无私贺太平。此日流通般若，普集妙善，上祝皇帝陛下圣躬，伏愿宝图永固，凤历长新。同日月照临，若乾坤覆载。位隆北极，寿等南山。伏惟珍重。”

上堂云：“碧落净无云，秋空明有月。长江莹如练，清风来不歇。林下道人幽，相看情共悦。诸仁者，适来道个清风明月，犹是建化门中事，作么生是道人分上事？”良久云：“闲来石上观流水，欲洗禅衣未有尘。参。”

上堂云：“无边义海，咸归顾眄之中。万象形容，尽入照临之内。你诸人筑着磕着，因什么却不知？”良久云：“莫怪山僧太多事，光阴如箭急相催。珍重。”

上堂云：“日出连山，月圆当户。不是无言，不欲全露。”乃云：“遮里莫有全露底么？”良久，众无语，乃拈拄杖云：“拟议则穿腮过。”击香台，下座。

上堂。良久云：“万机丧尽体何如，一点灵光混太虚。尘劫未曾经变易，禅人休枉废工夫。”却召大众云：“省力处道将一句来。”众无语，师云：“归堂吃茶去。”

上堂。良久云：“净地上切忌抛沙撒土。金屑虽贵，争奈眼里着不得。还知么？直饶解齐龙树，辩若马鸣，智过鹙子,到遮里一点用不着。何故如此?卞玉本无瑕,相如诳秦王。参。"

上堂。横按拄杖云:"摩竭迦文亲行是令,山僧今朝不可更向土上加泥也。"击香台,下座。

上堂云:"目净青莲,光含白玉。若向遮里参得,不若神珠四照,洞彻十方;宝鉴无私,媸妍自异。然虽如是,龙蛇易辨,衲子难瞒。"

上堂。良久云:"还委悉么?嘉雨时来暑气收,禅堂宴坐恰如秋。劳生心火何时息,只向无心便好休。"

上堂云:"神机迅发,觌面相呈。电光难趁,石火莫停。恁么荐得,未是英灵。"以拄杖画一画,云:"天下衲僧,倒退八百。拟议之徒,看燎着面门。"击香台一下。

真州长芦崇福禅院广照禅师

讳应夫。姓蒋氏,滁州清流人也。依江宁府保宁禅院承泰禅师出家圆具,远造天衣山怀禅师法席。入室开悟,深造宗旨。初住润州甘露,次移长芦,晚奉诏旨住智海禅院,坚辞弗受。

问:"如来禅即许老兄会,祖师禅未梦见在。未审如来禅与祖师禅是同是别?"师云:"一箭过新罗。"僧拟议,师便喝。

问:“识得衣中宝时如何?”师云:“你试拈出看。”僧展一手,师云:“不用指东画西,宝在什么处?”僧曰:“争奈学人用得。”师云:“你试用看。”僧拂坐具一下,师云:“大众笑你。”僧问:“如何是佛?”师云:“面如满月。”僧曰:“意旨如何?”师云:“遍照寰中。”

问:“如何是随处道场?”师云:“性似白云舒复卷,纵横应物不能羁。”僧曰:“恁么则涧松清冷澹,晓月照长川。”师云:“心到静中千虑息,性澄方外一灯明。”僧拟议,师云:“迢迢十万余。”

上堂云:“握骊珠于掌上,纳万汇于胸襟。全法界于目前,指大千于身际。混融一体,圆鉴无穷。包括二仪,含容万有。如斯之法,穷之则妙,究之则玄。玄妙之理现前,凡圣之情顿泯。圆融无碍,洞耀无私。倜傥分明,古今无间。任是然灯先圣,大觉能仁,说法利生,难忘斯旨。如斯话会,埋没宗风。何谓也?直须南山起云,北山下雨。”

上堂云:“云卷千山,尘清万里。长空独露,法界洞然。诸人还见么?如实未到,且莫粗心。忽若顶门放光,方信普通年远事,不从葱岭付将来。珍重。”

上堂。召大众云:“至道荡荡,无遍无党。或卷或舒,或指或掌。放旷任缘,灵明独朗。普覆河沙,光含万象。”

乃顾大众云:"千圣灵踪,后人标榜。"

上堂。召大众云:"江山绕槛,宛如水墨屏风。殿阁凌空,丽若神仙洞府。森罗万象,海印交参。一道神光,更无遮障。诸人还会么?"良久云:"寥寥天地间,独立望何极。参。"

上堂。顾大众云:"遮个为什么拥不聚,拨不散;风吹不入,水洒不着;火烧不得,刀斫不断,是个什么?众中莫有钉觜铁舌底衲僧,试为山僧定当看。还有么?"良久云:"若无,山僧今日失利。久立。"

庐山栖贤智迁禅师

姓高氏。钱唐人也。性纯志澹,心敏言讷。参天衣怀禅师,一日,见匠者拽木喝声,因而开悟,遂获印可。出世龙舒法华,次移栖贤。于元祐元年正月十九日辞众,沐浴更衣坐化,获舍利五色。

问:"如何是和尚为人一句?"师云:"好。"僧曰:"谢师指示。"师云:"且道我答汝话也无?"僧曰:"专为流通。"师嘘一声。

问:"一问一答,尽是建化门庭。未审向上更有事也无?"师云:"有。"僧曰:"如何是向上事?"师云:"云从龙,风从虎。"僧曰:"恁么则龙得水时添意气,虎逢山色转威狞。”师云:“兴云致雨又作么生?”僧即喝,师云:“莫更有在?”僧拟议,师咄云:“念话杜家。”

问:“如何是本来心?”师云:“折东篱,补西壁。”僧曰:“恁么则今日斋晏。”师云:“退后着。”

问:“天衣一曲师亲唱,未审何人和得齐?”师云:“飒飒霜风紧,看看冬到来。”僧曰:“恁么则寒山拊掌,拾得呵呵。”师云:“普贤化锦水,文殊旺五台。”僧曰:“好事不如无。”师云:“打折驴腰。”

上堂云:“山僧无佛法,任运且延时。朝朝日东出,夜夜转山西。云收山谷静,雨过远峰低。三年逢一闰,鸡到五更啼。参。”

上堂云:“闻佛法二字,早是污我耳日。诸人未跨法堂门,脚跟下好与三十棒。虽然如是,山僧今日也是为众竭力。珍重。”

上堂云:“拈提要妙,露柱皱眉;出格之谈,乌龟向火;平实无事,褒贬古今,岂能自救?诸禅德,离此外,还别有商量么?离此作么生是商量?莫是三年逢一闰,九月重阳么?莫是大尽三十日,小尽二十九么?莫是春来草自青么?若如斯见解,栖贤门下唤作驴前马后汉。参。”

上堂云:"是什么物得恁顽顽嚚嚚,腼腼睍睍[1]?"拊掌呵呵大笑云:"今朝巴鼻,直是黄面瞿昙通身是口,也分疏不下。久立。"

上堂云:"山僧久不与大众道话,何故?幸有佛殿三门、溪山松竹,每日喃喃地为汝说破了也。山僧赢得作无事人。说即说了,且道遮个是什么法?已后忽有人问,且莫落七落八。"

上堂云:"井底红尘生,高峰起波浪。石女生石儿,龟毛寸寸长。若欲学菩提,看取此榜样。参。"

上堂云:"德山道:'与你脱却笼头,卸却角驮,教你作个好人去,三界不收,六道不摄。'你诸方学得底,岂不是笼头角驮?德山棒、临济喝,岂不是笼头角驮?你诸人被诸方老榾柮[2]教坏了也。学得一堆骨董,蕴在胸襟,便道'我会禅',你皮下还有血么?被他热谩了也。山僧今日与么道,也似为佗闲事长无明。珍重。"

舒州山谷三祖会禅师

钱塘临安,师之生缘也。山谷褒山,师之住处也。冲会,师之法名也。圆智,师之禅号也。天衣老怀,师之嗣法

① 嚚:音银,愚也。腼:音腆,惭愧。睍:音现,惧怕。
② 榾柮:音骨抓。木头疙瘩。

师也。超悟猛利，师之妙性也。直语拂情，师之为人也。圆照、圆通，师之道友也。如此，则师之道可知也。吏部侍郎贾公易以师礼敬之。年七十余，洒然真隐。

开堂日，问："如何是第一义谛？"师云："百杂碎。"僧曰："恁么则褒禅一会，不异灵山。"师云："将粪箕扫帚来。"

问："师登宝座，壁立千仞。正令当行，十方坐断。未审将何为人？"师云："千钧之弩。"僧曰："大众承恩。"师云："量才补职。"

问："未见天衣时如何？"师云："闻名不如见面。"僧曰："见与不见，是同是别？"师云："西天此土。"

问："理虽顿悟，事假渐除。渐除即不问，如何是顿悟底道理？"师云："言中有响。"僧曰："便恁么又且如何？"师云："金毛师子。"

问："如何是佛？"师云："描不就。"僧曰："未审意旨如何？"师云："任是僧繇也皱眉。"

问："住相布施即不问，如何是无为实相门？"师云："开眼觑不见。"僧曰："为什么如此？"师云："东西不辨。"僧曰："毕竟如何？"师云："堕坑落堑。"

问:“生也犹如着衫,死也还同脱裤,未审意旨如何?”师云:“譬如闲。”僧曰:“为什么如此?”师云:“因行不妨掉臂。”

问:“如何是天堂?”师云:“大远在。”僧曰:“如何是地狱?”师云:“放你不得。”僧曰:“天堂地狱相去多少?”师云:“七零八落。”

问:“如何是函盖乾坤句?”师云:“海晏河清。”僧曰:“如何是随波逐浪句?”师云:“摩斯吒落水。”僧曰:“如何是截断众流句?”师云:“水泄不通。”

问:“如何是透脱一路?”师云:“上是天,下是地。”僧曰:“恁么则明月堂堂,清风皎皎。”师云:“且缓缓。”

问:“白云绽处,楼阁门开,善财为什么从外而入?”师云:“开眼即瞎。”僧曰:“未审落在什么处?”师云:“填沟塞壑。”

问:“如何是不动尊?”师云:“寸步千里。”

上堂云:“无常变易,迁谢不停。正眼才观,纤毫不易。诸禅德,作么生说个纤毫不易底道理?”良久云:“金乌东出,玉兔西沉。参。”

上堂。顾视大众云:“智周不鉴,尘累何容。举目千山,迢迢万顷。清风楼上赴官斋即不问你,卷起帘来且放一边,灵云在什么处藏身露影?”良久云:“心不负人,面无惭色。”

上堂云:“青山隐隐,极目辽辽。浪静风恬,渔舟举棹。森罗海印,帝网交光。主伴互分,重重无尽。但效普贤,一时参毕。狂心顿息,不用巡游。既不如然,付与龙华树下。参。”

上堂云:“大隐居廛,小隐居山。去圣逾远,切莫攀缘。皆明道眼,俱出心源。苦海之中,捞摝[①]迷魂。报佛恩德,各无间然。”蓦拈拄杖云:“诸禅德,作么生是无间然底道理?”良久云:“时时示时人,时人俱不识。参。”

上堂云:“雪,雪,应时应节。大地山河,尽皆银屑。拾得当前,动步成拙。杲日处空,寒山欣悦。忽尔消镕,川流不绝。法尔常规,孙宾善别。若便恁么,西天相接。”下座。

无为军铁佛因禅师

问:“如何是和尚家风?”师云:“一寻寒木自为邻,三事秋云更谁识。”僧曰:“和尚家风蒙指示,为人消息又如何?”师云:“新月有圆夜,人心无满时。”

---

① 摝:音路。捞取。

问:“取不得,舍不得,不可得中只么得。未审得个什么?”师展两手,僧礼拜,师云:“不要诈明头。”

湖州报本法存禅师

杭州巨豪陆氏子也。生而明敏,博览群籍。雅为篇章,尤乐至道。因阅《华严》,发悟智性。遽舍尘累,敛身缁门。钦慕祖风,远依宗席。天衣怀禅师深为印可。

初住苏州吴江寿圣,问:“一佛出世,诸佛赞扬。和尚出世,什么人赞扬?”师云:“九天垂雨露,万物尽沾恩。”僧曰:“只遮便是赞扬也无?”师云:“枯木不抽条,莫怨阳和力。”僧曰:“大众证明。”师云:“恼乱春风卒未休。”

问:“无味之谈,塞断人口。作么生是塞人口底句?”师以拄杖便打。僧曰:“恁么则一句流通,人天耸耳。”师云:“只恐不是玉,是玉也太奇。”僧曰:“专为流通。”师云:“一任乱道。”

师在天衣受请,上堂云:“吴江寿圣,见召住持。进退不遑,且随缘分。此皆堂头和尚提耳训育,终始奖谕。若据今日,正令当行,便好一棒打杀,那堪更容立在座前。虽然如是,养子方见父慈。”下座。

歙州开化惠圆禅师

问:“成山假就于始篑,修途托至于初步。未审如何是初步?”师云:“携锡下孤峰。”僧曰:“恁么则松江一派入新安也。”师云:“莫错认定盘星。”僧曰:“人天有赖。”师云:“十万八千。”

处州缙云县永泰智觉禅师

问:“少林一去无消息,今日殷勤为举扬。”师云:“月华自照三千界,云水空随十万程。”僧曰:“九年面壁,当为何事?”师云:“还提只履自西归。”

上堂云:“金风淅沥,玉露凄清。菊解香苞,稻悬嘉穟[1]。时清物泰,野老讴歌。处处登高,人人欢乐。诸禅德,只如林间衲子,岂不知时? 若也燕嘿[2]忘形,昧佗光景;翠微深处,不逐四时;一炷栴檀,无恩不报。”拍禅床,下座。

苏州万寿和禅师

问:“佛未出世时如何?”师云:“象恋藏牙浦,人负卖子乡。”僧曰:“出世后如何?”师云:“一不成,二不是。”僧

① 穟:音遂。禾秀也。

② 嘿:音默。同“默”。又音黑。

曰:“出与未出,又作么生?”师云:“同道方知。”僧曰:“堤边柳绽,岭上花开。”师云:“句里明机。”

问:“不着佛求,不着法求,相去几何?”师云:“失钱遭罪。”僧曰:“草贼大败。”师云:“放你三十棒。”僧便喝,师云:“作家。”僧礼拜,师更打。

上堂云:“声前密布,句后全收;同死同生,双明双暗,不是俊流。若为凑泊,宗乘举唱,契理忘言;不是神通,无非智达;三贤尚昧,十圣犹疑;释迦已往,弥勒未生,正当今日,未免随时说佛说祖。所以向大众前权行正令。”拈拄杖云:“诸人眼在山僧拄杖头上。”良久云:“尽法无民。”

和州开圣禅院栖禅师

开堂日,示众云:“选佛场开,人天普会。莫有久历觉场,罢参禅客,出来相见?”时有僧出,师云:“作家作家。”僧曰:“莫着忙。”师云:“元来不是作家。”僧提起坐具云:“看看,摩竭陀国亲行此令。”师云:“即今作么生?”僧礼拜,师云:“龙头蛇尾。”

问:“世尊善说般若,和尚提唱宗风,未审是同是别?”师云:“皇天无亲,唯德是辅。”僧曰:“今日得闻于未闻也。”师云:“闻底事作么生?”僧曰:“曲终人不见,江上数峰青。”师云:“犹较些子。”

问:“灵山一会,迦叶亲闻。开圣一会,什么人得闻?”师云:“进前三步。”僧曰:“进前三步又作么生?”师云:“退后三步。”

问:“韶阳曲调人皆委,祖令当行又若何?”师云:“西天斩头截臂,遮里自领出去。”僧曰:“忽若泥牛哮吼,木马嘶鸣,又作么生?”师云:“罕逢穿耳客,多是刻舟人。”

问:“东西不辨,南北不分。学人上来,乞师一接。”师云:“不接。”僧曰:“为什么不接?”师云:“为你东西不辨,南北不分。”僧曰:“将谓胡须赤,更有赤须胡。”师云:“苏嚧苏嚧。”

问:“如何是道?”师云:“放汝三十棒。”僧曰:“为什么如是?”师云:“杀人可恕,无礼难容。”

上堂云:“道不浪阶,随功涉位。”拈拄杖云:“或七尺,或丈二,握在手中添意气。有时用,有时致,魍魉邪魔绝妖气。海晏河清归去来,家家乐业民皆喜。”卓一下。

上堂云:“好风飘飘绰金铎,好鸟关关啼宝阁。数片闲云海上来,一卮流水天边落。参。”

上堂。拈拄杖云:“大众,急着眼看。须弥山画一画,百杂碎;南赡部洲打一棒,东倾西侧。不免且收在开圣手中,教伊出气不得。”卓一下。

明州云岩旌教院洞偕禅师

前住江阴寿圣,一日云:"两处住持,实四十年。凡升堂语句,都无一个元字脚,十二时中但以波罗羯谛菩提萨婆诃以为常课,别无所长。珍重。"坐逝。

福州衡山惟礼禅师

问:"诸佛出世,为一大事因缘。和尚出世,如何为人?"师云:"古之今之。"僧云:"便恁么承当去时如何?"师云:"伶利人难得。"

问:"如何是祖师西来意?"师云:"穿云渡水。"

问:"如何是佛?"师云:"眼放电光。"僧曰:"意旨如何?"师云:"照天照地。"

问:"如何是和尚为人一句?"师云:"一二三四五六。"僧曰:"意旨如何?"师云:"碧眼胡僧数不足。"

上堂云:"若论此事,直下难明。三贤罔测,十圣不知。到遮里,须高提祖令,横按镆鎁。佛尚不存,纤尘何立?直教须弥粉碎,大海焦枯,放一线道与诸人商量。且道商量个什么?"良久云:"盐贵米贱。"下座。

杭州北山显明院善孜禅师

问:“如何是祖师西来意?”师云:“九年空面壁,懡㦬又西归。”僧曰:“为什么如此?”师云:“美食不中饱人吃。”

问:“如何是无情说法?”师云:“灯笼挂露柱。”僧曰:“什么人得闻。”师云:“墙壁有耳。”

明州启霞惠安禅师

问:“诸佛出世,盖为群生。和尚出世,当为何人?”师云:“不为阇梨。”僧曰:“恁么则潭深波浪静,学广语声低。”师云:“捧上不成龙。”

问:“师唱谁家曲,宗风嗣阿谁?”师云:“任汝歌扬。”僧曰:“天衣嫡子也。”师云:“速退速退。”僧曰:“为什么如此?”师云:“养子方知父慈。”

越州云门山灵侃禅师

问:“诸佛出世,当表何事?”师云:“白云覆幽谷。”僧曰:“如何领会?”师云:“红日正当天。”

问:“诸方法道何似遮里?”师云:“处处人风好,山山折野花。"

问:"十二时中如何用心?"师云:"佛殿里装香。"僧曰:"学人不会。"师云:"三门头合掌。"

上堂云:"尘劳未破,触境千差。心鉴圆明,丝毫不立。灵老皎皎,独露现前。今古两亡,凡圣路绝。到遮里,始能卷舒自在,应用无亏;出没往还,人间天上。大众,虽然如是,忽被人把住问,且道拄杖子放什么处着?又如何祇对即是?还有人道得么?出来道看。"众无对,拍禅床一下。

天台太平元坦禅师

问:"法本无相,如何甄别?"师云:"流水尽归东海去。"僧曰:"学人不会。"师云:"白云长向岳前来。"僧曰:"便恁么会时如何?"师云:"错。"

师云:"是法无宗,随缘建立。声色动静,不昧见闻。举用千差,如钟待扣。向此荐得,且随时着衣吃饭。若是德山、临济,更须打草鞋行脚。参。"

杭州佛日文祖禅师

问:"峭峻之机,请师垂示。"师云:"十字街头八字立。"僧曰:"只如大洋海底行船,须弥山上走马,又作么生?"师云:"乌龟向火。"僧曰:"恁么则能骑虎头,善把虎尾。”师以拄杖点一下，云：“礼拜着。”

苏州荐福明因禅师

问：“一点分明不是灯，只如一点未明时如何？”师云：“争怪得老僧。”僧曰：“明后如何？”师云：“辉天烁地。”僧曰：“未审向上更有事也无？”师云：“有。”僧曰：“如何则是？”师云：“天上有星。”

沂州望仙山宗禅师

问：“四时八节即不问，平常一句事如何？”师云：“禾山打鼓。”僧曰：“莫是学人着力处也无？”师云：“归宗拽石。”僧无语，师云：“真个衲僧。”

问：“如何是不生不灭？”师云：“长河冻结。”僧云：“如何是不生不灭？”师云：“两重公案。”

问：“如何是世间相？”师云：“进前退后。”

问：“如何是清净法身？”师云：“口里喃喃道不着。”

问：“三乘十二分教即不问，如何是般若一句？”师云：“唤又唤不得。”僧曰：“莫只遮便是也无？”师云：“教归不肯归。”

问:“如何是真经?”师云:“露柱放光。”僧曰:“恁么则日日看读。”师云:“不得思量。”

问:“韶汤一句即不问,如何是和尚一句?”师云:“千光那照。”僧曰:“还许学人趣向也无?”师云:“许。”僧曰:“恁么则饥来吃饭,寒来向火。”师云:“且莫乱统。”

问:“如何是亲切处?”师云:“会则不非。”僧曰:“进前退后莫是否?”师云:“非即不会。”

问:“禅林振誉,久向师名。上上之机,请师指示。”师云:“不是峰前客。”僧曰:“莫压良为贱。”师云:“多是莫徭人。”

问:“如何是生老病死苦?”师云:“都道了也。”僧曰:“如何是学人下手处?”师云:“黄蘖未是苦。”

问:“湛水澄波即不问,觌面相呈事若何?”师云:“见么?”僧曰:“青山隐隐。”师云:“何曾觌面?”

上堂云:“南北东西,四维上下,虚空为体,法王为身。既是虚空为体,大众向什么处安身立命?还道得么?道得,出来对众商量。若道不得,各自归堂。参。”

上堂云:“南台乌药,北海天麻,新罗附子,神锦朱砂。”良久云:“大众会么?久立。”

上堂云:"诸佛到处,还有道无道?大众现前,还有祖无祖?老僧即不然。"良久云:"露柱喜笑,灯笼恶发。诸人会么?会则对面商量,不会则归堂向火。珍重。"

上堂云:"你等诸人,还肯放下么?若不放下,且担取去。"下座。

岳阳墨山禅院有琦禅师

问:"师登祖席,愿发潮音。"师云:"华岳三峰云澹澹。"僧曰:"学人未晓。"师云:"黄河九曲浪滔滔。"

问:"古佛家风即不问,途中一句事如何?"师云:"春来和气暖。"僧曰:"专为流通也。"师云:"脚跟下一句又作么生?"僧曰:"点。"师云:"果然蹈不着。"

师云:"宗师路陌,莫问东西。剔起眉毛,只在遮里。更若周遮,迢迢十万。"

舒州桐城金绳诠禅师

问:"垂钩三尺,意在深潭。离钩三寸,师意如何?"师云:"清平世界。"僧曰:"也要问过。"师云:"有头无尾。"

筠州五峰净觉院用机禅师

问:“如何是道?”师云:“十字街头蹈不着。”僧曰:“便恁么去时如何?”师云:“且缓缓。”

上堂云:“清平过水,投子卖油。一年三百六十日,不须频向数中求。”击拂子一下。

《建中靖国续灯录》卷第十·对机门

庐陵清原山行思禅师第十二世

越州天衣山义怀禅师法嗣

东京法云寺圆通禅师

讳法秀。秦州陇城人,本姓辛氏。母梦麦积山诵经老僧至舍,即诞生也。应乾寺鲁大师者,夙受训曰:“竹铺坂下相寻。”既闻斯异,即往视之,睹神骨挺特,收养俗舍。三岁携归出家,遂从师姓,曰鲁氏也。十九试经圆具,励志讲肆。习《因明》《唯识》《百法》《金刚》《圆觉》《华严》,妙入精义,为众发挥。

因闻南宗传心印法,迳造天衣怀禅师法席。天衣问曰:“座主讲什么经论?”曰:“《华严经》。”天衣曰:“华严以何为宗?”曰:“法界为宗。”天衣曰:“法界以何为宗?”曰:“以心为宗。”天衣曰:“心以何为宗?”师遂无语。天衣曰:“毫厘有差,天地悬隔。汝当自看,必有发明。”

后十七日,闻僧举:“白兆参报慈,情未生时如何?”曰:“隔。”师忽大悟,直诣方丈,陈其所证。天衣曰:“汝真法器,吾宗异日在汝行矣。”

后游江淮,住龙舒四面,移居庐山栖贤。相国王公安石闻师道风,请居钟山。又迁凤台保宁,寻奉诏住长芦崇福。元丰甲子,越国大长公主、太尉张候敦礼奏请居法云寺,为第一祖。神宗皇帝上仙,两宫宣就神御前说法,赐“圆通”禅号。

开堂日,神宗皇帝遣中使降香,并赐磨衲袈裟,仍传圣语云:“物虽微,表重法故。”师谢恩毕,登座拈香,祝延圣寿罢,是日荆国大王亲侍法筵。

净因净照禅师白槌竟,师云:“还会么?遮个是诸方事例,今古同仪。诸人若也于此不明,便见落二落三。且道第一义谛在什么处?久参上士,必共证明。晚学初机,有疑请问。”问:“世尊出世,梵王前引;和尚开堂,大王侍座,是同是别?”师云:“不得钻龟打尾。”僧曰:“恁么则祥云生宇宙,瑞气满乾坤。”师云:“法云即得,衲僧分上有恁么光辉。”僧曰:“且待别时举似和尚。”师云:“吽吽。”

问:“法云初建当明代,磨衲高提荷圣恩时如何?”师提起衲衣角云:“还见么?”僧曰:“忽遇铜头铁额,眼放电光底人来又作么生?”师云:“只得瞻之仰之。”僧曰:“吹毛匣里冷光生,外道群魔皆断首。”师云:“惜取好。”僧曰:“鹤有九皋难翥翼,马无千里漫追风。”师云:“倒退三千即不无,进前一句作么生道?”僧曰:“且待别时。”师云:“同坑无异土。”

问:“我皇御宇,德合乾坤。游刃万机,护道终日。未审还有佛法道理也无?”师云:“大似不曾将得问来。”僧曰:“恁么则心随万境转,转处实能幽。”师云:“须弥山在你头上。”僧曰:“深领和尚此语。”师云:“识甚轻重。”僧曰:“知恩方解报恩。”师云:“果然转不得。”

师云:“问得亦好,不问最亲。何也?道出古今,非言所及。设使问处如普慧云兴,答处若普贤瓶泻,只益多闻,于道转远。况诸人分上,各各总有遮一段事,可谓辉天鉴地,耀古腾今。设使祖佛齐兴,焉敢错误。而今前佛已去,后佛未生,正当空劫,六合冥然,荷圣主贤臣,令山僧为法云宗主,且道山僧似何为主?”蓦拈拄杖云:“还会么?放行把住总由遮里。放行也,八面风生;把住也,群魔失色。敢问诸人,放行好?把住好?还有人断得么?非但德山、临济不肯,便是法云拄杖子也自未甘。且道法云拄杖子有甚么长处?”击禅床一下,云:“即此举扬,上扶帝祚;仰冀聪明元首,芬芳万国之春;忠节股肱,弼辅千年之运。伏惟珍重。”

师于元丰八年四月初十日,宣入神宗皇帝灵驾前升座,师拈香云:“还会么?天高地厚,时人知有,且道遮个甚么处得来?识得辨得,已报皇恩。其或未然,不得错怪臣僧。”乃烧香,升座。问:“昔日灵山胜会,今日帝苑法筵,未审是同是别?”师云:“龙楼凤阁,宝铎金铃。”僧曰:“恁么则灵山一会，宛尔而存。"师曰："眼见耳闻，有谁通晓。"僧曰："恩深转无语，怀抱自分明。"师云："你将甚报恩？"僧曰："唯焚香篆祝尧年。"师云："大少在。"僧礼拜，师云："莫孤负人好。"

问："中天降旨，御药领符。大施门开，当为何事？"师云："天高不可问，地厚不可陈。"僧曰："恁么则上严先帝超三界，次祝今皇寿万春。"师云："真不掩伪，曲不藏直。"僧曰："唯将一滴曹溪水，四海为霖报我皇。"师云："休要随波逐浪。"僧以手面前画一画，云："争奈路头在遮里。"师云："若不是老僧，几被子惑。"便喝，师云："休休。诸佛子，游涉圣门，勿妄宣传。苟能心契宗乘，何必要于言说？故知此事，理越常情，亘古亘今。欲人自信，直饶微尘诸佛、诸大祖师竞出头来，各各异口同音，纵历长劫赞叹也赞叹不及；便是山河大地、草木丛林尽作邪魔外道、邪见之人毁灭也毁灭不得，且道是何道理？向遮里明得，未有衲僧气息，直饶德山棒似雨点，争如罽宾国王一刀两段。而今莫有效古者么？若有，法云性命难存。"良久云："臣僧早窃传灯，今蒙睿旨，升此广座，举扬般若。上严神宗皇帝仙驾，伏愿神游净域，不昧正因，为帝为王，随方化物。久渎圣聪，伏惟珍重。"

问："如何是佛法大意？"师云："蹈着称锤硬似铁。"僧无语，师云："吽。赚杀人。"

问："不离生死而得涅槃，不出魔界而入佛界，此理如何?"师云:"赤土茶牛奶。"僧曰:"谢师答话。"师云:"你话头道什么?"僧拟议,师便喝。

问:"阳春二三月,万物尽生芽。未审道芽还增长也无?"师云:"自家看取。"僧曰:"莫便是指示处么?"师云:"芭蕉高多少?"僧曰:"野火烧不尽,春风吹又生。"师云:"遮个是白公底,你又作么生?"僧曰:"且待别时。"师云:"看你道不出。"

问:"久向法云,法即不问,如何是云?"师云:"盖覆一切。"僧曰:"普为霖雨去也。"师云:"来风深辨。"

上堂云:"看风使帆,正是随波逐浪。截断众流,未免依前渗漏。量才补职,宁越短长。买帽相头,难得恰好。直饶上不见天,下不见地;东西不辨,南北不分,有什么用处?任是纯刚打就,生铁铸成,也须额头汗出。总不恁么,如何商量?"良久云:"赤心片片谁知得,笑杀黄梅石女儿。参。"

上堂云:"山僧不会巧说,大都应个时节。相唤吃碗茶汤,亦无祖师妙诀。禅人若也未相谙,踏着称锤硬似铁。参。"

上堂云:"山僧葛藤甚多,栏路绊倒禅和。大都田地未稳,到头总不奈何。"良久云:"惭惶杀人。"

上堂云:“说得盛水不漏,未免衲僧取笑。向上更有一窍,无孔铁锤不到。”良久云:“为什么不到?可知礼也。”

上堂云:“分明好个消息,只是口吐不出。拟欲举似诸人,恐使傍观气急。且道是什么消息?”良久云:“龙头蛇尾去也。”

上堂云:“山僧为人,浑无巴鼻。四海禅人,尽参不入。铜头铁额有谁知,且听篱头吹筚篥。吹筚篥,吹得十声九不出。纵然吹得一声出,不如吹不出。何故如此?知音者少。参。”

上堂云:“秋云秋水,青山满目。遮里明得,千足万足。其或未然,道士倒骑牛。参。”

上堂云:“寒雨细,朔风高。吹沙走石,拔木鸣条。诸人尽知有,且道风作何色?若识得去,许你是眼。若又不识,莫怪相瞒。参。”

上堂云:“少林九年冷坐,却被神光觑破。如今玉石难分,只得麻缠纸裹。还会么?笑我者多,哂我者少。”

师于庚午岁八月二十九日谓门人曰:“老僧六处住持,有烦诸知事、首座、大众。今来四大不坚,火风将散,各宜以道自安,无违吾嘱。”乃云:“来时无物去时空,南北东西事一同。六处住持无所补。”师良久,监寺僧惠当进云:“和尚何不道末后句?”师云:“珍重珍重。”端坐而逝。

杭州佛日山智才禅师

台州人也。竹马辞俗,金园投师。既已具戒,禀仪异常。听习台教,深达观旨。寻慕参游,遍扣禅丛。至天衣怀禅师法席,入室陈解,未蒙印可。怀知法器,不以常待。设其异见,执以为得,怀拈棒打出,师忽大悟。怀曰:“棒头荐得,是真悟道。”由是见量超卓。

问:“优昙花开,大众同观。学人上来,请师垂示。”师云:“知音者少。”僧曰:“古人方便又作么生?”师云:“量才补职。”僧曰:“泥牛哮吼沧溟上,石鼓喧轰透碧霄。”师云:“烁烁龙门过不得,依前和雨落沧溟。”

问:“如何是佛日境?”师云:“山高水冷。”僧曰:“如何是境中人?”师云:“虎啸风生。”

问:“三乘十二分教即不问,如何是衲僧家事?”师云:“逢人不得错举。”僧曰:“古之今之。”师云:“汝是师子身中虫,何故食师子身中肉?”僧云:“和尚幸是大人。”师云:“又不得放过。”

问:“文殊仗剑,拟杀何人?”师云:“打水鱼惊。”僧曰:“有损有益。”师云:“风寒彻骨。”

问:“如何是道?”师云:“水冷生冰。”僧曰:“如何是道中人?”师云:“春雪易消。”僧曰:“如何谈论?”师鸣指一下。

问:“如何是无为?”师云:“山前雪半消。”僧曰:“请师方便。”师云:“水声转鸣噎。”

问:“千峰寒色即不问,雨滴龙华事若何?”师云:“荒地生青草。”僧云:“恁么则龙吟雾起,虎啸风生。”师云:“滴滴在眼前。”僧曰:“碧眼胡僧笑点头。”师云:“记取问话。”

问:“敲空作响,击木无声。学人上来,请师敲击。”师云:“春霜损百花。”僧曰:“若然者,百发百中。”师云:“退身三步。”僧曰:“大众证明,谢师敲击。”师云:“逢着衲僧,分明举似。”

问:“东西密相付,为什么诸人皆知?”师云:“春无三日晴。”僧曰:“特伸请益。”师云:“拖泥带水。”僧曰:“学人到遮里却不会。”师云:“贼身已露。”

上堂云:“城市喧繁,空山寂静。然虽如是,动静一如,死生不二。四时轮转,物理湛然。夏不去而秋自来,风不凉而人自爽。今也古也,不改丝毫。谁少谁多,身无二用。诸禅德,既身无二用,为什么龙女现十八变?君不见弄潮须是弄潮人。珍重。”

上堂云："风雨萧骚，塞汝耳根。落叶交加，塞汝眼根。香臭丛杂，塞汝鼻根。冷热甘甜，塞汝舌根。衣绵温冷，塞汝身根。颠倒妄想，塞汝意根。诸禅德，直饶汝翻得转，也是平地骨堆。参。"

上堂云："一锥一劄，心眼琢磨。把定商量，便知死活。死之者，依诸法智，逼塞心间，不能洒落。活之者，出人眼目，独耀无私，似日轮卓午。洒落者，如中秋月夜，群星掩色，百界分明。禅德，恁么时节，输佗收钓者，载取月明归。久立。"

上堂云："黄金殿上，少遇知音。地狱天堂，随处会合。虽新明镜当台，要且胡汉不来。直饶鉴象分明，也是沤生沤灭。参。"

上堂云："严风刮地，大野清寒。万里草离衰，千山树黯黪[①]。苍鹰得势，俊鹘横飞。颇称衲僧，钵囊高挂，独步遐方；似猛将出荒郊，临机须扣敌。今日还有么？"良久云："匣中宝剑，袖里金槌。幸遇太平，挂向壁上。参。"

上堂云："诸禅德，还知么？山僧生身父母一时丧了，直是无依倚处。"以手槌胸云："苍天苍天。"复顾大众，良久云："你等诸人也是铁打心肝。参。"

---

① 黪：音惨。浅青黑色。

上堂云："雨洒群芳，云披树荫。圣凡不到，亘古亘今。"乃顾大众云："好诸禅德，可惜善财守楼阁开，身逢圣境，眼染尘埃。苦哉苦哉，出来出来。"拈起拄杖云："与汝拄杖子，四维上下，南岳天台。"掷下云："参。"

上堂云："秋风紧，秋云阴，一溪秋水碧沉沉。自是丝纶不到底，莫怨金鳞泊处深。"

上堂云："山堂凉冷，颇会禅流。彼既丈夫，山僧也不相违背。直须坐却报化佛头，截断释迦语路。提唱也，法震人天。举动也，道芳诸圣。若能如是，且向如来行处行。参。"

北京天钵寺文慧禅师

讳重元。姓孙氏，青州千乘人。母梦于像前吞一金果，后乃诞。师相仪殊特，迥异群童。十七出家，冠岁圆具。初游讲肆，颇达教宗。尝宴坐于古窑，忽闻空中有告："师学上乘者。"惊骇出视，杳无人迹。翌日，客至，出《寒山集》。师一览之，即慕参玄。至天衣怀禅师法席，遇众请益，豁然大悟。怀为升堂，举扬印可，叹曰："此吾家千里驹也。"

清献公赵抃参师，闻雷悟道。谏议刘公请主仰天，紫微曾公巩命徙灵岩，资政陈公升之移之广济，太师文公彦博召居天钵。凡四住名蓝，十方仰重。河朔宗乘，由斯再振。

缘终示灭,正盛暑中。清风透室,异香馥郁。荼毗,烟焰若镕白腊。舍利五色,焦树芬芳。太师文公以上赐白琉璃瓶贮之,藉以锦褥,躬葬于塔。居士何震所获额骨、牙齿舍利,别创浮图。

问:"如何是佛?"师云:"迦叶擎拳。"僧曰:"如何是法?"师云:"唵嘟啉嗳。"僧曰:"如何是僧?"师云:"口念弥陀。"僧曰:"谢师答话。"师云:"不天堂,入地狱。"

问:"如何是禅?"师云:"入笼入槛。"僧拊掌,师云:"跳得出是好手。"僧拟议,师云:"了。"

问:"如何是触目之机?"师云:"摩斯吒落水。"僧曰:"谢答话。"师云:"鼻孔不存。"

问:"如何是教外别传底句?"师云:"听。"僧曰:"学人未会。"师云:"钝。"

问:"如何是道?"师云:"不道。"僧曰:"因什么不道?"师云:"为是私商客。"僧便喝,师云:"山僧被汝一喝。"僧拟议,师便打。

问:"如何是透法身句?"师云:"上是天,下是地。"

问:“如何是函盖乾坤句?”师云:“一沤虚后众沤虚。”僧曰:“如何是截断众流句?”师云:“金粟对文殊。”僧曰:“如何是随波逐浪句?”师云:“昨夜打出三门去。”

问:“父母未生时如何?”师云:“尼乾不历。”僧曰:“生后如何?”师云:“孙宾皱眉。”僧曰:“毕竟如何?”师云:“三十年后。”

问:“昨夜雨,今日晴,于曹溪路上成得什么边事?”师云:“昨日雨,今日晴。”

问:“半满之教即不问,如何是触目菩提?”师云:“触目菩提即且致,你作么生会半满之教?”僧曰:“须还和尚始得。”师云:“为什么乱走?”僧曰:“讳人道着。”师云:“情知汝不会。”僧曰:“幸得不会。”师云:“有什么救处?”

师云:“若据宗乘正令,莫不动用全威,如圣王轮宝剑飞空,谁是不宾之者。是以王道平平,和风扇物,使群邦贡献;万里梯航,六合澄清,狼烟永息;于是四魔绝迹,九类亡机。且作么生说个动用全威底道理?”蓦拈拄杖横按云:“休休,动不如静。”靠却拄杖,便起。

上堂云:“多时寒,近方暖,伶利衲僧高着眼。直得通身是眼,鼻孔辽天,”蓦拈起拄杖云,“不消一穿。”击香台,下座。

上堂云："冬不受寒,夏不受热;身上衣,口中食,应时应节。既非天然自然,尽是人人膏血。诸禅德,山僧恁么说话,为是世法?为是佛法?若也择得分明,万两黄金亦消得。"喝一喝。

上堂。良久云:"看看,照也功成万德,寂也荡无纤尘。遮里荐得,独露圆明。衲僧闻举,掩耳退身。总似遮一般底,直须唤回来打。参。"

上堂云:"福胜一片地,行也任你行,住也任你住。步步踏着,始知落处。若未然者,直须退步,脚下看取。吡。"

洪州上蓝文达禅师

本州人也。道性淳和,德行修洁。久参天衣怀禅师,发明宗眼。给事程公师孟请居上蓝,一住十年,道行大播。熙宁元年,辞众坐灭。焚化,及收舍利,目睛宛然如生。今塑本院,郡人倾仰。

问:"如何是豫章境?"师云:"落霞孤鹜飞,秋水长天色。"僧曰:"如何是境中人?"师云:"徐孺亭前月,陈蕃榻下明。"僧曰:"向上宗乘事若何?"师云:"人心难满,沟壑易填。"

问:"如何是心?"师云:"心。"

问："如何是和尚家风？"师云："风吹不入。"僧曰："恁么则把定乾坤眼，绵绵不漏丝。"师云："水洒不着。"

问："尘鹿成群，如何射得？"师云："看箭。"

洪州观音启禅师

问："如何是道？"师云："水声争泻碧。"僧曰："学人不会。"师云："山色乱堆青。"

问："如何是无缝塔？"师云："不曾动着。"僧曰："如何是塔中人？"师云："灰头土面。"

问："如何是祖师西来意？"师云："松长柏短。"僧曰："意旨如何？"师云："叶落归根。"

台州瑞岩子鸿禅师

姓吴氏。本州人也。受业于情峰资圣院。初住太平、瑞岩二刹，晚退老息庵。问法者愈于曩日，兜率寺革律为禅，坚命师主，云："不数年间，复谋退隐。"德行孤高，始终如一。

问："如何是道？"师云："开眼觑不见。"

问："如何是祖师初来意？"师云："拂衣瞻汉月，飞锡远中天。”僧曰：“意旨如何？”师云：“熊耳崔嵬千古色，少林苍翠几流芳。”僧曰：“谢师答话。”师云：“师子咬人，韩獹逐块。”随后便打。

问：“如何是垂手底句？”师云：“不得春风花不开。”僧曰：“如何是不垂手底句？”师云：“花开又被风吹落。”僧曰：“离此二途，如何是学人转身处？”师云：“背斗望南星。”僧拟议，师云：“弹琴须对赏音人。”

问：“法尔不尔，如何指南？”师云：“话堕也。”僧曰：“乞师指示。”师呵呵大笑。

问：“如何是真实体？”师云：“针劄不入。”僧曰：“如何是真实用？”师云：“清风在掌。”僧曰：“离此二途，如何是向上一路？”师云：“欠汝一问。”

问：“月圆当午时如何？”师云：“千里同风。”僧曰：“欲言言不及，林下好商量。”师云：“千里不同风。”

问：“如何是瑞岩？”师云：“千峰环列翠。”僧曰：“观者如何？”师云：“举目即遗踪。”僧曰：“还许学人登也无？”师云：“地平宜进步，壁峻莫回头。”僧曰：“方便门中，更乞指南。”师云：“鹤鸣云外树，瀑泻枕前声。”僧礼拜，师云：“路遥知马力，岁久见人心。”

问：“普通已后，人人知有。普通已前，如何剖路？”师云:“穿得胡僧鼻。”僧曰:“若与么,不从人得也。”师云:“南雪峰,北赵州。”僧曰:“何得龙头蛇尾?”师云:“拄杖教谁吃。”僧曰:“学人遭贬剥。”师云:“酌海持蠡,一场困苦。”

上堂云:“法尔不尔,建立乖宗。堂堂现前,雕琢成伪。妙圆越悟,头上安头。顿获法身,枷上添杻。若不尔,则灵山画饼,曹溪指梅,过犯弥天,放过则不可。更有一个谁捡点得出?”蓦拈拄杖云:“今日不着便。”下座。

上堂云:“一不守,二不向,上下四维无等量。大洋海底飞铁船,须弥顶上翻鲸浪。临济缩却舌头,德山阁却拄杖。千古万古独巍巍,留与衲僧作榜样。急着眼。”

上堂云:“夜来好雨,点点是衲子眼睛。衲子不惜,分付与春风吹散,普滋三草二木,悉得敷荣。若是败种,各须自甘,莫道春风不着力好。”

上堂云:“瑞岩是岩,四面凝岚。花开幽径,水泻寒潭。牧童更歌,樵客孰谙。相呼相唤,溪畔掬流,戏沙共笑,山鸟底事喃喃。”或云:“瑞岩非岩,惟寂惟寞。无禅与君参,无道与君学。来者无拘,去者非缚。唯有门前千朵万朵山,带月和云倚寥廓。”师于绍圣三年八月示疾,十五日写遗戒付嘱弟子,后六日复留颂云:“志公钓得鳌,僧伽手烹戮。寒山不知味,拾得饱盈腹。木人惆怅吊又歌,石女欢忻慰复哭。”言毕。危坐而逝。

越州天章元善禅师

问："大无外，小无内。既无内外，毕竟是什么物？"师云："开口见胆。"僧曰："学人未晓。"师云："苦中苦。"僧曰："无众竭力，祸出私门。"师云："教休不肯休，须待雨霖头。"便打。

问："古人横说竖说，知有向上关棙子也无？"师云："何不向下问将来？"僧曰："学人不会，特伸请益。"师云："向下不会，说什么向上关棙子？"僧曰："大众沾恩。"师云："难。"

上堂云："把定也，滴水滴冻，江河绝流。放行也，日暖风和，山川竞秀。且道把定好？放行好？把定放行尽在遮里。若也把定，直须佛来祖来，丧身失命。若也放行，七纵八横，虾蟆蚯蚓，同死同生。"

上堂云："霜铺四野，同居银色光中。雁叫长天，共在补陀影下。高高处坦然平正，低低处孤迥巍巍。尘刹遍游，不离足下。普门大启，只在目前。平原列朵朵之山，曲涧流清清之水。登山者，谁知紫胡为意？临水者，谁知船子用心？投纶掷线则且致，离钩三寸，道将一句来。"以拄杖击禅床，下座。

上堂云："夜雨初霁，烧云四开。水声滴沥，山色崔嵬。

可怜无限迷途者,背却文殊礼五台。参。”

真州长芦崇福院体明圆鉴禅师

开堂日,上首白槌罢,师顾视大众云:“槌声未作,玄路早彰。更显锋铓,离牙劈齿。到遮里,直得悬崖撒手。便肯承当,犹是藉草眠云。更须知有八面当风,千波竞涌;截生死流,离断常见;纵横三界,出没卷舒;应用无亏,兵随印转。然虽如是,未入虎口,焉得虎牙。先达之者,非在于斯。后学初机,有疑请问。”问:“昔日世尊善说般若,帝释为启请之人。今朝师演宗乘,府主是证明之者,未审是同是别?”师云:“木鸡向晓啼残月。”僧曰:“恁么则灵山一会俨然存也。”师云:“俨然一句作么生道?”僧曰:“相识满天下,知心能几人。”师云:“非公境界。”

问:“圣朝太后崇因地,法王真谛若为宣。”师云:“此问不虚。”僧曰:“凭师一句玄中妙,上祝丕图万万年。”师云:“谢汝证明。”

问:“府命开堂于此日,师将何法报君恩。”师云:“将此身心奉尘刹,是即名为报我皇。”僧曰:“报恩既乃若斯,祖令又如何话会?”师云:“临济、德山,权且镇库。”僧曰:“慈云普润,法雨遐沾。”师云:“闲言语。”

问:“世尊出世,三转法轮。师今出生,当为何事?”师云:“一天初过雨,万里始归云。”僧曰:“一法遍含春雨润,群生皆悟海潮音。"师云:"念得不济事。"

上堂。顾视左边云:"师子之状,岂免颦呻?"顾右边云:"象王之仪,宁忘回顾。取此逃彼,上士奚堪。识变知机,野狐窠窟。到遮里,须知有凡圣不历处,古今不到处。且道是什么人行履?"良久云:"丈夫自有冲天志,莫向如来行处行。"

上堂云:"上士相逢,休论目击。祖佛门中,如何受用?古往今来,新新无间。虽然如是,犹在荆棘林中。衲僧家须向镬汤炉炭上成等正觉,刀山剑树上说法度人,方有少分相应。"良久云:"茯苓只在松根下,用意追寻事转遥。"

杭州龙华文喜禅师

后住陆莲庵。问:"如何是陆莲境?"师云:"一径阶前草,数株霜后松。"僧云:"如何是境中人?"师云:"拏开凡圣路,踏破画门来。"僧曰:"向上宗乘事若何?"师云:"一条榔檫杖,万里作风威。"

师云:"诸仁者,且道答伊境,不答伊境?若道答伊境,山僧眼在什么处?若道不答伊境,又道'一径阶前草,数株霜后松'?还相委悉么?"良久云:"时时明祖意,日日起清风。珍重。"

处州永泰自仁禅师

问:“如何是露地白牛?”师云:“大难看守。”僧曰:“看守即易,未审将何为用?”师云:“得用即用。”僧曰:“学人借用得也无?”师云:“直饶用得,也是别人底。”

师云:“松风凛凛,败叶纷纷。柳带衰颜,猿啼远岫。若也善观时节,方与诸圣相邻,未出得衲僧活计。诸仁者,当此之际,正好横担拄杖,高挂钵囊,到处撞开方丈门,且与老胡相见。若也一言不契,坐具拂开便行,岂不快哉!山僧自行脚已来,未曾逢着一个半个。何故如此?”良久云:“土旷人稀,相逢者少。珍重。”

上堂云:“金风乍扇,松竹交阴。水月分明,游人罔措。还会么?若有人会,出来通个消息,山僧为你证据。”良久云:“布袋里锥子,不出头者是好手。”下座。

师世寿八十四,僧腊六十一。于元符元年六月初九日澡浴更衣,辞众而趺坐逝。

饶州景德普俊禅师

问:“诸佛出世,盖为群生。太守请师,当为何事?”师云:“尊官在此。”僧曰:“一雨所滋,群生普润。”师云:“欠少什么?”

问:"如何是主人公?"师云:"一朝权在手,看取令行时。"僧曰:"若不上来,焉得如是?"师云:"将谓衲僧。"

问:"依俙似半月,傍像若三星。乾坤收不得,师于何处明?"师云:"人人具足。"僧曰:"学人便恁么时如何?"师云:"箭发离弦,新罗国里。"

汀州同庆禅院智珣禅师

上堂云:"法无别法,心即此心。直下承当,不为分外。更若别求巧妙,斗钉语言,于达磨西来,天地辽远。何也?幸自可怜生,何劳强雕琢。参。"

汀州开元智孜禅师

开堂日,升座云:"黄金为地,白玉为城。十方缭绕,百宝庄严。大众还见么?还信么?若也信得,人人分上,各各如斯;十方国土,不隔毫端;亘古亘今,都在一念;尘沙诸佛,同此一途;从上祖师,更无别路。若信未及,有疑请问。"问:"学人上来,请师说法。"师云:"岭上白云闲荡荡。"僧曰:"莫便是和尚为人处也无?"师云:"涧中流水急茫茫。"

问:"师唱谁家曲,宗风嗣阿谁?"师云:"明眼人前莫错举。"僧曰:"天衣的旨师亲唱,云门祖派转光辉。"师云:

"听事不真,唤钟作瓮。"

师云:"诸佛不出世,扰扰世界无依怙。祖师不西来,茫茫众生无本据。诸佛出世祖师来,遂使人人皆得所。上则见皇天,下则履厚土。君圣臣贤,十方得路。父慈子孝,尊卑有序。衲僧要去便去,要住便住。大众,此犹是世谛之谈,出世间一句作么生道?"良久云:"云横叠嶂,月上晴空。"

上堂云:"衲僧家向针眼里藏身稍宽,大海中走马甚窄。将军不上便桥,勇士徒劳挂甲。昼行三千,夜行八百即不问,不动步一句作么生道?若也道得,观音、势至,文殊、普贤只在目前。若道不得,直须撩起布裙,紧峭草鞋。参。"

上堂云:"云行荡荡,鸟语嘤嘤。头头垂示,非色非声。便恁么会,落堑堕坑。不恁么会,孤负平生。闭门造车,出门合辙。人人知有,触龙鳞,履虎尾。大众作么生体会?若体会得,便能光辉日月,闪烁星辰。若未能体会,僧堂中有粥有饭,夏月日长,林下取凉。珍重。"

上堂云:"寒空落落,大地漫漫。云生洞口,水出高源。若也把定,即十方世界恍然。若也放行,即东西南北坦然。茫茫宇宙人无数,一个个鼻孔辽天。且问诸人,把定即是?放行即是?还有人断得么?若无人断得,三门外有两个大汉,一个张眉握剑,一个努目挥拳。参。"

泉州资圣捷禅师

问:"如何是佛法大意?"师云:"铁牛生石卵。"

问:"如何是接人句?"师云:"三门头合掌。"

问:"如何是大用句?"师云:"脑门着地。"

问:"如何是无事句?"师云:"横眠大道。"

问:"如何是出三界句?"师云:"野狐窟里。"

问:"如何是奇特句?"师云:"的。"

问:"如何是平实句?"师云:"泥中洗土。"

苏州澄照慧慈禅师

问:"了然无所得,为什么天高地阔?"师云:"窄。"

问:"如何是佛?"师云:"巍巍堂堂。"

问:"如何是道?"师云:"目前看取。"

问:"如何是和尚家风?"师云:"七零八落。"

上堂云："若论此事，眨上眉毛，早是蹉过。那堪进步向前，更要山僧说破。而今说破了也。还会么？昨日雨，今日晴。"

秀州崇德智澄禅师

上堂云："觌面相呈，更无余事。若也如是，岂不俊哉！山僧盖不得已，曲为诸人。若向衲僧面前，一点也着不得。诸禅德，且道衲僧面前说个什么即得？"良久云："深秋帘幕千家雨，落日楼台一笛风。"下座。

苏州净慧可证禅师

问："达磨未来时如何？"师云："天涯地角。"僧曰："来后如何？"师云："四海五湖。"

师云："龙宫海藏，尽属葛藤。教外别传，起模画样。当人分上，平地风波。若到遮里，如何得出？"乃云："毗婆尸佛早留心，直至如今不得妙。参堂去。"

泉州栖隐有评禅师

问："如何是平常道？"师云："和尚合掌，道士擎拳。"

问:"如何是无位真人?"师云:"渠无面目。"

问:"十二时中如何趣向?"师云:"着衣吃饭。"僧曰:"别还有事也无?"师云:"有。"僧曰:"如何则是?"师云:"斋余更请一瓯茶。"

上堂云:"为体也,镜净水澄;为用也,光生满目,十二时中有何妨碍?恁么说话,笑破人口。"

苏州定惠云禅师

问:"如何是为人一句?"师云:"见之不取。"僧曰:"学人未晓。"师云:"思之千里。"

问:"学人上来,乞师一接。"师云:"云开月白,雨后山青。"僧曰:"学人今日功不浪施也。"师云:"更须子细。"

问:"如何是亲切为人处?"师云:"缩却舌头。"僧曰:"学人便恁么会去也。"师云:"切莫草草。"

问:"如何是向上为人?"师云:"脚下看取。"僧曰:"如何是向下为人?"师云:"脑门着地。"

汀州开元智谭禅师

问:"如何是无私底句?"师云:"片月流辉,光含万象。”僧曰：“谢师指示。”师云：“指示个什么？”僧曰：“争奈言犹在耳。”师云：“是什么言？”僧曰：“片月流辉，光含万象。”师云：“学语之流。”

问：“如何是道？”师云：“亘古亘今。”僧曰：“目前无异路，达者共同途。”师云：“你作么生会？”僧曰：“踏着称锤硬似铁。”师云：“犹较些子。”

问：“如何是佛法大意？”师云：“春寒秋热。”僧曰：“学人不会。”师云：“秋热春寒。”

问：“如何是古佛家风？”师云：“赞叹不及。”

问：“如何是无缝塔？”师云：“风吹不入。”僧曰：“如何是塔中人？”师云：“鼻孔大头向下。”

上堂云：“物我冥契，显露真机。法法灵通，心心独耀。卷舒自在，隐显无拘。有时阒尔无纵，有时廓周沙界。般若光中，悉皆应现。尘尘既尔，念念皆如。说什么目连、鹙子具大神通，到遮里，作么生摸索？参。”

灵峰崇化珣禅师

问：“知师久蕴囊中宝，今日当筵略借看。”师云：“人逢好事精神出，马遇寒霜气力生。”

问:"如何佛法大意?"师云:"山深水冻。"僧曰:"如何趣向?"师云:"雪冷霜寒。"

问:"验人端的处,下口便知音。学人上来,请师不吝。"师云:"好事不出门。"

建州乾符大同院旺禅师

问:"师唱谁家曲,宗风嗣阿谁?"师云:"铁牛横渡海。"僧曰:"恁么则天衣嫡子,乳窦儿孙。"师云:"石角夜穿山。"

问:"如何是祖师西来意?"师云:"入市乌龟。"僧曰:"意旨如何?"师云:"得缩头时且缩头。"

《建中靖国续灯录》卷第十一·对机门

庐山清原山行思禅师第十二世

筠州大愚晓舜禅师法嗣

蒋山佛慧禅师

讳法泉。姓时氏，随州随县人也。少尝业儒，才器明敏。金[①]依龙居山智门院信玘禅师出家，玘预梦法堂泉涌，翌日师至，因而名之。后习经业，比试圆具。远造云居舜禅师法席，因示二祖礼拜因缘，拟答次，舜掩师口，从兹顿悟。

初住大明、千顷、灵岩、南明、蒋山五刹。左丞蔡卞、承旨蔡京，景仰问道。晚奉诏旨住大相国寺智海禅院。师问众曰："赴智海，留蒋山，去就孰是?"众皆无对，师乃索笔为偈云："非佛非心徒拟议，得皮得髓谩商量。临行珍重诸禅侣，门外千山正夕阳。"书毕坐逝。

问："达磨九年冷坐，未遇智音。和尚今日开堂，当为

① 金：此字疑有误。

何事?”师云:“云生岭上。”僧曰:“学人未晓。”师云:“杲日当天。”

问:“祖祖相传传祖印,师今得法嗣何人?”师云:“丫角女子戴席帽。”僧曰:“恁么则云居嫡子,韶石儿孙。”师云:“多将瓮响作钟声。”

问:“古人道‘日面佛,月面佛’,意旨如何?”师云:“马祖在江西。”僧曰:“若不上来,焉知如是?”师云:“粗餐易饱。”僧展两手,师云:“弄影藏头。”

问:“三级浪高,如何一透?”师云:“莫遭点额。”僧曰:“恁么则风雷连四海。”师云:“浪里看桃花。”

问:“古人说不到处,请师说。”师云:“夫子入太庙。”僧曰:“学人未晓。”师云:“春暖柳条青。”

问:“如何是和尚家风?”师云:“山前柏子吾亲种。”僧曰:“恁么则云散家家月,春来处处花。”师云:“岭上樵人跣足行。”

问:“如何是西来的的意?”师云:“揭衣过水。”僧曰:“学人未会。”师云:“拄杖横担。”

问:“如何是学人自己?”师云:“一倒一起。”僧曰:“莫只遮个便是也无?”师云:“大众笑你。”

问:“祖师未来时如何?”师云:“月明东岭上。”僧曰:“来后如何?”师云:“黄河辊底流。”

问:“祖师面壁,意旨如何?”师云:“撑天拄地。”僧曰:“便恁么去时如何?”师云:“落七落八。”

问:“如何是宾中宾?”师云:“去魏来秦。”僧曰:“如何是宾中主?”师云:“更无伴侣。”僧曰:“如何是主中宾?”师云:“少喜多嗔。”僧曰:“如何是主中主?”师云:“放过一着。”

问:“二祖立雪,意旨如何?”师云:“三年逢一闰。”僧曰:“为甚付法传衣?”师云:“村酒足人沽。”

问:“停桡罢棹时如何?”师云:“寒沙翘白鹭。”僧曰:“到岸后如何?”师云:“戽水泼鸳鸯。”

问:“如何是道?”师云:“不道。”僧曰:“为什么不道?”师云:“恐你会去。”僧曰:“是何心行?”师呵呵大笑。

问:“如何是诸佛本源?”师云:“金鞭敲玉镫。”

问:“如何是佛?”师云:“眉目分明。”

问:“如何是急切一句?”师云:“火烧眉毛。”

问:“如何是不犯锋铓句?”师云:“秤锤落井。”

师云:“诸仁者,问话住得也。相挨相拶,进前退后,口里喃喃地图个甚么?将谓宗门合有恁么事?诸人败阙犹可,带累山僧亦无分雪处。何故?诸人未发问时,犹较些子。才始出来,便知勿交涉。不见摩竭国内,土旷人稀;少室岩前,风高月冷。到遮里,岂假三寸,方解辨明?所以道:诸佛不出世,祖师不西来;龙树马鸣不敢论量,海藏龙宫不能诠注。虽然如是,若是明眼汉,一点也瞒他不得。后学初心,卒难摸索。今日幸因判府侍郎为佛法主,山僧得与诸人相见。大众,如今忽有人问相见底事,向他道什么?若有道得底,出来吐露个消息看,山僧为你证明。若也未知,今日已是藏隐不得,为诸人一时说破。”乃擘开胸云:“分明记取。”

上堂云:“春雪晴,春山青。白云散处,啼鸟数声。诸禅德还知么?听着则塞却你耳朵,觑着则瞎却你眼睛。莫怪蒋山无意智,大家林下过余生。”

上堂云:“来不来,去不去。脚下须弥山,脑后擎天柱。大藏不能宣,佛眼不敢觑。诸高德,渐老逢春解惜春,昨夜飞花落无数。”

上堂。画一圆相,以手托起云:“诸仁者,还见么?迢迢从海出,渐渐入云衢。诸人若也未见,莫道南明长老措大相,却于宝花王座上念中秋月诗。若也见得,此夜一轮满,清光何处无。"

上堂。顾左右云:"南天台,北五台。莫错会。"

上堂云:"要去不得去,要住不得住。打破大散关,脱却娘生袴。诸仁者,若到腊月三十日,且道用个什么?"良久云:"柳絮随风,自西自东。"

虔州慈云院修惠圆照禅师

问:"牛头未见四祖时如何?"师云:"青山藏不得。"僧曰:"见后如何?"师云:"明月合相容。"

问:"古镜未磨时如何?"师云:"分明虽对容。"僧曰:"磨后如何?"师云:"好丑不藏人。"

问:"上根人来,师还接否?"师云:"接。"僧曰:"未审如何接?"师云:"教伊为下下根人。"僧曰:"为什么如是?"师云:"量才补职。"僧曰:"如何是为人一句?"师云:"无言不当哑。"

问:"如何是和尚接人一句?"师云:"真金不混水。"僧曰:"乞师再接。"师云:"展手即迷源。"

问:"祖意教意,是同是别?"师云:"海深龙卧稳。"僧曰:"未审意旨如何?"师云:"桐长凤巢高。"

上堂。良久云:"若论此事,唯佛与佛乃能知之。诸人还知么?慈云今日为你诸人开大智门,入总持藏,示你诸人无价珍。诸人还识么?"遂拈拄杖云:"遮个岂不是无价珍?一人有一个,自是诸人不肯承当。若承当得去,头头应用,取舍由己;十二时中使之不竭,用之不尽。若也用之不得,一任怀宝迷邦,向外驰求;蹈破草鞋,虚生浪死。"卓一下。

上堂云:"上士一决一切了,中下多闻多不信。大众,上士一决,决个什么?中下不信,不信个什么?不须信,不须决,今朝又是季秋月。看看篱下菊花黄,待到重阳与君折。辗山茶,大家啜,何须更要赵州说。久立。"

上堂。良久云:"大众会么?五月十五日即不问你,且道葫芦里走马一句作么生道?直饶道得,也是渴鹿逐阳焰。"

上堂云:"菩提达磨,口能招祸。圣谛议中,梁王勘破。皈到少林,九年壁坐。退己让人,万无一个。珍重。"

上堂云:"片月浸寒潭,微云满空碧。若于达道人,好个真消息。还有达道人么?微云穿过你髑髅,片月触着你鼻孔。珍重。"

建州崇梵余禅师

先住郭岩。问:"临济喝,少遇智音。德山棒,难逢作者。和尚今日作么生?"师云:"山僧被你一问,直得退身三步,脊背汗流。"僧曰:"作家宗师,今日遭遇。"师云:"一语伤人,千刀搅腹。"僧以手画一画,云:"争奈遮个何?"师云:"草贼大败。"

问:"恁么来底人,师还接否?"师云:"孤峰无宿客。"僧曰:"不恁么底人来,师还接否?"师云:"滩峻不留船。"僧曰:"恁么不恁么则且致,穿过髑髅一句作么生?"师云:"堪笑亦堪悲。"

问:"如何是郭岩家风?"师云:"密室寂寥无一物,生涯只在钵盂中。"僧曰:"忽遇客来,如何祗待?"师云:"百味珍羞,无过一饱。"僧曰:"大众承师供养也。"师云:"食饱伤心。"

师云:"老僧寻常与诸人说禅说道,说佛说祖,只有末后一句,从来不曾动着。今日不惜两茎眉毛,为诸人举。"良久云:"大众,鹞子已过新罗,荒草觅甚呆鸠。"

上堂云:"直须向黑豆未生芽时构取。"良久,召大众云:"剑去远矣。"

上堂云："烟云澹荡，草木萧疏。白莲已谢寒塘，红蓼正开古岸。篱边黄菊，白露凝珠。岩桂飘香，清风匝地。诸人到遮里，且作么生商量？"良久云："高着眼。"

衡山澄信禅师

问："师唱谁家曲，宗风嗣阿谁？"师云："甚处得此消息？"僧曰："栖贤一箭，直射衡山。"师云："饱丛林。"

杭州南山长耳相子良禅师

问："六门休歇时如何？"师云："坐家致仕。"僧曰："忽遇客来，如何祗待？"师云："烂嚼清风，细餐明月。"僧曰："学人有分也无？"师云："无下口处。"

师云："莺啼绿柳，鹊喜花枝。于斯荐得，触处光辉。更有一般道理，防萌杜渐，居安虑危。咄。是何言欤？"

建州开元莹禅师

上堂云："有一面镜，到处悬挂。凡圣不来，谁上谁下。"遂拈拄杖云："遮个是拄杖子，那个是镜？"良久云："万古碧潭空界月，再三捞摝始应知。"

上堂云："倏倏忽忽，东涌西没。无害无伤，穿皮透骨平等应用,非心非佛。拶破面门,个是何物?古人无端谓辽天鹘,具眼者看取。力口希咄咄。"以拂子击禅床,下座。

越州天衣山在和禅师法嗣

杭州护国菩提志专禅师

问:"远离嘉禾胜境,已届海昌道场。如何是不动尊?"师云:"此去嘉禾不远。"僧曰:"恁么则往复无际。"师云:"伶利衲僧。"僧便喝,师云:"捧上不成龙。"

问:"朝盖已临于法座,请师直下演吾宗。"师云:"平田万顷当春色。"僧曰:"学人未晓。"师云:"野老讴歌正好听。"僧曰:"听后如何?"师云:"领前话。"

上堂云:"说即天地悬殊,不说即眼睫里藏身,眉毛上踍跳。说与不说,拈放一边。"举起拄杖云:"且道遮个是什么?"良久云:"画月冷光现,卓地计初成。"卓一下,下座。

饶州安国倧禅师法嗣

彭州慧日尧禅师

问:"如何是第一义?"师云:"只你问底。"僧曰:"了了了时无可了。"师云:"更说什么?"僧曰:"不虚此问。"师云:“师子咬人。”

问:“如何是如来禅?”师云:“海日辉光。”僧曰:“如何是和尚禅?”师云:“且领前话。”

问:“古者道‘我有一句,待无舌人来,即向汝道’,未审意旨如何?”师云:“无影树下好商量。”僧礼拜,师云:“瓦解冰消。”

师云:“松风飒飒,细雨微微。红日衔山,冰轮出海。照古照今,未尝有间。目前无法,日用分明。法尔炽然,丝毫不立。人人具足,各各圆明。向诸人前,更说个什么即得?”良久云:“参。”

师于元祐七年十二月十七日示众曰:“只恁么,只恁么,好时节。”言毕,趺坐而逝。荼毗,悉闻异香。敛骨得舍利五色,舌根不坏。

杭州承天传宗禅师法嗣

饶州崇福禅院了禅师

问:“大众云臻,请师说法。”师云:“青莲不惜亲分付,罕遇知音会破颜。”僧曰:“一句无私,群心有赖。”师云:“个中端的旨,沙界共流通。”僧曰:“若不临沧海,焉知波浪宽。”师云:“一派曹源水,时人被陆沉。”

上堂云:“迟日和风,柳皴桃绽。万物发生之际,是般若流运之时。草木芬芳,园林秀媚。且道无影树子抽条也未?”遂拈拄杖云:“看看,筑着梵王鼻孔,拶破帝释眼睛。尽大地全是山僧,诸人无分。若也荐得,尽大地全是诸人,山僧无分。如或未然,打鼓普请看。”

上堂云:“云拥奇峰,水盈巨壑。横扁舟于古岸,钓皓月于波心。红尾锦鳞,侬家末事。骊珠荆璞,未足为珍。直饶撮土为金,何似转凡成圣?大众,凡圣贤愚,古今条例,作么生转?”良久云:“琉璃盏子人皆有,无著当时只为粗。”

杭州承天寺守明禅师

问:“布鼓当轩击,家风略借看。”师云:“眨上眉毛。”僧曰:“与么则展阵开旗。”师云:“伏惟伏惟。”

师云:“剑轮飞处,好定纲宗。石火电光,眼中着屑。所以曹溪拈拂,已涉痕瑕。雪岭辊毬,急须着眼。若是行脚上士,本分禅流,纵教喝散白云,冲开碧落,如斯受用,又属建化门中。若也正令提纲,任是三头六臂底出来,也须倒退三千里。参。”

湖州凤凰山护国仁王有从禅师

问:"昙花已现人天仰,愿开金口副群机。"师云:"白云垂碧落,无处不为霖。"僧曰:"便与么会时如何?"师云:"裂转鼻孔。"僧曰:"不因伸请问,争辨我师机。"师曰:"用不着。"

问:"箭锋相拄,笑杀衲僧。啐啄同时,千山万水。不涉程途,请师速道。"师云:"一二三四五。"僧曰:"便是和尚为人处也?"师云:"随坑落堑。"僧曰:"作家宗师。"师云:"放你三十棒。"

问:"师今已受公侯命,知将何法报君恩?"师云:"南山云,北山雨。"僧曰:"金枝永茂千年叶,宝祚长兴万万春。"师云:"买石得云饶。"

师云:"宗乘一举,海辩难诠。祖令当行,要津无路。真如凡圣,皆是梦言。佛及涅槃,并为增语。据此诚实之言,还可举扬也无?既升此座,不可徒然,方便门中放一线道与诸人商量。且道十二时中如何趣向?若向遮里荐得,行住坐卧,任运施为;见闻觉知,随缘应用;尘尘弥勒,刹刹善财;山河大地,自己家风;妙明真心,非增非减。若能如是,方称丈夫。久立。"

鼎州大龙山德全禅师

问:“如何是法身?”师云:“声前柏不散。”僧曰:“学人便恁么时如何?”师云:“句后觅无踪。”

苏州昆山慧严海印禅师

问:“柳垂堤畔,花发林间,如何显道?”师云:“两彩一赛。”僧曰:“自从一见桃花后,直至而今更不疑。”师云:“你向什么处见灵云?”僧曰:“花开树满,花落枝空。”师云:“放你三十棒。”

真州长芦智福祖印禅师法嗣

金陵清凉广惠和禅师

问:“如何是祖师西来意?”师云:“须弥山北。”

问:“如何是学人自己?”师云:“铁围山南。”

问:“如何是学人亲切处?”师云:“黑处看历日。”

问:“如何是清净法身?”师云:“须弥顶上击金锤。”

问:“如何是活人句?”师云:“马角换牛角。”僧曰:“学人不会。”师云:“牛蹄似马蹄。”

问:“如何是和尚家风?”师云:“白玉池边金色花。”

问:“如何是佛法大意?”师云:“锁子两头摇。”

问:“祖祖相传传祖令,师今得法嗣何人?”师云:“孔子元来是仲尼。”

问:“一切贤圣皆以无为法而有差别,如何是无为法?”师云:“今日有风兼有雨。”僧曰:“如何是有为法?”师云:“一年还有一年春。”

问:“霜风乍扇,祖令当行。当此之时,合谈何事?”师云:“翠竹竿竿翠。”僧曰:“一句已分于黑白,祖令如何和得齐?”师云:“青山点点青。”

上堂云:“达磨大师无端将一杓恶水泼在天下老宿头上,直得天下老和尚说禅说道,南北纷纭;续焰联芳,亘今亘古。山僧今日亲遭一杓。升于此座,摆脱无门。扬千古之玄风,振一时之今范。”良久云:“看看。山僧将一杓恶水泼向诸人头上去也。还觉也无?如或不知,更看一杓。祖佛家风孰与知,西来消息若何为。殷勤为报未归客,月满秋天霜冷时。参。”

上堂云:“一日复一日,日日催人老。寒则且围炉,困乃和衣倒。奉报往来人,家中元有宝。家内不曾寻,拄棒缘门讨。任使讨过年,辛苦生烦恼。不如归去来,去却门前草。”复云:“诸禅德,尽十方世界是草,作么生去?皈堂吃茶。”

上堂云:“多日天晴,今朝下雨。大地山河,无不皆普。三时打钟,二时打鼓。处处分明,头头荐取。”复拈拄杖云:“诸禅德,还会么?三世诸佛尽在里许。”拍禅床一下。

湖州报本兰禅师法嗣

福州中际可遵禅师

示众云:“禾山普化忽颠狂,打鼓摇铃戏一场。劫火洞然宜煮茗,岚风大作好乘凉。四蛇同箧看他弄,二鼠侵藤不自量。沧海月明何处去,广寒金殿白银床。咄。”下座。

上堂云:“昨夜依稀春梦中,可遵慧可忽相逢,臂疼脚冷双眉皱。”遂喝云:“山僧梦见祖师,过犯弥天,汝等诸人还曾梦见么?”又喝一喝,便下座。

上堂云:“咄咄咄,井底啾啾是何物。直饶三千大千,也只是个鬼窟。咄。”

上堂云:“昨夜四更起来,呵呵大笑不歇。幸然好一觉睡,霜钟撞作两橛。”

越州称心山守明禅师法嗣

洪州承天上蓝院光寂禅师

问:“为国开堂,有何施设?”师云:“栴檀林秀,薝卜花香。”僧曰:“雷音一震,万物生芽。”师云:“饱足观光。”

上堂。横按拄杖云:“大众还识上蓝老汉么?眼似木�康,口如匾担;无问精粗,不知咸澹;与么住持,百千过犯。诸禅德,众中还有人为山僧忏悔底么?”良久云:“气急杀人。”卓拄杖,下座。

潭州大沩山密印宥禅师法嗣

庐山归宗慧通禅师

问:“师唱谁家曲,宗风嗣阿谁?”师云:“今日新授请。”僧曰:“毕竟如何?”师便打。

问:“如何是函盖乾坤句?”师云:“日出东方夜落西。”僧曰:“如何是截断众流句?”师云:“铁山横在路。”僧曰:“如何是随波逐浪句?”师云:“船子下扬州。”

问:“如何是尘尘三昧?”师云:“灰飞火乱。”僧曰:“如何是佛法大意?”师云:“黄河水出昆仑嵴。”

问:“十二时中如何履践?”师云:“铁牛步春草。”

问:“只履西归,当为何事?”师云:“为缘生处乐,不是厌他乡。”僧曰:“如何是当面事?”师云:“眼下鼻头垂。”

问:“如何是祖师西来意?”师云:“过后思君子。”

师云:“心随相起,见自尘生;了见本心,知心无相。即十方刹海,念念圆明;无量法门,心心周匝。夫如是者,何假觉城东际,参见文殊;楼阁门开,方亲弥勒。所以道:一切法门无尽海,同会一法道场中。”拈起拄杖云:“遮个是一法,那个是道场?遮个是道场,那个是一法?”良久云:“看看,拄杖子穿过诸人髑髅,须弥山拶破诸人鼻孔。”击香台一下,云:“且向遮里会取。”

上堂云:“从无入有易,从有入无难。有无俱尽处,且莫自颟顸。不颟顸,举来看,寒山拾得礼丰干。珍重。”

上堂云:“钟鼓声不到,不到声不知。不知声不会,不会不思议。”

上堂云:“春云黯黯,春雨霖霖。沼沚陂池,悉皆盈满。溯流者少,随浪者多。万派千江,奔归大海。且道作么生是大海?”自云:“不让众流。为什么不让众流?”复云:

"深。"

安州大安兴教慧宪禅师

问:"师唱谁家曲,宗风嗣阿谁?"师云:"云团石笋峰前,水泻香严溪畔。"僧曰:"恁么则沩山嫡子也。"师云:"湖南一水向西流。"

问:"今日升堂,愿闻举唱。"师云:"细柳迎风舞,岩花向日开。"僧曰:"便恁么会时如何?"师云:"十万八千。"

上堂云:"我有一条拄杖,寻常将何比况。采来不在南山,亦非昆仑西嶂。拈起,满目光生。放下,骊龙缩项。同徒若也借看,卓出人中之上。"击香台一下。

师临迁化,辞众云:"衲僧家生死事大,去来是常。去去实不去,途中好善为。来来实不来,路上莫亏危。无缝合子盛将去,无底篮子盛将来。头不用剃,身不用浴,脚下盘旋二七宿。大唐撒向掌中擎,铁牛夜透新罗国。杲日当空掣电机,云愁雾惨是常仪。"言毕,趺坐而逝。

饶州崇福清雅禅师

问:"如何是崇福境?"师云:"磬敲寒月夜,香爇白云朝。"僧曰:"如何是境中人?"师云:"僧是僧,俗是俗。"僧曰:"向上更有奇特事也无?"师云:"毗卢顶上金冠子。"僧曰:"重重蒙指示,千古为流芳。"师云:"笑杀傍观。"

东京十方净因怀琏大觉禅师法嗣

杭州临安径山维琳无畏禅师

初住大明。问:"师唱谁家曲,宗风嗣阿谁?"师云:"不在然灯前,亦非释迦后。"僧曰:"莫便是育王儿孙也无?"师云:"神岳风高,泥潤[①]水急。"

问:"如何是大明家风?"师云:"神鸾顶上轩眉坐,黄鹄岫中昂首行。"僧曰:"未审意旨如何?"师云:"会即便会,觅甚意旨。"僧珍重便去。

师云:"听取一偈:榾柮火残飞白灰,老僧身上白如雪。地炉冥坐人不知,苍狖[②]山西叫明月。久立。"

杭州临平胜因资禅师

问:"知师久蕴囊中宝,今日当场略借看。"师云:"方圆无内外,丑拙任君嫌。"僧曰:"心月孤圆,光含万象。"师云:"莫将黄叶作真金。"

---

① 潤:音间。泥潤:泄海水出外者。

② 狖:音又。一种猴。

问:“菩提不可以心得,未审和尚从何而得?”师云:“龊汉。”

师云:“若论此事,譬如日月丽天,八方普照。盲者不见,盆下不知。非日月不明,乃当人障隔。若据祖师正令,拟议千差,直须打透金锁玄关,一任纵横妙用。久立。”

杭州佛日净惠戒弼禅师

问:“如何是毗卢印?”师云:“草鞋踏雪。”僧曰:“学人不会。”师云:“步步成踪。”

问:“如何是清净法身?”师云:“疥癞痈疽。”僧曰:“意旨如何?”师云:“不可道三身四智。”

问:“师唱谁家曲,宗风嗣阿谁?”师云:“韶石木分千界月,鄮[①]峰花发一枝春。”僧曰:“恁么则大觉嫡子也。”师云:“千闻不如一见。”僧曰:“专为流通。”师云:“一任摸索。”

师云:“祖宗门下,水泄不通。放去收来,随机应用。把定则绵绵不漏,放行则雨骤云奔。若向本分事中,未曾动着丝毫。且问诸人,作么生是本分事?”良久,顾视大众云:“高着眼。”

---

① 鄮:音贸。

福州天宫慎徽禅师

问:"故岁已去,新岁到来。还有不受岁底也无?"师云:"有。"僧曰:"未审是什么人?"师云:"门外金刚。"

问:"如何是古佛家风?"师云:"钟鸣鼓响。"僧曰:"便是也。"师云:"朝三千,暮八百。"

问:"如何是佛?"师云:"九窍常流。"僧曰:"未审意旨如何?"师云:"色香味触。"

问:"如何是琴台一曲?"师云:"木人台畔立,啰哩不曾闻。"

师云:"五四三二一,胡僧数不出。泥牛笑点头,木马生啾唧。何也?桃花红,李花白。春山叠乱青,春水涵虚碧。相逢休问赵州关,水里金乌天上日。"

师云:"八万四千波罗蜜门,门门长开。三千大千微尘诸佛,佛佛说法。不说有,不说无,不说非有非无,不说亦有亦无。何也?离四句,绝百非,相逢举目少人知。昨夜霜风漏消息,梅花依旧缀寒枝。"

温州弥陀庵正彦庵主

一日，礼拜雪窦良禅师。师云："你是有主沙弥，无主沙弥？"主云："有无且致，和尚是有主禅师，无主禅师？"师云："却被胡芦倒绕藤。"主云："道什么？"师拟议，主拂袖出云："见面不如闻名。"师呵呵大笑。

至晚入室，师不允，主乃有颂："金刀剃落青丝发，求佛求法亦非真。黄梅分付卢行者，师今授手与何人。"

杭州灵隐云知慈觉禅师法嗣

杭州灵隐山正童圆明禅师

问："皇风荡荡，帝道平平。为国开堂，将何祝圣？"师云："无出此问。"僧曰："学人叉手当胸，退身三步。"师云："不知何处谢无私。"僧礼拜，师云："知恩者少。"

问："如何是道？"师云："夜行莫蹈白。"僧曰："如何是道中人？"师云："黄张三，黑李四。"

婺州宝林显珠禅师法嗣

婺州宝林用明禅师

问:"世尊三昧,迦叶不知。和尚三昧,什么人知?"师云:"泥牛穿海去,木马透云归。"僧曰:"恁么则学人请益。"师云:"未敢相许。"僧无语,师云:"真个衲僧。"

温州雁荡灵峰文吉禅师法嗣

温州净光为觉禅师

问:"云门一曲师亲唱,未审西来意若何?"师云:"道什么?"僧曰:"恁么则便是和尚为人处?"师云:"错。"

师云:"净光绀字,古佛祇园。闻名者尘心顿息,目睹者宛若升天。面临郛郭,背靠林泉。处处尽歌皇化,何须演妙谈玄。向上一窍,千圣不传。敢问诸人,作么生是向上一窍?"蓦拈拄杖,卓一下云:"鸳鸯绣了从君看,莫把金针度与人。"

婺州承天惟简禅师法嗣

婺州智者山寿圣利元禅师

问："如何是佛？"师云："三人证龟成鳖。"僧曰："意旨如何？"师云："身贫方觉济人难。"

师拈拄杖云："大用现前，不存轨则。东方一指，乾坤肃静。西方一指，瓦解冰消。南方一指，南斗作窜。北方一指，北斗潜藏。上方一指，筑着帝释鼻孔。下方一指，穿过金刚水际。诸人面前一指，成得什么边事？"良久，卓一下云："路上指奔鹿，门前打犬儿。"

温州瑞安寿圣僧印禅师

问："如何是法身？"师云："头长耳小。"僧曰："如何是法身用？"师云："南原耕罢者，牵犊负樵归。"僧曰："恁么则三身不分也。"师云："大虫看水磨。"

师云："将心问佛如天远，以佛求心道转赊。若遇云门行正令，须教棒下识龙蛇。"良久云："具眼者辨取。"

师于熙宁十年九月十三日沐浴更衣，留偈云："倚空灵剑冷光浮，佛祖魔兵一刃收。带月吼风归宝匣，铁牛惊散曲江头。"言毕，趺坐而逝。荼毗敛骨，获舍利五色。

明州九峰韶禅师法嗣

明州大梅山祖镜禅师

讳法英。姓张氏,本州鄞县人也。投师出家,十三圆具。威仪清雅,性介不群。博究古今,乐乎述作。学问超卓,见量颖悟。参九峰韶禅师,顿悟宗旨。初住襄阳白马,次居大梅。判宗留后仲爰一见道契,奏赐椹服、师名。

开堂日,问:"遍知已具今成佛,贤宰殷勤请住持。住持即不问,遍知事若何?"师云:"举起分明。"僧曰:"恁么则不惜祖灯长夜照,奉酬明主太平时。"师云:"贼是小人。"僧曰:"真师子儿,作师子吼。"师云:"两重公案。"

问:"昔日灵山一会,今朝白马,是同是别?"师云:"分明更举。"僧拍一拍,师云:"作什么?"僧曰:"未审意旨如何?"师便打。僧曰:"如何是和尚家风?"师云:"犹自口喃喃。"

师云:"至道无在,岂无在也?至言无穷,岂无穷也?得之则皎若目前,失之则毫厘有隔。是故虽一大藏教,不为多言;一默毗耶,岂曰无语?须知佛祖人天殊非本有,好恶长短亦非本无。直下荐得,犹在半途,遮个事须遇明眼人证据。贫道今日可谓功不浪施,将此举扬,上祝皇风,情与无情,得无生忍。"

上堂云:“春山笋蕨正蒙茸,好把黄粱彻晓舂。莫谓西来无此意,祖师浑在钵盂中。参。”

上堂云:“祖师不会禅,诸佛不会道。学道与学禅,诸方闹浩浩。或以玉为尘,或认石为宝。参得一肚皮,特地生烦恼。不烦恼,解会那如入荒草。寄语参禅学道人,头边白发年年新,何如来与大梅,相共开田博饭吃,一生参学事毕。珍重。”

上堂云:“末后一句,如藤倚树。向上一窍,演若失照。细大法门,是何紧要?为君唱个菩萨蛮,也是人间闲曲调。参。”

上堂云:“三十六旬之始,七十二候之初。末后句则且致,只如当头一句又作么生道?”拈拄杖云:“岁朝把笔,万事皆吉,急急如律令。大众,山僧恁么提唱,且道还有祖师意也无?”良久云:“记得东村黑李四,年年亲写在门前。”卓拄杖,下座。

越州东山国庆顺宗禅师法嗣

建州定峰晓宣禅师

问:“如何是祖师西来意?”师云:“云收千岳翠。”僧曰:“如何领会?”师云:“雨洗百花鲜。”

问："学人上来，请师垂示。"师云："江澄秋夜月，风扫晓天霞。"僧曰："一句才闻，流通万古。"师云："你作么生会？"僧便喝，师便打。

荆门玉泉山景德承皓禅师法嗣

郢州林溪兴教文庆禅师

一日云："六六三十六，东方甲乙木。嘉州大像出关来，陕府铁牛入西蜀。参。"

澧州夹山遵禅师法嗣

江陵福昌寺信禅师

问："一花开五叶，如何是第一叶？"师提起坐具，僧曰："云生片片，雨点霏霏。"师云："不痛不知伤。"僧曰："遮个犹是风生雨意，如何是第一叶？"师将坐具撼[1]，一撼僧拍掌。师云："一任踍跳。"

问："师子未出窟时如何？"师云："更问看。"僧曰："出窟后如何？"师云："齇[2]牙露齿。"

---

① 撼：音弥。击打。
② 齇：音举。齿不正。

问:“达么未来时如何?”师云:“大地尽漫漫。”僧曰:“来后如何?”师云:“云散家家月。”

问:“如何是佛?”师云:“东家儿郎,西家织女。”僧曰:“学人不会。”师云:“掷笔抛梭。”

问:“如何是道?”师云:“天盖地载。”僧曰:“恁么则尽在里许也。”师云:“阿哪哪,阿哪哪。”

问:“如何是祖师西来意?”师云:“在你脑后。”僧曰:“某甲不会。”师云:“好彩汝不会,若教会去,带累老僧。”

上堂云:“时寒,起动大众。不尔者,法席有疏,宗风何振?三门草深,往还绝迹。不如且与诸人作个素筵,宰露地白牛供养诸人,大家围炉唱无生曲子。”良久云:“谛听谛听。”

上堂云:“大众。”大众举头,师云:“南山风色紧。”便下座。

上堂云:“朝登猊座,盖为寻医。禅人上来,尽被鼓声吞了也。还有识病者么?”良久云:“岂不是患聋?即今汝各归堂,声消病瘥。”

云居山佛印了元禅师法嗣

杭州百丈山庆善院净悟禅师

问:“如何是佛?”师云:“问谁?”僧曰:“特问和尚。”师云:“鹞子过新罗。”

问:“如何是新年朝佛法?”师云:“问着便知。”僧曰:“上大人从头起也。”师云:“阳气发时无硬地。”僧曰:“有信来还去,无私古到今。”师云:“大家回首谢东君。”

问:“古佛与露柱相交是第几机?”师云:“韶阳老汉也曾说着。”僧曰:“学人今日有分也。”师云:“大似劳而无功。”

上堂云:“说则摇唇,行则动脚。直饶不说不行时,错错。”拍禅床一下。

上堂云:“因果一言,到处随缘。若人卜度,十万八千。参。”

常州善权山广教慧泰禅师

问:“供养百千诸佛,不如供养一无心道人。百千诸佛有甚过?无心道人有何福?”师云:“花从爱惜落,草逐弃嫌生。"僧曰："未审是一是二？"师云："一二且致，鼻孔因什么在老僧手里？"僧拟议，师云："苍天苍天。"

师云："诸佛出世，广演三乘。达么西来，密传大事。上根之者，言下顿超。中下之流，须当渐次发明心地，或一言唱道，或三句敷扬，或善巧应机，遂成多义；撮其枢要，总是空花；一句穷源，沉埋祖道。敢问诸人，作么生是依时及节底句？"良久云："微云澹河汉，疏雨滴梧桐。参。"

洪州西山翠岩广化慧空禅师

问："如何是道？"师云："荒田不拣。"僧曰："莫便是和尚为人处么？"师云："量才补职。"

师云："昨日雨霖霖，今朝日杲杲。文殊与普贤，全身入荒草。赖得王老师，夜来遣出早。"拈起拄杖云："来也来也。不见道，春无三日晴。"下座。

饶州密岩山净土德溥禅师

问："如何是密岩境？"师云："芙蓉顶上清风起。"僧曰："如何是境中人？"师云："雨露坛前野老歌。"

问："向上宗乘，如何指示？"师云："新声调古曲，那个是知音。"

饶州崇福德基禅师

问："向上宗乘，请师举唱。"师云："多少分明。"僧曰："更垂方便。"师云："来风深辨。"僧曰："学人礼谢。"师云："不得错会。"

师云："若于遮里会得，便能入一佛国，坐一道场。水鸟树林共谈斯要，楼台殿阁同演真乘。续千圣不尽之灯，照八面无私之焰。所以道：在天同天，在人同人。还有知音者么？"良久云："水底金乌天上日，眼中瞳子面前人。"

云居山真如院仲和禅师

问："如何是佛？"师云："问处分明。"僧曰："夜来松竹起清风，吹散白云三两片。"师云："且莫磕着露柱。"僧礼拜归众，师嘘嘘。

庐山同安崇胜幼宗禅师

上堂。拈拄杖，召大众云："拄杖子是体。"击禅床云："遮个是用。直得高低普见，远近皆闻，正当恁么时，且道是分不分？"良久云："榔横横挑华藏界，维摩掌上未为多。"

婺州宝林怀吉真觉禅师

问："德山棒，临济喝，未审是同是别？"师云："将诸是衲僧。"僧曰："学人未晓，特伸请益。"师云："不妨伶利。"

问："如何是和尚为人句？"师云："有问有答。"僧曰："得闻于未闻也。"师云："闻底事作么生？"僧曰："六耳不同谋。"师云："也是。"

师云："善慧遗风五百年，云黄山色只依然。而今祖令重行也，一句流通遍大千。大众且道是什么句？莫是函盖乾坤、截断众流、随波逐浪底么？吽，有甚交涉。自从有佛祖已来，未曾动着，今日不可漏泄真机去也。"顾视大众云："若到诸方，不得错举。"

信州鹅湖山仁寿德延禅师

问："如何是鹅湖境？"师云："一泓湖水春来渌，数只仙鹅天外归。"僧曰："如何是境中人？"师云："松声来客座，山翠上人衣。"

师云："众口咸来发问端，当空一点欲酬难。而今大义重宣也，剔起眉毛觌面看。久立。"

庐山万杉子章禅师

问:“道泰不传天子令,时清尽唱太平歌。如何是太平歌?”师云:“云尽日月正,雪消天地春。”僧曰:“恁么则雨洒千峰秀,风动万年枝。”师云:“星江水阔连天碧,五老山横宇宙宽。”

问:“师资未相见时如何?”师云:“定光金地遥招手,智者江陵暗点头。”僧曰:“见后如何?”师云:“父子亲其居,尊卑异其位。”

洪州资福宗诱禅师

上堂云:“唱弥高,和弥寡。九载少林,有口如哑。眨上眉毛,蹉过了也。山僧今日从空放下,为什么如此?尽法无民。”

上堂云:“龙泉今日与诸人说些葛藤。”良久云:“枝蔓上更生枝蔓。”

袁州龙兴山居岳禅师

问:“师唱谁家曲,宗风嗣阿谁?”师云:“自从达磨分流后,万派都归是一家。”僧曰:“学人未晓,请师直指。”师云:“集云峰下四藤条。”

东京智海正觉本逸禅师法嗣

筠州黄檗山志因禅师

问:“不如坐禅人,一念超佛地。如何是佛地?”师云:“舍卫国中。”僧曰:“未审意旨如何?”师云:“侧布黄金。”

问:“如何是得力句?”师云:“脚。”僧曰:“学人不会。”师云:“一步进一步。”

师云:“灵鹫峰前,杉松滴翠。云霞影里,水石清虚。尽是古来门馆,旧日家风,何故道无避寒暑处?”良久云:“争怪得别人?”

上堂云:“归根得旨,随照失宗。东是厨库,西是僧堂,皆是随照。归根得旨一句作么生道?”良久云:“参。”

上堂云:“四十九年说,恩润禽鱼。十万程途来,警悟人天。遮二老汉各人好与三十棒。何故?一个说长说短,一个胡言汉语。虽然如是,且放过一着。”

福州大中寺德隆禅师

圆具游方,参逸禅师,深悟宗趣。温公左丞坚请师出世,入室抠衣,徒众八百。

开堂日,示众云:“摩竭陀国,水泄不通。毗耶离城,亲行此令。竖穷三际,横亘十方。坐断报化佛头,画断自佗世界。是以如来大师二千年外,乘悲愿力,示现受生。降诞王宫,修行雪岭。成等正觉,转大法轮。离文字语言,人心直旨。古今一致,殊途同归。”乃顾左右云:“人天交接,宾主历然。”复召大众:“何似生?举不顾,即差互,拟思量,何劫悟。久立,珍重。”

福州白鹿山伸豫禅师

师初开堂日,上首白槌云:“法筵龙象众,当观第一义。”师云:“华岳三峰,黄河九流,还有人于此观得么?若此观得,何假胸题万字,足步祥莲;菩提场中,始成正觉。然此事,莫非知方之者共相证明。晚进初机,有疑请问。”僧问:“师登高广座,乞示少林机。”答云:“红霞穿碧汉,白日绕须弥。”进云:“恁么则人天尽侧聆也。”答云:“徒劳伫思。”进云:“谁知远烟浪,别有好思量。”答云:“闲言语。”

僧问:“云驭既登于法席,昙华一句请师宣。”答云:“金风朝布野,玉露夜垂珠。”进云:“恁么则龙吟雾起,虎啸风生。”答云:“天高难侧耳。”进云:“若不登楼,焉知海阔?”答云:“何曾梦见。”

师乃云:“问话且止。设使言中辨的,句里藏机,意思交驰,并同流浪。何故?吾祖之道,岂其然乎?若是上根作者,独步丹霄,临机大用;把住则涓滴不漏,放开乃浪涌千江;踞地全威,壁立千仞;得不英灵自己,荷负宗门。直饶恁么,未称衲僧。且道衲僧有甚奇特?”良久云:“深秋帘幕千家雨,落日楼台一笛风。”

《建中靖国续灯录》卷第十二·对机门

南岳怀让禅师十三世

洪州黄龙山慧南禅师法嗣

江州东林兴龙禅寺照觉禅师

讳常总。姓施氏，延平人也。母梦梵僧授白莲华，因而诞生。长依宝云寺出家受具。游方造南师法席，三扣其室。南师乃问："是何宗旨？"豁然大悟。服勤数载，推为导首。

初住泐潭，次迁东林。应远公悬记，众盈五百。

神宗皇帝诏住大相国寺智海禅院，坚让不赴。得请林下，徐国大王特奏赐照觉禅号，缘尽坐灭。全身瘗于雁门塔左。

开堂日，上首白槌罢，师左各顾视，良久云："槌声未落，祖令已行。何况击动犍椎，告众云观，早落第二。上根之者，如目睛虚。中下之流，有疑请问。"问："为国开堂于此日，师将何法报君恩？"师云："白云封岳顶。明月映天心。”僧曰:“帝王之恩师已报,祖意西来事若何?”师云:“休于言下觅,莫向意中求。”僧曰:“方信如来曾有语,黄梅今日始知心。”师云:“谁不承恩力?”

问:“移风易俗即不问,祖宗门下以何为极则?”师云:“横按镆鎁全体露。”僧曰:“此犹是倜傥之词。当头一句,请师速道。”师云:“个中谁是出头人?”僧曰:“真善知识。”师云:“别处即不放过。”僧曰:“是何言欤?”师云:“正令已行。”

问:“祖意西来即不问,改律为禅事若何?”师云:“壶中日月,物外山川。”僧曰:“远师不虚授记。”师云:“若是陶渊明,攒眉却归去。”僧曰:“洎不问过。”师云:“斋后钟。”

问:“宝堂击动承天鼓,请师为唱太平歌。”师云:“香烟起处清风引。”僧曰:“四众尽闻于高韵,不知谁是和歌人?”师云:“翻使胡人笑更新。”僧曰:“犹是第二机。”师云:“那个是第一机?”僧曰:“错。”师云:“大众有眼。”

僧出众,便提起坐具曰:“请师话答。”师云:“放下着。”僧又作展势,师云:“收。”僧曰:“昔年寻剑客,今朝遇作家。”师云:“遮里是什么所在。”僧便喝。师云:“喝老僧那?”僧又喝,师云:“放过又争得?”便打。

问:“不于句后明玄旨,休向言前定祖宗。少室九年端的处,神光三拜若为通。”师云:“大地载不起。”僧曰:“只如细泉通海脉,高桧入云层又作么生。”师云:“别是一家春。”

问:“如何是不动尊?”师云:“下坡不走,快便难逢。”

问:“无生曲调即不问,勿弦琴韵请师弹。”师云:“指闲湘水远,孤月夜堂深。”僧曰:“一堂风冷淡,千古意分明。”师云:“又被风吹别调中。”

问:“乾坤之内,宇宙之间,中有一宝,秘在形山。如何是宝?”师云:“白月现,黑月隐。”僧曰:“非但闻名,今日亲见。”师云:“且道宝在什么处?”僧曰:“古殿户开光灿烂,白莲池畔社中人。”师云:“别宝还他碧眼胡。”

问:“如何是祖师西来意?”师云:“风吹日炙。”僧曰:“且礼三拜。”师云:“莫动着。”

师云:“问得亦妙,不问更奇。直饶问极西旨之源,答尽南宗之要,犹是化门,未为臻极。何谓至道渊旷?大法冲虚,非言象之所诠,非文墨之能解;弥纶三有,囊括大千;性一切心,印诸法相。盖众生迷不自觉,至人愍此,出兴于世,张皇教网。四十九年,三藏圆修;五乘顿备,功成果满。欲致言诠,乃告人天大众云:‘吾有正法眼藏,涅槃妙心,付嘱摩诃迦叶。’后五百岁,西天二十八祖,唐土六祖,佛佛授手,祖祖传灯。曹溪老卢法道盛行天下,遂有五宗之说。

若乃统宗会元，饮光悟拈花而微笑，庆喜倒刹竿以忘言；神光断臂传心，卢老舂糠为道。盖投机自得，遇缘即宗，殃及子孙，迄今扶持不已；便谓道无南北，法非古今；正令全提，殊忘凡圣。如李相国遇药山，明佛祖向上事；裴左丞逢断际，见父母未生前，始得方忘己解。然妙则妙已，未免挂人齿牙。殊不知向上一路，千圣不传。学者劳形，如猿捉影。且道向上一路是什么人行履？若也见得，今日人天一会不异灵山。若也未明，玄关从此更重游。"

复顾大众云："古今禅律一兼该，岂谓伊予应谶来。先觉权舆真佛祖，后贤更始必刘雷。皇书已降辉千嶂，法令当行振九垓。欲识此时香社意，昔年池藕白莲开。"

上堂云："乾坤大地，常演圆音。日月星辰，每谈实相。翻忆先黄龙道，秋雨霖漓，连宵彻曙；点点无私，不落别处。"复云："滴穿汝眼睛，浸烂汝鼻孔。东林老汉即不然，终归大海作波涛。"击禅床一下。

上堂云："高高山上云，岂为闲极；悠悠涧下水，未是清流。岂不见雪山衲子，祖室禅人，用则毗卢顶上高揖释迦，不拜弥勒；不用则德山、临济是什么闲家具。且道毕竟成得什么边事？"良久云："一钵千家饭，孤身万里游。"

上堂云："老卢不识字，顿明佛意，佛意离文墨故。白兆不识书，圆悟宗乘，宗乘非言诠故。如此老婆心，分明入泥水。今时人犹尚抱桥柱澡洗，把缆放船。"良久云："争怪得老僧。"

上堂云："太平圣世，有道明时；荡荡皇风，迟迟春日。可谓香严竹绿，灵云花红，甚是亲切，何曾盖覆？谁不分明，谁不晓了？若也如是，方信雪岭泥牛夜夜吼月，云门木马日日嘶风。且道德山、临济又作么生？咄。"

上堂云："天启圣嗣，祥开庆时。紫盖盈庭，神光照室。见感真人之应运，爰丁大圣以临民。数越尧年，道光舜日。万邦乐业，四海歌谣。此乃十地满心大乘菩萨之所应现，为人王帝王之宝位。且道有何表证?"良久云："是处山呼万岁声。"

上堂云："劄，德山、临济何敲磕？咦，文殊、普贤弄土泥。佛祖病，急须医，无情解说不思议。咄，是什么识见?"

师于元祐六年九月晦日鸣鼓集众，趺坐，说偈曰："北斗藏身未是真，泥牛入海何奇特。个中消息报君知，扑落虚空收不得。"言毕而逝。

洪州黄龙山宝觉禅师

讳祖心。俗姓邬氏，南雄州人。受具后，遍历诸方，参寻知识。末后到黄蘗，扣南禅师法席，乃屡陈己见，南皆不诺。云："子且去，将来须会。"一日倾汤，误滴于手，忽然惊省，求其印证。南才见入门，便云："汝会也。"南后示灭，令续住持。道化普洽，都尉王诜敬以师礼。

开堂日，大众集定。良久，微笑云："便恁么休去，已是欺谩。还相委悉么？有则便好乘时。如无，且莫错向水中拈月。"遂趺坐，拈起拂子云："若唤作拂子，达磨一宗拂土而尽。不唤作拂子，平地生波澜。到遮里，一似倚天长剑，谁敢当锋，拟议即丧身失命。而今还有击不碎底汉么？"时有僧出礼拜，师云："不知是不是？"僧曰："也不得放过。"师云："不信道。"

问："草偃风行即不问，法身向上事如何？"师云："鸟啼无泪湿，花笑不闻声。"僧曰："一句迥起千古外。"师云："须是眼中闻。"僧曰："文殊不坐金台殿，自有逍遥九万程。"师云："言多道远。"

问："达磨九年面壁，意旨如何？"师云："身贫无被盖。"僧曰："莫孤负他先圣也无？"师云："阇梨见处又作么生？"僧打一圆相，师云："燕雀不离窠。"僧礼拜，师云："更深犹自可，午后始愁人。"

问："言诠不到处，请师垂示。"师云："云尽日月正，雪晴天地春。"僧曰："便恁么去时如何？"师云："落在什么处？"僧提起袈裟角，师云："放过一着。"

问："但得本，莫愁末。如何是本？"师云："但识琴中趣，不劳弦上寻。"僧曰："如何是末？"师云："青山不碍白云飞。"僧曰："本末只如是，宗乘事若何？"师云："夜深方见把针人。"

上堂云："虎头生角人难措，石火电光须密布。假饶烈士也应难，蒙底那能善回互。手擎日月，背负须弥。掷向他方，其中众生不觉不知；其中众生骑驴入诸人眼里，诸人亦不觉不知。会么？"良久云："铁牛吼处三冬暖，木马嘶时九夏寒。"

上堂云："愚人除境不除心，智者忘心不忘境。不知心境本如如，触目遇缘无障碍。"遂举拂子云："看拂子走过西天，却来新罗国里。知我者，为我拖泥带水。不知我者，赢得一场怪诞。"

上堂云："敲空作响，谁是知音；击物无声，徒劳侧耳。不是目前法，莫生种种心。起灭不相知，个中无背面。象王行处，狐兔绝踪。水月现时，风云自异。到遮里，乾坤收不得，宇宙不知名；千圣立下风，谁敢当头道。诸仁者，应是从前活计，所作施为。会与不会，一时扫却，不如策杖归山去，长啸一声烟雾深。"

筠州黄蘖真觉禅师

讳惟胜。俗姓罗氏，梓州中江人也。十五岁落发。即趋讲席，推为翘楚。一日，因将扇子戏历窗棂，砉[①]然作声，遂即省悟，顿舍旧习。即慕参寻，到南禅师法席。呈昔所见，即为印之，推为上首。后继住黄蘖，道行大播。因游辇

① 砉：音花。象声词。

下，驸马都尉王诜咨问法要，敬以师礼。遂还蜀中，坐灭于云顶山。

问："明镜高悬于此日，愿洒醍醐壮祖宗。"师据坐，僧曰："八方歌道泰，一国贺无私。"师云："重言不当吃。"

问："大众尽临于座侧，真乘一句请师宣。"师云："白云横谷口。"僧曰："如何趣向？"师云："渌水迸清流。"僧曰："若不上来伸此问，焉知明月掌中观？"师云："我早入荒草，子又踏蒺藜。"

问："一尘才起，大地全收，未是衲僧极则。如何是衲僧极则事？"师云："老僧到遮里却不会。"僧曰："学人更不会。"师云："你不妨会得好。"

问："不用拈槌举拂，瞬目扬眉。离却咽喉唇吻，请师速道。"师云："道不得。"僧曰："恁么则截断千古路，无人敢出头。"师云："是。"僧曰："剑阁路巇险，夜行人更多。"师云："转远也。"

问："久向黄蘗事作么生？"师云："峖屼[1]地。"僧曰："露柱证明。"师云："大众笑你。"

问："如何是祖师西来意？"师云："高台无古镜，粪里

① 峖屼：同"突兀"。

有真珠。"

问:"文殊即不问,观音在什么处?"师云:"闻鼓声么?"僧礼拜,师云:"遮聋汉。"

上堂云:"罗汉书字,仰山白槌。禾山打鼓,清平蹈泥。四老人只管一向婆母,不知泄漏真机。然虽泄漏真机,要且后人不知。"良久云:"选佛须是英灵汉,敌祖还他师子儿。"

上堂云:"临济喝、德山棒,留与禅作人模范。归宗磨、雪峰毬,此个门庭接上流。若是黄蘖即不然。也无喝,也无棒,亦不推磨,亦不辊毬。前面是案山,背后是主山,塞却你眼睛,拶破你面门。于此见得,得不退转地,尽未来际,不向他求。若见不得,醍醐上味翻成毒药。"

上堂云:"寂兮寥兮,蟾蜍皎皎下空谷。宽兮廓兮,曦光赫赫流四海。曹溪路上,剿绝人行。多子塔前,骈阗如市。直饶遮里荐得倜傥分明,未是衲僧活计。大丈夫汉须是向黑暗狱中敲枷打锁,饿鬼队里放火夺浆。推倒慈氏楼,折却空王殿。灵苗瑞草和根拔,任他满地生荆棘。"

袁州仰山行伟禅师

河朔人也。东京大佛寺受具。听习《圆觉》,微有所疑。挈囊游方,专扣祖意。至南禅师法席,六迁星序。一日扣请，寻蒙喝出。足拟跨门，顿省玄旨。出世仰山，道风大著。

问："如何是密密意？"师云："你问不密。"僧曰："如何是出现身？"师云："更添一重。"

问："毗卢藏中有大教典，如何是教典？"师云："在你面前。"僧曰："莫只遮便是也无？"师云："错。"僧曰："如何得不错？"师云："重言不当吃。"

问："释迦掩室，净名默然。未审和尚如何说？"师云："少人听。"僧曰："唯佛与佛乃能知之。"师便喝。

上堂云："大众会么？古今事掩不得，日用事藏不得。既藏掩不得，则日月现前。且问诸人，现前事作么生？参。"

上堂云："大众见么？开眼则普观十方，合眼则包含万有。不开不合是何模样？还见模样么？久参高德，举处便晓。后进初机，识取模样。莫只管贪睡，睡时眼见个什么？若道不见，与死人何别。直饶丹青处士笔头上画出青山绿水、夹竹桃花，只是相似模样。设使石匠锥头钻出群羊走兽，也只是似模样。若是真模样，任你处士、石匠，无你下手处。诸人要见，须是着眼始得。"良久云："广则一线道，狭则一寸半。"以拂子击禅床。

上堂云:“鼓声才动,大众云臻。诸人上观,山僧下觑。上观观个什么?下觑觑个什么?”良久云:“对面不相识。”

洪州泐潭山宝峰禅院洪英禅师

俗姓陈氏。邵武人也。顶角自誓出家,父母不能夺志。圆具后,游历宗席。至南禅师会中,累入室,未契其旨。一日,因取经函,忽失手响声,遂有发悟。迳造方丈,陈其所解,南曰:“汝乃我家英雄,具正眼者。”由是禅众奔凑。

问:“逢场作戏时如何?”师云:“红炉爆出铁乌龟。”僧曰:“当轩布鼓师亲击,百丈竿头事如何?”师云:“山僧不信遮活计。”僧拟议,师云:“不唧嗵汉。”

僧礼拜起,便垂下袈裟角曰:“脱衣卸甲时如何?”师云:“喜得狼烟息,弓弰壁上悬。”僧却揽上袈裟云:“重整衣甲时如何?”师云:“不到乌江畔,知君未肯休。”僧便喝,师云:“惊杀我。”僧拍一拍,师云:“也是死中得活。”

问:“黄龙一曲师亲唱,佛寺驴脚略借看。”师云:“脑后三斤铁。”僧便喝,师云:“惊杀老僧。”僧拍一拍,师云:“老僧打退鼓。”僧礼拜,师云:“龙头蛇尾。”

问:“临济栽松即不问,百丈开田事若何?”师云:“深着锄头。”僧曰:“古人犹在。”师云:“更添锄头。”僧礼拜,师扣禅床一下。

师顾视大众云:“青山重叠叠,渌水响潺潺。”遂拈拄杖云:“未到悬崖处,抬头子细看。”卓一下。

上堂云:“宝峰高,士罕到,岩前雪厌枯松倒。岭前岭后野猿啼,一条古路清风扫。禅德,虽然如是,且道山僧拄杖子长多少?”遂拈起云:“长者随长使,短者随短用。”卓一下。

上堂。良久,顾视大众云:“石门巇险铁关牢,举目重重万仞高。无角铁牛冲得破,毗卢海内作波涛。且道不涉波涛一句作么生道?”良久云:“一句不遑无著问,迄今犹作野盘僧。”

潭州大沩山怀秀禅师

信州贵溪人。姓应氏,仕儒族也。聪明颖悟,出世弘扬。

问:“昔日沩山水牯牛,自从放去绝踪由。今朝幸遇师登座,未审时人何处求?”师云:“不得犯人苗稼。”僧曰:“头角已分。”师云:“空把山童赠铁鞭。”

问:“莫将佛法以当人情。人情即不问,佛法请师举唱。”师云:“不可更作人情。”僧曰:“大哉宗匠,宛尔不同。"师云:"徒劳赞叹。"

问:"如何是沩山境?"师云:"凤凰展翅烟霄外。"僧曰:"如何是境中人?"师云:"大底大,小底小。"

师云:"佛祖心印,唯证乃知。灵山嘉会,圣众云臻。法付王臣护持,心传最上根辈。直至如今,二千余载,真风不坠,祖道联绵。幸遇圣朝,遭逢明世,正是王臣护法,沩山出世敷扬。且道敷扬什么法?"遂拈袈裟角示众云:"即此荐得,庆快平生。皇恩佛恩一时报足,辄莫依他作解,终是尘缘;丝发未忘,结成生死;劳他河沙佛祖出来东道西说,摇唇鼓舌。今朝山僧与诸人决破,还信得及么?休去得么?如今休去便休去,若觅了时无了时,是什么说话?"喝一喝,下座。

南岳福严慈感禅师

梓州杜氏子。乃让禅师宗裔也。仪相挺特,意气高闲。人所见者,莫不惊异。得法黄龙南禅师,出世于江州承天。德风大扇,励节远闻。潭帅请居岳顶大寺,潜韬密行,殊应颇多。

问:"师唱谁家曲,宗风嗣阿谁?"师云:"鹫峰山畔,涧水东流。"僧曰:"毕竟黄龙之子,汾阳之孙。"师云:"看取令行时。"

问:“人天高座说法,当途如何游戏?”师云:“逢人举似。”僧曰:“未审如何为人?”师云:“买帽相头。”僧曰:“恁么则天上有星皆拱北,人间无水不朝东。”师云:“且莫错认。”僧曰:“真善知识。”师云:“遮贼。”

上堂云:“掷钵峰前,春风浩浩。湘江水里,白浪滔滔。是法无私显露,动着不然而然。邂逅指南不遇,只管鼻孔辽天。南泉头头垂示,大颠默尔无言。毗耶长启一室,谁人敢共齐眉。咄。”以拂子击禅床云:“参。”

上堂云:“古佛心,只如今。若不会,苦沉吟。秋雨微微,秋风飒飒。乍此乍彼,若为酬答。沙岸芦花,青黄交杂。禅者何依?”良久云:“劄。”

湖州报本慧元禅师

潮州倪氏子。比试得度,游方参道。至南禅师法席,一言相契,侍奉七年。出世于苏台吴江圣寿,次迁昆山惠严城中万寿,后移报本。

元丰中,一日,沐浴毕,升堂。告众云:“五十五年梦幻身,东西南北孰相亲。白云散尽千山外,万里秋空片月新。”言毕而逝。肉身不坏,见存本院。

问:“未离兜率,已降王宫。未出母胎,度人已毕。今日意作么生?”师云:“守株待兔,枉用心神。”僧曰:“向上之机蒙师指,中下之流又如何?"师云:"只闻人作鬼,不见鹤成仙。"僧曰:"不因入水,争见长人?"师云:"未问已前犹较些子。"

问:"如何是西来意?"师云:"天轮左转,地轴右旋。"

问:"文殊请不二之门,维摩默然而对,此理如何?"师云:"昔年座主,今日禅人。"

问:"黑白未分时如何?"师云:"天高地厚。"僧曰:"分后如何?"师云:"日暖月凉。"僧曰:"便恁么会,还得也无?"师云:"须弥山倒卓。"

问:"如何是佛法大意?"师云:"昨日立春今日暖,百花未绽柳先开。"僧曰:"如何是教意?"师云:"自家飞絮犹无定,休把长条绊别人。"

问:"诸佛不出世,达磨不西来。正当恁么时,未审来不来?"师云:"撞着你鼻孔。"

僧出礼拜,曰:"学人有一问,和尚还答否?"师云:"昨日答汝了也。"僧曰:"今日作么生?"师云:"明日来。"

又僧出礼拜,起曰:"请和尚答话。"师云:"答话了也。"僧曰:"再请。"师云:"记取话头。"僧曰:"话头道什么?"师云:"念汝是初机。"

师云："白云消散，红日东升。仰面看天，低头觑地。东西南北，一任观光。达磨眼睛，斗量不尽。演若何曾认影，善财不往南方。衲僧鼻孔辽天，到此一时穿却。"

上堂云："击大法鼓，演大法义。未打鼓已前，文殊大士向诸人眉毛眼睫上出没卷舒，作大佛事。及至击动法鼓，观音菩萨又向诸人耳上转妙法轮。诸人还闻么？直饶见得闻得，早是不着便。若也真个不知，自是无枝叶，莫怨太阳春。咄。"

上堂云："般若无知，无所不知。作么生说个无知道理？若谓杜绝视听，何异断见外道。其或忘知遗照，正是背境凡夫。诸人还知么？释迦老子终日向灯笼露柱随有道有，随无道无；虽不即于有无，亦不离于有无。如斯话会，钝致祖师，明眼衲僧辄他冷笑。且问你笑个什么？"喝一喝。

蕲州四祖山法演禅师

桂州人也。受业本州永宁寺。少年受具，壮岁游方。湘楚丛林，江淮禅席，所至知识，无不异待。道契南师，他游遂息。一住四祖三十余年，行解坚密，人天景仰。

开堂日，上首白槌罢，师云："吽，谁敢措口？更谈何事，诸人还知么？"

问:“如何是第一义?”师云:“双峰粗识好恶。”僧曰:“和尚岂无方便?”师云:“幸自可怜生。”僧曰:“当阳一句蒙师指,谢家人本在渔船。”师云:“放过即不可。”

问:“如何是祖师西来意?”师云:“饥嗔饱喜。”

问:“如何是心相?”师云:“山河大地。”僧曰:“如何是心体?”师云:“汝唤什么作山河大地?”

上堂云:“云飏飏,雨沥沥,尽是诸人日用力。直饶于此便明得,二十拄杖教谁吃?”

上堂云:“叶辞柯,秋已暮。参玄人,须警悟。莫谓来年更有春,等闲蹉了岩前路。且道作么生是岩前路?”良久云:“险。”

上堂云:“主山吞却案山,寻常言论。拄杖子普该尘刹,未足为奇。光景两亡,复是何物?”良久云:“劫火洞然毫末尽,青山依旧白云中。”

上堂云:“佛祖之道,壁立千仞。拟议驰求,还同点额。识不能识,智不能知。古圣到遮里,垂一言半句,要你诸人有个入处。所以道,低头不见地,仰面不见天。欲识白牛处,但看髑髅前。如今头上是屋,脚下是地,面前是佛殿,且道白牛在什么处?”乃召大众,众举头,师叱之。

潭州石霜山崇胜禅院琳禅师

问:“拈槌举拂拈放一边,请师答话。”师云:“高着眼。”僧曰:“作家宗师。”师云:“脚下蹉过。”僧以坐具画一画,师云:“自领出去。”

问:“法王出世,请施法令。”师云:“一二三四五。”僧曰:“法令施行。”师云:“潇湘船子。”

问:“慈云霭霭,惠日辉辉。大众欣然,乞师一接。”师云:“好。”僧曰:“不言含有象,何处谢无私?”师云:“石女溪边笑点头。”

问:“石霜枯木重生时如何?”师云:“海底金龟走,天边玉兔明。”僧曰:“恁么则觉花开有地,果熟自然香。”师云:“须弥顶上面南行。”

上堂云:“霜花一境,极目萧然。枯木堂前,风行草偃。渌水滔滔无尽,白云合而还开。往来禅客饱足观光,林下相逢呵呵大笑。且道笑个什么?”良久云:“烟村三四月,别是一家春。”

上堂云:“或谈玄,或说妙,德山临济把手笑。更言无说是菩提,多年梁上生芝草。咦。”

师元丰七年三月初八日净发沐浴。至夜,小参云:“平生行脚,方始见人。平生参禅,始终得力。成佛作祖,不离方寸。镬汤炉炭,只在而今。遮个消息,如人饮水,冷暖自知。听吾一颂:大幻一段,见明灿烂。苦恼众生,早晚分散。”夜半,端然示寂。阇维,得舍利。葬于本山。

蕲州开元琦禅师

问:“芥子纳须弥即不问,微尘里转大法轮时如何?”师云:“一步进一步。”僧曰:“恁么则朝到西天,暮归唐土。”师云:“作客不如归家。”僧曰:“怀州牛吃禾,益州马腹胀又作么生?”师云:“人心似等闲。”

问:“有佛处不得住,无佛处急走过。离此二途,请师直道。”师云:“但得雪消去,自然春到来。”僧曰:“恁么则截断两头,归家稳坐。”师云:“不动一句又作么生?”僧曰:“大罗山顶依青嶂,挂月峰前看白云。”师云:“心不负人,面无惭色。”

问:“久向道风,请师相见。”师云:“云月是同,溪山各异。”

上堂云:“文彩未生,一物也无。文彩既生,万事纵横。明来暗谢,暗去明来。楼阁门开,谁睹善财。”喝一喝,拍一拍,下座。

上堂云:"虚空无内外,事理有短长。顺则成菩提,逆则成烦恼。灯笼常瞌睡,露柱亦懊恼。大道在目前,更去何处讨?"击禅床一下。

上堂云:"四面亦无门,十方无壁落。头鬔鬆[①],耳卓朔。个个男儿大丈夫,何得无绳而自缚。且道透脱一句作么生道?"良久云:"蹈破草鞋赤脚走。"

上堂。以拂子击禅床一下,云:"作什么?"良久云:"因风吹火,用力不多。"

福州玄沙明惠合文禅师

问:"如何是佛?"师云:"舌不从口出。"僧曰:"从什么处出?"师云:"切忌耳根寻。"僧曰:"咤。"师云:"钝致杀人。"

问:"如何是正眼?"师云:"银盘着火煮。"

问:"如何是道?"师云:"私通车马。"僧进一步,师云:"官不容针。"

问:"如何是佛法大意?"师云:"九峰藏夏雪。"僧曰:"乞师方便。"师云:"一洞起清风。"

---

① 鬔鬆:同"蓬松"。

问:"如何是祖师西来意?"师云:"五里三歇。"僧曰:"意旨如何?"师云:"饮雪吞霜。"

问:"骊珠未见时如何?"师云:"泥瓶藏水马。"僧曰:"见后如何?"师云:"菜饭祭狸奴。"

问:"十里松声,如何浪响?"师云:"耳里遭钉。"僧曰:"乞师答话。"师云:"眼中添屑。"

问:"从上诸圣以心传心,未审和尚如何为人?"师云:"泉声含太古。"

问:"顶门无照,心外有心。如何是心外心?"师云:"问取路行人。"僧曰:"如何是心内心?"师云:"金刚提不起。"

上堂云:"沧海阔,青山高。兔无角,龟无毛。向此荐得,鹞子过新罗。若有方便门路,一任来来去去。石门难掩通南北,一路樵歌两岸山。咄。"

上堂云:"恁么恁么,脚跟难蹈。万寺千僧,三山七塔。玉露草头垂,金风天下匝。更上一层楼,朝云开未合。向此不明,翻成搕𢶍[①]。"

---

① 搕𢶍:音柯杂。粪色。

上堂云:“春山春水,春雨春风。蝶舞花红,莺啼柳绿。又道鱼踪鸟迹,兔角龟毛。火里蝍蟟,竿头进步。当恁么时,应现法门,宣无尽意。咄。是底物捡点得来,鰕[1]为子屈。”

上堂云:“三五十五,沩山水牯。二六十二,雪峰鳖鼻。虽是向上关棙,谁到恁么田地。更有绝品醍醐,谁识舌头滋味。智不到处,切忌切忌。为报南闽诸大士,鼻孔近来多失利。咄。”

上堂云:“云横天际,雨出龙心。草木承恩,山川得主。樵者唱兮汝打鼓,渔者歌兮汝作舞。夜来天地动春风,笑问春风一无语。”击禅床一下。

潭州云盖山海会寺守智禅师

问:“实际理地,不受一尘。佛事门中,不舍一法。如何是一法?”师云:“拈三放一。”僧曰:“某甲鼻孔在什么处?”师云:“云盖无鼻孔。”

问:“法尔不尔,如何契得?”师云:“露柱挂灯笼。”僧曰:“少遇知音。”师云:“三门头合掌。”

问:“鼓声才罢,大众临筵。祖意西来,请师举唱。”师

---

① 鰕:音虾。同“虾”。

云:“雨过路头干。”僧曰:“祖意既如是,家风事若何?”师云:“脑后合掌。”僧曰:“全因今日。”师云:“谢汝到来。”

问:“大海有珠,如何取得?”师云:“无心者得。”僧曰:“到处有明月,在处有清风。”师云:“只为你有心。”僧曰:“别宝须还碧眼胡。”师云:“少卖弄。”

问:“远别五峰即不问,近居灵盖事如何?”师云:“门外三蛇井,孤峰五色云。”僧曰:“恁么则千星中一月。”师云:“钝致杀人。”

上堂云:“云盖并无长处,二时粥饭,略以相待。同时吃粥,同时吃饭,同坐吃茶,是事相随,更觅什么奇特事?若要奇特事,除是西来达磨。伏惟珍重。”

上堂云:“昨日高山看钓鱼,步行骑马失却驴。有人拾得骆驼去,重赏千金一也无。”乃云:“若向遮里荐得不着,还草鞋钱。吽。参。”

上堂云:“把断命根,拽脱舌头。翻身倒坐,走马骑牛。若也不会,随流入流。”喝一喝。

潭州宝盖山子勤禅师

问:“师今已唱胡家曲,更将何法示来徒?”师云:“一字两头垂。”僧曰:“威光分此夜,照用出何门?”师云:“头上光明烜赫，脚下黑漆颟顸。”僧曰：“入水见长人。”师云：“傍观者丑。”

上堂云：“溪山虽异，云月是同。顺应方圆，任自西东。大众，法不离色，响不离声。到遮里，明明声色显露，如何透得？还有透得底么？”良久云：“钟鸣鼓响相交应，青山不碍白云飞。咄。”

庐山圆通圆玑禅师

问：“更深夜静，正好商量。且道商量个什么？”师云：“达磨西来底。”僧曰：“的有商量底道理也无？”师云：“千江有水千江月，万里孤舟万里身。”

问：“生死到来，如何回避？”师云：“堂中瞌睡，寮里抽解。”僧曰：“便恁么时如何？”师云：“须知有转身一路。”僧曰：“如何是转身一路？”师云：“倾出你脑髓，拽脱你鼻孔。”僧曰：“便从今日无疑去也。”师云：“作么生会？”僧曰：“但知行好事，不用问前程。”师云：“须是恁么。”

问：“一问一答，尽落言诠。不涉言诠，请师速道。”师云：“缩却舌头。”僧曰：“几合一生疑着。”师云：“碧眼胡僧。”

上堂云：“春雨微微，百事皆宜。禾苗发秀，蔬菜得时。阿难如合掌，迦叶亦攒眉。直饶灵山会上拈花微笑，算来犹涉离微。争似三家村里老翁深耕浅种,各知其时。有事当面便说,谁管瞬目扬眉。更有一般奇特事,末后一着更须知。"击拂子,下座。

上堂云:"云生岭上,为瑞为祥。月落寒潭,有明有暗。千丈瀑布,举世皆知。华藏玄关,何人会得?"良久云:"善财不弹指,弥勒自门开。参。"

安州九嵕山圆明院法明禅师

问:"宝座既登于此日,请师一句露尖新。"师云:"言中有响。"僧曰:"皋鹤连天叫,金乌绕木飞。"师云:"识取话头。"

问:"得到宝山空手回时如何?"师云:"用力者失。"僧曰:"途中用尽意,懡㦬却回归。"师云:"切忌道着。"

上堂云:"心本绝尘,众生自昧。犹如澄清大海,浪起风生。亦如皎洁太虚,云兴雨作。诸仁者,风未兴,云未起。寒山拾得贺太平,九峻山岭松高翠。寺前流水古今清,明眼衲僧须子细。"乃笑云:"久立,珍重。"

桂州登云山超及禅师

问:"未审云如何登?"师云:"榔㮚横担不顾人。"僧曰:"山高巇险如何上?"师云:"直往千峰万峰去。"僧曰:

"便是为人处也。"师云:"看脚下。"僧曰:"谢师指示。"师云:"险。"师云:"登云山巇险。"良久云:"山僧今日平地上吃交。"下座。

福州升山绍南正觉禅师

上堂。拈拄杖云:"荷担如来,盛作吾宗,嫡裔捻着。搅大海兮鱼龙奔腾,指长天兮星辰交错。履昏衢兮为炬为明,治疾苦兮为良为药。于父子兮如龙如凤,处昆仲兮如棣如萼。思少林兮彻皮彻髓,忆黄梅兮胡穿乱凿。不见进人以礼,退人以礼。春风和畅,岩泉清泚。乡云澹荡,幽兰旖旎。花开花合,龙眠龙起。金毛出林,灵龟曳尾。隐显齐彰,各得其旨。琴不张弦,曲调高流,入千人万人耳。大众,更有一着,还知落处么?"以拄杖卓一下,云:"穿开幽鸟道,敲遍野僧门。"

随州水南太平兴国智秘禅师

问:"如何是水南境?"师云:"桧柏与翠竹交参,山色共野花斗彩。"僧曰:"如何是境中人?"师云:"对面不相识。"

上堂云:"朝朝相似,日日一般。上来下去,应用无亏。洎乎说着佛法,又却特地多端。诸人到遮里,如何说得个平常底道理?"良久云:"任从沧海变,终不为君通。参。"

南岳胜业寺惟亨禅师

问:"学人乍入丛林,乞师指示。"师云:"欲行千里,一步为初。"僧曰:"十二时中如何履践?"师云:"白云无心,青天有日。"

上堂云:"有利无利,莫离行市。王老师卖身即不问,且道庐陵米有人酬价么?若无人,老僧自买自卖去。"良久云:"东行不见西行利。"以拄杖卓一下。

远州清泉崇雅禅师

问:"如何是清泉?"师云:"一滴也无。"僧曰:"还有龙也无?"师云:"有。"僧曰:"忽有金翅鸟时如何?"师云:"无下觜处。"僧拟议,师云:"酌然。"

庐山清隐源禅师

问:"向上宗乘,请师指示。"师云:"僧是僧,俗是俗。"僧曰:"如何趣向?"师云:"遇茶吃茶,遇饭吃饭。"僧曰:"便是为人处也无?"师云:"是。"

上堂云:"寒风激水成冰,杲日照冰成水。冰水本自无情,各各应时而至。世间万犹如然,不用强生拟议。"以拂子击禅床。

鼎州彰法禅寺觉言禅师

上堂。谯居士问:“长老年多少?”师云:“与太虚同寿。”居士云:“好好借问。”师云:“来风深辨。”居士呵呵大笑,师云:“知。”

上堂云:“无弦有韵孰知音,朗月虚堂一片心。太古莫言非祖意,正声寥廓至而今。且道是何曲调?咄。”

安州兴国禅院契雅禅师

问:“请师不于语默里答话。”师以拄杖卓一下,僧曰:“和尚莫草草匆匆。”师云:“西天斩头截臂。”僧礼拜,师云:“堕也,堕也。”

上堂云:“心如朗月连天静。”遂打一圆相,云:“寒山子,你性似寒潭彻底清,是何境界?”良久云:“无价夜光人不识,识得又堪作什么?凡夫虚度几千春。”乃呵呵大笑云:“争如独坐明窗下,花落花开自有时。”下座。

《建中靖国续灯录》卷第十三·对机门

南岳怀让禅师第十三世

洪州黄龙山慧南禅师法嗣

东京大相国寺慧林禅院佛陀禅师

讳德逊。姓杨氏,福州候官人也。少习儒业,学问该博。忽厌尘纷,乃慕入道。长依东京天清寺慧照上人出家,试经披剃。遍扣知识,远造南禅师法席,投机开悟。复游讲席,听习大经。首住汾阳净土,次迁太原白云。常坐不卧,缁素钦服。齿腊弥高,道行益固。晚奉诏旨住慧林,哲宗皇帝百日入内,特赐"佛陀"禅号。

师于建中靖国元年二月十七日,大行皇太后五七,奉圣旨就,慈德殿升座。师拈香云:"此一瓣香,恭为大行皇太后,上荐仙游,愿早登正觉。"便敷座。

褒亲旌德禅院佛海禅师白槌云:"法筵龙象众,当观第一义。"师顾视左右云:"二月桃花依旧开。于此观得,龙楼凤阁峥嵘,玉殿金门烜赫,尘尘刹刹尽是不思议境界。若观不得,有疑请问。"问:"一大藏教,尽涉言诠。教外别传,请师举唱。”师云:“水底黄金镜,天中素月轮。”僧曰:“一音普演周沙界,无限劳生尽得闻。”师云:“你闻底事作么生?”僧曰:“处处弥陀佛,家家观世音。”师云:“休于言下觅,莫向句中求。”僧曰:“剑阁路虽险,夜行人更多。”师云:“莫便是阇梨安身立命处么?”僧曰:“欲言言不及,林下好商量。”师云:“商量即错。”僧曰:“恁么则学人退身礼拜去也。”师云:“礼拜即得。”

问:“但离妄缘,即如如佛。未审佛在什么处?”师云:“万乘登龙座,千官列宝阶。”僧曰:“学人今日得闻于未闻也。”师云:“汝闻底事作么生?”僧曰:“仁孝之君,道齐尧舜。”师云:“路上行人口似碑。”僧曰:“九州和气如三月,四海欢呼似一家。”师云:“逢人不得错举。”

问:“临济宗风,龙山大布。三关壁立,愿师垂示。”师云:“大海纤尘起,红炉片雪飞。”僧曰:“汾阳浪里,竞棹孤舟。枯木生花,别迎春色。”师云:“罕逢穿耳客,多是刻舟人。”僧曰:“宗旨已蒙师指示,只如大行皇太后即今仙驭生何佛土?”师云:“花开花合分昼夜,龙眠龙起定春秋。”僧曰:“恁么则却归兜率陀天上,慈氏宫中快乐人。”师云:“却被阇梨道着。”

问:“慈德殿上,般若门开。圣主帘前,愿闻法要。”师云:“雨晴金殿冷,风暖帝城春。”僧曰:“天人群生类,皆承此恩力。”师云:“塞北千人帐,江南万斛舟。”僧曰:“若然者,皇恩佛恩一时报了。”师云:“定光金地遥招手,智者江陵便点头。”僧曰:“只如皇太后即今在什么处?”师云:“紫莲台上瞻毫相,白藕花心听妙音。”僧曰:“已得真人好消息,人间天上更无疑。”师云:“不如速礼拜。”

师云:“一问一答,一敲一唱,要且未为究竟。假使普惠云兴二百问,普贤瓶泻二千酬。到遮里,也用一点不着。然虽如是,于建化门中,事无一向,是故惠林今日不说重说偈言。诸仁者,灵山一会,宛若今日。今即是古,古即是今。古今通,始终同。上至圣天子,下至宰辅、文武百官、长者、居士、庶民等,亦复如是。虽富贵贫贱之有殊,而嗜欲好恶之无异。无异之性,即是佛性。在圣贤而不增,在凡夫而不减。不增不减,性相如如。如即无生,如即无灭。如即无去,如即无来。所以去来者,乃是缘会缘离之一时耳。

“恭惟大行皇太后母仪天下,子育万方。扶持社稷之灵,裨赞圣明之化。故得闺门肃睦,中外叶和。本谓日月齐明,山河等固。何期电光不久,薤露非坚。华胥一梦何长,蓬岛三山莫问。流光不住,五七斯临。徒增风木之悲,难报丘山之重。是日皇帝陛下祥延毳侣,共就灵帏作诸种种佛事。及令臣僧德逊、四禅长老升座,举扬般若。集此殊因,上资仙驭皇太后,伏愿凤辇凌虚,上升于兜率,金莲映水,坐证于菩提。今上皇帝陛下孝思在念,仁爱不忘;修德以来远人,垂衣而安万国;慈悲喜舍,方便权舆;利益安乐一切众生,不令一物失所,乃至海隅蛮貊之邦,咸受其赐,岂不谓之仁君也?然而幻化无常,有生必灭,此古今之常理。陛下初登宝位,才及周星。方撤去于凶帏,又复丁于忧恼。更冀自勉,少抑哀怀,以存礼制。设号天扣地,苦己劳神,而无益于生死者。唯是存心妙道,护念宗乘,使法轮再转于阎浮,道光重映于千载。如是功德,不可以世求。亡者乘此善缘,得生胜处,此乃为至孝也。

"自古帝主明王,无不归崇三宝。若三宝兴隆,即皇基永固,帝祚绵长。兹为至祷,即将此日无尽功德,并用回向今上皇帝陛下,伏愿金轮统御,踵三代之淳风;宝历开祥,享万年之景运。皇太妃、皇后、皇太子殿下、诸王、阖宫天眷,并愿辅翼皇家,冥符佛记。寿椿永秀,并月桂以联芳;福海弥深,与天源而益浚。臣僧德逊,叨蒙圣旨,特赐举扬;退省庸虚,实增感愧。臣无任瞻天荷圣,激切之至,尘黩圣聪。伏惟珍重。"

开堂日,哲宗皇帝遣中使降香。师谢恩毕,登座拈香,祝延圣寿罢,乃敷坐。法云大通禅师白槌竟,师顾视大众云:"金炉香裹[①],宝殿风清。如是观得,处处弥陀佛,家家观世音。若观不得,有疑请问。"问:"觉花才绽,瑞气凝空。为国开堂,愿闻法要。"师云:"天寒日短,露冷风高。"僧曰:"一句迥超千古外,人天无不尽沾恩。"师云:"情知你与么会。"僧曰:"触目对扬真般若,山河共显法王机。"师云:"不得错举。"

问:"宸恩已降,选佛场开。学人上来,请垂科目。"师云:"点。"僧曰:"不折月中桂,心空及第归。"师云:"是什

① 裹:音鸟。同"袅"

么科目?”僧曰:“绝妙好辞,难以加此。”师云:“习气不除。”

问:“王舍城中说法,仁王特降宝香。今日达士相逢,未审如何举唱?”师画一圆相,僧曰:“是何宗旨?”师云:“多少分明。”僧曰:“凭师一句曹溪旨,上祝吾皇万万年。”师云:“谢汝证明。”

师云:“传持此事,岂以摇唇鼓舌,驰骋言锋,而可议哉!然于方便门中,事无一向。是故文殊以无住为本,曹溪以无念为宗。无念之宗,为万法之宗。无住之本,为万法之本。众生弃本逐末,背觉合尘。一失其源,迷而不复。故我祖师西来,不立文字,特唱宗乘。只教诸人明见自性,与佛同俦。歘则菩提,不从人得。佛言:‘我于然灯佛所,无一法可得,然灯方与我授记。若有一法可得,然灯佛即不与我授记。’如是举唱,犹是化门。且道不落化门一句作么生道?冬无寒,腊下看。

“诸仁者,道非隐显,遇缘即宗。法无去来,因时而会。若缘时之未会,虽佛祖亦何为?且恢张祖席,创立丛林,岂一僧之能耳!必假国王大檀越与之护助,佛日乃可光扬。自昔京城未闻是道,适因先帝首建法幢,延四海之高流,为一时之大事。故今日如此之盛,皇帝陛下少践丕图,早闻妙法,不忘佛记,克绍前芳。遂令山野之人获预朝廷之命,得不夙兴夜寐,补报恩休。即将此日开堂少善,上祝皇帝陛下,伏愿舜日与佛日高明,尧风共祖风并扇。万方无事,时当熙盛之年。四海晏清,人乐升平之化。久立,珍重。”

洪州泐潭山宝峰禅院真净禅师

讳克文。关右人也。受业于复州北塔院。性行敏实，仪相淳古。听教造义，参禅颖悟。黄龙南禅师昔所印可。筠阳出世，道价远闻。相国王公安石延居报宁，奏章服、师名。

开堂日，上首白槌罢，师良久云："会么？少室峰前曾示此，高安滩上复谁传。会中若有仙陀客，莫学神光废九年。咄。有疑请问。"问："有一人欲出长安，有一人欲入长安。未审那个先？"师云："多少人疑着。"僧曰："不许夜行。"师云："蚊子咬铁牛。"僧曰："山顶老猿啼古木，渡头新雁下平沙。"师云："长安人已入，你合作么生？"僧曰："春日华山青。"师云："遮僧虽后生，却可商量。"

问："新丰古刹，古佛道场。侯伯请师，愿垂方便。"师云："耀古腾今。"僧曰："莫便是和尚为人处也无？"师云："将谓古佛道中人。"僧曰："洞山境色重添翠，悟本玄风复振请。"师云："有甚了期。"

问："江西佛手驴脚接人，和尚如何接人？"师云："鲇鱼上竹竿。"僧曰："全因今日。"师云："乌龟入水。"

问："声前荐得，未是作家。喝下承当，犹为钝汉。学人上来，请师相见。"师云："家富小儿娇。"僧曰："也是说道理。”师云:“与你一文钱。”僧曰:“今日不着便。”师云:“养子之缘。”

问:“钟声才动,大众临筵。禁足已临,如何指示?”师云:“大家在遮里。”僧曰:“莫便是和尚为人处也无?”师云:“多是言中转却。”僧曰:“一堂风冷澹,千古意分明。”师云:“莫乱道。”

问:“如何是佛?”师呵呵大笑,僧曰:“何哂之有?”师云:“笑你随语生解。”僧曰:“偶然失利。”师云:“不要礼拜。”僧便归众,师复笑云:“果然。”

问:“如何是赵州关?”师云:“过。”

问:“前三三即不问,如何是后三三?”师云:“的。”僧曰:“进前三步。”师云:“关。”

问:“不离当处常湛然,觅即知君不可见。如何是不离底事?”师云:“倾心吐腹。”

师云:“大众,今日一会要知么?是大众成佛时节,净缘济会。大丞相荆国公及判府左丞,施宅舍园林,为佛刹禅门,故请山僧阐扬西来祖意。诸人还会么?直指大众,即心见性成佛。大众信得及么?若自信得及,即知自性本来成佛。纵有未信,亦当成佛。但为迷来日久,一乍闻说,诚难取信。以至古今天下善知识、一切禅道、一切语言,亦是善知识自佛性中流出建立。而流出者是末,佛性是本。近代佛法可伤,多弃本逐末,背正投邪。但认古人言句为禅为道,有甚干涉?直是达磨西来,亦无禅可说。只要大众自悟自成佛,自建立一切禅道。况神通变化,众生本自具足,不假外求。如今人多是外求,盖根本自无所悟,一向客作,数佗珍宝,都是虚妄,不免生死流转。

“大众,今二相公特建此大道场,作大佛事,出大众生,生死流转。况此事本来广大,寂灭妙心,开发本来神通大光明正法眼藏。但迷则长居凡下,悟则即今圣贤。大众,言多去道转远,笑佗明眼道人。众中莫有明眼者么?今时佛法浑滥,要分邪正,使大众不随邪见,作人天正眼。有么?”良久云:“我终不敢轻于汝等,汝等皆当作佛。”下座。

上堂云:“洞山门下,八凹九凸,交交加加,屈屈曲曲,崎崎岖岖,嵲[①]嵲屼屼;水云掩映,烟岚重叠;一道直路,观者游者,十人九人,举步早是迷却路头也。其中莫有不迷者么?咄。且道路头在什么处?”

上堂云:“佛法二字,不用道着,道着则头角生。古人只解杀人,不解活人。何不道佛法二字一一现成?诸仁者,欲知佛么?只诸人是。欲知法么?只诸人日用者是。是不是。是即也大奇,不是也大奇。杀也活也,一处不通,两处失功。两处不通,触途成滞。”

---

① 嵲:音聂。高山耸立。

上堂云："好诸禅德，也无禅，也无道；也无玄，也无妙，快活当明遮一窍。一窍不明愁杀人，动即依佗和屎合尿。"

南康军云居山真如禅院元祐禅师

姓王氏。信州上饶人也。夙禀道气，动静异俗。十三岁，依本州博山承天院齐晟上人出家，比试披缁。遍参知识，造南禅师法席，契悟祖意。服勤数载，众推导首。命住湘西道林，次移庐山罗汉，晚迁云居。徐国大王向师声望，奏降椹服。確志林下，竟辞弗受。因驰道誉，遐迩益钦。

开堂日，上首白槌罢，师顾视云："八字打开，便请相见。"问："千佛出世，发愿同时。和尚出世，与何人同时？"师云："文殊眼睛里，长得现全身。"僧曰："已得燃灯亲授记，真风不堕至如今。"师云："妙光童子。"僧曰："是何言欤？"师云："老僧失利。"

问："竺乾启运，震旦联芳。向上宗乘，请师垂示。"师云："新官不理旧事。"僧曰："今日得闻于未闻。"师云："一气无私，万灵合凑。"僧曰："欲言言不及，林下好商量。"师云："一任敲砖打瓦。"

问："如何是道林的旨？"师云："劄。"僧曰："随流认得性，无喜亦无忧。"师云："汝皮袋重多少？"僧曰："高着眼看。"师云："自领出去。"

问:“如何是祖师西来意?”师云:“胡天雪厌玉麒麟。”

问:“如何是佛法大意?”师云:“一客不烦两主人。”僧曰:“学人未晓。”师云:“老僧被汝勘破。”

问:“莓苔满室即不问,祖月高辉事若何?”师云:“号令德山,喝起临济。”僧曰:“罗汉门下,水泄不通。”师云:“再犯不容。”僧曰:“忽遇铁牛之机又作么生?”师云:“正好和泥合水。”僧曰:“今日快便难逢。”师云:“啮镞火轮迸。”

问:“如龟藏六时如何?”师云:“文彩已彰。”僧曰:“处处无踪迹。”师云:“拖泥带水。”僧曰:“与么去时如何?”师云:“果然。”

师云:“新启法筵,人天会集,稀逢难遇。正在此时,还更有乘时适变底衲僧么?出来,为汝证据。”良久云:“不出头者是好手。虽然如是,道林今日已向平地上吃咬了也。赖遇金粟大士有不二法门,放一线道,道林方敢解开布袋头,足可以施展家风,向无佛处称尊。便乃指点三界,目视四维;偃仰尧天,高歌舜日。举威音三调,唱菩萨蛮;奏勿弦琴,含太古意。当是时,文殊休怅惘,普贤谩沉吟。任是千圣出头来,异口同音,也不消一劄。久立,珍重。”

上堂云:“达磨九年面壁,二祖断臂得安心法。洎后花开五叶,今古异同。便有德山棒、临济喝、龙潭吹灯、鸟窠布毛、五位君臣、三玄三要,尽是古人用不尽底残羹馊饭。道林都不拈动,恐坏佗人肠肚。且道寻常将什么供养十方圣众、四海禅流?直须自有现前三昧。”蓦召大众云:“茶堂内吃茶去。”

上堂云:“道林一语,千圣齐举。字字无差,不敢相许。正当劫火洞然,但看鹅王择乳。”

上堂云:“凡见圣见,春云掣电。真说妄说,空花水月。翻忆长髭见石头,解道红炉一点雪。”击禅床,下座。

上堂云:“天色晴干,晒㫰[①]皮草。若言见山是山,山不自山;见水是水,水不自水;见僧是僧,僧不自僧;见俗是俗,俗不自俗,是故听不出声,见不超色,便向日本国里着衣,香积界中吃饭。”击禅床,下座。

师于壬申年七月七日夜子时方丈敷坐,示众云:“三处住持,不传一法。火风聚散,物理常情。吾灭后,不得随世礼厚葬,缞[②]经哭泣。当禀我佛西竺法,火化归塔。”遂示偈云:“今年六十六,三处因缘足。夜半火烧山,跳入火中浴。”言毕示寂。阇维,得五色舍利。塔建于云居山。

---

① 㫰:音朗。明也。

② 缞:音催。丧服。

庐陵仁山隆庆禅院庆闲禅师

姓卓氏。福州古田人也。母梦胡僧授以明珠,觉即有孕。诞时白光照室,亲戚惊异。长依建州升山庆禅师出家圆具。未几,乃慕参游,投机黄龙南师法席,遂获开悟。行解坚密,操蕴自如。唱道一时,心归四众。

元丰五年十一月内,沐浴净发,写偈云:“露质浮生,掩质浮灭。五十三岁,六七八月。南岳天台,松风涧雪。珍重知音,红炉优钵。”

言毕,趺坐而逝。荼毗,烟飞四十里内,草木砂砾皆获舍利,舌目数珠晶莹如故。塔于仁山。

师再参黄龙南禅师,侍立次。南问:“向后得坐披衣,如何为人?”师云:“遇方即方,遇圆即圆。”南云:“你恁么说话,尚挂人唇齿在。”师云:“庆闲只恁么,和尚如何?”南云:“近前来,向汝子细说。”师拊掌云:“三十年用底,今日捉败。”南呵呵大笑云:“一等是精灵。”师拂袖而去。

问:“铺席新开,不可放过。”师云:“记取话头。”僧曰:“请师高着眼。”师云:“蹉过了也。”

问:“达磨西来,单传心印。印即且致,如何是心?”师云:“长者长,短者短。”僧曰:“如何是印?”师云:“白者黑,赤者黄。”

师云：“抛轻负重，脱珍御服，着弊垢衣，笑破衲僧口。然虽如是，灵龟未兆之际，萌芽未发已前。若有人道得，可谓无师智、自然智。若道不得，便乃举古举今，尽是灭胡种族。且向上一路，千圣不传。学者劳形，如猿捉影。诸仁者，但自回光，无第二着。举措施为，不亏实相。噫，与么说话，或有明眼高流，跳上禅床，拽翻地下，烂槌一顿。”喝一喝，云：“为什么向人天众前谤佛谤祖，也许伊具半只眼。如今恁么递相钝致，有什么了期。”喝一喝，云：“且莫错笑人好。”

上堂云：“夫行脚人，大凡择师求友，须遇奇人始得。若遇本分师匠，终是不费心力。若不遇人，腊月二十五，赢得背头光。咄。”

舒州三祖山法宗禅师

问：“莲华未出水时如何？”师云：“节气未至。”僧曰：“出水后如何？”师云：“去年相似。”

问：“如何是善知识所为底心？”师云：“十字街头一片砖。”僧曰：“如何是十字街头一片砖？”师云：“不知。”僧曰：“既不知，却恁地说？”师云：“无人蹈着。”

问：“优昙花出，大众同观。学人上来，请师直指。”师云:“水不离湿。”僧曰:“恁么则云开日月正,雪消天地春。”师云:“吾犹昔人。”僧曰:“一种匆弦琴,唯师弹得妙。”师云:“水上卓红旗。”

问:“身生智昧时如何?”师云:“山僧被阇梨一句道尽。”僧曰:“是何言欤。”师云:“斯言不妄。”

问:“如何是佛?”师云:“吃盐添得渴。”

问:“如何是禅?”师云:“少丛林。”

问:“如何是无缝塔?”师云:“十字街头。”僧曰:“如何是塔中人?”师云:“勾三揽四。”

问:“如何是道?”师云:“十里双牌,五里单堠[①]。”僧曰:“如何是道中人?”师云:“少避长,贱避贵。”

问:“如何是佛法大意?”师云:“临河不买水。”僧曰:“意旨如何。”师云:“恃聋作哑。”

师云:“五五二十五,时人尽解数。倒拈第二筹,茫茫者无据。为什么无据?爱佗一缕,失却一端。”

上堂云:“明晃晃,活鲅鲅[②],十方世界一毫末。抛向面

---

① 堠:音候。土堡。
② 鲅:音泼。同“泼”。

前知不知,莫向意根上拈掇。”拍一拍。

上堂云:“举道须是决烈,憎爱是非徒绝。生佛任自纷纭,虚空如何着楔。”

洪州黄龙山元肃禅师

问:“祖意西来,谁家嫡嗣?”师云:“面南观北斗。”僧曰:“黄龙密印亲传得,百丈今朝一派流。”师云:“听事不真,唤钟作瓮。”僧曰:“人天有赖。”师云:“七穿八穴。”

问:“祖意西来,愿垂开示。”师云:“泥牛吞巨浪。”僧曰:“中下之机如何体究?”师云:“木马践红尘。”僧曰:“恁么则法轮再转,祖道重光。”师云:“土上加泥。”

上堂云:“文殊在诸人眼睫上放光,普贤在脚跟下走过。且道观音大士在什么处行履?夜闻风水响,日见岭猿啼。”

上堂云:“春去秋来始复终,花开花谢几时穷。唯余林下探玄者,了得无常性自通。”复云:“亘古迈今,包天括地。岂去来之所易,何新旧之所迁。岭梅发泄,岸柳含烟。荣衰互换,前后交参。诸禅者,会么?法尔非尔,不然而然。”

上堂云:“道源不远,性海非遥。但向己求,莫从他觅。大众,既向己求,又作么生求?不可向思量计较中求得么?

不可向心想分别中求得么？不可向文字语言上求得么？不可守空闲坐求得么？不可造作施为求得么？既恁么求不得，又作么生求?”遂拈拄杖云：“雄峰有个拄杖子布施诸人。”掷下云：“一任途中受用。”

上堂云：“动则应用无穷，静则虚明寥廓。动静无二，物我如如。出家人到遮里，阿谁无分？虽然如是，苦瓠连根苦，甜瓜彻蒂甜。”

齐州灵岩山重確[①]正觉禅师

先住善光，次住黄蘗，后住灵岩。奉圣旨就十方净因院开堂。

问：“圣上降香于此日，利人一句请师宣。”师云：“彩凤翱翔下九霄，台星影散临清汴。”僧曰：“恩深转无语。”师云：“报人须报彻。”僧曰：“若不上来伸此问，焉知师答我皇恩。”师云：“谁把千钧背手弯。”

问：“诸佛出世，为一大事。和尚升堂，此意如何?”师云：“王法无亲。”僧曰：“可能同出四生，共超三界。”师云：“和我不惺惺。”僧曰：“若然者，地无私载。”师云：“又须燋砖打着连底冻。”僧无语，师云：“向道不惺惺。”

① 確：音确。

师云："问倾巨海，答出奔星，只恐时人明辨不破。大众，见须实见，悟须实悟。若言百味般般，争似粗餐一饱。何也？实际理地，纤芥不存。真微妙门，言诠何立。是以布慈云而润物，揭智炬以烛幽。示忘言之言，为无说之说。恁么说话，只知泪出痛肠，不觉舌在口外。若是摩竭令行，难通不犯。"良久云："国清才子贵，家富小儿娇。"拍禅床一下："臣僧今日举唱，恭为皇帝陛下，曩承佛记，示作人王。化被无疆，功归有截。明明舜日，常祛觉海之昏。浩浩尧风，每济慈航之便。久立众慈，伏惟珍重。"

上堂云："祖师心印，状似铁牛之机，针挑不出，匙挑不上，过在阿谁？绿虽千种草，香只一株兰。"

上堂云："不方不圆，不上不下。驴鸣狗吠，十方无价。"拍禅床，下座。

上堂云："此方真教体，清净在音闻。街头人叫吉州针，无人还价至如今。虾蟆蚯蚓向春歌，衲子茫茫错会多。"

潭州大沩山颖诠禅师

问："古镜未磨时如何？"师云："黑漫漫地。"僧曰："磨后如何？"师云："烁破顶门。"

问："如何是祖师西来意？"师云："广州上船。"僧曰：

“意旨如何？”师云：“少林面壁。”僧曰：“学人不会。”师云：“归去西天。”

上堂云：“山高水冷，游人罕到。牧牛坡下，禅客纵横。出出入入，莫教落草。恁么说话，还有佛法道理也无？”良久云：“却忆仰山曾有语，一回入草一回牵。吽。”

虔州廉泉禅院昙秀禅师

问：“法筵大启于斯日，正令提纲事若何？”师云：“两条章贡水，风起浪如山。”僧曰：“见闻无不荷师恩。”师云：“船子下扬州。”

问：“如何是玄妙之机？”师云：“羊头车子到长安。”僧曰：“某亦如是去时如何？”师云：“你草鞋跟断。”

问：“千丑百拙时如何？”师云：“去道不远。”僧曰：“今日得遇和尚也。”师云：“鼻孔辽天。”

问：“如何是佛？”师云：“席帽峰何高？”

问：“如何是道。”师云：“水透三江。”

问：“年穷岁尽时如何？”师云：“冻把城根雪。”

问：“满口道不得时如何？”师云：“话堕也。”

问:“不与万法为侣时如何?”师云:“自家肚皮自家画。”

问:“如何是学人转身处?”师云:“扫地浇花。”僧曰:“如何是学人亲切处?”师云:“高枕枕头。”僧曰:“总不恁么时如何?”师云:“莺啼岭上,花发岩前。”

问:“如何是微妙之机?”师云:“隔岭闻猿叫。”

问:“今古不坠时如何?”师云:“如石落落,如玉琭琭。”

问:“如何是廉泉一曲?”师云:“紧缓相和。”

问:“如何是衲僧口?”师云:“杀人不用刀。”

问:“如何是苦切之言?”师云:“铜舌铁觜。”

上堂云:“亦无难,亦无易,行尽天涯无处避。百衲禅僧走似烟,到头不离旧行市。三文买个大馒头,两人一个,不得擘破。”

上堂云:“无孔笛,无鼻牛,阿谁放,阿谁收。”良久云:“定光金地遥招手,智者江陵暗点头。”

上堂云:“莺啼岭上,花发岩前。渔舟放溜,牧笛高吹。达磨无成,懡㦬西归。”师乃呵呵大笑云:“懵懂禅翁,更道失却钩锥。”

上堂云:“廉泉一脉,百味具足。若人不会,山青水渌。”

韶州南华清桂禅师

问:“一大藏教,打头一句如何?”师云:“如是我闻。”僧曰:“末尾一句如何?”师云:“信受奉行。”师良久云:“会么?”僧曰:“不会。”师便下座,无疾而逝。

南岳高台寺宣明佛印禅师

问:“正法眼藏,涅槃妙心,便请拈出。”师直上觑,僧曰:“人天有赖。”师云:“金屑虽贵。”

问:“如何是祖师西来意?”师云:“杖林山下水,多爱辊底流。”僧曰:“学人不会。”师云:“九月是重阳。”

师云:“动则随波逐浪,不离步步道场。静则把定封疆,未有慈悲之手。二边不涉,正在闹林。到此进则是?退则是?”良久云:“竹影扫阶尘不动,月轮穿海浪无痕。”

衡州花光寺元恭禅师

问:“如何是道?”师云:“通身无障碍。”僧曰:“如何是道中人?”师云:“来往任纵横。”

问:“莲华未出水时如何?”师云:“枝叶甚分明。”僧曰:“出水后如何?”师云:“一任众人观。”僧曰:“天地若教出,池塘焉敢藏。”师云:“莫妄想。”

问:“兆象未生时如何?”师云:“波斯读梵书。”僧曰:“生后如何?”师云:“胡僧笑点头。”僧曰:“欲生未生时如何?”师云:“洗足上渔船。”僧曰:“全因今日也。”师云:“梳头不洗面。”

扬州建隆禅院昭庆禅师

上堂云:“临济于东胜身洲喝一喝,直至西衢耶尼人头痛脑裂,东胜身洲人不知不觉。德山于南瞻部洲棒一棒,直至北郁单越人浑身痛痒,南瞻部洲人不知不觉。何故如此?临济之喝太速,德山之棒太长。”遂拈拄杖云:“且道山僧拄杖子长多少?试请定当看。”

上堂云:“始见新岁倏忽,早是二月初一。天气浓谈,百物和融。也拟举个时节因缘与诸人商量,却被帝释与梵王在门外柳眼中努出头来,先说偈言:‘裛裛飏轻絮,且逐风来去。相次走绵毬，休言道我絮。'当时撞着阿修罗，把住云：'任你絮忽逢西风吹渭水，落叶满长安一句作么生道？'于是帝释缩头，入柳眼中。"良久云："参。"

蕲州三角山慧泽禅师

问："师登宝座，大众侧聆。"师卓拄杖一下，僧云："答即便答，又卓个什么？"师云："百杂碎。"

蕲州五祖晓常禅师

问："如何是宗乘中事？"师云："动唇吻得么？"

问："如何是正法眼？"师云："拣择得么？"

问："如何是法身？"师云："道汝不会，得么？"

问："莲华未出水时如何？"师云："看不见。"僧曰："出水后如何？"师云："清香满路。"

上堂云："一念信心一念佛，念念更非是别物。六门出入岂神通，一道光明无轨则。行亦行，坐亦坐，或语或笑非两个。目下若也认得渠，青山万里无寸草。"

潭州大光应犀禅师

问:“学人拟展拏[①]云手,未审师还许也无?”师云:“清风摇翠柏,绿柳撼阶前。”僧曰:“若然者,千山锁夜月,照破万家门。”师云:“明眼衲僧。”僧曰:“打面还佗州土麦,唱歌须是帝乡人。”师云:“分明记取。”僧曰:“放过一着。”师云:“吽。”

洪州兴化法澄禅师

上堂云:“云笼碧嶂,雨洒长空。百草斗青,千山竞翠。遮那境界,华藏门开。处处善财,重重弥勒。交参主伴,更互敷扬。大悲无穷,度生不倦。大众,还见弥勒么?”良久云:“长忆江南三月里,鹧鸪啼处百花香。”

南岳法轮文昱禅师

问:“如何是学人自己?”师云:“两脚蹈地。”僧曰:“意旨如何?”师云:“是你自己。”僧礼拜,师云:“令人疑着。”

上堂。以拄杖卓一卓,喝一喝,云:“雪上加霜,眼中添屑。若也不会,北郁单越。”

---

① 拏:音拿。同“拿”。

郢州芭蕉山仁珂禅师

上堂。拈拄杖云:“凛凛威风,谁敢正觑。画断葛藤,向什么处出气?到遮里,放开捏聚,把定放行。说什么德山、临济,直教齐立下风。若是影响异流,且去寻言逐句,终无了日。众中莫有知音者么?出来证据。若无,看山僧遮一解。”遂抛下拄杖。

黄蘗积翠永庵主

示众云:“山僧住此庵来,无禅可说,无法可传,亦无差珍异宝。只收得续火柴头一个,留与后人,令他烟焰不绝,火光长明。”遂以拂子掷下。时有僧就地拈来,向口边吹一吹,师便喝云:“谁知续火柴头从遮汉边烟消火灭去。”乃拂袖归庵,僧吐舌而去。

洪州黄龙山自庆禅师

问:“深卧白云即不问,祖意西来事若何?”师云:“昨日今朝事不同。”僧曰:“今朝得闻于未闻。”师云:“语是心苗。”

问:“临济行喝,德山行棒,和尚如何?”师云:“二俱不用。”僧曰:“龙得水时添意气。”师云:“透龙门事作么生?”

僧曰:“虎逢山色长威狞。”师便喝。

信州灵鹫慧觉禅师

问:“禅客相逢只弹指,此心能有几人知。如何是此心?”师云:“谁教恁么问?”僧曰:“新长老不可莽卤。”师云:“放你三十棒。”

问:“如何是桃花境?”师云:“石上仙踪千古在,槛前山水四时流。”僧曰:“如何是境中人?”师云:“羽客不知何处去,灵云依旧独徘徊。”

师云:“大众,百千三昧,无量妙义,尽在诸人脚跟下,各请自家回互取。会么?回互不回互,认取归家路。智慧为桥梁,柔和作依怙。居安则虑危,在乐须知苦。君不见,庞居士,黄金抛却如粪土。父子团圞[①]头,共说无生语。无生语,仍记取。九夏雪花飞,三冬汗如雨。”

蕲州石鼓洞珠禅师

上堂云:“问答既多,去道转远。何也?道不属知,知是妄觉。道不属见,见是眼睛。眼睛不明,触事峥嵘。联环不断,为生死根。若不直向太虚之外,自然情念顿忘,真心独露。如斯说话,俯为下根。道友相逢,无可不可。坐

① 圞:音栾。团圆。

则十方俱隐,行则六趣随缘。语则出口成言,默则三灾不挠。然虽如是,须知有转身一路。众中莫有转得身者么?出来证据。若无,山僧今日失利。"

舒州宿松灵隐寺德滋山主

蜀人也。自住院二十年,每日独自上堂云:"朝朝相似,日日一般。只遮便是,更莫别求。"

元丰六年十月四日,升堂集众,良久云:"会么?"众无语,师俨然而逝。

点校本

建中靖国续灯录

宋 惟白 辑

朱俊红 点校

【下】

海南出版社
HAINAN PUBLISHING HOUSE

《建中靖国续灯录》卷第十四·对机门

南岳怀让禅师第十三世

洪州翠岩山可真禅师法嗣

东京大相国寺智海禅院真如禅师

讳慕喆。姓闻氏,抚州临川人也。龆龀依建昌军永安院圆觉大师出家受具。后弊衣粝食,介然不群。励志游方,遍参宗匠。晚造翠岩真禅师法席,投机去契,推为上首。始住岳麓大沩,晚奉诏旨住智海禅院。

开堂日,哲宗皇帝遣中使降香。师谢恩毕,登座,拈香祝延圣寿罢,乃敷坐。法云大通禅师白槌竟,师召大众云:“龙楼凤阁,瑞气凝空。五路三街,和风习习。如未相悉,流布去也。祖师西来,直指人心,见性成佛。况在会四众尽是祖师指出底人,还信得及么?若信得及,天上天下随处建立,随处利生,出没卷舒,纵横应用。其或未然,何妨致问。”问:“香烟馥郁,海众云致。为国开堂,如何举唱?”师云:“皇风荡荡。”僧曰:“青山藏不得,明月却相容。”师云:“帝道平平。”僧曰:“凭师一滴曹溪水,四海为霖报我皇。”师云:“真个。”

问:“大法从来倚圣明,此日遭逢有道君。如何是有道君?”师云:“坐致太平。”僧曰:“八方无一事,四海有歌谣。”师云:“不妨道着。”

问:“太平一曲,四海咸闻。不落宫商,如何举唱?”师云:“一二三四五。”僧曰:“木人岭上轻吹处,石女溪边暗点头。”师云:“罕遇知音。”僧曰:“争奈瑞气流沙界,和风满帝城。”师云:“伶利衲僧。”

师云:“若论此事,岂在如斯一问一答以顺机器?诸祖妙道即不然也。何故?辉腾世界,迥绝见知。函盖相应,丝毫不漏。当人分上,各自圆成。亘古亘今,无增无减。有佛无佛,性相常如。以此举扬,上答皇恩。久立众慈,伏惟珍重。”

问:“赵州庭柏,意旨如何?”师云:“夜来风色紧,孤客已先寒。”僧曰:“先师无此语,又作么生?”师云:“行人始知苦。”僧曰:“十载走红尘,今朝独露身。”师云:“雪上加霜。”

问:“如何是城里佛?”师云:“万人丛里不插标。”僧曰:“如何是村里佛?”师云:“泥猪疥狗。”僧曰:“如何是山里佛?”师云:“绝人往还。”僧曰:“如何是教外别传?”师云:“翻译不出。”

问:"牛头未见四祖时如何?"师云:"寒毛卓竖。"僧曰:"见后如何?"师云:"额头汗出。"

上堂。拈拄杖云:"智海拄杖,或作金刚王宝剑,或作踞地师子,或作探竿影草,或不作拄杖用。诸人还相委悉么?若也悉去,如龙得水,似虎靠山。出没卷舒,纵横应用。如未相悉,大似日中逃影。"

上堂云:"扪空追响,劳汝心神。梦觉觉非,竟有何事。德山老人在你诸人眉毛眼睫上,诸人还觉么?若也觉去,梦觉觉非。若也未觉,扪空追响,终无了日。直饶向遮里倜傥分明,犹是梯山入贡。还有独游方外者么?"良久云:"且莫诈明头。参。"

上堂云:"山僧本无积畜,且得粥足饭足。困来即便打睡,一任东卜西卜。"

上堂云:"看风使帆,诸人尽知。斩钉截铁,要在当机。且道不伤物义一句作么生道?"良久云:"举头天外看,谁是个中人。参。"

师于绍圣二年十月初八日写偈云:"昨夜三更,风雷忽作。云散长空,前溪月落。"偈毕,坐逝。茶毗烬余,睛目爪齿坚然如故。分葬于京谭二塔,余如大丞相曾公布塔铭。

南岳西林崇奥禅师

问："一问一答，宾主历然。不问不答，如何辨别？"师云："坐底坐，立底立。"僧曰："便恁么会时如何？"师云："舌拄腭。"僧礼拜，师云："不得讳却。"

师云："南斗六，北斗七，波斯眼睛黑似漆。堪笑峰前桧与松，被风吹动鸣飋飋[①]。更有一湾流水清，接竹引来闹啾唧。闹啾唧，观音普贤共相揖。共相揖，日日日从东畔出。囗[②]。是什么说话？"良久云："波斯鼻孔长三尺。"

袁州杨岐山方会禅师法嗣

舒州白云山海会院守端禅师

衡阳周氏子也。生而异相，遂舍出家。笃志参玄，勤询学问。法悟杨岐，名播宗席。语要颂古，诸方盛传。今也虽亡，道风益扇。

开堂日，上首白槌竟，师顾视左右云："便恁么散去，自古自今如麻似粟。若言更有如何若何，曹溪一路平沉。从上诸圣皆向火焰里垂手，只要诸人眼横鼻直。众中莫有垂

---

① 飋：音瑟。秋风。

② 囗：音或。用同"咄"。

手者么？出来辨看。”问:“欲行千里,一步为初。如何是最初一步?”师云:“过遮边来。”僧曰:“谓言侵早起,更有夜行人。”师云:“未敢相许。”僧便喝,师云:“咦。”

问:“二师相见,合谈何事?”师云:“六耳不同谋。”僧曰:“谢师答话。”师云:“听事不真。”

上堂云:“入林不动草,入水不动波,遮个是把缆放船手脚。且道衲僧分上又作么生?”良久云:“掀翻大海求知己,道合乾坤见太平。”

上堂云:“运用与去来,何曾有间隔。山僧数日出山行履,每日折旋俯仰,瞒诸人一点不得。诸人在院折旋俯仰,瞒山僧一点不得。山僧为什么见似不见？要会么？是处有芳草,何山无白云。咄。”

金陵保宁仁勇禅师

俗姓竺氏。明州人也。受具游方,始参泐潭。迨逾一纪,疑情未息。次扣云盖会禅师,发明心印。出世保宁,二十余年唱扬祖道。

问:“如何是佛?”师云:“铁锤无孔。”

问:“如何是道?”师云:“泥里有刺。”僧曰:“如何是道中人?”师云:“切忌蹈着。”

问:“如何是祖师西来意?”师云:“雪上加霜。”

问:“知师解把无星称,无角铁牛重几多。”师云:“头轻尾重。”僧曰:“此犹是对面相瞒。”师云:“与天下人作榜样。”僧曰:“恁么则人平不语,水平不流。”师云:“犹较些子。”

问:“灵山如指月,曹溪如话月。未审保宁门下如何?”师云:“嗄。”僧曰:“有花当面贴。”师便喝。

问:“摘叶寻枝即不问,如何是直截根源?”师云:“蚊子上铁牛。”僧曰:“直截根源人已晓,中下之流如何指示?”师云:“石人脊,汗通流。”

问:“如何是尘中自在底人?”师云:“因行不妨掉臂。”僧曰:“如何是佛法大意?”师云:“镬汤无冷处。”

上堂云:“释迦出世,弄假像真。达磨西来,将长就短。德山棒、临济喝,阳焰充饥,梅林止渴。清平世界不妨夜行。如今莫有吞却佛祖,打破化城者么?”良久云:“今日被大众勘破。”

上堂云:“来也来也。”良久云:“去也去也。”

上堂云:“满口是舌,都不能说。碧眼老胡,当门齿缺。"

上堂云:"看看,山僧入拔舌地狱去也。"以手拽舌云:"阿啷阿啷。"

上堂云:"相骂无好言,相打无好拳。大众,直须恁么,始得一句句切害,一拳拳着实。忽然打着个无面目汉,也不妨畅快杀人。"

上堂。侍者烧香罢,师指侍者云:"侍者已为诸人说法了也。"

上堂云:"百川异流,同归于海。万途差别,皆入此宗。"卓拄杖云:"医得眼下疮,剜却心头肉。"

上堂云:"曹溪路上,野老讴歌。古佛堂前,行人舞袖。脚踏实地,天下人知。鼻孔辽天,作么生辨?"乃云:"无孔笛吹玄外曲,五湖何处觅知音。"乃拍一下。

上堂云:"山僧二十余年挑囊负钵,向寰海之内参善知识十数余人,自家并无个见处,有若顽石相似。参底尊宿亦无长处可相利益。自此,一生只作个百无所解底人。幸自可怜生,忽然被业风吹到江宁府,无端被人上当推向十字路头,住个破院子,作粥饭主人,接待南北。事不获已,随分有盐有醋,粥足饭足。且与么过时,若是佛法,不曾梦见。"

岳州幕阜山长庆显琼禅师

问:“如何是佛?”师云:“泥龛塑像。”僧曰:“如何是法?”师云:“黄卷赤轴。”僧曰:“如何是僧?”师云:“更问阿谁?”僧曰:“如何是向上事。”师云:“幕阜山高。”僧曰:“毕竟如何?”师云:“高系布裙。”

岳州君山守巽禅师

问:“山高水深即不问,如何是君山境?”师云:“山高水深。”僧曰:“如何是境中人?”师云:“渔翁鼓棹。”僧曰:“宗乘事若何?”师云:“岳阳楼望洞庭湖。”

澧州钦山乾明智因禅师

问:“如何是道?”师云:“步步踏着。”僧曰:“如何是道中人?”师云:“眼眼相觑。”

问:“如何是和尚家风?”师云:“锦绣银香囊。”僧曰:“客来如何祇待?”师云:“硬糊饼,烂馎饦[①]。”僧曰:“佛法事如何?”师云:“人情浓厚道情微。”

① 馎饦:音博托。饼子。

潭州石霜山守孙禅师

问:"生也不道,死也不道。为什么不道?"师云:"一言已出。"僧曰:"从东过西又作么生?"师云:"驷马难追。"僧曰:"学人总不与么。"师云:"易开终始口,难保岁寒心。"

师云:"秋风飒飒,秋雨微微。败叶纷飞,岭云缭绕。于此明得,善财入弥勒楼阁,帝网重重,互相涉入。于此未明,且莫迷头认影,止宿草庵。如斯话会,曲为初机。明眼高流,共相证据。噫。什么说话?"良久云:"云在岭头闲不彻,水流涧下太忙生。参。"

明州天童山清遂禅师法嗣

福州乾元寺了觉禅师

开堂日,上首白槌竟,师良久云:"直饶阿那律天眼,未解谛观。便是千手大悲,焉能提掇。众中莫有不甘者么?出来掀倒禅床,约散大众。然虽如是,未是作家。且于第二门中与衲僧出气。"

问:"少林九年垂一语,直至如今赚举。欲得不赚,便请师举。"师云:"唵。"僧曰:"摩哒哩伽,摩哒哩智又作么生?"师云:"放你三十棒。"

问:“尊者证果,超越圣流。不涉重修,请师速道。”师云:“落花檐外朵,青柳槛前梢。”僧曰:“一雨周沙界,群心永夜稣。”师云:“水不洗水一句作么生道?”僧曰:“应知松柏操,不改岁寒心。”师云:“且信一半。”

问:“未离兜率,已降王宫。未审是什么人?”师云:“牛头出,马头回。”僧曰:“未审是法身?报身?”师云:“牵犁拽杷。”

师顾视大众云:“还相委悉么?若不相悉,山僧今日指鹿为马,唱九作十,瞒诸人去也。摩竭正令,水泄不通。少室真规,风吹不入。圣凡情尽,体露真常。迥绝见知,辉腾今古。良由情存圣量,随在见知。所以听不出声,见不超色,纵灭一切见闻觉知,内守幽闲,犹为法尘分别影事;造种种业,轮回异趣;往而不返,真可悲哉。若能回光返照,有何佛道可成,众生可度?便能向火焰里藏身,东涌西没;于微尘上走马,同死同生。若向遮里见得彻,参得透,切忌认驴鞍桥作阿爷下颔。”

南岳应天万寿应珹[①]禅师

师初参净慈遂禅师。遂问:“上人从何而来?”师云:“毗陵来。”遂云:“我闻毗陵出好草虫扇子,带得来否?”师

① 珹:音成。

作一圆相,师云:“大善知识又要遮个作什么?”遂云:“只遮个,此间亦要得。”师于言下大悟。

上堂云:“山花狼藉,孤负空生。山草离披,拈起室利。惊得岳神稽首,土地和南;陕府铁牛无放处,嘉州石像露全身。如斯说话,错会者多。敢问诸人,不涉春缘一句作么生道?”良久云:“不得春风花不开,花开又被风吹落。咄。”

福州大中立志禅师

问:“握骊珠于掌上,鉴十方于目前。学人上来,请一师鉴。”师云:“草贼大败。”僧云:“学人今日失利。”师云:“自知较一半。”僧便喝,师云:“强惺惺。”

问:“远趋丈室,仰慕宗风。学人上来,请师一接。”师云:“高挂钵囊。”僧曰:“便是为人处也无?”师云:“盲人摸地。”僧曰:“莫厌良为贱。”师云:“短贩樵人,徒夸书剑。”

问:“马祖升堂,百丈卷席,未审古人意旨如何?”师云:“官马相踏。”僧云:“学人今日小出大遇。”师云:“拄杖未曾拈着。”

上堂云:“猿啸乌山之畔,众兽潜藏。云生螺渚之间,群峰失色。太阿宝剑,耀日争辉。樵父船柴,医王辨价。还有不顾宾主者,出来道看。”良久云:“水冻鱼难跃,天寒草发迟。”以拄杖打香台一下。

上堂云:“法不见法,法不行法,法不知法。大众,遮个是香炉子,如何是不见、不行、不知?百亿恒沙世界诸佛尽在香炉上放光动地,说法度人,诸人还见么?直饶见得,也涉踟蹰。咄。”

师于绍圣元年三月十一日集众,沐浴净发,写偈云:“麒麟掣断黄金锁,玉兔冲开白玉关。好是无云中夜后,一轮明月照踵山。”偈毕,趺坐而逝。荼毗,获舍利。塔葬本山。

金陵蒋山赞元觉海禅师法嗣

衢州江山县石门罗汉禅院雅禅师

问:“雷音一震,龙象咸臻。学人上来,请师举唱。”师云:“莲目瞬时千界静,金颜笑处一花新。”僧曰:“人天尽入罗峰境,今日亲闻端的音。”师云:“百万茫茫人不知。”

问:“佛未出世时如何?”师云:“东宫玉殿无遗影。”僧曰:“出世后如何?”师云:“毗蓝园畔雨天花。”僧曰:“与么则逾春城于八夜,栖雪岭于六年。”师云:“威音王已前作么生?”僧曰:“且待别时。”师便打。

问:“如何是祖师西来意?”师云:“熊耳塔开空寂寂,

唯留只履冒轻埃。”

问:“如何是和尚家风?”师云:“一条筇竹杖,三事衲𧜟衣。”僧曰:“客来将何祇待?”师云:“酌泉酽点祖师茶。”

上堂云:“茱萸鲜懒菊花香,畅杀陶家醉酒郎。我辈泛觞虽绝分,东篱闲玩也无妨。大众,闲玩即不无,且道眼在什么处?知有底,眉毛眼上横。未谙者,红黄里乱走。阿呵呵,今日元来九月九。咄。”下座。

信州龟峰瑞相子琼禅师

问:“如何是慱山境?”师云:“涧流渌水,路出松门。”僧曰:“如何是境中人?”师云:“身着红绡衣,肚中黑如漆。”僧曰:“向上宗乘事若何?”师云:“刹竿头指天。”

问:“青春已过,夏景暄繁。时节因缘,请师为说。”师云:“腊月二十五,未是拜年时。”僧曰:“学人未晓,乞师再指。”师云:“石人身上不生毛。”

金陵蒋山可政禅师

问:“如何是道?”师云:“不许夜行。”僧曰:“如何是道中人?”师云:“投明须到。”

问:“如何是向上事?”师云:“一人泉在最高峰。”

潭州开福守义禅师法嗣

庐州澄慧惟昞[①]禅师

问："向上宗乘，请师举唱。"师云："有问有答。"僧曰："如同昔日空生问，一似当初善逝酬。"师云："无问无答。"僧曰："一句蒙师指，三拜谢师恩。"师云："静处萨婆诃。"

问："蹈破澄潭月，穿开碧落天。不顾危亡，乞师指示。"师云："斋后钟。"僧曰："青山无异路，智辨在当人。"师云："直须子细。"僧应喏，师云："跨跳。"

南岳云峰文悦禅师法嗣

桂州寿宁齐晓禅师

问："大众云臻，合谈何事？"师云："波斯入闹市。"僧曰："恁么则草偃风行。"师云："万里望乡关。"

问："如何是佛？"师云："着衣吃饭。"僧曰："叉手当胸，退身三步。"师曰："醉后添杯。"

上堂云："触目不会道，犹较些子。运足焉知路，错下

---

① 昞：音丙。同"炳"。

名言。诸仁者，山僧今日将错就错。汝等诸人见有眼，闻有耳，嗅有鼻，味有舌，因什么却不会？”良久云：“武帝求仙不得仙，王乔端坐却升天。咄。”

庐州澄惠咸诩禅师

问：“德山入门便棒，万古宗风。临济入门便喝，古今榜样。去此二途，请师拈掇。”师云：“我总不与么。”僧曰：“一言启口，别是家风。”师云：“赖遇拄杖不在手。”

问：“有问有答，善巧分张。向上宗乘，请师别道。”师云：“阇梨问得最亲。”僧曰：“学人会也。”师云：“会个什么？”僧举起坐具，师云：“毕竟作么生？”僧便喝，师云：“作家。”僧礼拜，师便喝。

师云：“如来秘旨，岂涉辞锋。祖师心印，徒劳穿凿。若举宗乘一字，海水逆流，须弥倒卓。若说佛说祖，三界平沉，四生何有。若向下商量，枯木生花，寒灰发焰。然虽如是，若向衲僧门下，白云千里万里。且道衲僧有什么长处？”良久云：“更有一般堪羡处，长连床上带刀眠。”

南岳福严保宗禅师法嗣

衡州花药山崇胜义然禅师

问：“临济血脉，请师直道。”师云：“虚空里扬眉，默地里点头。”僧曰：“莫只遮便是？”师云：“是即是，作么生会？”僧却点头，师云：“遮贼好吃棒。”僧连声道：“贼贼。”归众，师云：“三十棒也较不得。”

上堂云：“心心心，青山绿水深。若人识得遮山水，相对事法总平沉。是你诸人总识得，为什么七十二峰俨然依旧？试为说看。若说不出，大似不曾行脚。参。”

南岳承天智昱禅师

问：“如何是佛？”师云：“发长僧貌丑。”僧曰：“意旨如何？”师云：“脑门后合掌。”

问：“如何是祖师西来意？”师云：“石廪峰高。”僧曰：“意旨如何？”师云：“游人罕到。”

问：“如何是和尚家风？”师云：“纸帐禅林。”僧曰：“客来如何祇待？”师云：“山中石耳。”

师于元丰八年四月内沐浴净发，趺坐而逝。茶毗，齿舌眼睛不坏。

东京十方净因道臻净照禅师法嗣

福州长庆寺慧暹文慧禅师

问:"离上生之宝刹,登延圣之道场。如何是不动尊?"师云:"孤舟载明月。"僧曰:"忽遇橹棹俱停又作么生?"师云:"渔人偏爱宿芦花。"

问:"长期进道,西天以腊人为验。未审此间以何为验?"师云:"铁弹子。"僧曰:"未审意旨如何?"师云:"大底大,小底小。"

问:"德山、临济即不问,传衣付法事如何?"师云:"你向什么处见德山、临济?"僧便喝,师云:"还曾梦见也未?"僧拊掌入众,师云:"果然果然。"

师云:"坐断要津时,见处黑如漆。放开一线道,处处见弥勒。而今放则放了也,且道弥勒在什么处?众中还有见得者么?便请出来,对众道看。"良久云:"有么?有么?善财不知何处去,楼阁门开独往还。"喝云:"各请归堂。"

福州栖胜继超禅师

上堂。拈拄杖,良久云:"三世诸佛尽在遮里踌跳,大众还会么?过去诸佛说了,未来诸佛未说,现在诸佛今说。

敢问诸人,作么生是说底事?”卓一下,云:“苏嚧苏嚧。”

邓州香严山慧照禅师洞敷

本福州人。生于范氏。幼而气韵清敏。长慕空宗,依东京景德寺圆明大师为师,试经落发。受具后,遍参江淮丛席。迨见净因净照臻禅师,一言顿契,如箭锋直。加以学谈今古,名动京师。遂膺朝旨,住邓之香严几十载。次旋故里,受请龟山、寿山、神光。凡更三刹,皆闽中上游。厥后又未可量也。

师初开堂日,僧问:“师唱谁家曲,宗风嗣阿谁?”师云:“海底泥牛吼,云中木马嘶。”僧曰:“学人未晓,乞师再指。”师云:“一声声彻九重天。”

问:“朝命既临于此日,师将何法报君恩?”师云:“皇天无亲,唯德是辅。”僧曰:“如何是德?”师云:“一人歌有道,万姓乐无私。”

问:“祖意与教意,是同是别?”师云:“风阙摩空,汴河泻碧。”

师复云:“西乾四七,道绝语言。东土二三,法无文字。唯传一印,直指人心。心了则天地全该,印定则丝毫不漏。尘尘绝待,法法融虚;方乃契圣根源,始曰入佛知见。如斯荐得,落二落三。本色衲僧如何话会?还道得么?个中消息若为传,凤阙龙楼峭倚天。要会觉城东际事,寥寥千古尚依然。”

僧问:“远辞香严丈室,近届龟山道场。如何是不动尊?”师云:“千手大悲提不起。”僧曰:“如何是动尊?”师云:“玉殿曾游历,金门屡往还。”

问:“如何是龟山境?”师云:“千峰来有路,八极净无尘。”僧曰:“如何是境中人?”师云:“有时开眼有时合。”

问:“如何是佛法的的大意?”师云:“山寒露骨,水浅见沙。”

师云:“穷经穷论,正如入海算沙。觅法觅心,大似扪空求响。故我佛出世,为一大事因缘。洎诸祖传衣,亦乃广开方便。发挥教外之正法,指示涅槃之妙心。作筏度人,应病与药。故善说法者,说无所说。而善传心者,传无所传。纵饶一棒一条痕,一掴一手血,未见拖泥带水,岂能点瓦成金?大众,只如今日为国开堂,还有奇特底事也无?”良久云:“叠叠青山与流水,旧时颜色旧时声。”

上堂云:“春无三日晴,风雨时时作。岩下见蟠桃,自开还自落。翻忆灵云得处亲,迄今底事何萧索。非萧索,春山春水四寥廓。鹧鸪啼处百花香,好荐声前遮一着。咄。”

上堂云："炎风匝地，畏日流空。奇云当户任长舒，白藕飘香来不断。林间达士，了无寒暑之变迁。尘里游人，但见光阴之迅速。直得灯笼合掌，露柱攒眉。一年又将半，几个知音知。知不知，路上行人口是碑。"

西京少林禅院元训禅师

问："囊锥已露，至宝难藏。海众临筵，请师一接。"师云："嵯峨叠万仞。"僧曰："学人不会。"师云："水出风岭关。"

问："达磨西来，为接群迷。和尚出世，当为何事？"师云："只有照壁月。"僧曰："学人便恁么时如何？"师云："更无更吹叶风。"

上堂云："随机设教，应病与药。百千妙门，不离方寸。有病无病，病瘥即除。州南州北月团圆，广教一众都无分。咄。赵州石桥，思量好笑。近来学得算子法，两个九百是千八。"以拂子击禅床一下。

庐州兴化院仁岳禅师法嗣

潭州智度山定林景芳禅师

问："师唱谁家曲，宗风嗣阿谁？"师云："初出红炉金弹子。"僧曰:"还许学人接也无?"师云:"簉[1]破阇梨铁面皮。"

问:"七十二峰即不问,如何是法轮境?"师云:"岣嵝[2]峰尖神禹碑。"僧曰:"还许学人识也无?"师云:"石青字赤形模奇。"僧曰:"今日得遇去也。"师云:"吏部当时尚莫窥。"僧曰:"端的在什么处?"师云:"何时得汝不狐疑。"

潭州兴化绍清禅师

问:"不触波澜,如何趣向?"师云:"得宜须举棹,莫待打头风。"僧曰:"犹是湛水之波,忽遇拏云𩙪[3]雾又且如何?"师云:"道泰不传天子令。"

师云:"问来答去,只益繁词,于道则远之远矣。祖令既行,要津坐断。十方诸佛,瓦解冰消。三藏教乘,扫土而尽。到遮里,谁敢正眼觑着?所以释迦有竭世之枢机,尚掩室于摩竭。净名骋穷天之词辩,犹杜口于毗耶。岂况小根小智者哉!何也?龙象蹴踏,非驴骡所堪。"

上堂云:"祖师门下,佛法不存。善法堂前,仁义休说。然虽如是,事无一向。窃闻哀哀父母,生我劬劳;欲报深恩,昊天罔极;发肤身体,弗敢毁伤。此曾仲尼之孝也。轮

---

① 簉:音造。副也。汇集也。

② 嵝:音楼。

③ 𩙪:音决。同"攫"。

转三界中，恩爱不能脱；弃恩入无为，真实报恩者；故我大觉世尊，雪山苦行，摩竭成道，往忉利天为母说法。此释迦之孝也。得大解脱，运大神通；手擎金锡，掌托龙盂；诣地狱门，卓然寻省；见其慈母，悲泣无量。此目连之孝也。作么生是兴化之孝？”良久云：“兴化今日不上天堂，不入地狱，于善法堂中登王座上，为母说法，以答劬劳。且道我母只今在什么处？”

乃云：“我母生前足善缘，无劳问佛定生天。人间上寿古今少，九十春秋减一年。下座敢烦大众烧一炷香，以助山僧报孝。既是山僧之母，为什么却烦诸人烧香？不见道，东家人死，西家助哀。”以手槌胸云：“苍天苍天。”

汝州首山乾明处圭禅师

问：“如何是首山境？”师云：“白云片片时来往，汝水潺潺流向东。”僧曰：“如何是境中人？”师云：“寒山逢拾得，拍手笑呵呵。”僧曰：“向上宗乘事若何？”师云：“虚空藏鸟迹，风过树头鸣。”僧曰：“便是为人处也？”师云：“曹溪水急。”

荆门军玉泉谓芳禅师法嗣

安州延福禅院智兴禅师

西川人。出家受具。后即造玉泉芳禅师法席，豁然大悟。初住浙源，次迁黄梅龙华，晚住延福。师语不谈玄，行不修洁。身不禀仪,众不喜见。逝后应报有征,缁素追仰。遗体塑饰,祈祷尤盛。

临江军惠力善周禅师

上堂云:"辽天鹘,万重云。只一突,是什么?咄。"

师于元祐元年十二月望日沐浴净发,说偈云:"山僧住瑞筠,未尝形言句。七十三年来,七十三年去。"言毕,趺坐而逝。三日后鬓发再生。

韶州六祖南华重辨禅师

问:"祖意西来即不问,最初一句请师宣。"师云:"龙衔黑宝离沧海,鹤侧霜领下玉阶。"僧曰:"一轮明月照,四海尽分明。"师云:"夜半拆开无缝塔,天明智积抱头回。"

师云:"会么?五大未明,二仪无迹。威音王觑不见,大悲手摸无踪。且道为复神通妙用?为复法尔如然?于斯明得,便乃高步毗卢顶上,坐断报化佛头。于斯未明,只知事逐眼前过,不觉老从头上来。咦。"

福州圣泉寺绍登禅师

本郡古田县临水人也。俗姓陈,母李氏。一夕,梦神僧入奥,授以明珠,觉而有娠。降诞之辰,异香满室。紫帽覆首,幼不茔茹。乃七岁,资性英敏,自厌尘坌。喜观佛事,好听佛书。十岁辞亲出家,往礼潭州开福寺琎长老为师,精通法华,试经应度。受具之后,瓶锡游方,造于谓芳禅师法席。一见,针水相投,筌蹄顿忘,水月孤莹。遂还乡,晦迹林泉。郡牧丁公向师道德,请住陀岭塔院,缁素皈敬。

忽一日,索浴更衣,鸣鼓升座。四方檀信,凑集如市。师乃举颂云:"吾年五十三,去住本无贪。临行事若何,不用口喃喃。"冥目两宵,俨然如示寂。偶闻钟声,忽然而醒,四大轻安。续后舍利身常频现。

元丰中,本郡大旱,府主孙公向师道德,请而祈雨,次日甘泽大霈。孙公钦仰,迁住文殊。前后郡邑亢旱,府主许公、察院王公、左司叶公累请祈雨,有应。察院工公迁住圣泉,师住三道场,随刹革故而新矣。

上堂。僧问:"如何是圣泉境?"师云:"目前无异草。"僧曰:"如何是境中人?"师云:"往来无挂碍。"僧曰:"人境已蒙师指示,向上宗乘事若何?"师云:"驴事未去,马事到来。"

师复云:"般若门中,纵说百千妙义,不增一毫。直饶结舌铿锋,岂减少分。若论玄中又玄,终非妙门。鸟道鱼踪,早伤途辙。何也?盖为出此入彼,去者不至其方,来者不到其所。举一明三,莫穷幽趣。更不用续凫截鹤,夷岳盈壑。霄壤相望,去道转远。正当与么时,衲僧门下作么生商量?”良久云:“昨夜三更月到窗。参。”

南岳双峰省回禅师法嗣

金州灵山彦文禅师

问:“如何是祖师西来意?”师云:“缺齿胡僧笑不言。”僧曰:“学人不会。”师云:“只履返西天。”

问:“如何是佛?”师云:“问得最亲。”

上堂云:“山青青,水绿绿。风吹南岭云,露滴东篱菊。更添松竹岁寒声,尽是无弦琴上曲。琴上曲,碧眼胡僧拍不足。拍不足,一二三四五六。咦。”拍一拍,下座。

阆州光国文赞禅师

问:“如何是佛法大意?”师云:“祸不单行。”

问:“诸法寂灭相,不可以言宣。猊座既登,师如何说?”师云:“因风吹火,用力不多。”僧曰:“恁么则佛佛道同。”师云:“猫儿戴纸帽。”

问:“不二之法,请师速道。”师云:“领。”僧曰:“恁么则人人有分也。”师云：“了。”僧曰：“锦屏天下少，光国世间稀。”师云：“退。”

杭州盐官菩提用禅师法嗣

杭州临安净土善思禅师

上堂云：“咄咄咄，临济德山尽该抹。棒头荐得不作家，喝下承当未奇绝。野僧宗旨不恁么，觌面相呈辨贤哲。声前一句早迟疑，语后持来底时节。劝禅人，休饶舌。神龙尚自不知源，岂况盲龟敌跛鳖。不看神光传祖位，才见老胡心便歇。真妙诀，堂堂自己可怜生，直下承当第二月。大丈夫，须剿绝。见成公案早多端，莫学痴人被摩捋。伤嗟末法有多途，邪党成群安可遏。初机入门并道眼，佛手生缘徒施设。禅流学得遍狂游，问着元来打不迭。古人开口便知音，尚言弄巧翻成拙。那堪看话得心通，正是虚空里钉橛。自惭道薄整颓纲，饮气吞声共谁说。特将鄙句报同风，本分禅人能辨别。大地山河尽放光，南无观世音菩萨。”

苏州定惠超信海印禅师法嗣

杭州南阳山庆善智圆禅师

问：“如何是玄中玄？”师云：“两个圈挛一串穿。”僧曰：“如何是妙中妙？”师云：“鹰生三子一名鹞。”僧曰：“如何是要中要?”师云:“寒山逢拾得,拊掌呵呵笑。”僧曰:“谢师答话。”师云:“今日失利。”

荆门军玉泉悟空禅师法嗣

江陵护国齐月禅师

问:“壁立千仞,水泄不通。还许学人请益也无?”师云:“汝待问什么?”僧曰:“向上事。”师云:“维那不在。”僧曰:“触忤和尚。”师云:“正令已行。”

上堂云:“穷外无方,究内非里。应用万般,无可比拟。分明向汝诸人道,佛性精魂总不是。”

洪州泐潭宝峰晓月禅师法嗣

洪州上蓝居晋禅师

上堂。有二僧出礼拜。一僧拜起,问:“夺人不夺境,即今事如何?”师云:“金灯当面照,须在敏手者。”僧曰:“不因一事,不长一智。”师云:“君子三思,再斯可矣。”一僧礼拜了,便归众。师云:“是则也大奇。”

汾州太子院同广禅师法嗣

西京龙门山胜善清照禅师

问:“变凡作圣即不问,点铁成金事若何?”师云:“直下无私处,触目尽光辉。”僧曰:“清光生掌上,喜气发眉间。”师云:“既能知此理,何用苦忉忉。”

问:“天高地厚,万物皆从。未审和尚从与不从?”师云:“春来烂熳。”僧曰:“金鸡迥立,兔走长空。”师云:“同道方知。”僧曰:“学人今日承恩。”师云:“且莫错认。”

襄州谷隐山德遵禅师法嗣

新州龙山国恩景净禅师

问:“卧龙山上千花秀,师子岩前万里灯时如何?”师云:“灵鹫昔年亲得旨,卧龙今日遇知音。”僧曰:“四百余年选佛场,金毛师子又当扬。”师云:“不妨道着。”僧曰:“一炷清香资大国,优钵罗花物外春。”师云:“雪阶立久心无倦,筹室内兹道转光。”

问:“师唱谁家曲,宗风嗣阿谁?”师云:“黄蘗山中心未惺,大愚肋下筑三拳。”僧曰:“与么则临济重兴。”师云:“也须子细。”

师云:"新开炉冶世应知,烹炼身心绝是非。幸有法财堪取采,禅人到此莫空归。直是敲空作响,扣寂知音。知其妙理,何劳作十地之因。悟此玄门,不假证三身之果。超圣要路,成佛顿门。总慈悲心,摄颠倒想。如斯话会,正落教乘。且道教外别传一句又作么生?"良久云:"一气不言含有象,万灵何处谢无私。"

筠州武泉政禅师法嗣

杭州庆善震禅师

师于熙宁五年八月十一日集众云:"我佛世尊,示化将终,有正法眼藏,涅槃妙心,付摩诃迦叶。自兹祖祖相传,分枝列派,至于今日。吾今世缘将谢,听吾偈曰:诸法本无生,皆随信心起。千圣密相传,展转无终始。"言毕,趺坐而逝。寿八十七。荼毗,收舍利,舌根不坏。

《建中靖国续灯录》卷第十五·对机门

庐陵清原山行思禅师第十三世

东京惠林宗本圆照禅师法嗣

东京法云寺大通禅师

讳善本。姓董氏,颍州人也。白衣素行,清修励节。听习大经,顿入妙义。遂依东京显圣寺辑上人山家,试经披剃。寻慕祖风,造苏州瑞光寺圆照禅师法席。照预感梦,见即器之。入室扣发,豁然契悟。道如夙蕴,性若天资。遍历江淮,益广宗趣。

初住务州双林,次迁杭州净慈。奉诏旨住东京法云,越国大长公主奏赐"大通"禅号。三住大刹,众盈七百。道化广洽,缁素蚁慕。今退老于杭州南山。

开堂日,哲宗皇帝遣中使降香,并赐磨衲袈裟。师谢恩毕,登座,拈香祝延圣寿罢,乃敷坐。慧林觉海禅师白槌竟,师良久云:"还观得么?适来白槌告报,已是周遮;更若论量,千里万里。虽然如是,不可徒然。今日大施门开,有疑请问。"问:"宝香天降,瑞气凝空。睿旨既临,法轮当转。”师云：“分明记取。”僧曰：“金色头陀笑更新，万古山河共晴日。”师云：“谢汝证据。”僧曰：“四海晏清时雨足，何妨野老贺升平。”师云：“不用忉忉。”

问：“鹫峰九会，大转法轮。为国开堂，愿闻举唱。”师云：“满庭嘉气合，匝地觉花开。”僧曰：“若然者，炉爇宝香凝瑞刹，祝延睿算等南山。”师云：“百千年后与人看。”僧曰：“国清民肃归皇化，佛道昭隆继我师。”师云：“却信得及。”

问：“名传清禁，恩降九重。磨衲既披，将何报答？”师云：“天高不可极。”僧曰：“帝网重重无间断，交光全布目前机。”师云：“地厚载无穷。”

师云：“达磨西来，传最上乘。言中便荐，不假思惟。句下该明，顿超情识。得之则头头有据，昧之则句句成非。大用现前，风行草偃。所以上根之士，目击知机。中下之流，卒难构及。轩皇鉴内，不立纤尘。迦叶峰前，徒烦指注。放行则风清万字，月印千溪，刹刹尘尘，辉腾无尽。把定则二乘罔措，三藏绝诠，独脱无私，超然世表。如斯理论，犹涉言诠。苟能一念回光，始信不从人得。恭惟国家承平既远，美化方隆；普率群机，大兴三教。所以甚深般若，久住于斯。金口诚言，故不诬矣。即将开堂少善，上福皇基。所冀玉叶金枝，共协无为大化。珍重。”

问：“宝塔元无缝，如何指示人？”师云：“烟霞生背面，星月绕檐楹。”僧曰:“如何是塔中人?”师云:“竟日不干清世事,长年占断白云乡。”僧曰:“向上更有事也无?”师云:“太无厌生。”

问:“一称南无佛,皆已成佛道。未审如何是道?”师云:“膏雨未抽新岁笋,和风先拆旧时花。”僧曰:“学人恁么会时如何?”师云:“也须子细。”

问:“若论此事,譬如两家看棋。学人上来,请师一着。”师云:“早见输了也。”僧曰:“错。”师云:“是。”僧曰:“进前无路也。”师卓柱杖一下,云:“争奈遮个何?”僧曰:“只如黑白未分时又作么生?”师云:“且饶一着。”

问:“如何是空手把锄头?”师云:“霜风飘巨野。”僧曰:“如何是步行骑水牛?”师云:“冻木锁寒云。”僧便喝,师云:“虾蟆叫。”

问:“涅槃心易晓,差别智难论。如何是差别智?”师云:“灯笼吞露柱。”僧曰:“学人未委。”师云:“佛殿出三门。”

问:“如何是末后句?”师云:“适来却道得。”僧曰:“即今事如何?”师云:“问取露柱好。”

问:“法王法令,请师速道。”师便喝,僧曰:“莫便是否?”师云:“瓦解冰消。”

问:“如何是祖师西来意?”师云:“你行脚来图个什么?”僧曰:“学人不会。”师云:“且待驴年。”

问:“达磨未来时如何?”师云:“云收三岛净。”僧曰:“来后如何?”师云:“雨过百花鲜。”僧曰:“来与未来相去几何?”师云:“掉穿轻霭去,帆逐暮烟归。”

问:“百尺竿头,如何进步?”师云:“险。”僧曰:“便恁么去又作么生?”师云:“百杂碎。”

问:“三乘秘藏人皆委,祖意西来事若何?”师云:“金锡不摇葱峤月,兰舟独泛海门风。”僧曰:“既欲拯物导迷,为什么九年冷坐?”师云:“守株延岁月,千古累儿孙。”

问:“把定乾坤眼,绵绵不漏丝毫,未审此理如何?”师云:“舌根里藏身。”僧曰:“谢师指示。”师云:“也好露个消息。”僧曰:“无人知此意,令我忆南泉。”师云:“几合放过。”

问:“如何是道?”师云:“进前三步。”僧曰:“恁么则分明在目前。”师云:“莫教落井。”

问:“如何是般若体?”师云:“合。”僧曰:“如何是般若用?”师云:“有问有答。”

上堂。顾左右云:“洪机未剖,触处弥纶。朕兆才生,翻成特地。若据祖宗正令,岂有多途?直下无私,辉腾今古。若也心光未透,见惑仍存。纵饶辩泻悬河,辞同炙輠[①];句句风驰电卷,言言玉转珠回;到此门中,皆为戏论。何也?且声前一路,已涉尘踪。句后千差,复成何事。是以少林九年冷坐,始遇知音,欲得万古流芳,真风不堕。今日人天匝坐尽是知音,且道什么处是不坠处?若也道得,便乃亲见碧眼胡僧。如或落辞,不免为蛇画足。"良久云:"琼林凝瑞气,宝刹锁飞烟。"

上堂云:"上士听法以神听,中士听法以心听,下士听法以耳听。且道更有一人来,将什么听?"乃拈柱杖,卓禅床一下,云:"高也着,低也着,落落圆音遍寥廓。十方内外更无他,不用无绳而自缚。"

上堂云:"案山说法主山听,主山说法案山听。案山主山一时说,且道教什么听?诸人若也善听,三世诸佛所说妙法皆悉现前。还有么?铁锤无孔犹闲事,笑杀毗耶老古锥。"

上堂云:"纳僧见处,逆顺难该。翛然独往,应物还来。或高栖于世表,或抗迹于尘埃。把定,则冰生水面。放行也,锦上花开。卢老不知何处去,白云影里笑咍咍。"喝一喝,下座。

---

① 輠:音果。车脂角。

上堂云："花心未放，柳眼初开。雁回呜咽之声，水泻潺湲之响。森罗举唱，法尔常规。更言缚脱同源，大似龙头蛇尾。"

上堂。良久云："会么？祖佛妙旨，只在目前。慧日峰前，云生足下。澄湖浪阔，迥接遥天。晚唱渔舟，夜泛蒹葭之月。欢游画舫，时闻丝竹之音。更说闻声悟道，见色明心，大似抛却甜桃树，寻山摘醋梨。"

润州金山龙游寺法印禅师

讳善宁。江州人也。甘露院受业。挈囊游方，遍参祖室。志气高邈，性行耿介。至圆照法席，师资机感，缘如夙契。戮力赞弼，以扬法化。出世万寿，规制严肃，躬己力行，众无不禀。百丈禅式，近世遵承，在师振领。

问："天皇也恁么道，龙潭也恁么道，未审和尚作么生道？"师云："手握白玉鞭，骊珠尽击碎。"僧曰："退身有分。"师云："知过必改。"

问："如何是祖师西来意？"师云："称尾无星。"僧曰："未审此意如何？"师云："斗方有底。"

问："如何是佛？"师云："眉如初月，眼似流星。"僧曰："如何是法？"师云："义列交罗，星分大野。"僧曰："如何是僧？"师云："古貌棱层，丈夫意气。"

问:“竿木随身,逢场作戏。今朝选佛场开,请师方便。”师云:“文不加点。”僧曰:“可谓今古罕闻。”师云:“且道是什么题目?”僧拟议,师便打。

上堂。顾视左右云:“古人道:‘在眼曰见,在耳曰闻,在鼻嗅香,在舌谈论,在身觉触,在意攀缘。虽然如是,只见锥头利,不见凿头方。’若是万寿即不然,有眼觑不见,有耳听不闻,有鼻不知香,有舌不谈论,有身不觉触,有意绝攀缘。一念相应,六根解脱。敢问诸禅德,且道与前来是同是别?莫有具眼底衲僧出来通个消息?若无,复为诸人重重注破。放开则私通车马,捏聚则毫末不存。若是饱战作家,一任是非贬剥。”

上堂云:“撮玄机于掌上,挂古鉴于台前。有何妖孽,谁敢当御。可谓昭昭法界,自佗而境智全收。历历真源,彼此而圣凡俱寂。以此而推,僧堂佛殿,对现色身;厨库三门,共扬斯事。但请拗折拄杖,向目前参取。”

上堂云:“若也谈禅说道,便见有生有灭。更乃举扬今古,大似不观时节。昨夜风雨萧萧,今朝顿除烦热。到此善能参详,达磨迷时不别。”

上堂云:“尽大地未尝有一人真正举扬宗教。若有一人举扬宗教,尽大地人并须铓锋结舌。莫是教诸人杜绝见闻,契合斯道也无?如此见解,譬如聚火烧须弥山,经尘沙劫终不能着。殊不知古圣垂示,只要后人眼正。达者实谓,今古罕闻,光前绝后。放行,言言见谛,句句明宗。收来,眼眼从方,明明侧立。向什么处见古人?”良久云:“须知海岳皈明主,未信乾坤别有天。”

润州甘露寺传祖禅师

讳仲宣。姑苏谢氏子也。幼岁辞亲,投师受具。深禀律仪,听习经要。风姿肃雅,容止异常。参圆照禅师,发明祖意。

问:“佛放眉间光,现诸希有事。如何是希有事?”师云:“和风飗飗,春日迟迟。”僧曰:“学人便恁么会时如何?”师云:“日月易流。”僧曰:“一言当宇宙,千古播清声。”师云:“来年更有新条在。”

问:“设华王座,谈不二门。大众侧聆,愿垂指示。”师云:“青山遥对目。”僧曰:“学人未晓。”师云:“芳草绿如茵。”僧曰:“一句无私,应之万里。”师云:“作么生是无私句?”僧曰:“堪对暮云归未合,远山无限碧层层。”师云:“犹较些子。”

问:“不涉廉纤,请师指示。”师云:“一字不着画。”

上堂云:“建立宗乘,群魔屏迹。播扬大事,三藏忘言。况阿逸多未离兜率,黄面老已灭拘尸。大唐国里无禅师,天下衲僧味糟粕。众中莫有英灵衲子,变豹作家,出来掀倒禅床,喝散大众,岂不快哉!”良久云:“瑞兽藏头角,珍禽惜羽翰。”

上堂云:“雨过山青,云横水碧。宝陀岩上,瑞草将敷。王舍城中,幽花欲绽。空生宴坐,帝释奔驰。彼此一时,今古易异。”良久云:“万般施设不如常。”

上堂云:“住住,百千妙门,同归一路。青山常在,知识难逢。争如识取主人公。”高声召云:“主人公。”复云:“今日自买自卖。”

上堂。顾视云:“扬子江心,无风起浪。石公山畔,平地骨堆。会得左右逢原,争似寂然不动。”良久云:“堪笑寒山忘却归,十年不识来时道。”

福州太平禅师守恩禅师

本州福清人也。姓丘氏。受圆照禅师心印。初出世住地藏,提刑程公遵彦向师道风,移住龟山,师坚辞不受。复请主太平禅刹,师乃随缘赴感,大振宗乘。学者抠衣,常满数百余人。由是四方归仰,德望益隆。凡两处住持,皆重建寺宇一新,其功绩不可胜纪。

问:“庵内人为什么不见庵外事?”师云:“却许阇梨具眼。”僧曰:“久向和尚。”师云:“暗中抨绳,谁辨曲直。”

问:“如何是超佛越祖之谈?”师云:“三日一风,五日一雨。”僧曰:“向上更有事也无?”师云:“月明三岛静,樵子大[1]平歌。”

师乃竖起拳,复开云:“或时为拳,或时为掌。若遇衲僧,有功者赏。”遂放下云:“直是土旷人稀,相逢者少。”

上堂云:“雨后鸠鸣,山前麦熟。何处牧童儿,骑牛笑相逐。更把短笛横吹,风前一曲两曲。参。”

上堂云:“山僧今日略通一线,不用狐疑,麦中有面。”

上堂云:“青青翠竹摇风,当槛一声幽鸟。敢问明眼诸禅人,祖师鼻孔重多少。”

上堂云:“云岩弄师子,普化打筋斗。丛林将为向上关,未免笑破衲僧口。休休,没来由,却是象骨古锥能辊毬。”

上堂云:“衲僧现前三昧,释迦老子不会。住世四十九年,说得天花乱坠。争似饥餐渴饮,展脚堂中打睡。”

上堂。拈拄杖,击禅床一下云:“有智若闻则能信解,

① 大:通“太”。

无智疑悔则为永失。三十年后,不得道山僧今日上堂只念《法华经》。参。”

问:“如何是古佛心?”师云:“莺啼处处同。”僧曰:“学人不会。”师云:“牛羊自傍山。”

问:“如何是沙门行?”师云:“多虚少实。”僧曰:“和尚何得谩人?”师云:“实无讳处。”

问:“如何是本来人?”师云:“皮枯骨瘦。”僧曰:“中下之机如何体悉?”师云:“竖卧横眠。”僧曰:“古佛今佛皆无别理。”师云:“更梦见什么?”师乃云:“诸人知处,山僧尽知。山僧知处,诸人不知。今日不免布施诸人。”良久云:“头上是天,脚下是地。参。”

衢州灵耀寺佛慈禅师

讳辩良。姓吴氏,饶州人也。幼习儒学,就试辇下。将战文圃,乃厌尘纷。即依景德寺无惑大师出家,圆具游方。参圆照禅师,发明心地,乃述投机颂曰:“只遮一个,文殊罔测。眨起眉毛,百千万亿。”即蒙印可。清献少保赵公抃重师道行,请为宗师。住越州福果、衢州超化、海会、灵耀四刹。

问:“三变禅林,四回出世,于和尚分上成得什么边事?”师云:“钵盂口向天。”僧曰:“三十年来关棙子,而今流落五湖传。”师云：“那个是山僧关棙子。”僧曰：“一言超影象，不坠古人风。”师云：“惜取眉毛。”

问：“灵山一会，分付饮光。今日法筵，当为何事？”师云：“画地为牢。”僧曰：“直得学人进退无门。”师云：“轩鉴分辉。”僧曰：“百千年后，如何举得？”师云：“拔山力尽。”

问：“不施寸刃，建立太平时如何？”师云：“皇天无亲。”僧曰：“一人有庆也。”师云：“知恩报恩。”僧展两手，师拍膝一下。

问：“如何是衢州境？”师云：“桑榆影占柯山野，弦管声调渤水滨。”僧曰：“如何是境中人？”师云：“谢安无个事，聊起为苍生。”僧曰：“向上宗乘事若何？”师云：“急着眼。”僧曰：“截断众流也。”师云：“山叠不知重。”

上堂云：“大众，知则同知，见则同见。毫厘丝发，不相谩昧。且道不谩昧个什么？”乃以拄杖指云：“风柯月渚，并传本心。烟岛云林，皆提妙印。然虽如是，也似镜盘上痕生。且道阳乌未啼一句作么生？”良久云：“好携紫烟策，共倚南山晖。”

上堂。师卓拄杖云：“鹭池鹫岭，海甸庵园，三百余会，也无遮消息。放过一着，与诸人共游华藏。”复指云：“看看。陌上桃花，朵朵现弥陀实相。庭前翠竹，枝枝为甘露法门。菩提树林，宝陀境界，一时顿现。山僧今日撒沙向诸人眼里,且道迦叶门下事作么生?”良久云:“若不得流水,还应过别山。”

上堂云:“不知时分之延促,不知日月之大小,灰头土面,且与么过。山僧每遇月朔,特地斗钉家风,抑扬答问,一场笑具。虽然如是,因风撒土,借水献花,有个葛藤路布与诸人共相解摘看。”蓦拈拄杖,击香台一下,云:“参堂去。”

台州瑞岩有居禅师

上堂云:“采得葛藤成路布,纵横十字上高机。通身是眼无人识,唯有山僧识得伊。”良久云:“今日呈似大众,且道何似赵州底?还相委悉么?袖头打领。”

明州天童山景德寺可齐禅师

姓应氏。台州人也。依天台国清寺道才上人出家圆具。初游讲肆,晚造瑞光圆照禅师法席,即获开悟。请住安乐山,晚迁天童。

问:“宝花王座,今日师登。祖意西来,如何垂示?”师云:“花开岩畔千枝秀。”僧曰:“便是和尚为人处也?”师云:“水泻檐前一样清。”僧曰:“空生不解岩中坐,惹得天花动地来。”师云:“笑破佗人口。”僧曰:“晚来云散后,不见别山高。”师云:“吽吽。”

问："如何是道？"师云："蹈不着。"僧曰："蹈着后如何？"师云："七穿八穴。"

师云："一问一答，一拶一捺。千眼顿开，澄潭皎月。随机施设，纵夺临时。纵之，则句句攒花簇锦，处处释迦道场。夺之，则一法不留，千圣绝迹。虽然如是，须知有向上一窍。还会么？"良久云："莫谓春残花落尽，峰前昨夜一枝开。"

秀州资圣崇信禅师

庐州慎县人。姓高氏。十三依本州承天用成上人为师，二十受具。策锡南游，造杭州净慈圆照禅师法席，投机印证。

问："如何是道？"师云："家家门底通长安。"僧曰："如何是道中人？"师云："上座自何来？"僧曰："莫只遮个便是也无？"师云："碧眼胡僧笑点头。"僧曰："毕竟如何？"师云："礼拜了退。"

上堂云："凄清大野，物景萧条。露滴枯枝，烟笼远墅。长天极目，列万象以昭然。霜月流辉，映千江而普现。如斯举唱，带水拖泥。若也尽令提纲，直须祖佛侧立。放过一着，别有清规。咄。"

苏州瑞光守琮真觉禅师

姓顾氏。本州人也。依圆照禅师削染。复悟宗猷,乃获印可。出世阐扬,为众所仰。

问:“作是思惟,十方佛现。今思惟了,佛在甚么处?”师云:“当风一句,起自何来?”僧曰:“恁么则头头撞着弥勒,步步蹈着释迦。”师云:“西天与此土不同。”

上堂云:“宗门妙诀,岂在多说。一言括尽,便须顿歇。明眼衲僧祇自知,金色头陀善分别,冬去春来夏有热。若遇寒山拾得时,传语丰干莫饶舌。”

苏州万寿普勤禅师

姓施氏。婺州人也。依本州开元寺岳上人出家圆具。首习教观,深造渊微。晚至圆照法席,投机印可。

问:“为国开堂,愿闻举唱。”师云:“炉爇宝香凝瑞刹,祝延睿算等南山。”僧曰:“只如满筵嘉气合,遍地觉花开又作么生?”师云:“好音在耳人皆委。”僧曰:“恁么则有意气时添意气。”师云:“放过一着。”

问:“学人上来,请师说法。”师云:“清风满座。”僧曰:“高峰日月充寰宇,大振洪音唱祖歌。”师云:“脚跟下看。”

僧曰:“门前流水朝沧海,槛外孤峰走太虚。”师云:“两重公案。”僧曰:“触目对扬真般若,山河重显法王机。”

师云:“莫妨别人问上堂云:‘物外无堪老便休,干城梦质两悠悠。如何幻事临相逼,却使闲身不自由。’然则出家之士,利物为初。禀先祖之洪规,续惠灯于千古。唯一心法,号总持门。得之者,不历阶梯,顿齐诸圣。失之者,尘劫不复,徒自劳形。或得失两忘,凡圣情尽。正当恁么时,不是心,不是佛,不是物,敢问诸禅德,且道毕竟是个什么?若向遮里倜傥分明,便能独步大方,横身三界。握金刚宝剑,破生死魔军。”良久云:“劄。”

宣州水西山轲禅师

问:“我手佛手,是同是别?”师云:“人人有分。”僧曰:“任有千般巧,终无两样风。”师云:“且莫错认。”

问:“真金须假炉中试,一锤便成时如何?”师云:“切忌道着。”僧便喝,师云:“遮漆桶。”

上堂云:“忆得灵山会上末后句,今日举似诸人。”良久云:“会么?任是饮光出来,有理也无伸处。参。”

上堂云:“雷声远震,广布慈云。甘泽才晴,普天春色。柳开青眼,花吐芳容。鸟噪幽林,鱼游水面。更说迷逢达磨,大似剜肉作疮。若言法本如斯,正是天然外道。恁么说话,傍若无人。明眼衲僧,一任检点。参。”

明州香山智度院正觉延泳禅师

问:“祖意西来即不问,和尚家风事若何?”师云:“眼深鼻大。”僧曰:“学人便恁么履践时如何?”师云:“手长袖短。”

师云:“心随境现,境逐心生。心境两忘,是个什么?”拈起拄杖云:“且道遮个甚处得来?若道是拄杖,瞎却汝眼。若道不是拄杖,眼在什么处?是与不是,一时拈却,且骑拄杖出三门去也。”

明州雪窦山资圣寺法藏禅师

讳守卓。姓李氏,姑苏人也。依圆照禅师出家,入室投机,遂蒙印可。宗猷博达,道誉远闻。

问:“如何是宾中主?”师云:“进前无路。”僧曰:“如何是主中宾?”师云:“退不容身。”僧曰:“如何是宾中宾?”师云:“对面是何人?”僧曰:“如何是主中主?”师云:“有理无说处。”僧曰:“宾主已蒙师指示,向上宗乘事若何?”师云:“仰面贪看鸟,回头错应人。”

师云:“好大众,龙种上尊王佛,为诸人现银色世界,琼林玉宇,刹刹交光;宝殿银城,辉辉相映。又色即是空,空即是色。色空空色休拟议，空色色空成智慧。耳闻眼见遍河沙，尽是如来真实地。不得已向诸人道：生是苦，受是业，灭可证，道可修；以四谛十二因缘知苦断集，证灭修道。”

复云：“有生可知，有业可断，有灭可证，有道可修，皆是谤佛谤法，尽同魔说。正当恁么时，且作么生会？雪窦不免与诸人说破，千峰积寒雪，万径人迹绝。坏衲拥枯槎，是说如何说。参。”

上堂云：“阳回几次到新冬，衲坏炉寒世不同。白日静驰天外影，红颜偷送耳边风。是非未起名何在，物我兼忘景自空。记取雪岩岩上语，莫教孤负主人公。咄。”

明州启霞山崇梵院慧章禅师

问：“如何是佛？”师云：“你问我。”僧曰：“如何是法。”师云：“我答你。”僧曰：“如何是僧？”师云：“方袍圆顶。”僧曰：“如何是向上事？”师云：“且待别时。”僧曰：“即今便请。”师云：“蹉过也。”

寿州资寿院圆澄严禅师

问：“大藏教中还有奇特事也无？”师云：“只恐汝不信。”僧曰：“如何即是？”师云：“黑底是墨，黄底是纸。”僧曰：“谢答话。”师云：“领取钩头意，莫认定盘星。”师乃云：

“云生谷口,月满长川。樵父斫深园,渔翁钓沙岛。到遮里,便是吴道子、张僧繇,无你下手处。”良久云:“归堂问取圣僧。参。”

上堂云:“乾坤肃静,海晏河清。风不鸣条,雨不破块。春生夏长,秋收冬藏。遮个是世间法,作么生是佛法?”良久云:“欲得不招无间业,莫谤如来正法轮。珍重。”

上堂。良久云:“宗乘妙诀,即今为说。山高水深,寒风凛冽。祖师西来,道个休歇。敢问诸人,作么生是休歇处?还会么?寒则围炉坐,闲余任性眠。”

睦州广灵佛印禅师

讳希祖。姓周氏,处州人也。年将丱岁,便陟霜台。志学有方,慕道无废。参圆照禅师,了明己见。出世弘扬,遂彰道誉。

问:“登法空座,演海潮音。大众寂然,愿闻举唱。”师云:“日月光天德,山河壮帝居。”僧曰:“恁么则得闻于未闻也。”师云:“一人歌有道,天下乐无为。”

问:“如何是睦州境?”师云:“越嶂远分丁字水,腊梅迟见二年花。”僧曰:“如何是境中人?”师云:“面带七星人不识,芒鞋高挂少知音。”

师乃云:“灵光鉴彻,物我全收。体照独存,前后自绝。由是无为变化,应量千差;托质殊分,混同一性。故我元首明,股肱良哉。法以时遇,道在中兴,建大法幢,作大佛事,足可称扬。所以正观绝迹,名相互分。寂听非闻,圆音普应。霜钟金鼓,主伴交参。宝殿琼台,听说斯显。六街三市,遍处庄严。陌巷康衢,寅昏佛事。圣凡交会,士庶锵锵。帝网圆融,鉴灯互照。何必南方独迈,遍扣诸门,历涉艰辛,是非未决。而今重重华藏,无尽法门,触目见成,何须拟议。然虽如是,钝致祖风。”良久云:“九年少室谁知己,一句流通万古传。”

上堂云:“严陵台畔,七里龙渊。直须钓鳌钓鲸,岂止捞鰕摝蚬,随流放旷,任性漂浮。停舟月上波心,举棹风生水面。敢问大众,不触波澜作么生会?”良久云:“时人只看丝纶上,不见芦花对蓼红。参。”

东京褒亲旌德院慈济翱禅师

上堂云:“梅花新绽,柳眼初开。雪散长空,风恬浪静。文殊性海,普贤行门。直下分明,更无余事。还会么?”良久云:“莫错认。”

越州石佛宝相寺晓通密印禅师

问:“如何是石佛?”师云:“头戴天,脚蹈地。”僧曰:“向上更有事也无?”师云:“任经霜与雪,不改旧时容。”师乃云:"至道冲虚,万物何宰。真空绝迹,法界如如。若能对境无心,触目无非是道。"良久云:"昼夜舒光照有无,痴人唤作波罗蜜。"

湖州道场山慧印禅师

示众云:"若论此事,如王按剑,把定乾坤。侠客纵多,谁当出手。"问:"剑即不问,如何是此事?"师云:"点。"僧曰:"恁么则欲来冲雪刃,不免露锋铓。"师云:"拽。"僧以手一画,云:"争奈遮个何?"师云:"泥人眨眼。"

问:"达磨未来时如何?"师云:"鼻孔辽天。"僧曰:"来后如何?"师云:"顶门着地。"僧曰:"毕竟如何?"师云:"九年人不识,几度过流沙。"

上堂云:"韶石渡头,舟横野水。汾阳浪里,掉拨孤烟。云月无私,溪山岂异。一言合辙,千里同风。敢问诸人,作么生是同风底句?"良久云:"八千子弟今何在,万里山河属帝家。"

处州南明山仁寿院通禅师

问:"如何是南明境?"师云:"泉飞一道带,峰出半天云。"僧曰:"如何是境中人?"师云:"策筇看鹤舞,坐石见云归。"

问:“如何是祖师西来意?”师云:“登山千里月,渡水一帆风。”僧曰:“未审意旨如何?”师云:“言前有路,句下无私。”

问:“龙未出洞时如何?”师云:“佛眼觑不见。”僧曰:“出洞后如何?”师云:“兴云吐雾。”

杭州西湖妙惠院文义禅师

上堂云:“随机设化,大阐宗风。截断众流,不留眹迹。入一乘之阃域,践向上之玄关。方便门开,分明看取。咄。”

上堂云:“会么?已被热谩了也。今早起来,无教可说。下床着鞋,后架洗面;堂内展钵吃粥,粥后打睡;睡起吃茶,见客相唤,斋时吃饭;日日相似,有什么过。然虽如是,更有一般令我笑,金刚倒地一堆泥。”拍禅床一下。

西京韶山杲禅师

问:“祖意西来,未审传个什么?”师拈起拄杖,僧曰:“恁么则心外有法也。”师云:“心外心内即且致,汝唤什么作法?”僧曰:“天台楖標木。”师云:“也是第二月。”

上堂云:“七月孟秋犹热,古往今来时节。若作佛法商量,正是弄巧成拙。若作无事话会,又与外道何别?直饶总不如斯,敢保老兄未彻。如来言,祖师诀,无孔铁锤重下楔。自家心地乱如麻,却把指头唤作月。莫思量,休解说,千年枯骨休咬啮。从佗兔走乌飞,饥来吃饭困来歇。”

汝州香山慈寿法昼禅师

姓徐氏。杭州人也。长依明智寺元湛上人出家圆具,听习经论。后造瑞光圆照禅师法席,投机开悟。先住北京天钵,次迁香山。

问:“天恩忽降,请住香山。国重师名,将何祝圣?”师云:“香烟起处,大众同观。”僧曰:“如何领会?”师云:“重言不当吃。”僧曰:“早知今日事,悔不慎当初。”师云:“礼拜了退。”

问:“山岩水壑,尽是旧日家风。拄杖净瓶,拈起新来活计。古殿重开,愿闻举要。”师云:“击大法鼓,演大法义。”僧曰:“恁么则弥勒门开心顿晓,德云峰峻道何藏。”师云:“你向什么处见弥勒?”僧曰:“云散长天星斗现,月明沙界物难藏。”师云:“休要费力。”

师顾视大众云:“皇都禅刹,惠林道场,今日暂借卑僧升陟,实愧非材。于明眼人前提纲佛祖,炫耀见知,直饶说得天雨四花,地摇六震,一点也用不着。盖为各各威光动地,人人不欠丝毫。然虽如是,更有向上一窍,三世诸佛不能宣,六代祖师提不起。且道是什么物得恁么奇怪?还荐得么?”良久云:“曹溪路坦平,休强生荆棘。久立。”

福州灵应嵩禅师

开堂日,上首白槌罢,师云:“好诸仁者,第一谛甚可怜生,只么会得,同匣有余。众中莫有闻一以知十底衲僧么?出来相见。”问:“德山棒,临济喝,直至如今少人拈。今日幸遇场开,请师拈看。”师云:“一朝权在手,看取令行时。”僧曰:“一雨普滋沙界外,群灵无不尽沾恩。”师云:“沾恩底事作么生?”僧提起座具云:“争奈遮个何?”师云:“残羹馊饭,不劳拈出。”僧曰:“若不上来,焉知如是。”

师云:“彼此不着便。”乃云:“正法眼藏,普被含情。上至诸圣,下及群迷。一一情中,具同斯事。盖由一念有异,迷悟岐分。逐浪忘源,去而莫返。不见道:我佛如来,初成正觉,叹曰:‘奇哉,我今普见一切众生,具有如来智慧德相,但以妄想执着而不证得。’或开张教纲,或直指人心,令息妄缘,见性成佛。自后灯灯续焰,祖祖传心。利物无穷,法门无尽。既到遮里,事合如何?祖令在手,须至提携。正法既行,明当举唱。廓一尘而遍周沙界,摄万法而归一毫端。纵夺卷舒,不离于此。虽然如是,尽乃诸人日之常分,应非别有玄微。若也情尘顿解,灵智当前,现大威光。快须荐取。珍重。”

处州灵泉山寿宁梵仁禅师

问:“不问有言,不问无言,请师速道。”师云:“话堕也。”僧曰:“人天交集,乞师垂示。”师云:“不如礼拜。”

问:“莲华未出水时如何?”师云:“雪霜凋不得。”僧曰:“出水后如何?”师云:“天地放教开。”

上堂云:“天真灵彻,即今一译。上下四维,清风明月。寒则任寒,热则任热。也不休,也不歇,饭则餐,渴则啜。不见神光三拜依位立,灯灯续焰未尝绝。鼻孔辽天任辨别。”

秀州福严仲孚禅师

问:“知师久蕴囊中宝,今日当场略借看。”师云:“觌面相呈。”僧曰:“下坡不走,快便难逢。”师云:“未欲行令。”师乃云:“问者如蛟龙戏于沧海,答者似彩凤舞于长天。一合一开,一舒一卷,纵横应用,啐啄同时。若遇本分衲僧,直须倒退三千里。参。”

处州灵泉山宗一禅师

问:“镇州萝卜即不问,庐陵米作么价?”师云:“可贵可贱。”僧曰：“小出大遇也。”师云：“君子爱财，取之有道。”僧曰：“大众沾恩。”师云：“有人索汝米钱在。”师乃云：“美玉藏顽石，莲华出淤泥。须知烦恼处，悟得即菩提。咄。”

通州琅山法印禅师

讳载仪。福州贤泥受业，礼戒珠和尚为师，十八策试登具。预游江浙，听习经论。晚诣圆照禅师，大悟玄机。

问：“祥云布处，现千朵之危峰。纨扇摇时，去九旬之炎热。正当恁么时，如何是到地头一句？”师云：“一雨普润。”僧曰：“未审如何履践？”师云：“射虎须当机。”僧曰：“快便难逢。”师云：“要棒吃那？”

问：“知师久蕴囊中宝，今日当场略借观。”师云：“莫是南番真舶主。”僧曰：“不独学人有赖，大众亦乃沾恩。”师云：“元来只是杜波斯。”

师顾视大众，乃云：“好好，可谓幽显朗照，物理虚通。为森罗之宝印，作万象之真宗。其为也形，其寂也冥。本净非莹，法尔圆成。所以道：如何以无价之宝，隐在阴入之坑。大众，山僧今日敢对众前特地拈出。”

乃画一圆相，擎示众云：“遮里既放憨去，亦要大家精鉴。莫谓连城之价，可以并辉；径寸之圆，堪同其美。直与龙女争锋，无垢世界，未当正觉。纵使金轮独步，立功勋者,权为重赏。且道是什么宝得恁么殊异?”良久云:“鬼神知贵不知价,留与人间光照夜。”

南岳马祖崇新庵主

一日,语直庵人云:“今日斋时不用打食。”人曰:“为甚么不打食?”主云:“吾报缘将尽。”或人问曰:“主既临行,有何言句?”主乃拍手一下,长啸一声:“山僧今日珍重诸人。”言讫而逝。

《建中靖国续灯录》卷第十六·对机门

庐陵清原山行思禅师第十三世

东京惠林宗本圆照禅师法嗣

舒州投子证悟禅师

讳修颙。姓梁氏,晋州赵城人也。幼同父不拜乡祠,不受书训。俄曰:“当为人天师,安慕此耶。”寻依本州霍山文广上人出家圆具。横经讲席,洞晓佛意。华严九会,敷演三四。远造苏州瑞光圆照禅师法席,扣问禅宗。因举无著问天亲:“弥勒说什么法?”“说遮个法。”即悟其旨。

初住寿州资寿、西京少林、舒州投子,道誉大播。京洛宗乘,盖师首唱。大丞相富公弼敬以师礼。

一日,升堂。时有僧出,师云:“错。”僧曰:“什么处是错?”师云:“不信道。”

问:“是法平等,无有高下。为什么赵州三等接人?”师云:“入水见长人。”僧曰:“争奈学人未会。”师云:“唤不回头争奈何?”

问:“如何是祖祖相传底心?”师云:“三星绕月宫。”僧曰:“便恁么去时如何?”师云:“伯乐暂垂鞭,驽骀夸八骏。”

问:“如何是第一义?”师云:“百杂碎。”

师云:“楞伽峰顶,谁能措足。少室岩前,水泄不通。正当恁么时,黄头老子张得口,碧眼胡僧开得眼。虽然如是,事无一向。先圣幸有第二义门,足可共诸人东说西话。所以道:春生夏长,秋落冬枯。四时迁改,轮转长途。愚者心生彼此,达者一味无殊。”良久云:“陕府铁牛吞大象,嘉州佛向藕丝藏。”

上堂云:“春风鸣古木,晓露锁寒波。头头皆显露,显露又肴讹。看看,直下是,怎奈何。明眼汉,没臼窠。吐不得,嚼不破。咄。”

上堂云:“巍巍少室,永镇群峰。有时云中捧出,有时雾罩无踪,有时突在目前。有口道不得,被人唤作壁观胡僧。诸仁者,作么生免得此过?休休,不如且持课。”良久云:“一元和,二弥陀,三释迦,自余是什么碗跶丘。参。”

上堂云:“露滴庭莎,风鸣古桧。皓月泻千家寒色,清淮流万顷波澜。此时荐得,与诸人截断众流。若也未然,不免随波逐浪。譬如河中水湍,流竞奔逝。各各不相知,诸法亦如是。”遂拈拄杖云:“拄杖子是诸法,是相知不相知?若相知,早被知缚。若不相知,凭何指注?”卓一下,云:“知之一字,众妙之门。”复云:“错。”

东京十方净因禅院佛日禅师

讳惟岳。福州长溪陈氏子也。七岁投西林院彻和尚出家受具,习楞严诸教,洞晓其旨。性行刚直,俊慧爽拔。游涉禅林,遍扣知识。参圆照禅师,因侍立次,举劫火洞然因缘,豁然有省。

后出世常州承天,次住东京华严,复迁净因。宫保李侯端愿荐以章服,荆国大王奏赐法雨师名。哲宗皇帝百日入内,特赐“佛日”禅号。

师于建中靖国元年二月十七日,大行皇太后五七,奉圣旨就慈德殿升座。师拈香云:“率土之土,莫非王土。且道此一瓣香,产何土宜?若也道得,白石有消日,氤氲无尽年。尽虚空,遍法界,为云为盖,应现无穷。上荐仙游,径生佛国。”遂敛衣坐,云:“见义不为,无勇也。莫有勇底衲僧?出来相见。”时有僧出众,提起坐具云:“明镜当台,请师一鉴。”师云:“记取话头。”僧曰:“莫便是和尚为人处也无?”师云:“蹉过了也。”僧曰:“曹溪一派,水石生光。”师云:“酌然酌然。”

问:“未离兜率,已降王宫。未出母胎,度人已毕。王宫则不问,如何是度人一句?"师云:"千江有水千江月。"僧曰:"恁么则帝释镜中亲得旨,灵山法会宛然存。"师云:"龙华三会,犹是后时。"僧曰:"可谓龙楼凤阁祥烟起,玉殿金阶瑞气生。"师云:"逢人不得错举。"僧曰:"四海尽沾天子泽,师将何法报皇恩?"师云:"唯此一事实,余二则非真。"僧曰:"长将日月为天眼,共指须弥作寿山。"师云:"已在言前。"僧曰:"作家宗师,天然犹在。"师云:"若不在此,三十棒一棒也较不得。"

问:"法无定相,随缘构集。有佛世界,以光明为佛事。有佛世界,以庄严为佛事。未审此佛世界以何为佛事?"师云:"坐朝问道,垂拱平章。"僧曰:"一人有庆,万民赖之。"师云:"万灵何处谢无私。"僧曰:"粉骨碎身未足酬,一句了然超百亿。"师云:"作么生是一句?"僧曰:"芥城劫石犹非算,坐断乾坤日月新。"师云:"金毛师子。"

问:"圆照昔年光宇宙,今朝佛日又腾辉。学人上来,请师鉴照。"师画一圆相,僧曰:"万丈白云藏不得,一轮光透照无私。"师云:"也是太阳门下,全借余辉。"僧曰:"既然摩耶佛母生兜率,大行太后在何方?"师云:"花分昼夜,水绕栋梁。"僧曰:"古佛堂前同已证,琉璃殿上演真空。"师云:"重说偈言。"

问:"昔日慈圣太皇,月落不离天,净照亲承宠泽。今朝大行皇太后,水流元在海,未审意旨如何?"师云:"沧溟浩渺孤帆小,消得长天几许风。"僧曰:"千般有解终难到,一念无心在处同。”师云:“龙蛇易辨,衲子难瞒。”僧曰:“若然者,罢希运之开田,笑空生之持钵。”师云:“谁言寸草心,报得三春辉。”僧曰:“且道今日资荐皇太后,毕竟居何报土?”师云:“云屯云散天长净,沤灭沤生水本清。”僧曰:“已得真人好消息,人间天上更无疑。”师云:“不妨伶利。”

问:“佛佛授手则不问,叶叶相承事若何?”师云:“龙生龙子,龙长龙孙。”僧曰:“恁么则千子常围绕,金轮御大千。”师云:“渔翁鼓舞,野老讴歌。”僧曰:“庆云翔而和气流,芝草生而嘉禾秀。”师云:“正好赞叹。”

师云:“最初说法者,不知末后句。末后说法者,不知最初句。最初、末后句,适来惠林禅师已为诸人说则说了,且如何说?若约三乘十二分教,偏圆顿渐,半满一音,不免执指为月,入海算沙。直似澄潭月影,后夜钟声;随扣击以发音,逐波澜而不散,犹是生死岸头事。故乃菩提达磨观象,神州有大乘器,所以泛杯千顷浪,登岭万重山。首造于梁,梁以因果有为之法而垂问,达磨揭圣谛第一义而奉答。梁王未契,遂之嵩少。九年面壁,不立文字,迥出三乘,直指人心,见性成佛。当时神光二祖立雪断臂,得髓明心。一花五叶,结果自成。六代传衣,后人得道。自此东华方信有正法眼藏,涅槃妙心。中下随根,迷悟相半。

“故我大宋真宗皇帝颂不云乎:‘初祖安禅在少林,不传教法只传心。后人要悟真如性,密印由来妙理深。’大矣哉!真如妙理,至幽至深,非大机大器不能领悟。何以故?

见闻觉知是法,法离见闻觉知。便乃火聚当岐,铁山在路,自然少室峰前壁立千仞,曹溪路上水泄不通。于其中间,祖风不无陵迟,颓纲亦将委地。虽然如是,法无定相,道假时彰。建大法幢,演大法义,兴此一大事因缘,利乐有情,不在佗时。所谓际会大圣人而知之,出现于世,广大流布,廓周沙界,实千载之一遇哉!至若尧舜禹汤,端拱垂衣,无为之化,不为不至。

"若以开方便门,示真实相;十方嘉会,四众同筵;辟古佛之家风,发含生之大本,未可与今日同时而语哉!何谓也?释提桓与善现发明般若,唯止真空;波斯匿为庆喜特指不迁,犹存俗谛。特此教外别传,向上一着,彰显当今,岂非希有之缘,应乎昭且者也?然溪山各异,云月是同;同声相应,同气相求。方知此事无古无今,无彼无此。高而无上,广不可极。渊而无下,深不可测。毛吞巨海,芥纳须弥。在天同天,在人同人。在天则为日为月,为照为明。在人则为君为臣,为忠为孝。以此而推,百亿日月,万亿须弥山,百亿四大海,根身器界,情与无情,同一体性,莫不仁者见之谓之仁,智者见之为之智,百姓日用而不知。其能会万物为己者,其唯圣人乎?由是灯灯续焰,叶叶相承。百千世而月点真灯,光融三界。十万里星排祖干,凉荫四生。是知法轮再转于支那,帝日长辉于震旦。若然者,物无大小,法无适莫,皆被其光,皆蒙其泽。以至草木禽鱼,无远不及。只如舍卫国王欲往灵山见佛,来诸臣僚、山河大地、草木丛林,并须同去见佛。若一草一木不去,吾则不得见佛。

"大众,只今乾坤之内,宇宙之间;山河大地,草木丛林,去亦不去,来亦不来;湛湛无私,巍巍不动;乃文乃武,乃禅乃律,同在九重天上,慈德殿前,同时见佛。诸仁者,见则不无,且作么生见?"

良久云:"重瞳日月明无尽,隆准山河秀有余。臣僧惟岳,伏奉圣旨,今升座举扬般若,奉为大行皇太后此土缘终,佗方报胜;届于五七,上荐仙游。恭以皇太后净惠本然,至神独运。来示母仪之迹,德赞三朝。去酬法界之因,果圆十地。伏愿兜率天宫陪摩耶佛母一处逍遥,无垢世界共娑竭龙女同成正觉。回耀休光,昌明宗社。窃以释迦如来临般涅槃,以佛法奉嘱万乘圣主,启日月光明,永垂外护;廓天地覆载,长赐流通。臣等沙门庆幸得近蓂[①]阶,般若敷宣,庄严国祚。恭惟今上皇帝陛下,承祧七圣,天下鼓舞于唐虞;明道万机,教外播扬于佛祖。

"此盖伏遇皇帝陛下夙泛般若之神舟,惯游觉海。今揭轩皇之宝鉴,圆照禅丛。集此鸿因,上祝今上皇帝陛下圣躬,万岁万岁万万岁。伏愿福若大梵王,寿同天帝释。金轮御三千大千之世界,玉历纪百亿万亿之年华。雨顺风调,民安国泰。皇太妃、皇后、皇太子,伏愿福海寿山,增千千之载;金枝玉叶,长荣万万之春。亲王国族、天眷宫嫔,万善同资,千祥并集。不敢久渎圣听,伏惟珍重。"

开堂日,师登座拈香,祝延圣寿罢,乃敷坐。智海佛印禅师白槌竟,师云:"尧天舜日,凤阁龙楼。妙高孤峰,浮幢香海。无二无二分,无别无断故。主伴同时,一多无碍。

---

① 蓂:音明。瑞草。

具眼衲僧,出来观看。"

问:"为国开堂,请师祝圣。"师云:"云破鳌峰,月生鲸海。"僧曰:"璇玑盘砖三千界,睿算延鸿十万春。"师云:"只道得一半。"僧曰:"打面还佗州土麦,唱歌须是帝乡人。"师云:"金毛师子。"

问:"世尊出世,为大事因缘。和尚今朝,当为何事?"师云:"瑞雪满长安。"僧曰:"一人增寿算,万里尽歌谣。"师云:"风行草偃。"僧曰:"斩钉截铁,须还本分钳锤。"师云:"也不消得。"

问:"莲花未出水时如何?"师云:"清波无透路。"僧曰:"出水后如何?"师云:"目前无异草。"僧曰:"恁么则馨香满大唐。"师云:"非公境界。"

师云:"此个法门,不在筌蹄,岂干问答?直饶尽十方刹土末为微尘,一一微尘尽为衲僧。各如满慈、鹙子,穷天玄辩,竭世枢机,到遮里,一点用不着。何以故?生佛圆融,自佗平等。人人鼻孔辽天,各各壁立千仞。

"盖不知真随妄转,法逐缘迁,自昧灵光,枉投异趣。所以破有法王,运无缘慈,驾三乘舟楫,渡五性波澜,翻恋澄潭月影,静夜钟声。故使怀州牛吃禾,庐陵米价长,又不免劳佗初祖达磨逗器支那,教外菱花,不磨砖镜;衣中骊颔,不数佗珍;未挂古帆,见成公案。由是悟取无悟底面目,迷取不迷底乡关。三际无私,十方同畅。

“自家田地,枯木生花;古庙香炉,寒灰再焰,莫不一切语言文字,资生产业,皆与实相不相违背。若然者,无影树下同船,渔翁鼓舞;中有黄金一国,野老讴歌;共乐升平,同跻寿域。大众,同跻寿域,自是地久天长。且道共乐升平作么生乐?”良久云:“罗浮打鼓韶州舞。久立,珍重。”

泗州普照寺真寂禅师

讳处辉。滁州清流人也,姓赵氏。依江宁府保宁勇禅师出家得度。绍圣四年,朝旨住持。

开堂日,问:“世尊出世,地涌金莲。和尚出世,有何祥瑞?”师云:“扫却门前雪。”

太平州隐静山普慧寺俨禅师

问:“摩腾入汉,藏教分明。达磨西来,有何意旨?”师云:“我法妙难思,龙天尽归向。”僧曰:“未审祖意教意,是同是别?”师云:“两彩一赛。”僧曰:“一言归有道,万象自无心。”师云:“犹较些子。”

问:“达士相逢,如何话会?”师云:“罕遇作家。”僧曰:“若非朝宰知音,和尚焉肯拈出。”师云:“金锤影动,宝剑光寒。”

师云:“一法不通,万缘方透。若也于斯明得,眼睛穿过铁围山，一口吸尽大海水。”乃唱云：“大海水已吸尽了也，鱼龙向什么处安身立命？众中若有兴慈运悲底衲僧，出来救取龙王。苟若不能，气急杀人。虽然如是，事无一向，山僧不免为诸人说道理。不见先圣云：究竟涅槃，常寂灭相，终归于空。一翳在眼，空花遍界。翳若不消，不出门知天下事。翳若消尽，始知庵内人不见庵外事。若能如是，方解稳坐地，十二时中一任受用。如或未知，久立，珍重。”

上堂云：“春云春雨，万物敷荣。暖日和风，岩花竞秀。青山叠叠，涧水澄澄。达磨迷途，切忌说破。”复云：“若人捡点得出，山僧今日话堕。”以拄杖击禅床，下座。

苏州定慧院圆义禅师

讳遵式。姓顾氏，姑苏人也。童稚异众，慕道出家具戒。未几，首学毗尼，次习大经，洞明渊奥。缘契圆照，传道印心。行解冰霜，宗教兼济。三迁丛席，四众归依。师范有规，训学无倦。都尉张侯敦礼奏以师号。

问：“南泉斩猫儿，意旨如何？”师便打，僧曰：“犹是学人疑处。”师云：“十万八千。”僧曰：“忽遇赵州时如何？”师云：“卖金须是买金人。”

问：“如何是祖师西来意？”师云：“万水千山。”僧曰：“便与么去时如何？”师云：“千山万水。”僧曰：“专为流通。"师云:"南北行人口似碑。"

问:"如何是衲僧眼?"师云:"针劄不入。"僧曰:"何故如此?"师云:"向道衲僧眼。"

师云:"若夫宗旨,岂在言诠。况叠嶂巍峨,层岩峭峻,湖澄渌水,风扫白云。松竹萧萧,不若妙峰顶上;烟云杳杳,何殊鸡足岩前。到此各自回光,不劳指注。多言丧道,多岐亡羊。若是本分之人,便乃息肩倚杖,越圣超凡;出入生死,纵横声色。果能如是,方可续佛寿命,报佛深恩。无尽法门,目前觏[①]取。珍重。"

上堂云:"我有真机,绝毫绝牦;明暗上下,南北东西;言之不及,思之不知。会么?东弗于逮,西衢耶尼。"

上堂云:"一月初圆,百川沉影。一灯发彩,万炷流辉。月无留影之心,灯无传辉之念。若得如是,可以处于喧哗,入于尘俗。运大悲光于沙界,开普门眼于生灵。岂唯观音大士三十二种妙应无方,具缚凡夫,一一皆能开正法眼。然虽如是,也须是斩钉截铁汉始得。其或不然,静处萨婆诃。"

上堂云:"青山郁郁水滔滔,万浪千波接海涛。提得丝纶漾舟去,钩头须要钓鲸鳌。"拈拄杖云:"负命者上钩

① 觏:音构。遇见。

来。参。”

上堂云:“睡来合眼饭来餐,佛祖从教说易难。若问安心有何法,太湖长浸洞庭山。衲僧家人人尽道我八面四方,纵横无阂。龙济为什么道卷帘除却障,闭户生得阂?若人辨得,许汝向衣钵下稳坐地。”

上堂云:“天兮何高,地兮何厚。海潮之音,师子哮吼。瞻之不见其前,迎之罔眺其首。还会么?七七四十九。”

上堂云:“我有一句,只今分付。玉轴琅函,同时顿具。不用思量,重重显露。优昙钵华,火中开悟。参。”

舒州投子山胜因禅院普聪禅师

上堂云:“寂住峰顶,叶落归根。明月堂前,金风玉露。且道深秋一句作么生?”良久云:“古往不知何处去,后夜依前月到窗。”

秀州本觉法真禅师

讳守一。姓沈氏,江阴人也。生而祥异,性敏才逸。齿未及冠,顿慕缁门。谢俗瑞光,投师圆照。巾侍扣问,更不它游。众推明悟,唱道携[①]城。

① 携:疑“槜”之误。

问:“选佛选官应在我,祖席登科事若何?”师云:“大鹏展翼天路遥,巨鳌转身海水窄。”僧曰:“夫子家声遗旧业,法王基绪得中兴。”师云:“后五日看。”僧曰:“且道昔日今时,是同是别?”师云:“一言已出。”

问:“春气已随红雨散,熏风初度绿阴凉。学人借问西来意,乞师方便为敷扬。”师云:“分明举似大众。”僧曰:“可谓一句截流,万机顿削。”师云:“筑着磕着作么生道?”僧曰:“落落清规今古同,相逢会有知音举。”师云:“不妨伶利。”

问:“离群师子,踞地全威。不露爪牙,愿闻哮吼。”师云:“大家着力。”僧曰:“当年卢老曾饶舌,今日亲闻第一机。”师云:“脚跟下事作么生?”僧曰:“宝杖拨开千圣眼,当场辨取火中莲。”师云:“果然作家。”

师云:“此一法印,非有所传。旷劫佩持,不从人得。包六虚而无外,混十世以同时。全提则佛祖踪沉,放下则圣凡文起。昭昭日用,森罗顿现于灵光。荡荡目前,彼此无分于实际。虽廓然泯迹,流通于无量义门。阒尔无依,迥超于一切智地。非文字相,离见闻缘。诸乘由是莫能诠,列祖于斯提不起。此日人天既集,不可徒然,略于建化门中普示诸人,各请端心正视。”乃顾左右云:“还见么?若恁么承当得,便乃机衡在握,全归阃外之权。刹海澄波,共助寰中之化。珍重。”

上堂云:“诸人知有道不得,山僧道得不知有。且道此两语,是一理?是二义?若人定当得出,许你顶门眼正。参。”

上堂云:“本分相见,不在如何。擦起便行,犹为钝汉。若也分宾分主,俱为念话杜家。更乃说妙谈玄,不当宗门苗裔。山僧恁么道,已是雪上加霜,你等诸人更拟觅个什么?”以拄杖一时趁下。

上堂云:“山僧一无所解,只是丛林冤害。选甚南来北来,谁能上载下载。一味拔楔抽钉,与你平生庆快。冷然作活自由,荡荡无拘无碍。随缘任运腾腾,从你九旬结制。虽然放旷不羁,亦要时中管带。”良久云:“会么?此时若不究根源,直待龙华第三会。”

上堂云:“折半列三,人人道得。去一拄七,亦要商量。正当今日,云门道底不要别,作么生露得个消息?”良久云:“日月易流。”

上堂云:“化城不止,宝所非安。直饶蹈着本地风光,便好拗折拄杖。虽然如是,忽然问你索着线袋针筒,莫道不知落处。”

湖州报本禅院常利禅师

姓卓氏。福州古田人也。总角之岁,圆顶披缁。即慕参游,问心有得。大卿吕公请师出世,提唱祖风,道望益着。

问:"如何是大人相?"师云:"披毛戴角。"僧曰:"学人不会。"师云:"紫磨金容。"

问:"如何得作佛去?"师云:"烦恼里荐取。"僧曰:"如何得离烦恼?"师云:"对面菩提。"

问:"如何是无相佛?"师云:"影临四海。"僧曰:"如何是有相佛?"师云:"体绝毫牦。"僧曰:"毕竟是有是无?"师云:"常忆当年寻海客,一声羌笛过山南。"僧曰:"和尚不近道理。"师云:"从来只与么。"

问:"古镜未磨时如何?"师云:"照。"僧曰:"磨后如何?"师云:"黑。"僧曰:"既是磨后,为什么黑?"师云:"为汝要磨。"

问:"如何是无为?"师云:"有作。"僧曰:"如何是有作?"师云:"无为。"僧拟议,师云:"漆桶,遮里不是无为。"

上堂云:"寻常不欲与诸人枝蔓,今日未免枝蔓,罪过弥天。还有点检得出底么?若点捡得出,管取至道无难。若点检不出,莫道无事好。"

上堂云:"今日月望,打个糊饼供养大众。"拈拄杖,作圆相云:“还识此饼么?不但供养一人,百千万亿人只是一个。细嚼饱餐,不得咬破。然虽如是,切忌面生。参。”

上堂云:“大众,有一人无形无相,无学无名;不动人情,能为变化;该罗群象,洞摄大千;截生死流,居涅槃岸;或诸佛菩萨,乃至人与非人,见今坐断毗卢,直至一生补处。还识此人么?若识得伊,共为洪范。若不识伊,常为冤对。快识取好。参。”

扬州石塔惠照寺惠禅师

问:“世尊出世,地涌金莲。和尚开堂,有何祥瑞?”师云:“雪满长空。”僧曰:“纤尘不立。”师云:“伶利衲僧。”

杭州南山广法法光禅师

问:“雪峰三上投子,九到洞山,为什么倒戈卸甲?”师云:“理长即就。”僧曰:“未审雪峰得个什么?”师云:“一棒一条痕。”

问:“腊月火烧山,意旨如何?”师云:“若不得流水,还应过别山。”僧曰:“学人未晓。”师云:“春来草又生。”

师云:“主宾问答,未当宗乘。建化门中,一期施设。使言言相副,句句投机,于衲僧分上,远之远矣。而今日明云晴,山高水深,且作么生会举扬底道理?还会么?山僧不免土上加泥,更为通个消息。高低岩岫现重重,楼阁门开处处通。要会此中端的意,威光烁烁遍长空。伏惟珍重。"

明州瑞岩山永觉禅师

问:"久得韶阳旨,门中试为通。"师云:"声前如迸镞,句后若流星。"僧曰:"古殿豁开光灿烂,水精宫里粲[1]真珠。"师云:"点。"

师云:"若据衲僧分上,四时不别,八节安知。高栖岩上,出没卷舒。一任桑田海变,从佗兔走乌飞。布衾暖处始知春,黄叶飘阶委秋色。如斯境界,方称道怀。若据顺俗之谈,须知遮个消息。"乃顾大众云:"且道即今是什么时节?还知么?玉漏声将促,金乌影渐长。须臾春色里,又见百花香。久立。"

睦州资福道芳禅师

问:"德山、临济,以棒喝接人。和尚出世,将何垂示?"师云:"山僧无气力。"僧曰:"和尚岂无方便?"师云:"大众笑你。"

有僧出礼拜,起云:"请师答话。"师云:"蹉过了也。"

---

① 粲:音萨。散也。

僧曰："甚么处是蹉过？"师云："五里复五里。"

师云："秋风清，秋水渌。白鹭立寒汀，秋蝉噪幽谷。金风扇白苹，玉露滋黄菊。流水奏伯牙之琴，凉飙动子猷之竹。听也听不尽，观也观不足。且作么生会个佛性义？"良久云："解空不在离声色，爱听孤猿岭上啼。"

舒州太平慧登禅师

问："如何是太平境？"师云："多年三级塔，未老万株松。"僧曰："如何是境中人？"师云："一似不曾斋。"

师云："太平知见，麦里有面。厨屋对僧堂，三门对佛殿。咄。"

岳州乾明慧觉禅师

问："如何是乾明境？"师云："修竹四围绕，凌松一带寒。"僧曰："如何是境中人？"师云："手拈湘竹杖，目视楚山云。"僧曰："人境已蒙师指示，向上宗乘事若何？"师云："绿竹满轩庭，微云生岳面。"

问："宝剑未出匣时如何？"师云："冷光生。"僧曰："出匣后如何？"师云："犹嫌钝。"

问："如何是诸佛本源？"师云："野鹤连天叫。"僧曰：

“意旨如何?”师云:“通宵彻夜闻。”

问:“如何是清净法身?”师云:“泥人合掌礼西方。”

问:“如何是佛?”师云:“老僧不妄语。”

师云:“蒙蒙微雨,滴滴阶墀。万木正秋色,归根叶落时。咦。清飙吹散断山云,孤月辽天说向谁。参。”

上堂云:“寒风响,雁声急,大启圆通何不入?雪月交光冷相照,鹭鹚飞向芦花立,休使空生双泪泣。”

上堂云:“内视于心,心无其心。外视于形,形无其形。远视于物,物无其物。”良久云:“三际求心心不得,元来只遮古今人。咄。”

上堂云:“三界无家此个人,十方周遍露全身。有时对面难寻觅,忽尔相逢又却亲。若要亲,山河大地绝纤尘。久立。”

上堂。拈拄杖云:“诸禅德,会么?山僧两手分付与你诸人,尚不能会。”放下拄杖,云:“吽吽,驴年梦见。参。”

处州法海禅院世长禅师

问:“法身三种病、二种光,如何透得?”师云:“画地为牢。”僧曰:“和尚透得也。”师云:“退身无路。”僧曰:“自起自倒。”师云:“脑门着地。”

问:“如何是诸法实相?”师云:“更举一遍。”僧曰:“三世诸佛吐不出,六代祖师吞不下。”师云:“言犹在耳。”

师云:“城市喧繁,空山寂静。虽然如是,动静一如,彼我不二。四时轮转,物理湛然。夏不去而冬自来,风不寒而冰自冷。今也古也,不假丝毫。谁少谁多,身无二用。诸禅德,既是身无二用,为甚么龙女现十八变?君不见,弄潮须是弄潮人。”卓拄杖,下座。

筠州米山崇仙禅师

上堂。顾视大众云:“山河大地被山僧撮来,捣罗为末,炼蜜为丸,以淡姜汤吞却了也。何处更有一丝毫?若道是有,即为谤法。诸人到遮里,合作么生话会?”良久云:“参。”

苏州宝华妙觉显禅师

问:“机轮曾未转,转处实能幽。如何是转处实能幽?”师云:“白云绕空谷,清风拂太虚。”僧曰:“意旨如何?”师云:“劫火洞然毫末尽,青山依旧白云中。”

问:“如何是祖师西来意?”师云:“霜风落林叶。”僧曰："霜风落林叶，意旨何如？"师云："逢春又却生。"

问："久雨不晴时如何？"师云："绿毛龟出水。"僧曰："晴后如何？"师云："得缩头时须缩头。"

师顾视大众云："日如箭，月如梭。灵源本来莹净，何须特地揩磨。如今要得无余事，学取城东黑老婆。参。"

上堂云："我眼本正，因师故邪，毗耶城老亦周遮。浮云收碧落兮自宽廓，黑豆逢水土兮自生芽。恁么会得，也好与三十棒。"

上堂云："凉飙生后夜，万木尽惊秋，金风碎剪白云浮。莫问韶阳端的处，姮娥新琢玉为钩。"

明州岳林元亨禅师

上堂云："云依依，日迟迟。柳开河岸，花发高枝。灵云今日向什么处安身立命？"蓦拈拄杖云："看看，莫颟顸。久参高士，举目知归。晚进之流，新罗国里。珍重。"

安州九嵕山圆明著禅师

问："大藏教中还有奇特事也无？"师云："有。"僧曰："如何则是？"师曰："展轴光千界，开函万国春。"

问:“作家不啐啄,啐啄不作家。学人上来,请师作家相见。”师云:“袖里青蛇吼。”僧曰:“学人不会。”师云:“脑后冷光生。”僧曰:“错。”师云:“识甚痛痒。”

师云:“烟凝苇岸,黄叶飘空。燕去雁来,古今常定。说生说灭,未为极则之谈。遣有排空,岂是格外之语。黄梅半夜,少室九年。直显真机,更无别理。所以道:直截根源佛所印,摘叶寻枝我不能。敢问诸人,作么生会个直显真机底道理?”良久云:“参。”

上堂云:“云起高峰,水流涧下。乔松烟锁,古桧风生。且道衲僧分上成得什么边事?”良久云:“孙宾门下,切忌钻龟。”

庐州澄慧善珂禅师

问:“如何是澄惠境?”师云:“千里清风归野外,一轮明月上波心。”僧曰:“如何是境中人?”师云:“肩横榔標,目视烟霄。”僧曰:“如何是向上事?”师云:“葛藤得也未。”

师云:“若论此事,高超三界,独步大方。截生死流,踞涅槃岸。演无上法,使灵苗异叶,处处腾芳。鸾凤麒麟,声声相应。可谓将此身心奉尘刹,是则名为报佛恩。诸高德,如斯举唱,未免周遮。若是出格道流,且待别相见。参。”

苏州宝华山悟本庆禅师

问:"久居岩谷即不问,入廛垂手事如何?"师云:"弄花香满手,穿竹粉盈衣。"僧曰:"便是为人处也。"师云:"两眼已随青嶂合,双眉犹带野花蘻。"僧出众,提起坐具,师便喝,僧亦喝。师又喝,僧礼拜,师便打。

问:"休去,歇去,古庙香炉去,未审意旨如何?"师云:"有耳铁牛穿半夜,无条石马走春风。"僧曰:"莫便是为人处也无?"师云:"风急浪开鱼自现,金鳞透入碧波中。"

师顾视云:"看看。桃花乱落如红雨,风撼梨花白雪香。莺哢玉琴细,柳垂金线长。古佛家风在,头头示显扬。恁么说话,也是事随物运,法逐时迁。若是格外顿根,不干文墨,直见自心,大用繁兴,无非佛事。"良久云:"大众,参堂去。"

饶州蜜岩净土院惠旻禅师

上堂云:"道无动静,法本随缘。立处皆真,随方作主。在天地则覆载,在日月则照临,在君臣则移风易俗,在释氏则兴慈运悲。且道衲僧分上又作么生?"良久云:"欲言言不及,林下好商量。参。"

庐州澄慧院冕禅师

问:“如何是澄慧境?”师云:“前临金斗城,后枕藏舟浦。”僧曰:“如何是境中人?”师云:“欢愁语尽江山窄,名利忘来天地宽。”

师云:“万法摐[①]然,何须自昧。大众还见么?风高凛冽正严凝,瑞气祥光满寺庭。祖令已行高着眼,寒光烁烁射文星。久立。”

潭州石霜崇胜寺能禅师

问:“知师久蕴囊中宝,今日当场略借看。”师云:“两手分付。”僧曰:“小出大遇。”师云:“回眸子细看。”

汀州同庆院自鉴禅师

上堂云:“释迦密印,不出乎心。达磨真机,岂离当体。于兹见得,畅快平生。更若纷纭,自家埋没。虽然如是,七穿八穴一句又作么生?路逢死蛇莫打杀,无底篮子盛将归。”

---

① 摐:音窗。撞也。

荆南府万寿院有琛禅师

问:"上上之机,请师垂示。"师云:"铁牛哮吼,木马嘶鸣。"僧曰:"便恁么会时如何?"师云:"未敢相许。"

宣州宝胜永良禅师

问:"道非物外,物外非道。如何是物外道?"师云:"目前可验。"僧曰:"如何是道中人?"师云:"对面同千里。"僧曰:"向上更有事也无?"师云:"勘破了也。"师乃云:"大道舒光,十方周遍。及乞根源,了无所得。然虽如是,不出金峰窠里,到遮里,合作么生?"良久,喝一喝,下座。

寿州六安文殊惟湛禅师

问:"目前无法,意在目前时如何?"师云:"看。"僧曰:"片云生脱谷,孤鹤下遥天。"师云:"莫错认。"师乃云:"春至花开,秋来叶落。法法见前,不须穿凿。咄。"

福州光化楚苌禅师

开堂日,示众生:"昔年灵山会上,黄面老人四十九年三百余会,该罗不着底事。山僧今日普示诸人,"良久云,

“依俙越国,仿佛扬州。”

僧问:“皇道与佛道相去几何?”师云:“但请知时。”僧曰:“学人未晓玄言。”师云:“雷鸣天鼓震,圣语敕文行。”僧曰:“混然先天地,迥出希夷间。”师云:“寰中日应万机巧,海外风光一样清。”僧曰:“是一是二?”师云:“俯为葛藤。”

问:“师唱谁家曲,宗风嗣阿谁?”师云:“胡风扇汉,祖月耀梁。”僧曰:“灵山印本,不用揩磨。”师云:“也是欺我唐土儿孙。”僧曰:“古今通途去也。”

师云:“路出千山,水分八字。”乃云:“非君所议以当宗乘,亦非寂寥徒为向上。何也?言无差别,句乃横该。就驰言句,面目换了。是以参玄上士仍当荐取,方解异类,共物推移。若不如是,未免情存取舍,境缘好丑;迭递更迁,威光失色;头头显示,率尔嗟嘘。于是从上贤者,为物之故,抑而为之;互为宾主,激扬斯旨。人天眼目,悟则为准。”

上堂。顾视大众:“还相委悉么?”良久云:“从来风辨,理冠真乘;不涉程途,非尔自然;人人己分,实乃无亏;个个英灵,奇特现矣。是以诸门互显,捷应无私。以无私之妙体,返照朗然之无穷。思尽还源,不真何待。诸禅德,还会么?久远与么,今日如是。遵此法令,施行无畏。”

《建中靖国续灯录》卷第十七·对机门

庐陵清原山行思禅师第十三世

东京法云圆通禅师法嗣

江宁府蒋山太平兴国寺惠炬禅师

讳良策。福州人也。比试圆顶。游方参寻,首见六合孜禅师,微有发明。诣圆通禅师席下,顿释疑滞。既蒙印证,为众领袖。出世华藏,大扬祖意。次迁钟山,左丞蔡公卞奏以章服、师名。

问:“诸佛出世,普为群生。和尚出世,又且如何?”师云:“拄杖未曾拈着。”僧曰:“与么则人天获利。”师云:“好领前话。”僧曰:“喏喏。”师云:“遮个衲僧犹较些子。”

上堂云:“秋风索寞,秋景萧条。雁过长空,燕离大厦。游方禅客,卜处安居。腰束轻囊,手携短锡。水边松际,去住无拘。虽然如是,忽有人问:‘作么生是行脚底事?’明眼人前如何祗对?若是所得之者,万一无疑,后学初心亦须子细。还会么?要知江上路,须问渡头人。参。”

上堂云:“雪将残,分外寒。向火容易,涉道艰难。好是和衣打睡,任佗日上栏干。祖师没腰断臂,吾徒莫作等闲。光阴荏苒,人事多端。遮边渌水,那里青山。难难,百年三万六千日,看看便见鬓毛斑。山僧与么说话,拖泥滞水不少。然虽如是,养子方知父慈。”

庐山开先心印禅师

讳智珣。饶州人也。策试得度,便慕宗风。参圆通禅师,发悟心要,顿息佗游。推为师表,请居合肥延昌。次迁开先,佛国禅师回奏帘赐章服,都尉张侯敦礼奏以“心印”师名。

问:“和尚出世,将何为人?”师云:“山形拄杖子。”僧曰:“刁刀相似,鱼鲁参差。”师云:“朝三千,暮八百。”

问:“赵州三等接人,未审和尚几等接人?”师云:“随家丰俭。”僧曰:“向上之机虽已晓,中下之根又若何?”师云:“领取钩头意,莫认定盘星。”

问:“须菩提唱无说而显道,未审和尚以何显道?”师云:“山僧口似铁。”

上堂云:“击鼓上来,大家觑见。法法现前,不劳锻炼。诸禅德,为什么如此?彼彼大丈夫,为君通一线。”

上堂云:“动静不禅,去来常定。万派同源,海云自异。可谓心境一如,有何不可。然虽如是,且道衲僧分上还得也无?”良久云:“天台榔㮚木,南岳万岁藤。”

上堂云:“极目青天无片云,万象森罗全体露。若也拟议更商量,终是翻成个路布。不烦久立,归堂吃茶去。”

上堂云:“握须弥于掌内,鉴十方于目前。且道是什么人分上事?所以云门大师云:‘三藏圣教在汝舌头上,微尘诸佛在汝脚跟下,不如悟去好。’忽若筑着磕着,东西不辨,南北不分底,又作么生?”良久云:“存得五湖明月在,不愁无处下金钩。”

上堂云:“平旦寅,扶桑日出照何人。个中未了奔南北,孰知大地一微尘。虽然如是,会得甚奇特,不会亦最亲。”

上堂云:“一法不通,万缘方透。山河无隔碍,灵光触处明。且道眼为甚么不见眉毛?只为住处大近,未免衲僧取笑。既不恁么,又作么生?钵盂无底寻常事,面无鼻孔笑杀人。”

潭州道林广慧寺宝琳禅师

苏州人也。东禅院受具。少习经论,妙通精义。遂扣禅室,发明祖意。圆通禅师常所印可,大丞相王公安石亦深器重。出世广德兴教,次移池阳景德、庐山万杉。潭师请居道林,学者归仰,都尉张侯敦礼奏以章服。

问:“德山棒、临济喝,未审和尚如何为人?”师云:“总不恁么。”僧曰:“又作么生?”师云:“自领出去。”僧便喝,师云:“遮聋汉。”僧无语,师云:“非但患聋,亦乃患哑。”

问:“浅闻深悟,深闻不悟。云门道了,和尚作么生?”师云:“头戴天,脚踏地。”僧曰:“学人未晓。”师云:“有口不可闲却。”僧曰:“若然者,饥来吃饭困来眠。”师云:“不妨会得好。”

师云:“扬眉瞬目,不当宗乘。举古提今,残羹馊饭。一棒一喝,未称衲僧。踞坐思量,傍观者丑。且道作么生是衲僧本分事?常忆江南三月里,鹧鸪啼处百花香。”

上堂云:“近日稍春寒,寥寥宇宙宽。山河无隔碍,世界掌中观。无口卢行者,饶舌是丰干。三日不相见,莫作旧时看。”拈拄杖云:“会么?棒头有眼明如日,要识真金火里看。”

上堂云:“今朝五月五,百草灵苗谁不睹。善财采药与文殊,杀活临机互为主。禅家流,莫莽卤,眨上眉毛好看取。信手拈来知不知,甜者甜兮苦者苦。”

上堂云:“云收岳面,日上扶桑。飒飒寒风,纷纷败叶。

潇湘江内,白浪滔天。广惠门前,地平如掌。若也知有底衲僧,稳坐太平。其或未然,不免捞天摸地。”

江宁府保宁寺子英禅师

钱唐人也。禀性介洁,仪范清肃。拨草瞻风,寻师择友。诣圆通禅师法席,师资缘契,针水相投。遂历湘、沅、荆、楚,所至丛林,云徒蚁慕。请居夹山,次移二圣、庐山罗汉、太平隐静、金陵凤台。都尉张侯敦礼闻师道风,奏赐章服。

问:“如何是夹山境?”师云:“叠叠好山来不尽,滔滔泉水济无穷。”僧曰:“如何是境中人?”师云:“榔栗惯将冲鸟道,衲衣常挂五云浓。”僧曰:“只如宗乘,若何指示?”师云:“铁牛耕大地。”

问:“如何是第一句?”师云:“俊鹘趁不及。”僧曰:“如何是第二句?”师云:“横身该宇宙。”僧曰:“如何是第三句?”师云:“捞天摸地。”僧曰:“三句已蒙师指示,目前一句又如何?”师云:“孟夏渐热。”

问:“山河大地不作眼见耳闻时如何?”师云:“只恐不与么。”僧曰:“便与么时如何?”师云:“山高水深。”僧无语,师云:“幸自可怜生,刚被佗谩却。”

师云:“有大旷宅,不居门户。灵灵常在,今古无亏。

不问路头,谁人得入。善于中止,受用无穷。获大安隐,周游无际。虽然如是,更须知有水不洗水一句。参。”

上堂云:“有一人搅长河为酥酪,变大地作黄金;握骊珠于掌中,纵游戏于目际,此人堪受四事供养。有一人夺饥人之食,驱耕夫之牛;然后见山是山,见水是水,此人亦堪瞻之仰之。有一人片帆不挂,棹橹俱停;独宿沙洲,月明四海,此人亦堪顶戴奉行。一人在前,一人在后,一人居中。透关者,试请辨看。”

上堂。拈拄杖云:“日月不能并明,河海不能竞深;须弥不能同高,乾坤不能同固,圣凡智慧不及,且道遮个有什么长处?”良久云:“节目分明,生来条直。冰雪敲开片片分,白雪点处承伊力。”击禅床,下座。

抚州明水法逊禅师

问:“向上宗乘即不问,明水波涛事若何?”师云:“探珠宜浪静。”僧曰:“未审如何趣向?”师云:“一任摸索。”

问:“如何是明水境?”师云:“石门路险。”僧曰:“如何是境中人?”师云:“口方四字。”僧曰:“未审更有事也无?”师云:“游子不知春已去,误听黄鹂作杜鹃。”

师云:“万法万形,皆逐心成。孤光一照,万虑俱清。随方任器,逐晦随明。芥纳须弥无宽窄,毛吞巨海不亏盈。参。”

上堂云:“妙觉非遥,能仁不远。出入不离,相随动转。若于今日识渠,不在当时鹿苑。参。”

上堂云:“沙门上士,道眼为先。穷本明心,方为究竟。森罗万象,本有同源。廓落太虚,谁云有滞。尘劫来事,只在如今。盖是心迹不通,识情所碍,所以三世诸佛尽在目前,诸人还见么?”良久云:“一二三四五,各各面相睹。参。”

兴元府慈济聪禅师

问:“骑牛觅牛即不问,天然脱洒意如何?”师云:“卸却甓[①]臭布衫。”僧曰:“布衫已卸了也。”师云:“脱洒事即不问,牛在什么处?”僧曰:“吽吽。”师云:“几乎放过。”

问:“如何是道?”师云:“此去长安三十七程。”僧曰:“如何是道中人?”师云:“撞头磕额。”

问:“不是风动,不是幡动,未审是什么动?”师云:“低声低声。”

问:“如何是随色摩尼珠?”师云:“青青翠竹,郁郁黄

---

① 甓:音檗。露出。

花。”僧曰：“如何是正色？”师云：“退后退后。”

问：“释迦已灭，弥勒未生，未审谁为导首？”师云：“铁牛也须汗出。”僧曰：“莫便是为人处也无？”师云：“细看前话。”

问：“如何是超佛越祖之谈？”师云：“陕府铁牛。”

师云：“三乘教典，不是真诠。直指本心，未为极则。若遇通心上士，脱洒高流，出来相见。”乃顾视大众云：“休。”

上堂云：“终日孜孜相为，恰似牵牛上壁。大众，何故如此？贪生逐日驱驱去，唤不回头争奈何。”

上堂云：“一即一，二即二。把定要津，何处出气。”乃拈拄杖云：“彼自无疮，勿伤之也。”卓一下。

安州白兆山通慧圭禅师

问：“诸佛出世，建立法门。和尚出世，以何垂示？”师云：“云收千嶂碧，云霁八方明。”僧曰：“朝游罗浮，暮归檀特。”师云：“脚跟下事作么生？”僧拊掌一下，师云：“作家禅客。”僧曰：“也不消得。”师云：“山僧失利。”

问：“收来放去即不问，古佛家风事若何？”师云：“一回举着一回新。”僧曰:“和尚岂无方便?”师云:“自是蒲绳短,休嫌古井深。”

师云:“幸逢嘉会,须采异闻。既遇宝山,莫令空手。不可佗时后日,门扇后壁角头,自说大话,也无利益。然则此事,问与不问,亦无得失。何也?穷天地,亘古今,即是当人一个自性,于是中间更无佗物。

“诸人每日行时行着,卧时卧着,坐时坐着,祇对语言时,满口道着。以至扬眉瞬目,瞋喜爱憎,寂默游戏,未尝间断。因甚么不肯承当,自家歇去?良由无量劫来,爱欲情重,生死路长,背觉合尘,自生疑惑。譬如空中飞鸟,不知空是家乡;水里游鱼,忘却水为性命。何得自抑,却问傍人?大似捧饭称饥,临河叫渴。

“诸人要得休去么?各请立地,定着精神,一念回光,豁然自照。何异空中红日,独运无私;盘里明珠,不拨自转。然虽如是,只为初机,向上机关未曾踏着。且道作么生是向上机关?”良久云:“仰面看天不见天。”

寿州霍丘归才禅师

问:“如何是祖师密密意?”师云:“佛眼觑不见。”僧曰:“为什么觑不见?”师云:“密密意。”

问:“一言相契时如何?”师云:“丹霄显露。”僧曰:“不假一言时如何?”师云:“带水拖泥。”

问:“拨尘见佛时如何?”师云:“眉长三尺。”

师云:“若于遮里悟去,迥脱根尘,不拘文字,便乃坐机报化佛头,高步毗卢顶上,顿超三界物类,无拘妙用也。变作金毛师子,向须弥山顶哮吼一声,群魔胆裂。”蓦拈拄杖云:“休向清凉山里埵根,且在霍丘城下拈出。还见么?若也以见见之,为常见。若也无见见之,为断见。前来葛藤一时画断。见即不见。还见么?”良久云:“前村深雪里,昨夜一枝开。”

庐州长安净名法因禅师

问:“祖意西来即不问,法令当行事若何?”师云:“拄杖点头。”僧曰:“要用即用。”师云:“非公境界。”

师云:“天上月圆,人间月半。七八是数,事却难算。隐显不辨即且致,黑白未分一句作么生道?”良久云:“相逢秋色里,共语月明中。参。”

上堂云:“祖师妙诀,别无可说。直饶钉觜铁舌,未免弄巧成拙。净名已把天机泄。珍重。”

太平州芜湖县吉祥讷禅师

问:“昔日凤凰台畔,已得圆通之机。今朝坐断要津,愿唱西来之曲。”师云:“日出卯,用处不须生善巧。”僧曰:

“学人今日得闻于未闻去也。”师云:“心不负人,面无惭色。”僧曰:“可谓清音通碧汉,古曲尽咸闻。”师云:“逢人但恁么流通。”

师云:“诸佛不出世,亦无有涅槃。祖师不西来,亦无所传授。若一向恁么去,释迦老子饮气吞声。放一线道,过遮边来,便见有佛有祖,有师有承。山僧到遮里,进前不得,退后无门,不免露个消息,也要大家知委。还相悉么?”良久云:“霹雳一声惊宇宙,几人犹在梦魂中。”

师到隐净。上堂云:“五峰影里,双涧声中。草木青葱,烟云澹泞。风光溢目,触处可观。然虽如是,只如撞着道伴一句作么生道?还知落处么?”良久云:“玲珑八面自回合,峭峻一方谁敢窥。”复云:“啸月吟风水石间,忘机赢得此心闲。无端打破空狼籍,羞对白云归旧山。”

庐州广惠冲云禅师

问:“如何是广惠境?”师云:“古柏含烟翠,乔松带雪寒。”僧曰:“如何是境中人?”师云:“一瓶净水一笼烛,童子念经僧坐禅。”

师云:“法界性海,非三界可观。解脱法门,绝一尘可示。盖由性灵不等,根器差殊。故诸佛出兴,随缘设教。或茶坊酒肆,徇器投机。或柳巷长街,优游自在。种种施为,尽入萨婆若海。恁么说话,耻佗先圣。不见古人道:赤肉团上，壁立千仞；百尺竿头，如何进步？”良久云：“撥[①]手到家人不识，更无一物献尊堂。珍重。”

浮槎山福严守初禅师

问：“如何是受用三昧？”师云：“拈匙放箸。”

问：“如何是正直一路？”师云：“踏不着。”僧曰：“踏着后如何？”师云：“四方八面。”

问：“学人便恁么会时如何？”师云：“错。”僧曰：“如何得不错？”师云：“且看前话。”

师云：“若论此事，放行则曹溪路上月白风清，把定则少室峰前云收雾卷。如斯语论，已涉多途。但由一念相应，方信不从人得。大众，且道从什么处得？”良久云：“水流元在海，月落不离天。”

上堂云：“即性之相，一片晴空。即相之性，千波竞起。若彻来源，清流无阻。所以举一念而尘沙法门顿显，拈一毫而无边刹境齐彰。且道文殊、普贤即今在什么处？下坡不走，快便难逢。”便下座。

① 撥：音萨。侧手击。按揉。

鼎州德山仁绘禅师

问:“如何是不动尊?”师云:“来千去万。”僧曰:“恁么则脚跟不点地。”师云:“却是汝会。”

师云:“至道无难,唯嫌拣择。但莫憎爱,洞然明白。山僧即不然,至道最难,须是拣择。若无憎爱,争见明白。”

澧州圣寿香积用旻禅师

上堂云:“木马冲开千骑路,铁牛透过万重关。木马铁牛即今在什么处?”良久云:“惊起暮天沙上雁,海门斜去两三行。”

筠州瑞相子来禅师

师顾视云:“夫为宗匠,随处提纲。应机问答,杀活临时。心眼精明,那容妖怪。若也棒头取正,喝下承当,埋没宗风,耻佗先作。转身一路,不在迟疑。一息不来,还同死汉。大众,直饶到遮田地,犹是句语埋藏,未有透脱一路。敢问诸人,作么生是透脱一路?还有人道得么?若无人道得,山僧不免与诸人说破。”良久云:“玉离荆岫寒光动,剑出丰城紫气横。”

庐州真空从一禅师

问:“一请便来时如何?”师云:“快便难逢。”僧曰:“昨朝衲子,今日禅师。”师云:“两彩一赛。”僧曰:“云门道‘南山起云,北山下雨’,意旨如何?”师云:“非公境界。”僧拟议,师便喝。

师云:“心镜明鉴无碍。”遂拈起拄杖云:“唤遮个作拄杖,即是碍。不唤作拄杖,亦是碍。离此之外,毕竟如何?要会么?碍不碍,谁为对。大地山河,廓然粉碎。”

庐州承天资福月禅师

问:“如何是庐州境?”师云:“千里风威肃,重城角韵清。”僧曰:“如何是境中人?”师云:“歌廉虽起裤襦咏,借剑难留柱石材。”

师云:“信知此事,西竺首传迦叶,域中祖令刚行;东土后付卢公,教外真风不坠。分灯列派,徇器投机。自古及今,圣贤间出。岂可以小根小智而能绍续祖宗,发显真猷,称扬斯事?然虽如是,事无一向。岂不见先德道:‘最初说法者,不知有末后句。末后说法者,不知有最初一句。’最初一句即且致,作么生是末后一句?还有人道得么?”良久云:“珍重。”

南京宁陵安福子胜禅师

问:“妙峰顶上即不问,半山相见事如何?”师云:“草里汉。”

问:“若立一尘,家国兴盛。不立一尘时如何?”师云:“有眼无耳朵,六月火边坐。”僧便归众,师云:“三十六计,走为上计。”随后便打。

师云:“问处风驰电卷,答处海纳众流。捡点将来,有甚用处。何也?且大道虚旷,孰以言宣;法无去来,本非出没。自古自今,何曾有异。灵光不昧,体露真常。心本空寂,境自不生。境既不生,性本常住。可谓一切诸法皆悉圆成。是故先觉有言:‘法本法无法,无法法亦法。今付无法时,法法何曾法。’

“诸仁者,佗既恁么告报,诸人何不直下承当?若也承当得去,能于般若光中游华藏世界,纵横自在,妙用无边。拟议思量,翻成路布。毫厘情念,事相不忘。往复轮回,何有休息。殊不知凡之与圣皆是虚名,异相种形,本来幻色。若能自信,旷劫尘劳,冰消瓦解。如是则十方世界一口吞尽,何处更有一丝毫为隔为碍。虽然如是,敢问诸人,只如达磨西来,九年冷坐,徒个什么?”良久云:“不要疑着。”

上堂云:“万木萧疏,群峰叶落。岩松古柏,四季长青。林下相逢,更说什么?若也扬眉瞬目,又是鬼弄精魂。更或拈拂敲床,大似隔靴抓痒。筑着磕着,头涨面赤。到遮里,如何得恰好?”良久云:“借居一片闲田地,独对高峰为举扬。参。”

舒州甘露德颙禅师

问:“知师已得圆通旨,未番如何指示人?”师云:“昼见日。”僧曰:“学人不会。”师云:“夜见星。”

问:“如何是佛法大意?”师云:“歌须摇头,哭须皱眉。”

问:“如何是最初一句?”师云:“梁王不识。”僧曰:“未审意旨如何?”师云:“独自凄凄。”

师云:“栴檀林中更非佗木,并是根生土长;出现世间,花果枝条,悉皆茂盛。优钵罗花,时一现耳,直得圣凡聚首,远近同观。观则不无,且道承谁覆荫?”良久云:“南山起云,北山下雨。”

上堂云:“早朝击鼓,劳动诸人。古佛丛林,事不获已。直饶德山一棒,似倚天长剑;临济一喝,如旱地爆雷,尽是倚势欺人,无风起浪。山僧今日过犯弥天,留与诸方捡点。”

金陵正觉道清禅师

问："如何是佛法大意？"师云："仓陈米饭淡黄齑。"

问："如何是切急处？"师云："库宇半成，方丈基足。"

金陵天禧宗永慧严禅师

问："九年面壁，图个什么？"师云："天盖地载。"僧曰："昔时达磨，今日天禧。"师云："多年历日。"

问："正当恁么时，佛法在什么处？"师云："你鼻孔里。"僧曰："恁么则气急杀人。"师云："也有些子。"

襄州凤凰山乾明广禅师

上堂云："日头东畔出，月向西边没。来去急如梭，催人成白骨。山僧有一法，堪为保命术。生死不相干，打破精灵窟。咄咄，是何物？不是众生不是佛。参。"

上堂云："今日中秋夜月，不是衲僧时节。虽然十分圆明，来朝依旧还阙。人人有面古镜，照天照地无别。从来一向圆明，且道是谁家风月？禅人若暂回头，演惹达多心自歇。参。"

饶州安国自方禅师

上堂。普视大众云:“还会么?一切见成,不用丝毫心力。但尽凡心,别无圣解。所以道:观身实相,观佛亦然。前际不来,后际不去。今则无住,无住之本。流出万端,万象森罗。一时验取。”

庐州澄慧义端禅师

问:“如何是佛?”师云:“泥捏金装。”僧曰:“如何是法?”师云:“海口难宣。”僧曰:“如何是僧?”师云:“剃头洗钵。”僧曰:“向上更有事也无?”师云:“不妨惺惺。”

师云:“春山青,春水碧,随波逐浪成虚掷。若能返究本来源,万派分流声沥沥。问你诸人识不识,忽若识,免效当年空面壁。”

庐州北天王崇胜益禅师

上堂云:“宗门祖令,徒自缄言。坐断妙峰,一口吞尽。黄河倒泻,昆仑铁牛。横身宇宙,到遮里,却须有出身一路。”良久云:“玉马嘶时金斗转,金鸡啼处日光生。参。”

上堂云:“灵源湛寂,动静一如。万法本空,随缘而照。

方圆任器,应用无私。亘古亘今,了然自在。所以在天旋之不动,在江注之不流。寂而不凝,动而不乱。运用千般,隐无滞碍。然虽如是,争奈祖宗门下总不用着。敢问诸人,且道衲僧家有什么奇特处?”乃拈拄杖横按膝上,云:“会么?七星光灿烂,举动耀乾坤。”卓一下。

卫州元丰院宗灯禅师

开堂日,问:“梵王请佛,盖为群生。府主请师,当为何事?”师云:“知恩方解报恩。”僧曰:“金粟不知何处去,裴公今日入山来。”师举拂子云:“还见么?”

问:“选佛场开,如何显道?”师云:“云离山势耸。”僧曰:“学人未晓。”师云:“雷出地声高。”僧曰:“更有奇特事也无?”师云:“有。”僧曰:“如何则是?”师云:“三尺冷光辉夜月,一条流水迸人寒。”

庐山栖贤智柔庵主

投机颂曰:二十年来行脚,走尽东京西洛。如今却到栖贤,一步不曾移着。

东京法云禅寺惟白佛国禅师(向下语句已曾进上)

元符三年二月十六日,哲宗皇帝五七,奉圣旨就福宁殿升座。拈香罢，问："大行皇帝上仙，未审即今居何报土？"师云："不居兜率陀天上，便在莲花世界中。"僧曰："恁则么灵然一句超群象，迥出三乘不假修。"师云："须是恁么人，方能恁么去。"僧曰："还许学人露个消息也无？"师云："圣明天子畔，一任展宗风。"僧曰："九品莲间亲见佛，百千菩萨共遨游。"师云："不妨道着。"

问："奉敕升堂于此日，师将何法报君恩？"师云："雪岭泥牛吼，云门木马嘶。"僧曰："恁么则龙楼生瑞气，凤阁锁祥云。"师云："昨宵南斗上，已现老人星。"僧曰："可谓万邦歌有道，四海贺升平。"师云："人祝千年寿，山呼万岁声。"僧曰："若然者，非但黎民陶圣化，释门从此转光辉。"师云："皇天无亲，惟德是辅。"

问："仙游忽远，鸾驾难追。未审祖意西来如何举唱？"师云："到头霜夜月，任运落西山。"僧口："祖意已蒙扶往驾，大行神御化何方？"师云："将此身心奉尘刹，是则名为报国恩。"僧云："诸佛出世，天雨宝花吾皇即位，有何祥瑞？"师云："上苑百花发，皇家万事新。"僧曰："若然者，帝日与佛日增晖，皇风并祖风永扇。"师云："万国已欢心。"

师云："人天正眼，处处分明。佛祖妙心，堂堂显露。玉池春水，澄湛法身。金殿香氲，含容妙体。龙楼耸峻，普贤家风。凤阁穹崇，文殊宝界。御沟柳绿，尽显真如。上苑花红，全彰般若。重重交映，杳杳难思。瑞气凝空，祥烟遍界。毗卢花藏，与此无殊。慈氏园林，何曾有异。到斯境致,各请观瞻,顿悟自心,同登佛刹。还委悉么?前佛已灭,今佛出现。放无量光,照无量国。遇斯光者,悉获清凉。所以对御阐扬,报皇恩德。使舜日佛日明彻乾坤,尧风祖风均和法界。敢问皇恩佛恩如何即是?"遂顾视大众云:"如天普覆,似地普擎。有如是威权,有如是覆载。既然如是,作么生报?"

良久云:"泥牛吼处山河静,木马嘶时日月明。臣僧惟白伏奉来旨,就大行皇帝灵御前升座,举扬般若。上资仙驾,恭想大行皇帝出为圣主,十有六年,垂衣九重,恩沾四海;崇际三教,子育万方。一旦上仙,阖国悲恸。时光迅速,五七俄临。今日广集缁徒,兴扬佛事,伏愿大行皇帝睿性圆明,千光显著。圣身自在,万德庄严。快乐土中,莲华捧足。率陀天上,铢衣绕身。复振神威,保祐邦国。恭惟我皇帝陛下,受如来记,现如来身,得如来智,作如来事。一登宝位,万国欢心。天下生民,忻逢瑞世。域中禅律,获际昌时。伏愿统七圣灵基,千千亿岁;践百王功业,万万余春。玉叶腾芳,金枝挺秀。皇太后力扶圣嗣,同理政机。伏愿万年松寿,千岁鹤龄。道赞明君,功资帝业。皇太妃、皇后,昔日灵山授记,今朝同赞皇家。伏愿各悟本心,即如如佛。亲王国族、宫禁嫔妃,一闻般若正因,同圆金刚种智。久渎圣聪[①],伏惟珍重。"

四月二十二日,百日入内,再奉圣旨,就福宁殿大行皇帝灵御前升座。圣旨令五院长老问话。师拈香云:"此香

① 聪:音聪。同"聪"。

从天降下，因地所生，非因象藏龙宫，宛胜雪山牛首。今遇国家兴隆佛事，焚向炉中，普熏法界，遍为祥瑞。伏愿大行皇帝，巍巍佛相，随诸佛下生；落落天姿，同天人自在。”遂敷座。

华严长老出众云：“福宁殿上，选佛场开。幸对圣人前，不免通个消息。”师云：“来风深辨。”

问：“世尊三转法轮于大千，其轮本来常清净。今日追荐大行皇帝，请师当转法轮。”师云：“万里浮云消散尽，一轮红日正当轩。”老曰：“金轮与法轮齐转，帝道与祖道光辉。”师云：“三宫有道安盘石，万国归心用老臣。”老曰：“言言斩钉截铁，句句玉转珠回。”师云：“山河王国土，水月佛家风。”老曰：“恁么则触目对扬真般若，山河共显法王机。”师云：“且领前话。”老曰：“冯师一句语，千古作流通。”师云：“天下已知。”

褒亲长老问：“不省遮个意，修行徒苦辛。如何是遮个意？”师云：“言中须辨的。”老曰：“遮个已蒙师指示，未审那个又如何？”师云：“句下自明机。”老曰：“恁么则却于言外荐，不向意中求。”师云：“何不当机问？”老曰：“未审大行皇帝只今向什么处去？”师云：“金乌已是明当午，玉兔还须照别天。”老曰：“若然者，翠柏风摇心地印，日华光映舍那身。”师云：“直往鹫峰陪圣众，不来人世逐浮华。”

净因长老问：“云从龙，风从虎，未审虚空从个什么？”

师云:“目前验取。”老曰:“莫将名利垢,染污祖师心。”师云:“验人端的处,下口便知音。”老曰:“不唯上达君王耳,四海如今已尽知。”师云:“一任流通。”

慧林长老问:“相逢不拈出,举意便知有。作么生是知有底事?”师云:“动容扬古路,不堕悄然机。”老曰:“遮个犹是古人底。”师云:“长老作么生?”长老拟议,师喝云:“掣电之机,徒劳伫思。”

智海长老问:“香烟起处,大施门开。正令当行,如何举唱?”师云:“临济当机用,云门向上关。”老曰:“只如今日一会又且如何?”师云:“用贤彰帝业,崇佛见天心。”老曰:“未审大行皇帝生何报土?”师云:“去去西天路,迢迢十万余。”老曰:“万字光中同帝释,千花座上礼牟尼。”师云:“大家赞叹。”

左街首座妙觉大师才出云:“剑逢剑客须呈剑,禅遇君王好问禅。”师云:“正好施设。”

问:“帝里禅居,昔日神宗之所建。佛祖禅机,今朝二圣之亲闻。向上宗乘,分明举唱。”师云:“三乘教法秋天迥,一片禅心月色高。”座曰:“莫便是向上宗乘也无?”师云:“领取当机语,不用别追求。”座曰:“若然者,头头是道,句句明心。”师云:“现成法尔,普请承当。”座曰:“古者道:‘天得一以清,地得一以宁,万物得一以生。’二圣得一为天下正,如何是得一之道?”师云:“梧桐枝上看,已产凤凰儿。”座曰：“离明继照三边肃，圣得重光四海清。”师云：“已传天子令，万国贺升平。”

师乃云：“佛佛授手，祖祖相传。且道传个什么？还相委悉么？莲眸一顾，正法眼藏流通。宝钵亲持，少室宗风大扇。遂有竺乾四七，震旦二三，续焰联芳，分枝列派。不由异辙，直指当人。言下明心，句中见性。称机称理，亘古亘今。独运灵光，潜符密证。棒头荐得，明月千溪。喝下承当，白云万里。金鸡唱晓，刍犬吠明。石女投梭，木人舞袖。象王骤步，师子奋威。虎啸风生，龙吟雾起。卷舒自在，超越圣凡。本无去来，何有生灭。既然如是，且道大行皇帝只今在什么处？”

良久云：“此去西天路，迢迢十万余。臣僧惟白恭想大行皇帝二十五岁现帝王身，一十六年富有华夏。忽弃四海，顿舍万民。追仰圣容，杳然何在。向当五七，已集僧徒。今辰百日，又兴佛事。臣僧惟白两荷圣恩，来令演法。此盖今上皇帝陛下，宝月智光如来示身为金轮圣王，登大宝位，布大恩麻，率土欢呼，普天称庆。聪文睿武，顿掩百王；恭俭仁慈，继扬七圣。蒸蒸大孝，统御华夷。翼翼小心，抚安民俗。

“复遇皇太后四十年间，母仪天下，四朝万世；德冠宫中，道合无疆；功资有截，保祐圣嗣；同理万机，追念先皇，崇斯法会。皇太妃、皇后共展孝心，用资报土。遂使禅流则举唱宗乘，法师则阐扬教义。集其殊利，上助仙游。伏愿大行皇帝圣心明彻，神鉴照然。天表如生，谛闻举唱。观音前引，势至后随。坐宝莲华，遍登佛刹。放白毫瑞，现金相身。运大慈悲,又安宗庙。不忘愿力,普利生民。久渎圣聪,伏惟珍重。”

师于建中靖国元年二月十七日,大行皇太后五七,奉圣旨就慈德殿升座。师拈香云:“鸡林贡到,枉涉于鲸波。鹫岭驰来,徒经于沙勒。蛇婆入进,未足于清芬。燕水远投,不全于旖旎。争如此香是炎宋大国,现在佛心地中生,满天馥郁;诸菩萨性海内出,遍界氤氲。今日对斯玉陛,焚向金炉。不唯助荐大行皇太后仙游,亦乃上祝皇图永固。”便焚香,敷座。

问:“慈德参天,想仁风而犹在。圣心至孝,念亲爱以何之。兹日荐严,凭何妙旨?”师云:“龙楼新燕语,御柳野莺啼。”僧曰:“恁么则不动步而登夜摩天,不动步而升弥勒楼阁。”师云:“祖焰续时光灿灿,觉花开处叶重重。”僧曰:“一人有庆,万古欢心。”师云:“九重城里千花秀,五凤楼前万姓歌。”僧曰:“若不伸此问,争显我师机。”师云:“更进一句,方得话圆。”

问:“少室峰前,壁立千仞。曹溪路上,水泄不通。未审法云门下又且如何?”师云:“刍犬吠时天地合,木鸡啼处祖灯辉。”僧曰:“可谓一句了然超百亿,句句分明在目前。”师云:“龙吟春雾起,虎啸暖风生。”僧曰:“圆音一剖周沙界,佛国光中转更新。”师云:“赞叹又争得。”僧曰:“分去直教沙界广,收来应是不容针。”师云:“何可当机问?”僧曰:“请师当机答。”师云:“且领前话。”

问:“尧风遐布,舜日当天。道被万方,德崇三教。敢问教外别传一句作么生道?”师云:“龟毛长万丈,兔角耸千寻。”僧曰:“一句直超三教外,廓然全露祖师心。”师云:“万里浮云尽,九衢春色多。”僧曰:“五七荐严皇太后,未知仙驭往何方?”师云:“六宫遗训在,一月下遥天。”僧曰:“步步金莲生极乐,时时宝界礼弥陀。”师云:“三朝为圣后,千古作规模。”僧曰:“西祖之道蒙师指,南山祝寿又如何?”师云:“曾到祝融峰顶上,万年松带雪霜青。”僧曰:“七十二峰连碧汉,堪祝吾皇万万春。”师云:“山僧即不恁么。”僧曰:“和尚又作么生?”师云:“七圣崇基归有道,百王功业合无为。”僧曰:“学人则无计上酬天子德,唯凭朝夕一炉香。”师云:“普请报皇恩。”僧曰:“拔萃优昙唯佛国,馨香别是一家春。”师云:“不须人事。”

问:“三世诸佛说不到处,六代祖师构不着底,君王面前,请师施设。”师云:“祖月凌空圆圣智,佛灯光照宋山河。”僧曰:“饮光得处曾微笑,少室腾芳直至今。”师云:“但能踏得曹溪路,了知生死不相干。”僧曰:“一念不生全体现,归源无处不通津。”师云:“今日当机又且如何?”僧曰:“祖意已蒙师指示,祝尧一句望称扬。”师云:“但看庭外柏,便是万年枝。”

师乃云:“观大海者难为水,登圣人门者难为言。且道今日登圣人门,说个什么即得?还委悉么?适来惠林举临济风规,净因唱云门机要;法云到遮里,试说见在佛家风。且作么生是见在佛家风?恭以国朝以圣继圣,安民养民;

含育万方,崇阐三教。

“所以穷孔子要道,则本仁祖义,洁行修身;于国于家,尽忠尽孝;俯仰高坚之冥象,顾瞻前后之枢机。学老君之道,则收视旋听,养气怡神;闭智塞聪,解纷挫锐;跳壶中之日月,藏瓢里之乾坤。究如来至道,则大智发明,真源澄湛;修因契果,悟法了人;入七觉之茂林,行八正之径路。参祖师妙道,则顿悟自心,顿证本性;融和根境,透脱死生;即于一念之中,超越千圣之表。

“是以登孔子之门者,文场选官;游老君之门者,神府求仙;入如来之门者,觉场选佛;升祖师之门者,雪庭悟心。而龙象蹴踏,人天开觉。六通自在,三德圆明。且道今日六院禅师,百余云众,登圣人之门作个什么?”

良久云:“共将西祖传来印,同助仙游上宝方。此日大行皇太后五七之辰,臣僧惟白伏奉圣旨,举扬宗风。凭此禅机,上荐仙驭。恭惟国家百五十年,建立太平;三千国土,齐心克顺。八圣继统,四后临朝。坤德相高,母仪各胜。

“且章献明肃皇太后辅政仁宗皇帝四十余年,万方宁肃;休牛归马,偃武修文;三代未可比拟,两汉何足所论;仁君仁心,尽善尽美。慈圣光献皇太后辅政神宗皇帝,一登宝位,百度皆新;启圣道之渊源,扬经术之旨义;圣明超于五帝,睿智掩于三皇;大振禅宗,广崇佛刹;有家有国,未见未闻。宣仁圣烈皇太后辅政哲宗皇帝,十年保佑,一物不私;示天下以公正之明,训宫庭唯俭素之节;抚绥万姓,镇静四夷;天成地平,遐安迩肃。大行皇太后辅政今上皇帝陛下,切掩百王,德隆七圣;一言定册,万国欢心;生民胥戴于明君，夷夏喜逢于圣主；含和坤道，俾助乾仪。虽周时三母，未足比其勋谋；汉朝二后，讵可方其辅翼。又能勇退宫中，忽归天上，自古希有，在今即无。恭想此德此恩，何思何报。

"我皇帝陛下尧仁自得，舜孝天资。自皇太后去冬服药，至于元正，不出宫闱，躬瞻侍奉；盱[①]食而春莺已啭，宵衣而更漏愈长。药饵亲尝，昼夜忘寝。凯风扇于区宇，琴韵洽于普天。昔闻有天子之大孝，今见陛下如斯之能行，所谓佛言得未曾有。奈何皇太后寿年已定，数不可移；掩质浮华，真归佛土。皇帝陛下哀情笃厚，圣孝始终；深思定册之功，欲报生成之重；度僧尼道，精崇法会；敕选禅众，举扬禅宗；集斯胜缘，上资仙驭。

"昔摩耶夫人，生我佛如来。升金刚之宝座，踞菩提之道场。作三界之人师，为四生之慈父。摩耶夫人却还天宫，与天自在。今大行皇太后，立今上皇帝陛下登金轮之宝位，居重屋之明堂，为千界之独尊，作万民之元首。皇太后亦还天宫，与天自在。若也如是，今古同途，相续无间。如斯举唱，还相委悉么？其或未然，臣僧不免重说偈言：法筵龙象众徘徊，远想仙游不可陪。长乐宫中云逝去，率陀天上见归来。七重栏楯随云步，九品莲花蔟宝台。至竟要知何处是，裕灵山色起崔嵬。久渎圣聪，伏惟珍重。"

开堂日，问："为国宣扬辟祖闱，九重城里显光辉。人人耸听真消息，未审如何赞万机？"师云："千岁鹤鸣华表

① 盱：音计。日始旦也。

柱,万年松在祝融峰。"僧曰:"恁么则不忘昔日灵山记,祖道重兴出帝心。"师云:"一炉香火僧家事,此日将酬圣主恩。"

问:"梵王请佛,盖为群生。大主请师,合谈何事?"师云:"昨日长空雨,今朝天地清。"僧曰:"喜气远将和气合,炉烟分作瑞烟浮。"师云:"须弥横海上,卓尔寿山高。"僧曰:"愿将此日兴隆事,为润为霖报主恩。"师云:"恩深转无语,怀抱自分明。"

师乃云:"鹫峰山顶,焰续千灯。熊耳岩前,花开五叶。灯灯互照,叶叶腾芳。明彻古今,馨香遍界。所以阐扬宗旨,各禀师承。谈经者,克明因果,诠显真乘。秉律者,洞达开遮,坚持轨则。演论者,研穷妙理,剖判渊微。习禅者,顿悟本心,提佛祖印,即证解脱,透出根尘。然虽如是,本分衲僧总不恁么。还会么?云门木马,日日嘶风。雪岭泥牛,时时吼地。吹无孔笛,韵出青霄。弹勿弦琴,音闻碧落。绵绵不漏,杳杳弥纶。妙性灵机,言思路绝。若能如是,真大丈夫。转妙法轮,助圣明化。如斯举唱,谁为证明?"

良久云:"将此深心奉尘刹,今日分明报国恩。惟白生逢瑞世,出际昌时,遭逢皇帝陛下垂衣宝位,统御金轮;启佛大智,日应万机;运佛大慈,泽及万物;证佛妙心,含容万法;明佛知见,统摄万方。故禅林讲肆,继祖传宗;缅思自古,无如今日。天下禅门,孰不欣幸。即将此日开堂,举扬般若胜利,上延皇帝圣算无穷,玉叶含春,金枝挺秀。越国大长公主、大尉留后，发菩萨心，修菩萨行，净菩萨慧，起菩萨愿，奏闻神宗皇帝建此梵宇；十五余年，三招宗匠，举扬大事，诚非小缘；授佛摩顶，遂致如斯；伏愿道性纯明，真机浚彻；寿山增峻，福海汪洋。诸王天眷、内外宰僚，各各运圣人筹策，佐天地权衡；永护祖风，不忘佛记。在会檀那，随喜法众，一闻举唱，永悟心宗，不待龙华，便成佛果。久立众慈，伏惟珍重。”

《建中靖国续灯录》卷第十八·对机门

庐陵清原山行思禅师第十三世

杭州佛日山智才禅师法嗣

澧州夹山灵泉自龄禅师

姓周氏。宜兴人也。受业于本州福圣寺,十八具戒,志慕参游。造佛日才禅师法席,悟明心要,乃为执侍。才既迁化,复历诸方。潭州大沩山真如禅师请为座元,初住兴化,出世阐扬。

问:"金鸡啄破琉璃壳,玉兔挨开碧海门。此是人间光影,如何是祖师机?"师云:"针劄不入。"僧曰:"只如朕兆未生已前作么生道?"师举起拂子,僧曰:"如何领会?"师云:"斫额望扶桑。"

问:"混沌未分时如何?"师云:"春风飏飏。"僧曰:"分后如何?"师云:"春日迟迟。"僧曰:"向上更有事也无?"师云:"一年三百六十日。"

问:"佛未出世时如何?"师云:"拨开天眼,按下云头。”僧曰：“出世后如何？”师云：“四海波涛静，一轮天地宽。”

问：“如何是时节因缘？”师云：“秋池月写楼台影，满槛风传鼓角声。”僧曰：“恁么则岳麓峰前云叆叇，澧阳江内浪滔天。”师云：“一任钻龟打瓦。”

上堂。良久云：“不须辨妄求真，不用避喧取静。人人杲日当空，处处玄机独回。瞿昙不守本分，独坐妙峰孤顶。广说海藏言诠，一如担雪填井。更云法眼衣盂，分付头陀守领。西天四七绵绵，东土二三永永。秀师拂拭尘埃，大似临嫁医瘿。老卢半夜三更，着忙走过东岭。至今子子孙孙，一半瞌睡未省。”

上堂云：“俨老当头击鼓，沙弥捧钵作舞。南泉打破粥锅，走了狸奴白牯。参。”

上堂。良久，顾大众云：“日里走金乌，谁云一物无。赵州东壁上，挂个大葫芦。参。”

上堂。良久，画一圆相云：“大众，五千余卷诠不尽，三世诸佛赞不及。令人却忆卖油翁，即忙走下绳床立。参。”

上堂云：“列祖风规。毫厘靡亏。明明有据，落落无依。大众，竿头直须进步，尽饼不可充饥。岂不见香严掷砾，顿发真机。可笑今年贫更杀，失却旧年锥。参。”

上堂云:“便乃忘机守默,已被金粟占先。拟欲展演词锋,落在瞿昙之后。离此二途,作么生是衲僧透脱一路?”良久云:“好笑南泉提起处,刈茆镰子曲弯弯。参。”

上堂。喝一喝,云:“是什么时节?日暖风和,三春二月。家家门户大开,处处百花斗发。王老抬眸,灵云漏泄。”师复举起拳云:“大众,你把取西瞿耶尼,还我北郁单越。”拍禅床一下。

东京惠林禅院若冲觉海禅师法嗣

东京永兴华严佛慧禅师

讳智明。姓史氏,常州人也。及冠为僧,即慕参游,缘契慧林觉海禅师,众请出世。哲宗皇帝上仙百日入内,特赐“佛慧”禅号。

开堂日,问:“知师久佩毗卢印,愿开宝藏济劳生。”师云:“举头若具金刚眼,无限清辉尽属君。”僧曰:“今日小出大遇。”师云:“未开口已前作么生?”僧曰:“却请和尚道。”师云:“鹞子过新罗。”

问:“如何是华严境?”师云:“重重无尽。”僧曰:“如何是境中人?”师云:“觌面相呈。”僧曰:“向上宗乘事若何?”师云:“将谓是金毛师子。”

问:"鱼龙难辨,玉石未分。祖意西来,如何指示。"师云:"点。"僧曰:"点铁为金,一场富贵。"师云:"莫将庭际柏,唤作路旁蒿。"僧曰:"恁么则迷来宛似蛾投火,悟去还如鹤出笼。"师云:"莫将闲学解,埋没祖师心。"

问:"弹指此心即不问,知音相见事若何?"师云:"披蓑侧笠千峰下,引水浇蔬五老前。"僧曰:"恁么则泥牛弄月波涛里,石女吹笙火焰中。"师云:"你分上作么生?"僧曰:"学人若也通消息,只恐难为碧眼胡。"师云:"山僧今日失利。"

问:"相逢不擎出,举意便知有。"僧提起坐具云:"如今提起了也,和尚作么生?"师云:"谢你布施。"僧曰:"此是学人底,那个是和尚底?"师云:"将谓是衲僧。"僧曰:"不但宗眼分明,亦乃师承有据。"师云:"缩却舌头。"

师云:"此一大事因缘,非神通之所到,非智慧之所诠。三世诸佛只言自知,一大藏教譬喻不及。今人不了,妄涉尘劳。见惑由存,是非锋起。殊不知法界融通,灵然不昧。包含万有,髑处光辉。清风与明月交参,森罗共乾坤并秀。寒松古柏,不用思量。翠竹黄花,何须卜度。于斯荐得,上报佛恩,亦资国祚。"良久云:"竟日不干清世事,一炉香篆祝尧年。珍重。"

上堂云:"春光烁烁,暖气飘飘。万木含烟,千花竞秀。白云散处,楼阁门开。碧雾收时,妙峰顶露。且道妙峰顶上一句作么生道?”良久云:“共僧岩上坐,见客海边行。”

上堂云:“若论此事,在天则列万象而齐现,在地则运四时而发生,在人则出没卷舒,六根互用。且道在山僧拄杖头上又作么生?”良久,卓一下,云:“高也着,低也着。”

常州广福昙章法照禅师

问:“如何是祖师西来意?”师云:“春来花自发。”僧曰:“学人未晓。”师云:“秋至叶先凋。”

问:“如何是露地白牛?”师云:“头角分明。”

问:“如何是和尚为人一句?”师云:“一二三四五六七。”僧曰:“意旨如何?”师云:“万物皆从遮里出。”

镇府水泰智航禅师

问:“灵山微笑即不问,天钵亲传事若何?”师云:“花不乱坠,石不点头。”僧曰:“休说永嘉宿觉,不若立雪神光。”师云:“铁牛耕破岭头云。”

上堂云:“散为器者,乃道之漓。适于变者,为法之弊。灵机不昧,亘古亘今。大用现前,何得何失。虽然如是,忽遇无孔铁槌,作么生话会?”拈拄杖云:“穿过了也。”

上堂云:“干将在手,纵夺临时。主令全提,群魔胆裂。烟云路断,凡圣绝踪。楼阁门开,知音何在?”乃召大众云:“高着眼。”

上堂云:“龙腾碧汉,变化无方。凤翥青霄,谁知踪迹。可行则行,不出百千三昧。可止则止,宁亡万象森罗。所以道:取不得,舍不得,不可得中只么得。且道得个什么?”良久云:“莫妄想。”

常州江阴寿圣子邦圆觉禅师

问:“学人上来,请师说法。”师云:“海底红尘起。”僧曰:“乞师方便。”师云:“山头白浪生。”

问:“祖意教意拈放一边,如何得速成佛去?”师云:“有成终不是,是佛亦非真。”僧拟议,师叱云:“话头道什么?”

真州长芦崇福应夫广昭禅师法嗣

滁州琅琊山宗初禅师

问:“朝宰请师升宝座,如何方便示西来?”师云:“多少分明。”僧曰:“恁么则法雨高沾了了堂。”师云:“贫无达士将金济,病有闲人说药方。”僧曰:“云散始知江月白,座间方见老卢机。”师云:“别处人事。”

问:“如何是琅琊境?”师云:“红日照成金色界,秋烟染出碧琉璃。”僧曰:“如何是境中人?”师云:“抬头山万朵,伴手一枝笻。”

师云:“若据祖宗门下,举目则千山万水,低头乃十万八千。更若展露言锋,寻言究妙,譬若敲冰求火,缘木取鱼,徒费精神,远之远矣。如斯语话,犹涉化门。且问诸人,不落化门一句作么生道?”良久云:“一句无私,应之万里。”

滁州龙蟠山道成禅师

问:“镇海明珠初出水,今日当场欲借看。”师云:“白云收海面,红日上天心。”僧曰:“恁么则一轮光彩照无穷。”师云:“烁破髑髅。”

问:“闻师已得黄梅旨,一法如何指示人?”师云:“花开千朵秀,风动一江寒。”僧曰:“瘦竹有高节,云闲无定踪。”师云:“一曲楚歌愁杀人。”

问:“阳春已发,觉木初荣。宝座既登,请师说法。”师云:“岸柳迎风舞。”僧曰:“学人未晓。”师云:“溪花向日开。”

问:“如何是龙蟠境?”师云:“云散千山翠,烟深隔两钟。”僧曰:“如何是境中人?”师云:“榔㮚一条,衲衣三事。”僧曰:“向上更有事也无?”师云:“瞌睡汉。”

师云:“信手拈来,无非妙用。灵知自性,历劫常如。动静随缘,犹谷答响。分身百亿,曲徇群生。洒甘露,沃蕉芽。布慈云,谈实相。咸归至道,今古湛然。更须打辨精神,分明看取。诸仁者,还见么?”良久云:“秋水一泓长见底,涧松千尺不生枝。”

真定府洪济禅院宗赜禅师

姓孙氏。洺州永年人也。少习儒业,禀性超然。满禅师勉令奉佛,投圆通禅师出家。未几,祝发披缁。参广照禅师,屡扣宗猷,未有开发。足方蹑阶,忽然悟道,投机颂曰:“举足上砖阶,分明遮个法。黄杨木畔笑呵呵,万里青天一轮月。”遂陈其所悟,照乃可之。待制杨公畏命师出世,曾鲁公宅奏赐椹服。

问:“台星临宝座,祖意愿宣扬。”师云:“万里不挂片云。”僧曰:“恩深转无语。”师云:“唯有好风来席上,更无闲语落人间。”僧曰:“千古淳风特地清。”师云:“真师子儿,善师子吼。”

问:“四众临筵,请师说法。”师云:“须弥山,大海水。”僧曰:“我闻一唱三疑息,青莲启目视头陀。”师云:“毕钵岩中如何话会。”僧曰:“杲日当空,清风满座。”师云:“只道得一半。"

问:"如何是古佛家风?"师云:"只觉春风吹我寒,不知明月为谁白。"僧曰:"学人特伸请益。"师云:"相逢秋色里,此意与谁同。"

问:"达磨面壁,此理如何?"师良久,僧礼拜,师云:"今日被遮僧一问,直得口哑。"

上堂云:"冬去寒食,一百单五。活人路上,死人无数。头钻荆棘林,将谓众生苦。拜扫事如何,骨堆上添土。唯有出家人,不踏无生路。大众,且道向什么处去?还会么?南天台,北五台。参。"

上堂云:"镇府萝卜头,声名播天下。虽则诸方老宿尽力提撕,然而多口衲僧咬嚼不破。先住禅师放下,又分付山僧,如今劈枡[1]将来,奉为普通供养。"良久云:"莫嫌冷澹无滋味,聊表禅家一片心。"

上堂云:"金风澹荡,物景萧条。叶落庭皋,云飞岭上。不逃暑而暑自退,无意凉而凉自来。正当恁么时,若谓唯心境界,正是头上安头。若言一切平常,大似斩头觅活。"

上堂云:"新罗别无妙诀,当言不避截舌。但能心口相

① 枡:音析。同"析"。

应，一生受用不彻。且道如何是心口相应底句？”良久云：“焦砖打着连底冻。参。”

歙州普满明禅师

问：“一佛出世，各坐一花。师今出世，为什么却升此座？”师云：“一片红云起，千山地布金。”僧拈起坐具云：“且道遮个是什么？”师云：“不用皂丝麻线。”

问：“觌面相逢即不问，脑后神光略借看。”师云：“不借看。”僧曰：“为什么不借看？”师云：“贼是小人。”

问：“远涉江山即不问，西来祖意事如何？”师云：“懡㦬西归辞震旦，至今犹自笑儿孙。”僧曰：“恁么则诸圣入廛，殊无利济。”师云：“面壁九年空费力，得皮得髓太无端。”

上堂。顾视大众云：“牙齿一把骨，耳朵两片皮。从始至于今，禅人犹未知。诸仁者，只恁么会得，便是出尘罗汉，英灵丈夫。若也未然，江北江西问王老，一狐疑了一狐疑。参。”

上堂云：“吾祖家风岂涉途，失宗随照用心粗。一言为报知音者，近日南能不姓卢。”

上堂。顾视云：“铁牛不吃栏边草，丫角牧童互相报。

放在高坡卧白云,任渠七颠与八倒。阿呵呵,债有头,冤有主,拾得要打寒山老。参。"

上堂。顾视大众云:"一佛手,二驴脚,生缘各各自斟酌。日出东方夜落西,砖头太厚瓦子薄。错错,前三三与后三三,莫道文殊对无著。参。"

和州褒禅溥禅师

问:"幸遇今朝登祖位,师将何法示迷情。"师云:"独耀无私,对扬有准。"僧曰:"昙花才绽,遍界馨香。"师云:"你分上作么生?"僧曰:"巨灵抬手无多子,分破华山千万重。"师云:"且缓缓。"

问:"如何是祖师西来意?"师云:"牡丹须是三春拆。"僧曰:"学人未晓。"师云:"黄菊还他九日开。"僧曰:"恁么则便是和尚为人处也。"师云:"错。"

上堂云:"洪机才剖,大施门开。辉慧日于锋前,启骊珠于句后。全开宝藏,特决群疑。径截千途,心随万化。现自在力,阐大威光。使一灯分照于十方,现片月流光于万水。为凡圣之根本,作迷悟之源由。演唱一音,顿除疑网。包含万有,密付群机。心眼既开,圆明自显。智穷幽鉴,应用千差。舒卷现前,无非妙用。

"诸仁者向遮里荐得,吼师子之音,奋象王之势;袪差别之异见,了缚脱之殊途。为苦海之津梁,掌法王之宝印。

权衡在手,明镜当台;可以摧邪辅正,可以去伪存真。现一道而清虚,僻群邪而体妙。圆光匪外,显出一灵。豁开万化之源,直示真空之理。诸仁者,还会么?"良久云:"皎然天地无私照,一道光明处处通。珍重。"

滁州宝林禅院辉禅师

丹丘人也。幼岁从师,早登具戒。首依讲肆,听习台宗。续参长芦广照禅师,心眼通明,遂获印证。

问:"如何是祖师西来意?"师云:"大海道底。"僧曰:"为什么灯灯相续?"师云:"递相钝致。"

问:"水出高源,如何解会?"师云:"古今流不竭。"僧曰:"学人未晓。"师云:"界破青山色。"僧曰:"海底红尘生,山头白浪起。"师云:"淹杀你。"

问:"浅闻深悟寻常事,达磨迷逢意如何?"师云:"头戴天,脚踏地。"僧曰:"忽遇三家村里人,如何祗对?"师云:"忧则共戚,乐则同欢。"僧曰:"若不上来,焉知如是?"师云:"不得草草。"

问:"牛头未见四祖时如何?"师云:"汤瓶。"僧曰:"见后如何?"师云:"水罐。"僧曰:"学人未会。"师云:"世情看冷暖,人事逐高低。"

问:“和尚未见长芦时如何?”师云:“云生古峤。”僧曰:“见后如何?”师云:“水出高源。”僧曰:“见与未见,相去多少?”师云:“水流终到海,云起必为霖。”

问:“刀山剑树上成等正觉时如何?”师云:“劈腹剜心。”僧曰:“和尚何得如此?”师云:“心不负人。”

上堂云:“步步登高,衲僧意气。心心放下,达士忘怀。意气不居佛祖之位,忘怀常游悲智之门。有念尽成功,无知方大利。”良久云:“瑞草生嘉运,林梅放早春。参。”

上堂云:“智水莹清,心珠独辉。万象焕然,十方朗照。眼见无影树子,耳听没弦琴调。若是本分衲僧,不觉低头吟笑。且道笑个什么?无孔铁锤。”

真州灵岩山志愿禅师

问:“山间林下,颇称道人家风。绿水庭边,还他了事衲子。此犹是无风起浪。不涉波澜,请师答话。”师云:“云横远岫,雨滴悬崖。”僧曰:“数声清磬是非外,一个闲人天地间。”师云:“石人拊掌,木女呵呵。”僧曰:“高卧虚堂无别事,任他今日与明朝。”师云:“四海晏清王道泰,何须更用苦切切。”

问:“六六三十六,春风动修竹。新斫勿弦琴,请师弹一曲。”师云:“不落宫商角徵羽。”僧曰:“一声鸣历历,十指起清风。”师云：“若不钟即鉴，还同野舍薪。”僧曰：“恁么则不闻闻底事，大众皆闻。”师云：“知音者少。”

上堂云：“看看，云山叠叠，同万卉以青苍。烟渚依依，共孤舟而阒寂。楼台耸峻，殿塔交光。法法无私，古今冥贯。正当恁么时，还相委悉么？”良久云：“不在低头，思量难得。参。”

上堂云：“山家活计无多事，直下分明不用猜。敷座岂容知与见，任他乌兔去还来。诸人还委悉么？若委悉得去，心猿罢跳，性海无波。白云青嶂之内，任运翛然。紫陌红尘之中，随缘豁畅。其或未晓根源，切忌寻玄讨妙。直饶讨得倜傥分明，敢保斯人未彻。且道作么生是未彻？”良久云：“任教沧海变，应不对君通。参。”

上堂云：“雾卷云收，日上月落。林间幽鸟语呢喃，岭上樵夫歌间错。东西南北本来人，咄，莫向外边生卜度。参。”

潭州等觉法思禅师

问：“梵王请佛，盖为群生。安抚请师，当为何事？”师云：“月映千江白，云开万谷明。”僧曰：“恁么则一句无私。”师云：“古今无异路，达者共同途。”

问：“如何是佛法大意？”师云：“灯笼挂露柱。”僧曰：

“学人未会。”师云:“佛殿对三门。”僧曰:“向上更有事也无?”师云:“大海若知足,百川应倒流。”

师良久云:“若也于斯荐得,上无攀仰,下绝己躬。灵光现前,耀腾今古。遇知音而随缘佛事,在山野而别构清规。亦可竿木随身,逢场作戏。然虽如是,且道最初一句作么生道?”顾大众云:“切忌当头。”

寿州寿春广慧法岸禅师

问:“为国开堂于此日,师将何法报君恩?”师云:“香烟霭霭,瑞气飘飘。”僧曰:“恁么则达磨旧时花叶,而今信手重拈。”师云:“寒山拊掌,拾得呵呵。”僧曰:“学人今日小出大遇也。”师云:“乞儿见小利。”

师云:“若论法体,本绝言诠,应用无亏,威光烜赫。英灵上士,相共证明。后学初机,徒劳伫思。虽然如是,事无一向,山僧今日不惜眉毛,与诸人说破。”良久云:“人从陈州来,不得许州信。”

真州定山真如文彦禅师

上堂云:“堤边柳绿,默演真空。岭上猿吟,明谈法要。若向遮里荐得,头头圆觉,步步道场。其或未然,且待别时。分明说破。珍重。”

荆南府护国绍通禅师

问:“如何是和尚家风?”师云:“一瓶一钵。”僧曰:“向上更有事也无?”师云:“有。”僧曰:“如何则是?”师云:“拄杖子。”僧曰:“若不上来,争知如是。”师便打,僧曰:“错。”师云:“僧自口喃喃。”

南京法宝德一禅师

问:“大众云臻,请师说法。”师云:“谛听谛听。”僧曰:“一回闻得一回新。”师云:“你作么生会?”僧曰:“谛听谛听。”师云:“也是残羹馊饭。”

问:“如何是睢阳境?”师云:“车马门前有,尘埃堂上无。”僧曰:“如何是境中人?”师云:“时延三岛客,长接五湖僧。”

池州乾明禅院宝慧禅师

上堂。拈起袈裟角示众云:“此乃佛佛授手,祖祖相传。今日更不覆藏,普示诸人。还会么?”良久云:“若也未然,且待别时重新说破。”

北京天钵重元文惠禅师法嗣

卫州元丰院清满禅师

姓田氏。沧州盐山人也。幼而不戏,长以孝闻。母丧出家,剃落禀戒。诣青州元禅师丛席,入室咨参。一日山行,取叶净手,豁然契悟,投机颂曰:"大奇大奇,动用还迷。更问如何,蓦口便槌。"

山居苦行,绝粒七年。太守钱公请师出世,团练李公崇师道行,奏赐命服。迁化将临,一日辞众,弟子请颂,师乃瞬之,趺坐而逝。

问:"禅关创辟,祖道重兴。千圣灵机,愿师举唱。"师云:"秋观黄叶落。"僧曰:"千圣灵机蒙举唱,我师关捩意如何?"师云:"冬见万林枯。"僧曰:"恁么则木马嘶时花遍地,泥牛行海云凝。"师云:"也须会始得。"

问:"如何是祖师印?"师云:"地静天宁。"僧曰:"如何是心印?"师拍膝一下,僧曰:"佛祖心印相去几何?"师云:"言浅理深。"

问:"如何是衲僧得力处?"师云:"月上青天。"僧曰:"未审有何凭验?"师云:"莫瞌睡。"

师喝云："徒言五位、三要三玄、九带唯心、韶阳数句，诚谓无途辙中勒成途辙，无名言中强立名言，如是教坏儿孙。发于宗旨，据遮几个汉，若教山僧见伊，先与敲了牙齿，然后斩为三段。"拈起拄杖云："山僧过患更是弥天。"卓一下。

上堂。横按拂子云："要扣玄关，须是有节操，极慷慨；斩得钉，截得铁，剥剥地汉始得。若是隈刀避箭，碌碌之徒，看即有分。"击禅床，下座。

上堂。召大众云："无异思惟，谛听谛听。昨日寒，今日寒，抖擞精神着力看。着力看，看来看去转颟顸。要得不颟顸，看。参。"

上堂云："千家门，万家户。贫底贫，富者富。其或未瞥地，三涂不是苦。"击拂一下。

上堂云："人人独耀，个个极则。祖印如斯，说话非常。有损有益，"乃拊掌一下，云，"噫，又复引人入荆棘。"喝一喝，下座。

上堂云："潭中皓月，岭上白云。达磨西来，莫如此说。"拈拄杖云："也大奇，拄杖解说不思议。"击香台，下座。

上堂云："堪作梁者作梁，堪作柱底作柱。伶利衲僧便知落处。”蓦拈拄杖云:“还知遮个堪作什么?”打香台一下,云:“莫道无用处。”复打一下:“参。”

上堂云:“看看,堂里木师伯被圣僧打一掴,走去见维那,被维那打两掴。露柱呵呵笑,打着遮师伯。祖印路见不平,与你雪正。”拈拄杖云:“来来。然是圣僧,也须吃棒。”击香台。下座。

西京善胜真悟禅师

问:“进一步则太过,退一步则不及。只如不进不退时如何?”师云:“谢阇梨供养。”僧曰:“恁么则万般施设不如常。”师云:“千乡万里。”僧曰:“未明佛法千般境,悟了心中万事无。”师云:“勿交涉。”

上堂云:“扬声止响,不知声是响根。弄影逃形,不知形为影本。以法问法,不知法本非法。以心传心,不知心本无心。心本无心,知心如幻。了法非法,知法如梦。心法不实,莫谩追求。梦幻空花,无烦地捉。若到遮里,三世诸佛、一大藏教、祖师言句、天下老和尚路布葛藤,尽使不着。何故?太平本是将军致,不许将军见太平。”

恩州祖印善丕禅师

问:“如何是佛?”师云:“通上彻下。”僧曰:“如何是法?”师云:“彻下通上。”师乃云:“通上彻下,彻下通上。

迷有千差,悟无两样。咄。"

庐山贤栖迁禅师法嗣

杭州南山法雨惟镇禅师

问:"如何是法雨境?"师云:"竹寺门相并,湖山路接连。"僧曰:"如何是境中人?"师云:"芳草和花种,修篁带雨移。"师顾大众云:"还知么?南山岭头,白云冉冉。西湖岸上,绿柳依依。一时验取,不用针锥。"喝一喝,下座。

舒州王屋山崇福灯禅师

上堂云:"天不能盖,地不能载。一室无私,何处不在。大众,直饶恁么会去,也是鬼弄精魂,怎生说个常在底道理?"良久云:"金风昨夜起,遍地是黄花。"

上堂。良久云:"一也不成,二也不是。张三作群,李四成队。上下混成,俱为一块。直饶龙舒把断要津,争奈有傍不肯底,任是钉觜铁舌,也须恼裂粉碎。"喝一喝。

潭州东明惠迁禅师

初住南源。问:"如何是南源境?"师云:"五岭侵霄汉,三株锁碧烟。"僧曰:"如何是境中人?"师云:"焚香开卷霞生砌,卷箔冥心月在池。”

上堂云:“不可以智知,不可以识识。大众,且道识个什么?”良久云:“露柱是木头作。珍重。”

和州褒禅冲会圆智禅师法嗣

杭州临安居润禅师

问:“为国开堂于此日,师将何法利人天?”师云:“将谓伶利。”僧曰:“一炷名香祝圣恩。”师云:“今日事作么生?”僧无语,师云:“气急杀人。”

问:“清净本然,偏周沙界。庵内人为什么不见庵外事?”师云:“合恁么。”僧曰:“特伸请益。”师云:“有甚相孤。”

上堂云:“大众但看,从上古圣挑囊负钵,出一丛林,入一保社;若不得个入处,昼夜不舍,参问知识;筑着磕着,忽然瞥地,始知刀是铁作;一时放下,便乃天台普请,南岳游山,左之右之,不居惑地。诸仁者,古人既恁么会,今人欠少个什么?”良久云:“多虚不如少实。”

台州瑞岩子鸿禅师法嗣

台州佛窟昌国可英禅师

问："如何是佛法大意？"师云："一轮才出海，万汇尽沾恩。"僧曰："学人不会。"师云："只为分明极，翻令所得迟。"

问："如何是佛窟境？"师云："春归一径岩前秀，雪尽数峰云外寒。"僧曰："如何是境中人？"师云："锡杖夜敲霜峤月，铜瓶晨漱碧潭烟。"

师乃云："春风澹荡，万物含芳。林间野老讴歌，江上渔人举棹。岩花列秀，岸柳垂阴。莺啭乔林，兽鸣幽谷。白云绽处，千峰而叠叠崔嵬。万派朝宗，浩渺而波澜涵月。森罗普现，万象齐观。南北东西，交横互映。重重帝网，百亿垂形。海印发光，大千普赴。如斯语话，无不尽知。且道迷身一句作么生道？"良久云："天上忽雷惊宇宙，井底虾蟆不举头。参。"

明州岳林寺昙振禅师

上堂。敛衣坐定，云："今日布袋头开，还有买卖者么？"僧出曰："有。"师云："不作贵，不作贱，作么生酬价？"僧无语，师云："山僧今日失利。"

问:"宝座既登于此日,个中消息请宣扬。"师云:"飒飒和风,飘飘细雨。"僧曰:"言前超有路,句下越毗卢。"师云:"也不消得。"

问:"知师解接无根树,妙手能挑海底灯。学人上来,请师一接。"师云:"堤柳乍开金眼细,岭梅初绽玉苞香。"僧曰:"圆音才剖,大众沾恩。"师云:"伶利人难得。"

上堂云:"若论此事,不在僧之与俗,男之与女,贤之与愚,贵之与贱,悉皆具足,曾无欠少。良由根有利钝,见有差殊,向声色里转却。何以知之?岂不见道:名言滞于心首,恒为缘虑之场。实际居于目前,翻成名相之境。且作么生是目前事?还知么?"良久云:"眼里无筋[①]一世贫。"

汀州开元智潭禅师法嗣

汀州开元宗祐禅师

问:"如何是祖师西来意?"师云:"扁舟冲雪浪。"僧曰:"未审意旨如何?"师云:"一苇渡金陵。"师乃云:"祖师庭下,水泄不通。佛事门中,风行草偃。于斯见得,畅快平生。拟议思量,千山万水。"

---

① 筋:疑"箸"之误。箸,繁体作"筯",与"筋"字形似。

虔州慈云庆珰禅师法嗣

虔州广慈道传禅师

问:“如何是梅川境?”师云:“金精嶷嶷凌霄汉,梅水滔滔贯巨洋。”僧曰:“如何是境中人?”师云:“闲庭子贱鸣琴化,百里生民歌复谣。”僧曰:“向上宗乘,如何指示?”师云:“南斗七,北斗八。”

金陵蒋山法泉佛慧禅师法嗣

滁州幽谷寿圣寺祐禅师

问:“如何是和尚为人处?”师云:“未免拖泥带水。”僧曰:“如何得不拖泥带水去?”师云:“好吃棒。”僧曰:“学人有什么过?”师便打。

郢州太平兴国法云禅师

问:“如何是祖师西来意?”师云:“踏破草鞋。”僧曰:“学人未晓。”师云:“直下承当。”

衢州九峰殊甫禅师

问:“灵蛇在手,一任卷舒。宝鉴当轩,是何光境?”师云:“一轮皎皎,万里沾恩。”僧曰:“万丈白云藏不得。”师云:“于你分上得个什么?”僧曰:“休将三寸舌,调弄五湖僧。”师云:“山僧罪过。”

善果怀演庵主法嗣

潭州玉池光教寺冲俨禅师

问:“以心传心,无说可说。无说即不问,如何是可说?”师云:“石笋逢时长。”僧曰:“未审意旨如何?”师云:“葵花向日开。”

问:“如何是祖师的的意?”师云:“泥牛不吃栏边草。”僧曰:“和尚向何处安身立命?”师云:“直向孤峰顶上眠。”

庐山归宗通禅师法嗣

襄州资福广照素月禅师

问:“如何是古佛心?”师云:“不着中间,去却两头。”僧曰:“如何是和尚的的为人处?”师云:“张公吃酒张公醉。”

问:“如何是佛?”师云:“顶后无圆相。”僧曰:“未审意旨如何?”师云:“和风发嫩蕊。”

问:“如何是真常道?”师云:“着衣吃饭。”僧曰:“学人不会。”师云:“真常道。”僧曰:“莫谩学人。”师云:“想若不识朝官体,只识皮鞋不识靴。”

郢州子陵辩禅师

问:“四众云臻,愿闻法要。”师云:“夜雨日晴。”僧曰:“意旨如何?”师云:“晒。”僧曰:“一言才了悟,千古为流通。”师云:“也不消得。”

庐山同安崇胜禅院庆通禅师

问:“师唱谁家曲,宗风嗣阿谁?”师云:“燕子不离旧窠。”

问:“世尊未成佛时如何?”师云:“佛。”僧曰:“成佛后如何?”师云:“佛。”僧曰:“毕竟如何?”师云:“佛。”

江陵福昌禅院信禅师法嗣

安州法兴期禅师

问:“学人无问,请师不答。”师云:“鲸有吞舟腾巨浪,人无消息过沧溟。”僧曰:“恁么则落二落三。”师云:“饶君解致千般问,空自言多道转赊。”

《建中靖国续灯录》卷第十九·对机门

南岳怀让禅师第十四世

庐山东林兴龙寺常总照觉禅师法嗣

洪州泐潭山宝峰禅院应乾禅师

姓彭氏。袁州萍乡人也。受具之后,遍历诸方。晚到照觉禅师法席,屡陈所见,觉未可之。乃示鸟窠吹毛因缘,初不晓解,一日,因事感激,豁然大悟,乃成颂云:“潦倒忘机是鸟窠,西湖湖上控烟萝。布毛吹去无多子,铁眼铜睛不奈何。”觉乃可之。自此推为上首,道行大播。照觉受命东林,师继法席。

开堂日,上首白槌罢,师直上觑,又直下觑,云:“哑,好个消息,其奈话堕了也。若有人知落处,宝峰出世事毕。其或未然,第二义中通个消息。”

问:“一佛出世一花开,如何是一佛出世?”师云:“分明看取。”僧曰:“如何是一花开?”师云:“何处不光辉。”僧曰:“牧童歌岭上,林下道人欢。”师云:“礼拜着。”

问:“向上一路,千圣不传。和尚从何而得?”师云:“碧眼胡僧笑点头。”僧曰:“不从人得去也。”师云:“具眼者道。”

问:“大义开田千万顷,子孙从此得耕锄。香严五立卓锥地,锹镢功劳甚处施。”师云:“全承渠力。”僧曰:“牧童撒手青霄外,水牯无绳得自由。”师云:“拽脱你鼻孔,击碎你髑髅。”僧便喝,师云:“未有眼在。”僧又喝,师便打。

问:“十方薄伽梵,一路涅槃门。未审路头在什么处?”师云:“蹈着石头硬似铁。”僧曰:“还许学人进也无?”师云:“点镝依前落二三。”

问:“得旨忘言,归家稳坐。未审到家一句作么生道?”师云:“闲看白云生碧落,静听流水过青山。”僧曰:“玉见火时光转润,莲华在水叶长干。”师云:“更须高着眼。”

问:“孤贫赫赤,一物俱无。还识渠么?”师云:“不识。”僧曰:“每日上来下去,为甚不识?”师云:“渠无面目。”僧曰:“与和尚同参去也。”师云:“同参事怎生?”僧曰:“学人到遮里却不会。”师云:“直须与么。”

问:“佛身无为,不堕诸数。那个是真佛?”师云:“杀好一问。”僧曰:“铜铁之像且致,今日浴那个佛?”师云:“煮炸不烂。”

问:“金毛踞地,百兽潜踪。学人上来,乞师指示。”师云:“脑裂。”僧曰:“学人未晓。”师云:“犹自不知休。”僧曰:“谢师指示。”师云:“大众笑你。”

问:“春风飀飀,春鸟关关。香严竹方翠,灵云花未残。正当恁么时如何?”师云:“千峰竞秀,万壑争流。”僧曰:“时节既彰,祖意教意如何显异?”师云:“基法师鼻孔。”僧曰:“马驹蹈杀天下人,居士吸尽西江水。”师云:“须是具眼。”

上堂云:“宝峰左源,迥是一天。山长带雪,路亘漫烟。黄石高峙,云峰拥前。狸奴白牯,清水良田。远车马喧杂,任岁月推迁。信知本色住山人,所得幽栖息世缘。”

上堂云:“天上月圆,地下月半。吞兮吐兮,知君错算。昨夜清风落太虚,珠玑迸洒苍崖面。霰雪交飞竞若为,少林从此露风规。咄。”

上堂云:“金风振野,古佛嘉猷。玉露垂珠,道人活计。溪边渔父,尽唱无生。岭上石人,时敲布鼓。殊不知月里麒麟看北斗,楚王城畔水东流。住住,是什么?二三四,七八九,拈得鼻孔失却口。参。”

师绍圣三年九月庚子示疾,沐浴净发,写偈云:“锋铓点的休相许,目病空花徒指注。六十三年浮世人,蹈翻海岳重归去。”言毕而逝。

庐山开先华藏禅院广鉴禅师

讳行瑛。桂州永福县人，姓毛氏。本州菩提寺受业。怀橘之年，投师出家。采李之年，策试圆具。赋性明敏，学问精到。壮齿游方，愈益超卓。所至法席，咨道有仪。心契闲师，灯续照觉。一住开先，十更年月。德风既振，缁素钦承。官保李侯特奏章服、师号。

开堂日，上首白槌罢，师顾视云："会么？八臂那吒铸铁券，须弥顶上运金槌。若也不会，华藏世界久萃骊龙。幸遇风雷，何妨奋跃。"时有僧问："法筵大启，使旆光临。祖意西来，请师举唱。"师云："拥扇仁风苏万物，随车甘雨洒千山。"僧曰："瀑流生瑞气，漱玉起清风。"师云："最好书为清浮国，更堪画作太平图。"

问："香烟起处，大众云臻。向上宗乘，请师指示。"师云："南山云，北山雨。"僧曰："一句无私。"师云："堪笑亭前红苋菜，年年生叶不生花。"僧曰："烟云出幽谷，日月耀乾坤。"师云："多遮两句。"僧曰："和尚又作么生？"师云："退身有分。"僧曰："何得龙头蛇尾？"师云："饶人非弱。"

问："如何是道？"师云："良田万顷。"僧曰："不会。"师云："春不耕，秋无望。"

问："如何是祖师西来意？"师云："君山点破洞庭心。"

僧曰:“意旨如何?”师云:“白浪四边绕,红尘何处来。”

问:“少林面壁,意旨如何?”师云:“入定。”僧曰:“孤负古人。”师云:“罕遇知音。”

问:“古镜未磨时如何?”师云:“古镜。”僧曰:“磨后如何?”师云:“古镜。”僧曰:“谢师指示。”师云:“三十年后。”

问:“法轮工已毕,推转意如何?”师云:“活鲅鲅地。”僧曰:“法不孤起,仗境方生。”师云:“有意气时添意气,不风流处也风流。”僧画一圆相,师云:“争奈诸圣眼何。”

问:“有人问我解何宗,拈起拂子劈口打。意旨如何?”师云:“糊狲入布袋,铁箸击乌龟。”僧曰:“不睹云中雁,争知沙塞寒。”师云:“千眼大悲观不得,无言童子暗嗟嘘。”僧曰:“为什么如此?”师云:“只为如此。”

师云:“谈玄说妙,譬如画饼充饥。入圣超凡,大似飞蛾赴火。一向无事,败种蕉芽。更若驰求,水中捉月。”乃以拂子拂一拂,云:“适来许多见解,拂却了也。作么生是诸人透脱一句?”良久云:“铁牛不吃栏边草,直上须弥顶上眠。”击禅床,下座。

上堂云:“和风习习,白日迟迟。山花灼灼,涧草离离。紫燕双飞大野,黄莺对语高枝。衲僧到此如凝滞,无限春光付与谁。咄。”

上堂。喝一喝,云:“三月春过强半,溪山雨散云飞。庭花自开自落,梁燕双飞双归。”复云:“木中有火,不钻不出。砂中有金,不淘不得。心中有道,不学不悟。游方行脚,唤作道人。还曾悟道么?”良久云:“白日莫空过,青春不再来。”

上堂云:“弯石巩弓,架兴化箭。运那罗延力,定烁迦罗眼。不射大雄虎,不射药山鹿,不射云岩师子,不射象骨猕猴。且道射个什么?”良久云:“放过一着。”

上堂云:“水不洗水,金不博金。独露一心,拨开万象。大教几张拭不净故纸,从上古佛一队多知解阿师,自兹截断众流,更不百城游历。还有与么衲僧么?”良久云:“点即不到。”

上堂云:“有人说得一丈,一寸也行不得;有一人行得一丈,一寸也说不得;有一人说得行得,有一人说不得行不得。此四人中,华藏欲觅一人为师,明眼衲僧试请拣看。”

上堂云:“登山须到顶,入海须到底,学道须到佛祖道不得处。若不如是,尽是依草附木底精灵,吃野狐涕唾底鬼子。华藏恁么道,譬如良药。然则苦口,且要治疾。阿唧唧。”

上堂云:“一锤便成,犹为钝铁。千割不断,岂是神锋。良马尚不待鞭影而行,上士又何假言诠而晓悟。灵龟已涉周遮,问答一场狼藉。”击禅床一下。

庐山万杉禅院绍慈禅师

俗姓赵氏。桂州人也。十八受具,十九游方。参总禅师,因侍立次,问:“世尊付金襴外,别传何物?”总举起拂子。师云:“毕竟作么生?”总以拂子蓦口打,师拟开口,总又打。师自此有省,遂夺拂子便礼拜。总云:“汝见何道理便礼拜?”师云:“拂子属某甲了。”总云:“三十年老将,今日被小卒折倒。”自此玄风大振,推为东林上首。

开堂日,上首白槌罢,师顾视左右云:“若向遮里明得去,丽水一星金,流沙混不得。其或未然,向沙水不分处置将问来。”

问:“明主恩光重,贤侯惠泽深。既登师子座,愿振海潮音。”师云:“木马已嘶秋草露,铁牛还吼暮山云。”僧曰:“恁么则袖里神锤光灿烂,八方击处响如雷。”师云:“神锤在什么处?”僧举拳云:“分明在目前。”师云:“只恐不是玉,是玉也大奇。”

问:“然香祝圣人皆委,击鼓谈玄意若何?”师云:“一音才剖露,万法自齐彰。”僧曰:“若然者,山河并大地,宝印在其中。”师云:“打开户牖通千界,百亿毗卢处处分。”僧曰:“个中千圣眼,特地好乾坤。”师云:“到头通一路,始见本来人。”

问:“解接无根树,能挑海底灯,意旨如何?”师云:“特地光辉。”僧曰:“兔角点开千圣眼,龟毛拂尽九衢尘。”师云:“寒山拊掌。”僧曰:“好手手中呈好手,红心心里射红心。”师云:“阇梨还接得也未?”僧曰:“莲社老师亲得旨,人间天上尽蒙恩。”师云:“蹉却话头。”

问:“朱明方启候,衲子又安居。未审九旬之内如何履践?”师云:“松筠有高节。”僧曰:“恁么则清音长不尽,洗却眼中尘。”师云:“还因霜雪后,始见岁寒姿。”僧曰:“灵苗有地人皆委,铁眼无私莫点玄。”师云:“须知向上路,不许夜行人。”僧曰:“忽遇倾湫倒岳底又作么生?”师云:“鞔[①]空铁网,谁敢出头。”

问:“千圣共传无底钵,曹溪路上许谁同。如何是无底钵?”师云:“千人趒不出。”僧曰:“万里游沧海,忻逢倒岳波。”师云:“不是弄潮人。”

问:“祖师心印,状似铁牛之机。正当恁么时,印即是?不印即是?”师云:“看取炉中铁弹子。”僧曰:“忽然打破又作么生?”师云:“须知痛痒。”僧曰:“今日得遇和尚。”师云:“语脉里转却。”

上堂云:“先行不到,若顺弥立乎巨川。末后太过,犹

① 鞔:音瞒。覆也。

猛士发乎狂矢。或高或下,未有准绳。以是还非,遭人点捡。且道如何得相应去?”良久云:“红炉焰里重添火,烜赫金刚眼自开。咄。”

上堂云:“阳鸟啼春,观音户启。清泉照月,毗卢界彰。鹤鸣峰头,声声不别。散珠亭上,颗颗圆成。乍隐乍彰,不拨自转。还有收得者么?试呈似看。”良久云:“可笑猿猴探水月,不知真个有蟾蜍。”下座。

上堂云:“我祖别行最上机,纵横生杀绝猜疑。虽然塞断群狐路,返踯顺还师子儿。众中还有金毛烜赫,牙爪生狞者么?试出哮吼一声看。”良久云:“直饶有,也不免玉溪寨主撩钩搭索。参。”

上堂云:“赤水之珠,清江之月。猿猴竞探,徒尔迷踪。罔象无心,超然自得。所谓视之有余光,揽之不盈手。世没无穷,去来无际。然虽如是,下坡不走,快便难逢。”乃喝一喝,拍一拍,云:“赤水之珠,清江之月,瓦解冰消。众中还有英灵变豹者么?出来救取一半。”良久云:“可怜此意无人会,却使陶潜更皱眉。”

上堂云:“玉溪不会禅,只识诸方病。蓦下霹雳散,转杀也不定。”

左丞蔡公卞赞师真:灵光头头显现,猕猴亦背一面。若人欲识师真,打破镜来相见。

东京褒亲旌德禅院佛海禅师

讳有瑞。姓陈氏，兴化军仙游县人也。幼异尘俗，默坐终日。父母奇之，即许出家。依东京景德寺重全上人为师，比试圆具。首造黄龙南禅师法席，南曰："汝为人事来？为佛法来？"师云："为佛法来。"南云："若为佛法来，即今便分付。"遂打一拂子。师云："和尚也不得恼乱人。"南即器之。后依泐潭山总禅师，深悟玄奥。巾侍久之，众推道首。初住安州太平，观察李侯先奏章服。哲宗皇帝五七入内，赐"大觉"师名。百日入内，又赐"佛海"禅号。

开堂日，问："不越百城之远，肯飞一锡而来。宝座既登，伫听法要。"师云："鸟窠吹起布毛心。"僧曰："谢师方便。"师云："从苗辨地，因语识人。"

问："朝贤旌旆来筵上，师将何法报君恩？"师云："玉磬乍敲金殿响，紫檀烟锁玉楼春。"僧曰："匝地风生。"师云："特地使人观。"僧提起坐具曰："争奈遮个何？"师云："指南为北，识得遮贼。"

问："验人端的处，下口便知音。只如维摩一默，以何为验？"师云："不劳再勘。"僧曰："打面还他州土麦，唱歌须是帝乡人。"师云："同道者方知。"

问："祥烟起处，杲日当空。一句无私，请师全道。"师云："拄杖横穿日面佛，衲衣斜褡少林风。"僧曰："一言勘破威音佛，千圣须教立下风。"师云："玉殿光含千界月。"僧曰："黄金虽至宝，点着是空花。"师云："方便多门户，心通一道归。"

师云："问得亦好，不问亦强。一问若不达，翻成戏论法。问若有旨，答亦随机。为什么？宗乘道着，千圣退步。宝杖敲时，三乘失辙。盖为此事，似秦镜当台，千里邪心自怖。如镆鎁在袖，百亿魔军胆碎。直得大圣不说说，迦叶绝闻闻。大底只要诸人回光返本，敛念收心，善恶都莫思量，自然得入。心体湛寂，妙用恒沙混同，直饶有人便于此承当得，又属抱桥柱澡洗。及乎舍之，似万里望乡关。执之，堕在魔王境界。唤作迷时人逐法，悟后法随人。盖无私法要，千古同规。一句当机，唯人自鉴。到遮里若会得，便见终始一如，古今齐致。至于赵州庭柏，清风长在。若不会得，便见云门凳子，天地悬殊。

"于是不得已，便乃琉璃殿上日午打更，无影林间秋行春令。何也？妙体虽然无异，妙用盖有多门。是故释主能仁应迹迦维，弘悲沙界，神通妙力不可思议。所以盖为群生，日用三昧而不觉，业识茫然而莫返。遂致前境纷纭，本源错杂。繇是金仙久默斯要，于不二境作大佛事，入寂光土经营三界。道洽大千，化均百亿。言满法界，捞笼群生。敷玄籍以晓果因，垂天真以育情性。无何机有大小，乘分顿渐。故使资粮者，可以推微达著，寻端见绪；然后为散乱者，诫之以定慧。着诸乐者，示之以无常；乐小法者，导之以大方；计诸见者，谕之以无动；泥名相者，开不二门。此岂不以因言入道,藉教明真。一心既皎,万德咸著,良为于此。末后却曰:如标月指,空拳喻实。

“噫。如此兴慈,大似有过无功,未如我金色头陀随身活计,琉璃钵盂传来无底。任是千眼大士,莫窥其状。达磨所有生涯,大庾岭头掷下,设有万夫之勇,提之不动。后来风幡事起,卷箪义彰;佛手难藏,驴脚自露。所以儿孙固不得已,曲顺人情,放一线路,便有绍续门风,联辉祖焰。然后佩无我印,开不二门,致有向上金鸡衔米一粒,遍济十方;真如厩内良驹独出,踏杀群魔。所以人人尽道:摩竭令严,承当者少。支那玄响,应之者稀。大众,若据如斯见识,一何少哉!只如知滋味,识痛痒,岂无一二。聆至音,决胜负,宁无一个半个。且道能如此者是什么人?”良久云:“禅关已得裴公达,祖意宁无谢守评。参。”

上堂云:“有佛世界,以一尘一毛而作佛事,令见一法者而具足一切法,故权为架阁。有佛化内。以忘言寂默为大佛事,使其学者离一切相,即名诸佛,故好与三下火抄。有佛土中,以黄花翠竹而为佛事,令睹相者见色即空,故且付与弥勒。有佛宝刹,以法空为座而示佛事,俾其行人不着佛求,故勘破了勾下。有佛道场,以四事供养而成佛事,使知足者断异念,故可与下载。有佛妙域,以一切语言三昧作其佛事,令随机入者不舍动静,故为渠装载。大众,且道于中还有优劣也无?”良久云:“到者须知是作家。参。”

南岳福严寺惟凤禅师

问:“如何是福严境?”师云:“千里一堆青。”僧曰:“如何是境中人?”师云:“坐断祝融峰。”

师乃云:“般若台前聊举目,周回八百里方圆。高低层级浑无缝,出自当时磨底砖。”复云:“灵源一派,亘古绵今,曾无间断。所以朝宗有据,润物无亏。精通者,善别波澜。泛滥者,难穷彼岸。直饶穷得别得,了了无差。敢问诸人,还有衲僧巴鼻也无?若有,不免和泥合水。若无,不可斩头觅活。向上一路,作者共知。其或未明,逢人但恁么举。”

南岳衡岳寺道辨禅师

问:“拈槌举拂即且致,和尚如何为人?”师云:“客来须接。”僧曰:“便是为人处也。”师云:“粗茶淡饭。”僧礼拜,师云:“须知滋味始得。”

庐山圆通可仙禅师

问:“如何是佛?”师云:“骑牛觅牛。”僧曰:“争奈学人不会。”师云:“参取不会底。”

问:“如何是祖师西来意?”师云:“寸钉牛力。”僧曰:“向上更有事也无?”师云:“有。”僧曰:“如何则是?”师云:“向下会取。”

上堂。良久云:“恁么散去,早是不着便。那堪长老鼓两片皮,摇三寸舌,说东道西,指南言北,转勿交涉。何故如此?说则乾坤大地,该括微尘。收则纤芥无差,丝毫不露。苟或独超象外,量等太虚,便乃终日说事,不为事所碍,古今三世,俨尔目前。曲直条然,是非有辨,便能和光同尘,随邪逐恶。恁么说话,也大无端。忽有个杰出丛林烜赫禅者,为众竭力,出来掀倒禅床,喝散大众,将长老推向阶下,也许他有些气息。有么?既无,老僧倒行此令。”拄杖打禅床,下座。

临江军慧力院可昌禅师

问:“佛力法力即不问,如何是慧力?”师云:“踏倒人我山,扶起菩提树。”僧曰:“菩提本无树,向什么处下手?”师云:“无下手处,正好着力。”僧曰:“今日得闻于未闻。”师云:“莫把真金唤作鍮。”

问:“一念万年,十方坐断。学人特伸请益。”师云:“先付德山,后与临济。”僧曰:“悔伸一问。”师便打。

问:“祖意西来,请师举唱。”师云:“达磨当年无如是事。”僧曰:“和尚莫教话堕。”师云:“却被上人勘破。”僧曰:“争奈文彩已彰。”师云:“向你道。”

问:“祖意教意,是同是别?”师云:“一点水墨,两处成龙。”僧曰:“恁么则寒潭浪静苍龙宿,玉叶婆娑彩凤栖。”师云:“先记摩腾,后思卢老。”

问:“摩竭正令,此日全提。如何是摩竭正令?”师云:“喝散白云,击破虚空。”僧曰:“恁么则冲开法王阵,打破祖师关。”师云:“更须着力。”僧曰:“若然者,让老马驹初出厩,存师圣箭乍离弦。”师云:“也不消得。”僧曰:“酌然水洒不着。”师云:“谁肯便回首。”

师云:“法王行处,草木生辉。大海腾波,须弥岌峇。玄机未发,只恐眠云不深。大用才彰,便出白莲社里。所谓随方作主,宁类守株。把住放行,自由自在。纵有连天瀑布,不来耳畔生喧。任他双剑峰高,免向眼前为碍。时行则行,时止则止,动静不失其时,其道光明大矣。大众且道那个是光明底事?”良久云:“禾山打鼓声犹在,自此庐陵米价低。”以拂子击禅床。

上堂云:“菩提无相,相覆大千。法性无言,言满天下。所以观音从闻得道,弥勒因见悟心。祖师门下有何境界,便得动止无疑?”良久云:“国师不见客,侍者出山门。”

庐陵禾山甘露志传禅师

问:“一等无弦琴,请师弹一曲。”师云:“山僧耳聋。”僧曰:“学人请益。”师云:“去。”僧曰:“慈悲何在?”师云:“自有诸方眼。”

问:“禾山嘉境即不问,自牧庵前事若何?”师云:“岂不曾避?”僧曰:“恁么则山连三峡秀,水出五峰前。”师云:“随流得妙。”

问:“师子窟中岂藏头角?”师云:“特地尖新。”僧曰:“已泄真机。”师云:“傍观者哂。”

问:“师唱谁家曲,宗风嗣阿谁?”师云:“天上月轮非一二,水中光影任东西。”僧曰:“子孙尽究生缘处,祖父元来不出门。”师云:“何不过遮边?”

师云:“牛头没,马头回,剑轮飞处绝纤埃。南北东西无异路,休言南岳与天台。所以未离庐阜,只见五峰势险,三峡声雄。自牧庵中,随缘度日。便道涅槃城里坐致太平,解脱坑中未可安身立命。乃到禾山,也见凌霄峰上,云自卷舒。罗汉洞前,溪声浩渺。三门佛殿,无异诸方。厨库僧堂,仍皆旧辙。便好拗折拄杖,高挂钵囊,与诸禅德跨露地白牛,游壶中天地,物外山川,唱村田乐。且恁过时,假使诸佛出兴于世,地摇六震,天雨四花,终不能管得,也不疑着渠。且道山僧有何长处便恁么道?”良久云:“白云乍可来青嶂,明月那教下碧天。”

上堂云:“圣人出兴,允膺嘉运。所以祥光烛地,紫雾盈庭。万国欢呼,百灵叶庆。巍巍大宝,端拱无为。四海肃清,八纮奉化。尧年舜日,可乐太平。野老讴歌,昆虫受赐。载天覆地,咸沐君恩。故我沙门仰遵佛来,精持贝字,毗赞宸严。只如古人道:人人尽有一卷经文,须我英灵禅客、豹变衲僧,不落三科,非关吾故。若以报恩,无恩不及。若以利物,无物不利。若是寻文究墨之流,非唯不能报恩,亦乃不能自利。然虽如是,毕竟是何义理?”良久云:“石人拖梵夹,一字不成行。”

黄州柏子山栖真院德嵩禅师

问:“如何是显露底法?”师云:“高着眼。”僧曰:“法不孤起。”师云:“露柱上荐取。”僧曰:“若不得流水,还应过别山。”师云:“知心有几人。”

上堂云:“天地一指,绝诤竞之心。万物一马,无是非之论。由是魔罗潜迹,佛祖兴隆。寒山拊掌欣欣,拾得呵呵大笑。大众,二古圣笑个什么?”良久,呵呵大笑云:“昙花一朵再逢春。”

庐山东林思度禅师

上堂云:“东西不辨,南北不分。琼楼玉殿,照耀乾坤。普贤作伴,文殊作宾。不徒打草,只要蛇惊。古圣尚乃如此,岂况今时衲僧。诸禅诸禅,休要拟议着眼听。听什么?雨来山色暗,云出洞中明。若向遮里会得,便是一切现成。参。”

蕲州白云山广教德方禅师

问:“和风乍扇,选佛场开。架起红炉,要分玉石。”师云:“且饶广教。”僧曰:“早是瑕生。”师云:“雪峰道底。”

泉州同安双林道基禅师

问:“觉花绽处,正遇明时。学人上来,请师速道。”师云:“云生岭上。”僧曰:“学人未晓。”师云:“水出高源。”僧曰:“嘉音已播寰中去,一轮明月照同安。”师云:“好事不出门。”

问:“欲明今日事,识取本来人。如何是本来人?”师云:“乾坤收不得,岁月岂能迁。”僧曰:“未审此人即今在什么处?”师云:“渠无国土,处处逢渠。”

江州德安无相继才禅师

问:“欲离无垢丈室,将届无相道场。两种是无,如何是有?”师云:“孤明宇宙。”僧曰:“未审意旨如何?”师云:“独露乾坤。”

上堂云:“禅无私授,有相皆真。诸人还见无相宝塔吞却佛殿三门么?”良久:“嗄,是何言欤。”以拂子击禅床,下座。

东京褒亲旌德禅院谕禅师

问:“泥多佛大,水长船高。不犯清波,请师别道。”师云:“灵龟已透青霄。”僧曰:“恁么则不居本位,别透波澜。”师云:“四海尽为雨。”僧曰:“踏破澄潭月,穿开碧落天。”师云:“底事更由谁?”

问:“劫火洞然起,大千非究竟。所有作业人,如何安性命?”师云:“佛手遮不得,人心似等闲。”僧曰:“恁么则脚手忙然,如落汤鳖。”师云:“唤不回头争奈何。”僧曰:“不唯一身涂炭,亦乃万劫尘劳。”师云:“自是时人不肯休。”僧曰:“衲僧分上又作么生?”师云:“高揖释迦,不拜弥勒。”

上堂云:“新罗打鼓,大宋上堂。庭前柏子问话,灯笼露柱着忙。香台拄杖起作舞,卧病维摩犹在床。遮老汉,我也识得你病,休讶郎当。咄。"

上堂云:"驾铁牛,耕巨海。探骊颔之珠,获珊瑚之宝。枝枝撑月,光射斗牛。神鬼知贵而不知价,谓得之于心,应之于手。家荣国富,受用无穷。且道是谁?"良久云:"将军自有嘉声在。"

潭州鹿苑景深禅师

上堂云:"和风初扇,柳眼分眉。岳展如屏,山花似锦。檐头鹊噪,鹤宿乔松。涧水清冷,鱼龙游泳。居林下者,足可欢娱。虽无丝管之音,亦有山家之态。诸仁者,且道毕竟作么生?"良久云:"一任流通。咄。"

饶州妙果院法喜禅师

问:"如何是佛?"师云:"一字两头垂。"僧曰:"学人未晓。"师云:"丁字横挑脚。"僧曰:"如何是向上事?"师云:"万里无片云。"

问:"如何是祖师西来意?"师云:"风清底际柏。"

上堂。示众云:"休休,得抽头处且抽头。莫莫,底事难教闲处着。白日常催快活人,黄金难买神仙药。参。"

上堂云:"执之失度,必入邪路。放之自然,体无去住。且道是什么?"良久云:"人平不语,水平不流。"下座。

安州寿宁院成则禅师

问:"西来密旨真消息,今日当筵愿举扬。"师云:"牛头没,马头回。"僧曰:"一句超三界,万汇尽沾恩。"师云:"赫日光中斗柄垂。"僧曰:"一轮明月照,万里远山青。"师云:"且得领话。"

师云:"二千年前公案,今日已为重提。八万四千法门,与渠一时画断。若向威音王已前荐得,丈夫自有冲天志。七佛已后明宗,几个男儿气宇豪。若据祖师西来,真个压良为贱。而今到此,有理难伸。事不获已,只得土上如泥,随风倒垛。把定放开,临机生杀。若也把定,祖佛出来,性命不存。若也放开,便与诸人大家拍和,举起胡家曲,共唱木人歌。清风明月生遥夜,玉笛关山吹薜萝。迦叶作舞钟馗拍,潮海齐生呞呞[1]波。龙王怒剑谁敢顾,遏定鰕鱼不敢过。"

明州岳林崇福院圆明禅师

问:"为国开堂于此日,先将何法报君恩?"师云:"千山顶上一轮月,万里江波彻底明。"僧曰:"恁么则群生皆举

① 呞:音匝。

目,个个谢无私。”师云:“吾皇自有千生化,何必劳君贺太平。”僧曰:“若然者,尧舜清风万古新。”师云:“皇天无亲,唯德是辅。”

问:“利人一句,请师速道。”师云:“走马入长安,报道太平年。”僧曰:“此犹在金峰窠里,和尚如何指南。”师云:“铁牛吼处千江月,木马嘶时遍地春。”

问:“如何是不动尊?”师云:“走马趁不及。”僧曰:“此犹是动底事,如何是不动底事?”师云:“清风拂云飞,白日不曾移。”

上堂云:“惠日腾空,辉光烜赫。摩尼在掌,灿烂圆明。应现临机,纤毫难隐。众中莫有拗麒麟角,坐祖师头者么?出来相见。”良久云:“若无,山僧今日缩却舌头。”

真州资福怀宝禅师

问:“如何是向上事?”师云:“问取向下事。”僧曰:“向下事如何?”师云:“随语汉。”

问:“如何是佛?”师云:“犹自不识。”僧曰:“只遮便是。”师云:“错。”

问:“路逢猛兽时如何?”师云:“似他逢你。”

问:“孤峰独宿时如何?”师云:“高枕无忧。”

上堂云:“雁叫长空气象清,园林草木尽雕零。庭前唯有赵州柏,枝叶婆娑特地荣。大众,遮柏树子,在天则同天,处人则同人,在城郭与花柳浑居,在山林与烟云作伴。只如在资福门中,又作么生?”良久云:“一朝权在手,看取令行时。”下座。

洪州兴化院以弼禅师

问:“近离兴龙,将届归宗。龙即不问,如何是珠?”师云:“鸾溪劈箭急。”僧曰:“莫便是珠否?”师云:“晓夜响潺潺。”僧曰:“不入洪波里,争见弄潮人。”师云:“珠在什么处?”僧提起坐具,师云:“闲家具。”

泉州清化院从琏禅师

问:“知师久蕴囊中宝,今日当筵略借看。”师云:“燕金赵璧。”僧曰:“是何宗旨?”师云:“卖金须遇买金人。”僧曰:“恁么则释主瞬眸呈妙用,饮光微笑露真机。”师云:“依俙越国,仿佛扬州。”

上堂云:“千峰积翠,万壑含烟。涧柳迎风,山花啸日。可以陶情涤虑,可以送目遣怀。如是则高谢人寰,气冲霄汉。真所谓卧云深处,鼻孔辽天。名利不干坏,财帛不为念。恁么过时,且道有佛法道理也无?”良久云:“时挑野菜和根煮,旋斫生柴带叶烧。”

洪州西山龙泉夔禅师

问:“如何是向上事?”师云:“须弥顶上击金钟。”僧曰:“洪音一振,韵出青霄。”师云:“作么生闻?”僧曰:“声声无欠少,不见打钟人。”师云:“大众笑你。”

上堂。众集定,师乃云:“只恁么便散去,不妨要妙。虽然如是,早是无风起浪,钉橛空中。岂况牵枝引蔓,说妙谈玄,正是金屑眼中翳,衣珠法上尘。且道拂尘出屑是什么人?”卓拄杖一下。

襄州西禅万寿院智圆禅师

问:“因缘遇会,试舞一场。”师云:“赚却多少人。”僧曰:“恁么则龙吟随处祥云起也。”师云:“见个什么?”僧曰:“春色惹开群木秀,清风吹绽祖花新。”师云:“大众一时看。”

师云:“饮光门下,妙旨奚宣。毗耶杜辞,已成多事。摩竭掩室,不令而行。西天四七高僧灯灯续焰,东土二三诸祖印印联芳。自古及今,祖宗传授,所以得于无得,证于无证;应无所住而住,了无所了而了。其有达者,便能方寸之池,流出无穷之宝;润泽生灵,皇恩佛恩一时报足。虽然如是,莫有报不得者么?”良久云:“粉骨碎身未足酬,一句了然超百亿。”喝一喝。

建州护国禅院康禅师

问:“梵刹才兴,十方有分。学人还有分也无?”师云:“谁敢道无?”僧曰:“学人今日有赖。”师云:“登门如挂褡,入室许烧香。”僧曰:“功不浪施。”师云:“事不厌细。”

上堂云:“护国门下,豹变英灵。握骊颔之明珠,秉金刚之宝剑。九旬禁足,三月安居。外息诸缘,内弘高见。所谓十方同聚会,个个学无为。此是选佛场,心空及第归。敢问诸仁者,未审缘何道理,便乃心空及第归?还有人道得么?”良久云:“化龙三级浪,震地一声雷。”

建州景福院惟洁禅师

师于绍圣丁丑正月二十七日请诸寺长老僧众,遂上堂,有翠微长老问:“四山相逼,和尚从什么处去?”师云:“渠侬得自由。”微云:“竹密不妨流水过,山高岂碍白云飞。”师云:“伶利衲僧。”微云:“毕竟事作么生?”师良久,微便喝,师云:“临行之际,休更忉忉。”复云:“惟洁霂住当山,首尾三年。若论住持,都无所补。其间好恶,口议纷纷。是亦何是,非亦何非。四十二年,一场妄想。近日已来,风火相违,四大分散。大丈夫汉,有何顾惜。要行便行,伏惟珍重。”言毕而逝。

南康军兜率院志恩禅师

上堂云:“落落魄魄,居村居郭。莽莽卤卤,何今何古。不重已灵,休话佛祖。扭定释迦鼻孔,揭却观音耳朵。任他雪岭辊毬,休管禾山打鼓。若是本色衲僧,终不守株待兔。参。”

福州兴福院康源禅师

问:“如何是学人底事?”师云:“自家验取。”

问:“久负匆弦琴,请师弹一曲。”师拍一下,僧曰:“还许学人和也无?”师云:“不是知音者,徒劳话岁寒。”

师云:“山僧有一诀,寻常不漏泄。今日不囊藏,分明为君说。”良久云:“寒时寒,热时热。”

泉州崇福德徽禅师

问:“如何是新年头佛法?”师云:“元正启祚,万物咸新。”僧曰:“谢指示。”师云:“老僧失利。”

上堂云:“烟飞澹澹,柳色依依,莫将庭柏作真机。若问灵云不疑事,桃花满树正芳菲。”

泉州开元寺真觉大师

讳志添。姓陈氏，本州人也。幼住庵岩，依师圆具。遍参祖席，寻访东林总禅师之堂，一日，室中示吹布毛因缘，师于言下豁然开悟，乃呈颂曰："老师曾把布毛吹，举处分明第一机。欲识个中端的趣，岭头遥指白云飞。"

至元祐初，游于京师。徐国大王未契禅宗，闻师道风，一日，遣使召师入宫，小参，示众云："毗卢遮那实性，与汝等诸人本性无别。从旷劫来，轮转法界；于受生中，无本无末，无去无来，无性无相，无古无今；纤尘不立，毫发难存。无正法而可分，何像末之为间。故知法界众生无成无坏，等性本源是佛。然虽如是，若据衲僧门下，天地悬殊。何也？既有生而有灭，复有去而有来。正像末法既无差，性相照然而可睹。于其中间，无有成佛，无不成佛。于般若藏，无所间然。直饶三世诸佛、六大祖师、天下老和尚，神通过于鹙子，辩智胜于满慈，到遮里也须结舌亡锋。"良久云："国令已传清宇宙，人人各贺太平年。"王续问："如何是佛法底事？"师云："见性即是。"王曰："如何得见性去？"

师云："不离十二时中，行住坐卧皆是古佛道场。"王遂悟玄旨，密契宗风。即命四禅入宫升座，复求印可。饭千僧，阅大藏，以为庆赞。及奏太皇，赐磨衲袈裟。时遇今上皇帝御宝题金镮绦鞠[1]云:“赐真觉道者,当来同成佛果。”复奏“佛印”禅号,坚辞不受。诸宫屡赐紫衣四十余道,回奏诸方禅律。神宗皇帝上仙于福宁殿赐“真觉大师”。

① 鞠:音居。用以连合破裂的器物。

《建中靖国续灯录》卷第二十·对机门

南岳怀让禅师第十四世

舒州海会守端禅师法嗣

潭州云盖山智本禅师

姓郭氏。筠州人也。依本州慈云院受具。即慕参游，造海会端禅师法席，投机开悟，众所推仰。初住舒州龙门，枢密曾公请住南岳法轮、高台道林，晚迁云盖。

开堂日，升座，顾视云："会么？南岳山高，潇湘水绿。千仞壁立，万派朝宗。久参先德，相共证明。后进初机，有疑请问。"问："香烟馥郁，大众临筵。为国开堂，如何举唱？"师云："片云生岳顶。"僧曰："天上有星皆拱北，人间无水不朝东。"师云："孤月旧团圆。"僧曰："祝延圣算蒙师指，向上宗乘事若何？"师拍禅床一下，僧曰："逢人分明举似。"师云："早见错举。"

问："诸佛出世，天雨四花。和尚出世，有何祥瑞。"师云："千闻不如一见。"僧曰："见后如何？"师云："瞎。"

问:“如何是佛?”师云:“释迦、弥勒。”僧曰:“便恁么会时如何?”师云:“脑后擎拳。”

问:“如何是祖师西来意?”师云:“琉璃瓶子。”僧拟议,师便喝。

问:“庭前柏树人知有,先师无语意如何?”师云:“真鍮不换金。”

问:“异类拟生全是兆,机锋兼带意如何?”师云:“脱却襕衫提席帽,相逢不说那边来。”

问:“如何是清净法身?”师云:“家无小使,不成君子。”

问:“目瞪口呿[①],如何话会?”师云:“傍观者丑。”

问:“将心觅心,如何觅得?”师云:“波斯学汉语。”

问:“如何是学人出身处?”师云:“雪峰元是岭南人。”

问:“素面相呈时如何?”师云:“一场丑拙。”

问:“起坐相随,为什么不识?”师云:“相逢虽语笑,背

① 呿:音屈。口开。

后切无端。”

问:“如何是和尚家风?”师云:“薄剥[①]明月。”僧曰:“只遮个,别有在?”师云:“细切清风。”

问:“人人尽有一面古镜,如何是学人古镜?”师云:“打破来,向你道。”僧曰:“打破了也。”师云:“胡地冬生笋。”

问:“如何是咬人师子?”师云:“五老峰前。”僧曰:“遮个岂会咬人?”师云:“今日拾得性命。”

问:“古人道:‘说取行不得底,行取说不得底。’未审行不得底作么生说?”师云:“口在脚下。”僧曰:“说不得底作么生行?”师云:“蹈着舌头。”

问:“如何是祖师西来意?”师云:“一队衲僧来,一队衲僧去。”

问:“知师久蕴囊中宝,今日当场略借看。”师云:“适来恰被人借去。”

问:“王道与佛道相去多少?”师云:“和尚褊衫阔,措大白襕宽。”

---

① 剥:音披。剥也。

上堂云:“去者鼻孔辽天,来者脚蹈实地。且道祖师意向什么处着?”良久云:“长恨春归无处觅,不知流入此中来。”

上堂云:“后词一诀,对面直说。若到诸方,不得漏泄。稍若商量,金刚脑裂。”遂拍一下。

上堂云:“高台巴鼻,开口便是。若也便是,有甚巴鼻。月冷风高,水清山翠。”

上堂云:“以楔出楔,有甚休歇。欲得休歇,以楔出楔。”喝一喝。

上堂。高声唤侍者,侍者应喏。师云:“大众集也未?”侍者曰:“大众已集。”师云:“那一个为什么不来赴参?”侍者无语,师云:“到即不点。”

上堂云:“满口道不出,句句甚分明。满目觑不见,山山叠乱青。鼓声犹不会,何况是钟鸣。”喝一喝。

上堂云:“祖翁卓卓荦荦,儿孙龌龌龊龊。有处藏头,没处露角。借问衲僧,如何摸索?”

上堂云:“鸡作鸡鸣,犬作犬吠。不用教招,自然如是。本分衲僧,却不瞥地。”

上堂云:“眼若朱红,面如泼墨。婆婆娑娑,颐颐索索。一口咬破铁馒头,馨香直到新罗国。”

上堂。横桉拄杖云:“牙如刀剑面如铁,眼放电光光不歇。手把蒺蔾一万斤,等闲敲着天边月。”卓一下。

蕲州五祖演禅师

问:“携筇领众,祖令当行。坐断要津,师意如何?”师云:“西风吹渭水,落叶满长安。”僧曰:“四面无门山岳秀,今朝且得主人归。”师云:“路头在什么处?”僧曰:“对面蹉却。”师云:“且喜到来。”

问:“祖意教意,是同是别?”师云:“人贫智短,马瘦毛长。”

问:“如何是白云为人亲切处?”师云:“裂转鼻孔。”僧曰:“便恁么去时如何?”师云:“不知痛痒。”

问:“达磨面壁,意旨如何?”师云:“计校未成。”僧曰:“二祖立雪时如何?”师云:“将错就错。”僧曰:“只如断臂安心又作么生?”师云:“炀帝开汴河。”

问:“如何是道?”师云:“始平郡。”僧曰:“如何是道中人?”师云:“赤心为主。”僧云:“未审道与道中人相去多少?”师云:“名传天下。”

问:“如何是极则事?”师云:“何须特地?”

问:“百尺竿头,如何进步?”师云:“快走始得。”

问:“如何是临济下事?”师云:“五逆闻雷。”僧曰:“如何是云门下事?”师云:“红旗闪烁。”僧曰:“如何是曹洞下事?”师云:“驰书不到家。”僧云:“如何是沩仰下事?”师云:“断碑横古路。”僧礼拜,师云:“何不问法眼下事?”僧曰:“留与和尚。”师云:“巡人犯夜。”

问:“如何是白云一滴水?”师云:“打碓打磨。”僧曰:“饮者如何?”师云:“无着面处。”

问:“天下人舌头尽被白云坐断,白云舌头甚么人坐断?”师云:“东村王大翁。”

问:“尽力拨不转时如何?”师云:“特石。”僧曰:“一拨便转时如何。”师云:“铄钻。”

师乃云:“适来思量得一则因缘,而今早忘了也,却是拄杖记得。”乃拈拄杖云:“拄杖子也忘了。”遂卓一下,云:“同坑无异土。咄。”

上堂云:“幸然无一事,行脚要参禅,却被禅相恼,不透祖师关。如何是祖师关?把火入牛栏。”

上堂云:“恁么恁么,鰕跳不出。不恁么不恁么,弄巧成拙。软似铁,硬似泥。金刚眼睛十二两,衲僧手里称头低。有价数,勿商量,无鼻孔底将什么闻香?”

上堂云:“难难几何般,易易没巴鼻。好好催人老,默默从此得。过遮四重关,泗州人见大圣。”

上堂云:“若要七纵八横,见老和尚打鼓升堂,七十三八十四,将拄杖蓦口便筑。然虽如是,拈却门前上马台,剪却五色索,方始得安乐。”

上堂云:“有一则奇特因缘举似诸人,欲说又被说碍,不说又被不说碍;欲举山河大地,又被山河大地碍。从教头上且安头,真金不博鍮,丈夫意如此,快乐百无忧。”

滁州琅琊山开化寺永起禅师

襄阳人也。鹫岭兴化禅院受业,参白云端禅师以出世。住持二十年,都尉张侯敦礼奏以椹服。

问:“口欲谈而词丧,心欲缘而虑忘。去此二途,请师速道。”师云:“一片白云无尽处,被风吹去又吹来。”僧曰:“此犹是学人问处。”师云:“你问处作么生道?”僧曰:“棒头有眼明如日,要识真金火里看。”师云:“山僧罪过。”僧曰:“知即得。”师拊掌一下,云:“也不得放过。”

问:“浅闻深悟,不舍一法。深闻不悟,不受一尘。上是法堂下是阶,作么生是迷逢达磨?”师云:“终日相见,何消如此?”僧曰:“迷逢达磨蒙师指,迷悟双忘事若何?”师云:“唤作露柱。”僧曰:“前头底如金似玉,后头底转见光辉。”师云:“今日不着便。”

问:“年穷年尽烹露地白牛,寸刃未施,请拈出完全底头角。”师良久,僧曰:“凡圣难测,谁唤作牛?”师云:“错。”僧以手点云:“雪落在什么处?”师云:“犹自不知。”僧曰:“敢道诸方不到。”师云:“少卖弄。”

问:“千手大悲提不起,无言童子暗嗟吁。既是千手大悲,为什么却提不起?”师云:“白云无缝罅。”僧曰:“仰之弥高,钻之弥坚。”师云:“头头显露。”僧曰:“为复神通妙用,为复法尔如然。”师云:“放过一着。”

问:“庵内人为什么不见庵外事?”师云:“东家点灯,西家暗坐。”僧曰:“如何是庵内事?”师云:“眼在什么处?”僧曰:“三门头合掌。”师云:“有甚交涉。”

师乃云:“五更残月落,天晓白云飞。分明目前事,不是目前机。既是目前事,为什么不是目前机?”良久云:“此去西天路,迢迢十万余。”

上堂。良久,拊掌一下,云:“阿呵呵,阿呵呵,还会么?法法本来法。”遂拈拄杖云:“遮个是山僧拄杖,那个是本来法？还定当得么？”卓一下。

英州大溶山保福殊禅师

开堂日，上首白槌罢，师顾视大众云：“会么？若也不会，第二杓恶水泼去也。”时有僧问：“万缘俱荡尽，一衲任逍遥时如何？”师云：“暝猿啼古木。”僧曰：“学人不会。”师云：“寒雾锁幽林。”

问：“如何是佛法大意？”师云：“清溪三日一回虚。”僧曰：“未审其中事若何？”师云：“东头买贵，西头卖贱。”僧曰：“还当也无？”师云：“看物酬价。”

问：“诸佛未出世时如何？”师云：“山河大地。”僧曰：“出世后如何？”师云：“大地山河。”僧曰：“与么则一般也。”师云：“敲砖打瓦。”

问：“如何是祖师西来意？”师云：“一径杉松满面风。”僧曰：“如何晓了？”师云：“白杨青草雨蒙茸。”

问：“如何是无心道人？”师云：“林下高眠，春秋不记。”僧曰：“若然者，更无踪迹到人间。”师云：“蓬茅多长雨，松竹不凋霜。”

问：“如何是和尚家风？”师云：“碗大碗小。”僧曰：“客来将何祇待？”师云：“一杓两杓。”僧曰：“未饱者作么生？”

师云:“少吃少吃。”

问:“如何是大道?”师云:“闹市里。”僧云:“如何是道中人?”师云:“一任人看。”

问:“如何是衲僧气息?”师云:“熏天炙地。”

问:“如何是佛?”师云:“巧画不似。”僧曰:“如何是法?”师云:“巧说不出。”僧曰:“如何是僧?”师云:“鬅[①]头跣足。”

问:“言语道断时如何?”师云:“舌落三分。”僧曰:“心行处灭时如何?”师云:“肚高三尺。”

问:“孤峰独宿时如何?”师云:“林下长伸两脚眠。”

问:“如何是禅?”师云:“秋风临古渡,落日不堪闻。”僧曰:“不问遮个禅。”师云:“你问那个禅?”僧曰:“祖师禅。”师云:“南华塔外松阴里,饮露吟风又更多。”

问:“如何是大道之源?”师云:“一路入烟草。”僧曰:“如何得达去?”师云:“千山啼子规。”

问:“不落言诠,不落意想,闭却唇吻,请师分付。”师

---

① 鬅:音蓬。头发披散。

云:“拄杖不在手。”僧曰:“一片孤云点太清。”师云:“重叠关山路。”

问:“西风凄凄,师意如何?”师云:“草枯唯长菊,木落只留松。”僧曰:“四时心不变也。”师云:“看看又是一阳生。”僧曰:“毕竟如何?”师云:“天长地久。”

问:“祖意教意,是同是别?”师云:“巢知风,穴知雨。”僧曰:“恁么则同也。”师云:“禽宿巢,狐守冢。”

问:“如何是真正路?”师云:“出门看堠子。”

师乃云:“释迦何处灭俱尸,弥勒几曾在兜率。西觅普贤好惭惶,北讨文殊生受屈。坐压毗卢额污流,行筑观音鼻血出。回头摸着个匾担,却道好个木牙笏。”遂喝一喝。

上堂云:“乌鸡带雪,当人未决。黑牛卧水,是谁知委。是谁知委,师婆祭鬼。当人未决,鼻孔着楔。相逢休更问如何,措大襕衫千百结。”

上堂云:“百草头上荐得,钝致群芳。闹市里识来,羞惭众面。离名离相,遍体疮疣。无事无为,周身桎梏。便脱洒去,笑杀他人。不与么来,孤负自己。行脚本分,请道将来。”良久云:“失钱遭罪。”击禅床一下。

上堂云:“杲日丽天,形影相杂。清风照胆,眹兆交萌。

且道透脱一路作么生?”良久云:“龟毛莫拟将为拂,恐动泓溟浪里尘。”

金陵保宁仁勇禅师法嗣

郢州月掌山寿圣智渊禅师

问:“立雪殷勤事已彰,少林衣钵付神光。那时得底真消息,今日如何为举扬?”师云:“铁牛吼处须弥转,木马嘶时地轴摇。”僧曰:“恁么则古兰台畔扬宗旨,白雪楼前万姓歌。”师云:“相识满天下,知心有几人。”

问:“祖意西来即不问,如何是一色?”师云:“目前无阇梨,此间无老僧。”僧曰:“既不如是,如何晓会?”师云:“领取钩头意,莫认定盘星。”

问:“如何是月掌山?”师云:“手中擎月。”僧曰:“如何是月掌山中人?”师云:“背上负海。”僧曰:“败阙了也。”师便喝。

问:“承闻和尚为保宁烧香,是否?”师云:“昨朝馄饨,今日酸赚。”僧曰:“某甲不问遮个。”师云:“无底钵盂吞却了,一生饱足永忘饥。”僧曰:“洎不问过。”师云:“今日失利。”

师乃云:“凡有问答,一似击石迸火,流出无尽法财,三草二木普沾其润。放行也,云生谷口,雾罩长空。把定也,碧眼胡僧,亦顶罔措。寿圣如斯举唱,犹是化门,要且未有衲僧巴鼻。敢问诸人,作么生是衲僧巴鼻?”良久云:“布针开两眼,君向那头看。”

湖州乌墩寿圣楚文禅师

问:“新斫一张琴,不是凡间木。学人捧上来,请师弹一曲。”师云:“无遮闲功夫。”僧曰:“空生不解岩中坐,引得天花满座前。”师云:“也知行履不易。”僧曰:“心不负人,面无惭色。”师云:“莫相钝致。”

师乃云:“巍巍堂堂,有纪有纲。烜烜赫赫,自明自白。济济锵锵,唯忠唯良。慷慷慨慨,能梗能概。如斯之者,可重可贵,可爱可惜。莽莽卤卤,无规无矩。冒冒草草,非理非道。郎郎当当,不隐不藏。颟颟顸顸,无识无端。如斯之者,远之又远,不足可观。然虽如是,也未免事属两宜。且道如何得无彼此?”良久云:“大众,甜瓜彻蒂甜,苦瓜彻蒂苦。”

上堂。拈拄杖云:“华藏木榔栗,等闲乱拈出。不是不惜手,山家无固必。点山山动摇,搅水水波溢。忽然把定时,事事执法律。要横不得横,要屈不得屈。”蓦召大众云:“莫谓棒头有眼明如日,上面光生尽是漆。”随声敲一下。

上堂云:“有一人满口道不得,满眼觑不见,满耳听不闻,此人堪与祖佛为师。有一人口哑能言,眼盲能视,耳聩能听,此人却与人天为师。有一人辨泻悬河,眼明掣电,耳听幽微,此人自救不了。大众,山僧与诸人一一注破,可谓露骨伤筋。且道不动毫毛一句作么生道?”乃云:“好彩。”

上堂云:“一杈一劄,着骨连皮。一搦一抬,黏手缀脚。电光石火,头垂尾垂。劈箭追风,半生半死。撞着磕着,讨甚眉毛。明头暗头,是何眼目。总不恁么,正在半途。设使全机,未至涯岸。直饶净裸裸,赤洒洒,勿可把,尚有廉纤。山僧恁么道,且道口好作什么?”良久云:“嘻,留取吃饭。”

信州灵鹫山宝积宗映禅师

问:“提纲举要,还他本分宗师。不涉离微,请师速道。”师云:“五裤歌中檛[①]法鼓,百花城外发清音。”僧曰:“恁么则龙吟虎啸寻常事,顺信壶中别有天。”师云:“未在,更道看。”僧曰:“漏泄机关人未识,江南地暖陇西寒。”师云:“半生半熟。”

问:“灵然一句超今古,朝旆光临事若何?”师云:“千里渔樵歌道泰,万家风月照楼台。”僧曰:“若然者,摛藻玉堂归未晚,百花开赴御筵时。”

---

① 檛:音抓。打。

师云:“国清才子贵。”师横按拄杖云:“大众,到遮里,无亲无疏,自然不孤。无内无外,纵横自在。自在不孤,清净毗卢。释迦举令,弥勒分疏。观根逗教,更相回互。看取承天拄杖子,黑漆光生,两头相副。阿呵呵,是何言欤?”良久云:“世事但将公道断,人心难与月轮齐。”卓一下。

越州宝严道伦禅师

问:“如何是佛?”师云:“胸题万字,顶放珠光。”僧曰:“如何是法?”师云:“玉轴宝函,金书银字。”僧曰:“如何是僧?”师云:“方袍圆顶,鹤貌云心。”僧曰:“请师别道。”师云:“词多无后益,语乱足悲生。”

洪州景福日余禅师

问:“如何是祖师西来意?”师云:“九年面壁无人会,只履西归天下闻。”僧曰:“学人未晓。”师云:“要会普通年远事,不从葱岭带将来。”

问:“如何是道?”师云:“天共白云晓,水和明月流。”僧曰:“如何是道中人?”师云:“先行不到,末后太过。”僧出众画一圆相,师以手画一画,僧作舞归众。

师云:“家有白泽之图,必无如是妖怪。”师拈拄杖云:“无量诸佛向此转大法轮,今古祖师向此演大法义。若信得及,法法本自圆成,念念悉皆具足。若未信得及,山僧今日因行不妨掉臂,更为重说偈言。”卓一下。

湖州上方日益禅师

开堂日,上首白槌罢,师云:“白槌前观,一又不成。白槌后观,二又不是。到遮里,任是铁眼铜睛,也须百杂碎。莫有不避危亡底衲僧?试出来看。”时有两僧齐出,师云:“一箭落双雕。”僧曰:“某甲话犹未问,何得着忙?”师云:“莫是新罗僧么?”僧拟议,师云:“撞露柱汉。”便打。

问:“瞎驴灭却法眼藏,意旨如何?”师云:“土旷人稀,相逢者少。”僧曰:“只如今日又作么生?”师云:“捏转鼻孔。”

问:“如何是临济家风?”师云:“电光里走马。”僧曰:“如何是云门家风?”师云:“烂泥中有刺。”僧曰:“和尚毕竟是谁家之子?”师云:“一任钻龟打瓦。”

问:“神光得髓,意旨如何?”师云:“彻皮彻骨。”僧曰:“恁么则龙门无宿客。”师云:“不许夜行。”

问:“如何是未出世边事?”师云:“井底虾蟆吞却月。”僧曰:“如何是出世边事?”师云:“鹭鹚踏折枯芦枝。”僧曰:“去此二途,如何是和尚为人处?”师云:“十成好个金刚钻,摊向街头卖与谁。”

问:“道吾既不道,和尚为什么却道?”师云:“有口不可哑却。”

问:“如何是多年水牯牛?”师云:“齿疏眼暗。”

问:“如何是露地白牛?”师云:“雪堆上看取。”

问:“尽力跳不出时如何?”师云:“愁人莫向愁人说。”僧曰:“早知今日事,悔不慎当初。”师云:“说向愁人愁杀人。”

问:“闹市相逢事若何?”师云:“东行买贱,西行卖贵。”僧曰:“忽若不作贵,不作贱,又作么生?”师云:“镇州萝卜。”

问:“少林面壁,意旨如何?”师云:“无人得相见。”僧曰:“为复是遇贱即贵,遇明即暗?”师云:“惜取当门齿。”

问:“毗耶杜口,意旨如何?”师云:“有理说不得。”

问:“丹霞烧木佛,意旨如何?”师云:“物出急家门。”僧曰:“为什么院主眉须堕落?”师云:“傍观者丑。”

问:“一切含灵俱有佛性。既有佛性,为什么却撞入驴胎马腹?”师云:“知而故犯。”僧曰:“未审向什么处忏悔?”师打云:“且作死马医。”

问:“觌面相呈时如何?”师云:“左眼半斤,右眼八两。”僧提起坐具云:“遮个聻[①]?”师云:“不劳拈出。”

师左右顾视云:“黄面老周行七步,脚跟下正好一锥。碧眼胡兀坐九年,顶门上可惜一劄。当时若有个为众竭力底衲僧下得遮毒手,也免得拈花微笑,空破面颜;立雪齐腰,翻成辙迹。自此将错就错,相楼打楼,遂有五叶芬芳,千灯续焰;向曲䃰[②]木里唱二作三,于楖㮽杖头指南为北。

“直得进前退后,有问法问心之徒,倚门傍墙;有觅佛觅祖底汉,庭前指柏;便唤作祖意西来,日里看山,更错认学人自己。殊不知此一大事,本自灵明,尽未来际,未尝间断。不假修证,岂在思惟。虽鹙子有所不知,非满慈之所能辨。不见马祖一喝,百丈三日耳聋。宝寿令行,镇州一城眼瞎。大机大用,如迅雷不可停。一唱一提,似断崖不可履。正当恁么时,三世诸佛只可傍观,六代祖师证明有分。大众且道今日还有证明底么?”良久云:“劄。”

上堂云:“向黄蘖山前,捋下破扑头。凤凰台下,卸却腻脂帽。将谓赤洒洒地,于五湖四海作个闲人,飘然如不系之舟。岂知被一阵业风吹到白苹洲上,进退无门,而今也不免向仙潭溪里作个把梢底去也。若是从南来者,与伊下载。若是从北来者,与伊上载。上载下载,犹是中流语。且道到岸一句作么生道?若道不得,便请洗脚上船。”掷拄杖便起。

---

① 聻:音你。相当于“呢”“哩”。

② 䃰:音录。项也。

上堂云："拾得般柴，寒山烧火，唯有丰干岩中独坐。且道丰干有什么长处？"良久云："家无小使，不成君子。"

洪州黄龙山祖心宝觉禅师法嗣

洪州黄龙如晓禅师

问："有客远方来，示我径寸璧。如何是径寸璧？"师云："千峰排翠色。"僧曰："便恁恁时如何？"师云："万卉长威棱。"

问："如何是黄龙境？"师云："山连幕阜秀，水泻洞庭清。"僧曰："如何是境中人？"师云："形容虽丑陋，出语更成章。"

问："语默涉离微，如何得不犯？"师云："山花开似锦，涧水湛如蓝。"僧曰："谢答话。"师云："向道莫行山下路，分明只在路傍生。"

师乃云："烟云绽处，楼殿撑天。水月松萝，交光相映。人和境照，柳眼乍青。佛法人事，无欠无少。虽然如是，不落时机一句作么生道？"良久云："少林虽面壁，年老也心孤。"

上堂云："白云风卷，宇宙豁清。月印长天，形分众水。

若恁么散去，便道山僧无折合。更或歌风咏月，又成起浪生风。正当恁么，如何即是？”良久云：“幽鸟不嫌山势阔，鱼龙争厌碧潭深。”

洪州双岭化禅师

问：“急急相投时如何？”师云：“渴鹿趁阳焰。”僧曰：“恁么则知时别宜也。”师云：“伶利人难得。”

问：“如何是道？”师云：“掘地深埋。”僧曰：“如何是道中人？”师云：“铜头铁额。”僧曰：“如何是向上事？”师云：“老僧舌头短。”

问：“佛未出世时如何？”师云：“云散家家月。”僧曰：“出世后如何？”师云：“春至百花开。”僧曰：“未审即今在什么处？”师便喝。

上堂云：“翠竹黄花非外境，白云明月露全真。头头尽是吾家物，信手拈来不是尘。”遂举拂子云：“会么？认着依前还不是。”击禅床一下。

上堂云：“闻声悟道，见色明心。文殊、普贤在钟鼓里藏身，释迦、弥勒向百草头上显现，塞却诸人见闻觉知，向声色外道将一句来。”良久云：“拟议思量，白云万里。”

泗州龟山水陆禅院晓津禅师

问:“如何是宾中宾?”师云:“巢父饮牛。”僧曰:“如何是宾中主?”师云:“许由洗耳。”僧曰:“如何是主中宾。”师便喝。僧曰:“如何是主中主?”师云:“礼拜了退。”

韶州云门宝宣禅师

问:“云门一曲,不属宫商。请师举唱。”师云:“听者须是其人。”僧曰:“恁么则流通去也。”师云:“三十棒翻为一百五十。”

师乃云:“眹兆未生,风恬浪静。眹兆才举,文彩互陈。且道互陈底事,诸人还知落处也无?”良久云:“世有知音者,方当话岁寒。”

澧州夹山灵泉院晓纯禅师

师游方,听习经论。后至黄龙,因点灯看经次,举洞山麻三斤因缘大悟。心禅师云:“传吾道者甚众,要如纯者鲜矣。”出世先住洪州延恩、鄂州黄龙、澧州洛浦,次至夹山。

师将木刻作一象,师子头、牛足、马身。每有僧至,遂指问云:“唤作师子,即是马身。唤作马,却是牛足。且道毕竟唤作什么?”

又常示众云:“有个汉子病,病后死,死后膀胀,烂坏蛆出,扛去烧成灰飏,却灰,成空一灵性,往别处受生。佛说本自不生,今亦不灭,你作么生会?”

鄂州黄龙延禧智融禅师

问:“为国开堂于此日,师将何法报君恩?”师云:“烟云生宇宙,瑞气满乾坤。”僧曰:“君恩且如是,祖意又如何?”师云:“六六三十六。”

问:“停舟辨水通沧海,不挂孤帆事若何?”师云:“南海波斯入大唐。”僧曰:“恁么则出没卷舒,与师同用也。”师云:“有人别宝好商量。”僧曰:“争奈东行不见西行利。”师云:“或时遇贱,或时遇贵。”僧曰:“手执夜明符,背负须弥去。”师喝云:“脱空谩语汉。”

师云:“幻人说幻法,幻法度众生。山僧幻说法,诸人幻来听。且道幻从何来?法从何起?”良久云:“一句坐中得,片心天外来。”

杭州显明道昌禅师

问:“师唱谁家曲,宗风嗣阿谁?”师云:“锦袋盛箫管,谁人辨正音。”僧曰:“龙峰嫡子,黄蘗儿孙。”师云:“师子咬人。"

问:"如何是祖师西来意?"师云:"人离乡贱,物离乡贵。"僧曰:"莫便是西来意也无?"师云:"天台、南岳。"僧曰:"将谓少林消息断,谁知今日宛然存。"师云:"道听途说。"

漳州净众本权禅师

问:"万汇同沾物外春时如何?"师云:"许阇梨具眼。"

问:"宝座既登于此日,宗风演唱嗣何人?"师云:"大阳正照,万物含辉。"僧曰:"若然者,星郎不谩朝车至,满筵黑白尽沾恩。"师云:"风行草偃,云散月明。"

问:"道无横径,立者皆危。如何是道?"师云:"海底乌龟,深山大虫。"僧曰:"莫只遮便是么?"师云:"见钱买卖不曾赊。"

师云:"新年头,新长老,说新禅,新鲜言句动春暄。百卉萌芽花吐蕊,新莺初啭弄吟声。头头泄漏真如理,句句分明摩竭令。诸禅德,且作么生是摩竭令?"良久云:"东君已报阳春信,万物含辉谢太平。"

潭州南岳双峰景齐禅师

上堂。拈拄杖示众云:“横拈倒用,诸方虎步龙行。打狗撑门,双峰掉在无事甲里。因风吹火,别是一家。”以拄杖靠肩,顾视大众云:“唤作无事,得么?”良久云:“刀尺高悬着眼看,志公不是闲和尚。”卓拄杖一下。

上堂云:“止动归止,止更弥动。云门一棒打杀悉达太子,不是好心。临济再思黄蘗蒿枝,真个倔强。大众,古人关捩,今人话端。前车既翻,后车改辙。”乃举起拳头云:“诸人不见,双峰罪过,别有商量。如或悄然,双峰隐身无路。”

杭州慈云道清禅师

示众云:“箭锋相拄底,应机乃丝发无差。边方人语不相谙,如何辨他子细?”

又云:“格外明机底,问南则以北为酬。饥馁人急切相投,未审将何赈济?”

又云:“妙用纵横底,临机辩若悬河。毗耶城彼上人来,未审若为酬对?”

又云:“寒灰枯木底,到遮里无言。家中给侍之人,日用如何指授?"

洪州景德惠英禅师

上堂。良久,忽掷拄杖,喝云:"大众,是什么?锦鳞赤尾寻常事,莫把金钩度与人。"

洪州翠岩广化悟新禅师

问:"如何是心?"师云:"半夜不须敲玉户。"僧曰:"如何是法?"师云:"天明凤子笑含华。"

师云:"清珠下于浊水,浊水不得不清。念佛投于乱心,乱心不得不佛。佛既不乱,浊水自清。浊水既清,功归何所?"良久云:"几度黑风翻大海,未曾闻道钓舟倾。"

广州集福宝严禅师

问:"师唱谁家曲,宗风嗣阿谁?"师云:"今日不答话。"僧曰:"为甚么不答?"师云:"知时别宜。"僧曰:"学人未晓。"师云:"华岳三峰头指天。"

问:"言诠不到,请师垂示。"师云:"不从人得。"僧曰:"未审从何而得?"师云:"你试道看。"僧拟开口,师便打一拂子。

问:“皈源性无二,方便有多门。如何是归源底道理?”师云:“天台普请,南岳游山。”僧曰:“还有向上事也无?”师云:“有。”僧曰:“如何则是?”师云:“拄杖子。”

舒州太平兴国惟清禅师

问:“灵山一会,迦叶亲闻。今日一会,学人闻不?”师云:“未是与么人。”僧曰:“漏泄不少。”师云:“你见个什么?”僧便喝,师云:“不信道。”

问:“雷音既震,法雨愿倾。”师云:“孰非沾足?”僧曰:“几年独滞朝宗势,今日方腾出谷声。”

师云:“何劳特地。”乃云:“知识不知智到处,唯己自知。因缘和合时,与人共用。所以把住则当机绝迹,千圣难窥。放行则应物现形,四生可辨。且道即今把住好?放行好?”良久云:“要知万派流无尽,全在灵源一脉深。”

鄂州黄龙延禧禅院智明禅师

饶阳人也。弃儒从释,经试华严,衣披方褐。具戒参游,造心禅师丈室。香烟起处,豁然契悟。淘汰古今,密洞渊奥。提刑胡公师文为方外交,翰林学士张公商英请师出世,尚书丰公稷为语录序。灌溪、寂照、黄龙三刹,提唱宗风,为世所仰。

问:“世尊出世,魔界倾摧。和尚开堂,有何祥瑞?”师云:“一夜落华雨,满城流水香。”

问:“大庾岭头为什么提不起?”师云:“临崖看虎眼,特地一场愁。”僧曰:“恁么则悔不慎当初也。”师云:“是什么面目?”

居士胡公巡按过荆南之公安,问二圣寺僧云:“梁武帝问达磨:‘如何是圣谛第一义?’磨云:‘廓然无圣。’今日公安因甚却有二圣?”僧无对。后举似师,师云:“一点黑水,两处成龙。”

上堂云:“向上一路,衲僧罔措。求妙求玄,邯郸学步。”

上堂。众才集,师云:“不可更开眼说梦去也。”便下座。

上堂云:“南山一诀,斩钉截铁。切忌商量,翻成途辙。”

《建中靖国续灯录》卷第二十一・对机门

南岳怀让禅师第十四世

云居山元祐禅师法嗣

东京大相国寺智海禅院佛印禅师

讳智清。姓叶氏,泉州同安人也。赋性明敏,博学典雅。年未及冠,依鹿苑寺慧儒上人出家,一侍巾瓶。五载圆具,夙机启发。遍参知识,祐师一见,深印可之。初住五祖,名动四方。朝野钦闻,奉诏住持。哲宗皇帝百日入内,特赐"佛印"禅号。

师于建中靖国元年二月十七日,大行皇太后五七,奉圣旨就慈德殿升座。师拈香云:"此一瓣香,奉为大行皇太后,爇向金炉,大兴佛事。伏愿香云芬馥,导涂山之仗而来入道场。法雨清凉,沃文母之心而顿登佛地。"乃敛衣升座,云:"古佛堂前,随时施设。慈德殿上,今日举扬。诸人且道是同是别?还有道得底么?试出来道看。"

问:"万派殊途,同归巨海。无边妙德,咸出此宗。未审如何是此宗?"师云:"传来佛佛垂洪范,悟去心心彻太虚。”僧曰:“凭师一味清凉雨,四海为霖报国恩。”师云:“只消一滴曹溪水,洗尽群生万古尘。”僧曰:“尧风舜日增祥瑞,樵唱渔歌贺太平。”师云:“一言该至化,千圣自同归。”僧曰:“若不登楼,争知海阔。”便礼拜,师云:“更须前进。”

问:“曹源问,大智海中必有镇海明珠,今日当场,请师拈出。”师展两手云:“看看。”僧曰:“昔日仰山,今朝和尚。”师云:“罔象到时光灿烂,离娄行处浪滔天。”僧曰:“与么则释迦顶上天然别,龙女持来更不殊。”师云:“团团透彻三千,皎皎含容万有。”僧曰:“太后承恩超净土,我皇圣寿万年春。”师云:“唯此甚分明,曾无有移动。”

问:“佛地三千金世界,仙家十二玉楼台。未审摩耶夫人即今在什么处?”师云:“妙体本来无处所,通身何更有踪由。”僧曰:“与么则紫金莲捧千轮足,白玉毫迎万德身。”师云:“须知佛国三千界,只在吾皇一化中。”僧曰:“只如吾皇化内,还许学人露个消息也无?”师云:“皇天不碍闲云点,杲日何妨爝火光。”僧曰:“九衢百万人烟里,只见烧香贺太平。”师云:“一气无私,群生有赖。”

问:“法具随身,逢场佛事。不施三拜,不唱一喏。置问得也无?”师云:“礼可兴,不可废。”僧曰:“诸法寂灭相,不可以言宣。选佛场开,如何举唱?”师云:“觉花绽处千林秀,佛日圆时万像融。”僧曰:“金鸡啼子夜,刍狗吠天明。”师云:“你道什么人知音?”僧合掌白看,师云:“不妨惺惺。”僧曰:“力扶圣嗣传洪业,本望千秋庆太平。限尽难留今五七,请师说法悼仙灵。”师云:“始随玉兔光中去,又逐金乌影里来。”僧曰:“至理一言资素识,未知仙驭在何方?”师云:“王舍城中日,祇桓会上时。”僧曰:“水流元在海,月落不离天。”师云:“已是第二月。”

问:“华严教云:‘菩萨现身作国王,于世位中最无等,福德威光胜一切,普为群萌兴利益。’且道当今皇帝是什么菩萨?”师云:“荡荡莫能名。”僧曰:“大悲愿力为人主,日用佛心治万民。”师云:“知恩始解报恩。”

问:“三乘十二分教则不问,如何是圣谛第一义?”师云:“云尽日月正,风和天地春。”僧曰:“与么则功流万世而长存,道通百劫而弥固。”师云:“含容巨细尧天阔,照烛高低舜日长。”僧曰:“若然者,荡荡无为,元元自化。”师云:“威光振大千,巍巍主中主。”僧曰:“可谓梵天一会,今日重新。”师云:“摩尼宝殿中,千古无私照。”僧曰:“千载一时,谢师答话。”师云:“谢子问话。”

师云:“适来净因禅师云:‘最初说法者,不知末后句。末后说法者,不知最初句。’臣僧今当末后说法,却奉为大行太后演最初句。还知么?灵源湛寂,物我皆如;佛性精真,圣凡同体;明妙弥纶,千古圆澄;廓彻十虚,本绝去来,何尝生灭。只为昧之者,情存知解,见有我人;认十界为家乡,执一身为自己,所以妄生憎爱,强起贪嗔;恣业识而造苦因,徇报缘而依轮转。

"从此缠绵积劫,不知思返本之方。沦溺诸流,未省发还源之念。既背违真际,当困踣昏途。纵忆光明,莫能舍离。诸仁者,如斯弱丧,谁可哀怜。还知么?唯吾佛释迦如来,为此因缘故出现,所以四十九年住世,度群生而转根本法轮;双林树下真归,命高第而付毗卢密印。

"由是佛祖相承之后,古今授手而来,虽广设方便化门,唯指此一心妙法,大矣哉,妙法也。非智慧辩才所能议,非神通修证所能为。不可以有心知,不可以无心得。悟之,只消一言洞达,当处便脱死生。傥迷之,纵尔历位进修,到底不离虚妄。只如今日,人天交接,幽显普临;皇风习习以和春,帝日迟迟而育物;万乘正登于舜殿,六禅齐仰于尧天,奉为大行太后建此法筵,须明指古佛妙心,要其开悟。"

乃举起袈裟角云:"还见么?三世如来在遮里,坐宝莲台,放光现瑞。诸大祖师尽在遮里,据师子座,入定安禅。大行太后若于斯见得,则不离当处,顿悟自己本心;不动道场,坐登自己佛地。便见生者灭者,未尝有灭有生;即此说人听人,未尝有听有说。所以适来适去,宛尔全真。在昔在今,更无别体。

"以至朱楼玉殿,重重现清净法身。金阙瑶池,处处露本来面目。纵有尘刹神通三昧,无作而自成。河沙微妙法门,不行而自到。大行太后若如是了达得,始笑他娑竭龙少女,待往南方而成佛,未是作家;韦提希夫人愿向西土而受生,徒为妄想。诸人且道大行太后悟处,如何便得恁么猛利?要会么?唯佛与佛同证同知,非彼常情所能测度。

"臣僧智清以此举扬般若功德,无边妙利,谨进庄严,惟为大行太后上资仙驭。恭惟太后内政齐家,厚德载物;勤俭著于中外,明哲迈于古今;方圣政之惟新,繄[①]母仪而是托。夫何阎浮报尽,安养果成;抛慈德之故宫,游光严之净土;叹二轮迅速,丁五七斯临。圣心敬竭于孝诚,佛事钦修于永日。命诸禅而升座,大敷阐于宗猷;冀凭佛法之殊勋,上荐神仙之化路。伏愿大行太后谛闻般若,解脱尘缘,深悟本心,入佛知见。更冀锡兹福祉,佑宗社于灵长,使我国家跻民于仁寿。

"臣道行无取,名实全虚。今辰遭遇圣恩,赐此举扬祖令,自惟蹇浅,益负震惊。此盖伏遇今上皇帝陛下,神智渊深,天慈溥博。嗣登宝位,不变时雍。潜通三宝之妙心,密运万机之神政。但是昆虫草木悉沐恩波,乃至蛮貊戎夷咸归德化,实千载昌运,乃一遇圣时。

"臣倾兹方外之诚,效彼封人之祝。恭愿皇帝陛下南山比寿,增圣寿以无疆。北海为年,资卜年而更远。金枝腾茂,玉叶弥芳,覆育群生,兴隆正法。皇太妃、皇后、皇子,伏愿德合天地,上扶君父之明,寿等山河,下慰黎元之望。

"伏念臣本山林槁木,岩谷微僧,忝领智海禅徒,奉事国家香火,自量山野,累受圣恩。斯日伏遇皇帝陛下抚念禅林,特回天眷,令臣等于慈德殿升座,举扬般若,禅门从此万载光辉。念荷圣恩,无以为报,臣不揆万死,敢陈佛法数言,愿补陛下万机一二。所以道:三界爱河浪阔,四生苦海波深。要得解脱出离,须是悟明佛法。然而佛法非由心

---

① 繄:音衣。语助词。

外而得，亦不从他传，全是陛下清净圣心，本来佛性；圆明洞彻，日用全彰。但一念相应，则无时不现。

“昔西竺波罗提尊者，常开示一国王佛性云：‘王若作用，八处出现。’何谓八处？在胎曰身，处世曰人，在眼曰见，在耳曰闻，在鼻嗅香，在舌谈论，在手执捉，在足运奔。遍现俱该沙界，收摄在一微尘。悟之者，谓之真如佛性。迷之者，谓之妄想精魂。彼国王闻之，即时开悟。

“今我皇帝陛下，但自己回光，即便同本得。所以日应万机，而无非是陛下佛性三昧。云为千变，而无非是陛下佛性光明。以至动容周旋，见闻觉知，头头显现，一一圆明，无不具足。如昔仁宗皇帝，在宥四十余年，深穷禅理，洞了渊源。每万机之暇，常召大觉禅师怀琏、圆明禅师道隆于后苑升堂，交相问难，唱和偈颂；敷演宗乘，流布迨今，禅林取则。又元丰初年，神宗皇帝为求圣嗣，乃革相蓝律院，分为两禅，一曰惠林，一曰智海。召南方圆照禅师宗本、正觉禅师本逸领徒住持，开堂说法。尝从容召对，问佛法宗猷，而禅考圣心益深有悟达。

“自祖师到中国而来，亦未有如本朝崇重之盛遇。仁宗皇帝、神宗皇帝皆肯回圣心研机顾问，建立禅林，则知佛法至尊至贵，至妙至神。所以教云：若在帝释梵王，帝释梵王中尊而为说此法。若在国王大臣，国王大臣中尊而说此法。若在皇后嫔妃，皇后嫔妃中尊而说此法。若在皇亲太子，皇亲太子中尊而说此法。若在内臣宰官，内臣宰官中尊而说此法。乃至在僧在俗，在物在人，悉皆等平而说此法。

“佛法既有如是胜妙，有如是尊严，愿陛下万机之余，能留圣意;一念开悟,触处现前;方知本自圆成,不从外得。所谓一言了万化,尧舜诚无为。臣辄课山颂一章,普告人天大众,使其知我皇帝陛下是现在诸佛,以大悲愿力,顺天应人,覆育苍生,护持佛法。臣无任瞻天荷圣,激切屏营之至。颂曰:'佛有多身是处分,人间天上化凡伦。要知昔日灵山老,现作中华圣宋君。'臣举扬荒鄙,尘渎天聪,伏惟珍重。"

开堂日,哲宗皇帝遣中使降香。师谢恩毕,登座拈香,祝延圣寿罢,乃敷坐。法云大通禅师白槌竟,师左右顾视云:"乾坤廓落,日月晖华;四民子来,群芳辐辏。比比法门宏启,欲视之,则眼病花浮;重重心印炳彰,拟执之,则形枯臂断。诸人到此,合作么生观?还知么?除是超方上士,不向眉上画眉。其如晚路初机,且就水中洗水。"

问:"名香天赐爇金炉,为瑞为祥举世无。如是君恩恩最重,师将何法赞皇图?"师云:"日月光天德,山河壮帝居。"僧曰:"恁么则金枝长自秀,玉叶永弥芳。"师云:"一句既流通,群生皆稽首。"僧曰:"若然者,尧风与祖风并扇,舜日与佛日齐明。"师云:"寒山拊掌,拾得讴歌。"

问:"先帝首更禅苑;今皇绍圣,重扇宗风。莫大之恩,将何补报?"师云:"炉上檀烟起,空中瑞气浮。"僧曰:"恁么则,君恩师已报,祖意又如何?"师云:"长记在莲岳,多年看白云。"僧曰:"今日得闻于未闻。"师云:"闻个什么?"僧曰:"九重城畔祥云起,五凤楼前瑞气生。"师云:"好个真消息,宜须子细看。”僧曰:“从此平分霄汉月,冷然相照若团圆。”师云:“瞻仰有分。”

问:“帝业兴隆,睿潭润无边之境。宗风普扇,优昙开上国之春。直截根源,请师速道。”师云:“石渠清梦岳,金殿冷吟霜。”僧云:“一言已祝南山寿,八表无私贺太平。”师云:“祝寿一言从尔晓,太平底句又如何?”僧曰:“天上有星皆拱北,人间无水不朝东。”师云:“思量尘世人,几个知恩德。”僧曰:“若不上来,焉知如是。”师云:“早回头看。”

师拈拂子,召云:“大众还见么?手中拂子层层为诸人放百种宝光。”

复击禅床云:“还闻么?坐下猊台句句为诸人演一乘了义。诸人若向遮里悟得,则旷大劫来我人业识,当体烟灭灰飞;现前身世根境尘劳,彻底冰融雪泮。便见灵山正法眼藏,昭昭溢目全彰;少室涅槃妙心,晃晃通身独露。譬演若悟鉴中面目,元来只是己头。犹力士获额上圆珠,到了不从他得。如斯则无量神通三昧,尘尘本尔圆成。恒沙诸佛法门,念念一时具足。诸仁者,有能恁么构去,便谓立证无生,不待僧祇即登正觉。如今要见无生么?”

良久云:“一气不言含有象,万灵何处谢无私。臣僧道无兼济,行不远闻。灰木身心,分守塞岩之下。鹿麋疏迹,何堪辇毂之游。远承明诏下临,固欲窃逃宁敢。但念食国王之水乳,佩至德难任。受天地之生成,荷大恩曷报。故云趋波涌,而赴海从龙。此盖伏遇皇帝陛下,以等妙觉心,现为人主,扬佛祖正道,丕绍先基。

“故兹苾草之微芳,叨被蓼萧之宠渥。臣敢不策勤香火,警肃缁流;力传真寂之风,仰赞无为之化。谨将兹辰开堂介善,上祝皇帝陛下,伏愿德光尧舜,道迈羲轩;资景运于万年,保瑶图于百世;风调雨顺,物阜民康。臣请祝诚深,言诠靡罄。久立众慈,伏惟珍重。”

庐山罗汉禅院系南禅师

本汀州人。俗姓张氏。少依城下金泉寺出家。识性纯淡,志节高远。披缁受具,遍历丛林。参道林祐禅师,密契心地。后归庐山,出世住持。道誉远播,四方学者皆谓小南。

开堂日,问:“师唱谁家曲,宗风嗣阿谁?”师云:“后五日看。”僧曰:“恁么则黄龙儿孙,罗汉嫡子。”师云:“错下名言。”

问:“世尊出世,地涌金莲。师今出世,有何祥瑞?”师云:“鲸吞海水尽,露出珊瑚枝。”僧曰:“昔日世尊,今朝和尚。”师云:“气冲牛斗。”

问:“声色不到,病在见闻。言诠不及,过在唇吻。此一理二义,请师直指。”师云:“一字不着画。”僧曰:“古溪澄水迎新月,旧岭寒松再遇春。”师云:“二字不成双。”僧曰:"半夜彩霞笼玉像,天明峰顶五云遮。"师云:"好个真消息。"

问:"师子儿,众随后,三年便能大哮吼。未出林一句作么生道?"师云:"头破额裂。"僧曰:"出林后一句作么生?"师云:"脑门着地。"僧曰:"不出入时如何?"师云:"进前退后。"僧曰:"且道落在什么处?"师云:"大众有眼。"

上堂云:"道应无私,力不可敌。如风行草偃,似春至花开。佛手不能遮,人心宁可遏。顺之则物物光辉,逆之则头头失色。不逆不顺,任方任圆。呼召随声,高低自尔。临镜而像,彼此情忘。现如幻神通,成如幻正觉。直得庐山万叠共转法轮,鄱水千寻同宣密义。便与么金鸡啄破琉璃壳,玉兔挨开碧海门。"击禅床一下。

上堂云:"画角红楼报晓春,万家齐贺物咸新。谁知庭际青青柏,便是当时问法人。无身可身,无岁可岁。始终不变,往复常存。四时迁而不迁,一气动而非动。百年生死若浮云,十世古今如电影。情超象外,道契寰中。不有丝毫,虚空同寿。但向见闻觉知识取本来面目。"良久云:"玉兔沉西岭,金乌出海东。"

上堂云:"日轮离海,月魄沉空。腾辉古今,盘礴西东。不觉红颜客,翻为白头翁。灵然无改变,只在语言中。咄。设使大虚烂坏,此喝长存。若知落处,一任横行。咄。"

上堂云:"不假一锤成大宝,太阿出匣冷光寒。为君截断羚羊角,钉就虚空碧玉盘。好拈掇,更须看,翻来覆去黑漫漫。"击禅床一下。

上堂云:"山堂今日已开炉,黯澹寒云雪未铺。拨火任若谭冷暖,不知谁解唤司徒。古圣求人向热灰里,诸佛行道在猛焰中。便见刹刹尘尘皆同自己,心心念念尽合他宗。便与么会,转不相当。何以故?一句合头语,万劫系驴橛。"

上堂云:"暗而忽明,迸曦光于海上。断而复续,奏天乐于空中。师旷听之不闻,离娄视之不见。唯有无神通菩萨,拍拍相高。愿得东风齐着力,一时吹入我门来。"击禅床,下座。

上堂云:"天地为炉鞴,日月作钳锤。烹清风兮成佛成祖,炼白云兮有法有仪。圆光顶佩,万字胸题。阿呵呵,知不知,倒骑师子座,踍跳上须弥。"

上堂云:"一夏九十日,日日无差。一日十二时,时时不异。犹如黄金之黄,碧天之碧。其色其高,不变不坏。安一名,着一字,与吾灵觉何相似。便乃修习空花万行,宴坐水月道场。降伏镜里魔军,证得梦中佛果。今朝法岁已圆,勘破了。"良久云:"移身摇太华,掬汗洒醍醐。"

上堂云:"物我两如,是非一气。云无心而解听龙吟,充天塞地。风无迹而能闻虎啸,拔木鸣条。道无根而善应诸缘,分缁列素。忽然一念合风云,不知谁是我。行无所行,住本无住。大笑呵呵,希逢罕遇。”

上堂云:“禅不禅,道不道,三寸舌头胡乱扫。昨夜日轮飘桂花,今朝月窟生芝草。阿呵呵,万两黄金无处讨。一句绝思量,诸法不相到。”

上堂云:“欲扬大法,须藉其人。借与便风,便好扬帆举棹。昔日僧问赵州:‘学人乍入丛林,乞师指示。’州云:‘吃粥了未?’僧曰:‘吃粥了。’州云:‘洗钵盂去。’其僧豁然大悟。”

师云:“今朝鸣钟之后,升堂已前,人人吃粥,饱即便休。若也嚼得破,碍塞人。若也嚼不破,却许伊。罗汉今日倒骑铁马,逆上须弥,踏破虚空,不留踪迹。诸人还见么?夜来风起满庭香,吹落桃花三五树。”师归方丈,趺坐示寂。

潭州慈云彦隆禅师

上堂。举:玄沙示众云:“尽大地都来是一颗明珠。”时有僧便问曰:“既是一颗明珠,学人为什么不识?”沙云:“全体是珠,更教谁识?”僧曰:“虽然全体是,争奈学人不识。”沙云:“问取你眼。”

师云:“诸禅德,遮个公案唤作嚼饭喂小儿,把手更与杖。还会么?若未会,须是扣己而参,直要真实。不得信口掠虚,徒自虚生浪死。参。”

郢州子陵山自瑜禅师

问:“师唱谁家曲,宗风嗣阿谁?”师云:“中九下七。”僧曰:“乞师慈悲。”师云:“百岁翁翁学顺朱。”僧曰:“未审意旨如何?”师云:“老作少难。”

问:“如何是佛法大意?”师云:“好事不如无。”

问:“如何是金峰境?”师云:“一重山,一重云。”僧曰:“如何是境中人?”师云:“铁骨罗汉。”

问:“如何是古佛心?”师云:“赤脚跐[①]泥冷似冰。”僧曰:“未审意旨如何?”师云:“休要拖泥带水。”

问:“泗州大圣为什么扬州出现?”师云:“业在其中。”僧曰:“意旨如何?”师云:“降尊就卑。”僧曰:“谢和尚答话。”师云:“贼是小人,智过君子。”

上堂云:“大众还会么?祖师关捩子,都不在言诠。若更重宣说,特地隔西天。”

---

① 跐:音差。踏也。

舒州白云山海会守从禅师

问:“药山一句人皆委,白云今日事如何?”师云:“逼塞虚空。”僧曰:“谁知今日里,明月锁舒城。”师云:“斫额望扶桑。”

问:“曹溪一滴,普洽大千。白云出山,如何利物?”师云:“横铺洞口,归鸟迷巢。”僧曰:“指南一路又且如何?”师云:“铁蛇当大道,通身黑如烟。”

上堂云:“指呼四圣,号令六凡。统三界作大伽蓝,以十虚为解脱门户。山河大地是古佛之心源,炉炭镬汤乃众生之觉地。于一微尘上现恒沙诸佛之全身,于一佛心现无边众生之世界。若能如是,即心心无知,全心即佛,全佛即人,人佛无异,始为道矣。然虽如是,不落化门一句作么道?”良久云:“九年吃菜粥,此事少人知。”

洪州东山景福省悦禅师

上堂云:“十二时中跛跛挈挈。且与么过,大众,利害在什么处?”良久云:“听诸方断看。”击禅床一下,下座。

台州天台山宝相元禅师

问:“如何是宝相境?”师云:“石上无根树。”僧曰:“如何是境中人?”师云:“心藏无价珍。”僧曰:“向上宗乘,若何指示?”师云:“文殊笑点头。”

问:“祖意西来即不问,楞严意旨事如何?”师云:“七处征心心不有,八还求见见还无。”僧曰:“如何领解?”师云:“千手大悲徒着力,却惭舜若眼眉粗。”僧曰:“圆觉意旨又且如何?”师云:“桂轮孤朗于碧天。”僧曰:“只如三世诸佛皆从此经中出,如何是此经?”师云:“长时诵不停,非义亦非声。”僧曰:“如何受持?”师云:“若欲受持者,应顺用眼听。”

问:“今日月圆,请师速道。”师云:“碧琉璃月。”僧曰:“毕竟如何?”师云:“光照娑婆。”僧礼拜,师云:“咦。”

泉州长兴德宝禅师

上堂云:“天无私覆,地无私载。四时无私行,日月无私照。且道衲僧无私,还得与么也无?若无与么,十二时中在甚处安身立命?若有与么,又只是常徒。汝诸人到遮里,作么生明辨?若明辨得,许汝通一线道。若明辨不得,尽被老僧勘破。”

泉州南峰永程禅师

上堂云:“始自鸡峰继焰,少室流芳。大布慈云,宏开佛日。教分三藏,直指一心。或全提而棒喝齐施,或纵夺而主宾互设；或金刚按剑，或师子翻身；或照用云奔，或机锋掣电。无非翦除邪妄，开廓玄微；直下明宗，到真实地。诸仁者，到此方可许一线道与你商量。苟或未然，尽是依师作解，无有是处。”

福州贤沙明惠文禅师法嗣

福州广慧果禅师

住贤沙院日。示众云：“佛为无心悟，心因有佛迷。佛心清净处，云外野猿啼。”

问：“如何是佛？”师云：“毛头双尺八。”僧曰：“如何是心？”师云：“锥尾两寻三。”僧曰：“佛心两无痕也。”师云：“逼塞宇宙。”僧曰：“为什么如此？”师云：“把耳扣磬。”

湖州报本元禅师法嗣

苏州承天永安院传灯禅师

讳元正。郓州平阴县人，姓郑氏。受业本州太平兴国寺，礼藏智为师，比试得度圆具。后听习教论，遍参诸方。晚到苏州万寿元禅师法席，因看庭前柏话，发明心地。有偈曰：“赵州柏树子，去处勿人知。抛却甜桃树，寻山摘醋梨。”元禅师印可，命住此寺。德行孤高，众所钦仰。都尉张侯敦礼奏赐师名。

问:“我师再集人天会,愿示西来掣电机。”师云:“烟云雾锁。”僧曰:“还有西来意也无?”师云:“空生懊恼。”僧曰:“临济宗风一枝独秀。”师云:“不可有两个也。”僧曰:“是处是慈氏,无门无善财。”师云:“都来七八年,游遍百余城。”

问:“桃花杨柳共谈真如,如何是谈真?”师云:“岭上梅花白,溪边柳眼青。”僧曰:“未审是什么人境界?”师云:“非汝境界。”

问:“实际理地,不受一尘。佛事门中,不舍一法。如何是一法?”师拈拄杖一击。僧曰:“一衲横披高座上,炉烟起处太分明。”师云:“不是遮一法。”僧曰:“卖金顺遇买金人。”师云:“遮个是鍮石。”

上堂云:“天人群生类,皆承此恩力。大众,有一人道:‘我不承佛恩力,不居三界,不属五行,祖师不敢定当,先佛不敢安名。’你且道是个什么人?”良久云:“倚石岩前烧铁钵,就松枝上挂铜瓶。”

问:“安抚台光得得临,请师为鼓勿弦琴。”师云:“啰啰哩。”僧曰:“遮般格调,须遇知音。”师云:“曲终人不见,江上数峰青。”僧曰:“江月照时琴影现,松风吹处语声清。”师云:“一夜寒溪雪到明,梅花漏泄春消息。”僧曰:“木人闻作舞,石女听高歌。”师云:“且道是何曲调?”僧曰:“伯牙若在,耻见永安。”师云:“难遇知音。”僧曰:“只如尽乾坤大地是一面琴,和尚如何下手?”师云:“拍拍是令。”僧曰:“而今台旆光临,还许露个消息也无?”师云:“许。”僧曰:“莫言只有庭前柏,又得甘棠壮祖宗。”师云:“千里同风。”

师乃云:“若于棒下论其得失,德山是明教底罪人。更去喝里分其主宾,临济是法门中魔王。永安恁么说话,若无明眼人证据,尽大地堕坑落堑。大众,且道那个是明眼人?行则如昴如斗,坐如蹲龙。诗正有《周南》《召南》。论道乃《庄子》《老子》。恁么说话,也未是明眼人。还识明眼人么?永安与诸人指出。”良久云:“巨鳌莫负三山去,留取蓬莱顶上眠。”

湖州凤凰山仁王院得亨禅师

上堂。僧出众曰:“还委悉么?”师云:“何用论心事,相呈即便知。”僧曰:“既开铺席,买卖无妨。”师云:“一任索唤。”

问:“钟鸣铎响,锦锈交加,文殊、普贤在什么处?”师云:“贬上眉毛。”僧曰:“便与么去时如何?”师云:“见个什么?”僧曰:“满目香烟真瑞气,此时消息共谁论?”师云:“朗月当空挂,乾坤势自分。”

问:“学人上来,请师垂示。”师云:“红霞飞碧汉,白日绕须弥。”僧曰:“学人未晓。”师云:“头上漫漫。”僧曰:“脚下漫漫又作么生?”师云:“切忌蹈着。”

问:“向上宗乘,愿闻举唱。”师云:“金鸡抱子归霄汉。”僧曰:“学人不会。”师云:“玉兔怀胎入紫微。”

扬州建隆寺昭庆禅师法嗣

荆门军玉泉山善超禅师

问:“去却拄杖子,语默动静,未审如何为人?”师画一圆相,僧曰:“此犹是葛藤。”师云:“了。”师良久,召大众云:“妙性圆明,绝诸名相。纵使恒沙诸佛逞七辩,无以谈其名。今古宗师具五眼,无以窥其相。心如瓦砾墙壁,方有少分相应。诸仁者,若能回光返照,照本灵源;常光现前,尘劳顿歇。歇即菩提。圣净明心,本周沙界,不从人得,敢问诸人,且道从什么处得?”良久云:“年年春柳年年绿,二月桃花二月红。”

苏州报恩泗州院用元禅师

师于庆禅师会下,一日,请益:“临济在黄蘖,三回问佛法大意,三回被打,意旨如何?”语犹未了,被打一拂子,顿领宗旨。

问:“祖佛捞笼不得底人,和尚如何收拾?”师云:“试呈伎俩看。”僧便喝,师云:“惊杀人。”

问:“不用如何若何,请师直指心源。”师云:“缩却舌头。”僧曰:“一言已出,驷马难追。”师云:“两重公案。”僧曰:“恁么则都不许商量也。”师云:“犹嫌少在。”

问:“剪断圣凡,为什么落在无事甲里?”师云:“谁不如此?”僧曰:“如何得免?”师云:“把将无事甲来。”僧曰:“却无觅处。”师云:“即此无觅处。”

问:“四众云臻,请师说法。”师云:“有眼无耳朵,六月火边坐。”僧曰:“一句截流,万机顿息。”师云:“听事不真,唤钟作瓮。”

问:“朝参暮请,成得什么边事?”师云:“只要你歇去。”僧曰:“早知灯是火,饭熟也多时。”师云:“你鼻孔因甚着拄杖子穿却?”僧曰:“拗曲作直又争得?”师云:“且教出气。”

上堂云:“一二三四五,火里蝍蟟吞却虎。六七八九十,水底泥牛波上立。一日一夜雨霖霖,无孔铁锤洒不入。洒不入,着底急,百川汹涌须弥岌。八臂那吒撞出来,稽首赞叹道难及。咦。”

上堂。横按拄杖,顾视大众云:“今日平地上吃交。”

洪州黄龙山元肃禅师法嗣

袁州仰山清简禅师

问:“优钵罗花今日现,愿将花蕊接迷情。”师云:“但得雪消去,自然春到来。”僧曰:“一闻千悟,立证圆通也。”师云:“心不负人,面无惭色。”

问:“二十年来方外客,今朝出世事如何?”师云:“云从龙,风从虎。”僧曰:“万丈白云藏不得,一轮明月耀青天。”师云:“行到水穷处,坐看云起时。”

问:“集云峰下分明事,请师分付四藤条。”师云:“赵州八十方行脚。”僧曰:“得恁不知时节。”师云:“行到南泉即便休。”

问:“风云会合时如何?”师云:“好日多同。”僧曰:“若然者,不离当处常湛然。”师云:“赚会了也。”

上堂云:“乍临胜席,实慰灵灵。昔日闻说千端,不如一日得到。僧归山舍,人返郡城。事有迁移,理无改易。何也?湘水直连秀水,出山还入一山。动静去来,岂妨湛寂。群峰列岫,常露自己家风。夹道青松,直透长安大路。烟云横野,殿阁凌空。不移跬步之间,顿入华严世界。入则不无,还见善财么?”遂垂下一足云:“久栖上士,已自知归。乍到禅人,立地一时构取。”

上堂云:“新律才分,霞光报晓。天色欲暖还冷,气候似冬忽春。盖鸿蒙之象初升,乃严凝之寒未退。时虽顷刻,已属东君。物此为荣,共称得岁。刚有一人不在斯限,天地无由盖载,寒暑岂得推迁;日月莫谐照临,阴阳卒难变易。若教此人受岁,终是不甘。时节到来,又争讳得?且道受岁人与不受岁人两家相见,如何作贺?”良久云:“寒随一夜去,春逐五更来。”

筠州百丈山维古禅师

问:“如何是佛?”师垂一足。僧曰:“如何是佛向上事?”师乃收足。僧曰:“真善知识。”师云:“你作么生会?”僧礼拜,师便打。

问:“佛未出世时如何?”师云:“杳无消息。”僧曰:“出世后如何?”师云:“头戴天,脚蹈地。”

问:“觌面相呈,犹是钝汉。和尚如何为人?”师云:“蹉过也不知。”僧曰:“那里是蹉过处?”师云:“瞌睡汉。”

上堂。大众集定,拈拄杖,示众云:“多虚不如少实。”卓一下,便起。

上堂云:“普天匝地,绵绵密密。若是道中人,步步知端的。然虽如是,也不得诈明头。三十年后一场懡㦬。”

上堂云:“祖令当行,十方坐断。圣凡路绝,水泄不通。放一线道,有个商量。”良久云:“不得相孤。”

衢州石门山雅禅师法嗣

衢州璩源山善政禅院普印禅师

问:“学人进步向前,愿闻师子一吼。”师云:“木人夜半穿靴去,石女天明戴帽归。”僧曰:“今日得闻于未闻。”师云“虽曰未闻事,闻来也是闲。”僧曰:“若然者,伯牙与子期,岂是闲相识。”师云:“蓝田射石虎,误杀李将军。”

问:“昔日须达请佛,地布黄金。今日尊官请师,有何祥瑞?”师云:“香烟起处,日月齐明。”僧曰:“恁么则天人群生类,皆承此恩力。”师云:“口中虽道得,心里黑漫漫。”僧曰:“今日小出大遇。”师云:“笑杀傍观。”

师乃云:“奔流度刃,不是作家。石火电光,皆为钝汉。拨着七穿八穴,贬向二铁围山。点着十字纵横,合入无间地狱。何故?此事犹崖颓石裂相似,无提掇处,无凑泊处。良由非语默而可穷,岂计挍而能及。智惠超越鹙子,甚处思量。神通胜过目连,何妨用得。应须自家看取,莫向他人所求。

“不见道:‘如人上山,各自努力。如人饮水,冷暖自知。'然虽如是,其奈渡河三兽,根器不同;摸象众盲,见解差别。故不免曲施方便,广演门庭。笼古罩今,该天括地。一切生灵,无始至今。一大事缘何曾欠少,神通妙用不假修成。智慧光明本来具足。

"盖由妄兴一念,唤作无明。障翳灵台,如云蔽日。诸法唯心所现,无法从外而来。本性皆空,妄执为实。违顺不作而作,憎爱无生强生。交结虚妄业因,轮回五道生死。诸佛慈悲广大,为此出现世间,巧说种种法门,令其各各开悟。

"诸仁者,若也回光返照,直下忘怀。五道停轮,如利剑斫于枯木。四生绝迹,如猛火燎于荒山。如此则念念当处圆成,法法现前具足。如斯言话,路布教乘。出格道人,如何趣向?"良久云:"不如缄口过残春。"

《建中靖国续灯录》卷第二十二·对机门

南岳怀让禅师第十四世

潭州大沩山密印禅院怀秀禅师法嗣

潭州大沩山祖瑃禅师

姓吴氏。福州候官人也。出家圆具。参大沩秀禅师，契悟祖意。道行高洁，粝食粗衣。介性不群，处众无挠。命住鹿苑，次迁岳麓。

问："如何是祖师西来意？"师云："何不问此中意？"僧曰："如何是此中意？"师云："处处抱孙和泪语，晚身犹值太平年。"僧曰："太平一句请师道。"师曰："风不鸣条，雨不破块。"僧曰："毕竟事作么生？"师云："南亩耕人不识名。"僧曰："岂无姓字？"师云："盐菜如泥。"僧曰："此是行市数。"师云："你也少吃。"

问："如何是密印？"师云："今朝漏泄。"僧曰："意旨如何？"师云："凤凰展翼地，裴相舍庄田。"

问："如何是沩山家风？"师云："竹有上下节，松无古今青。”僧曰：“未审其中人饮啖何物？”师云：“饥餐相公玉粒饭，渴点神运仓前茶。”

上堂云：“插锹为井，今古澄清。赵州石桥，往来皆渡。山头水牯，纯熟不犯灵苗。岳麓野人，刚被迁移法席。不犯灵苗即且致，迁移底事作么生？”良久云：“猿抱子归青嶂后，鸟衔花落碧岩前。”

上堂云：“山攒碧玉，地绝红尘。楼阁相高，松杉郁翠。东连庐阜，西接峨嵋。耶舍、普贤共谈般若，香严、大仰俱听法音。听即不无，作么生是般若？”良久云：“无二无二分，无别无断故。”乃笑云：“向下文长。”

上堂云：“道无定乱，法离见知。言句相投，都无定义。自古龙门无宿客，至今鸟道绝行踪。欲会个中端的意，火里蝍蟟吞大虫。咄。”

上堂云：“天台华顶，迥拔群峰。南岳石桥，斜飞数丈。轻行重蹈度无疑，俯仰璇玑观不足。且道个中有强弱也无？金不博金，水不洗水。”良久云：“切忌当头。”

上堂云：“昔贤示徒曾无语，一曲腊月二十五。丛林几处尽商量，不离宫商角徵羽。日中丝竹应难入，月下琵琶休巧取。要识云门一曲亲，南山起云北山雨。”以拂子击绳床。

上堂云:“雨下阶头湿,晴干水不流。鸟巢沧海底,鱼跃石山头。众中大有商量,前头两句是平实语,后头两句格外谈。若如是会,只见石磊磊,不见玉落落。若见玉落落,方知道宽廓。咦。”

南岳山福严文演禅师

问:“如何是佛,师当面一唾。”师乃云:“当面一唾,切忌蹉过。幽谷猿啼,乔林鹊噪。闹市纭纭,相头买帽。白日同归,不知几个。”

上堂云:“日面佛,月面佛。马师一别经年,谁辨铜头铁额。百丈耳聋,未为埋没。临济吃棒,莫言受屈。三圣瞎驴,能始能卒。兴化帐中,抛粲[①]将来。不是骊龙颔下之物,上根不动干戈。自然清风飗飗。中下恰恰用心,落在无生窠窟。”

上堂云:“野花飘尽古城根,渐渐蝉鸣湘水渡。霏霏梅雨洒高空,匝地薰风满庭户。三十三兮老古锥,象转龙蟠曾显露。曾显露,成点污。谨白参玄人,光阴莫虚度。”

上堂云:“秋声嘹喨,暑气未衰。群木将落,鸿雁南飞。稼穑似云南亩盛,新月如钩碧落垂。是何消息,切忌针锥。”

① 粲:音撒。散之也。

上堂云："眼里也满，耳里也满。唐土不收，五天不管。前佛后佛，犹尚难措一词。若贤若圣，安能是非长短。今朝更作死马医治，免便长夜不安。看看，北斗西移，南斗东转。"

上堂云："百花落尽春光老，六合薰风来浩浩。谁谓南能去不还，宝林枝干未枯槁。咄。"

南岳西林院常贤禅师

问："大众临筵，愿闻举唱。"师云："满川月色和云白。"僧云："学人未晓。"师云："遥望潇湘一派清。"

问："如何是利物心？"师云："因事长智。"僧曰："也好消息。"师云："错。"

师乃云："潇湘江水明如镜，数座寒星彻底清。敢问曹溪溪上客，等闲无事出蓬瀛。还有出蓬瀛底客么？"良久云："三入岳阳人不识，高吟飞过洞庭湖。"

南岳后洞方广寺有达禅师

问："学人上来，便请相见。"师云："袖里金锤脑后看。"僧曰："破一作三又作么生？"师云："惜取眉毛。"僧便喝，师云："放过即不可。"僧曰："瞎。"师便打。

上堂。拈拄杖云:“诸禅德,展无碍手,和云折取。带雪将来,对众拈出。瞻之不足,玩之有余。”遂画一画,云:“早晚散为霖,草木滋天下。”

上堂云:“离四句,绝百非。便恁么,息狂机。不恁么,转狐疑。离此凭何旨,赵州东院西。还委悉么?头戴天,脚踏地,动用之中论不二。一字妙门着眼看,镇州萝卜知滋味。咄。”

南岳南台允恭禅师

问:“如何是佛?”师云:“眼睛突出。”

问:“祖意教意,是同是别?”师云:“阿难合掌,迦叶擎拳。”

师乃云:“稀逢难遇,正在此时,何谓释迦已灭,弥勒未生?”拈拂子云:“正当今日,佛法尽在遮个拂子上。放行把住,一切临时。放行也,风行草偃,瓦砾生光,拾得、寒山点头拊掌。把住也,水泄不通,精金失色,德山、临济饮气吞声。当恁么时,放行即是?把住即是?”良久云:“后五日看。”

袁州仰山伟禅师法嗣

襄州谷隐山静显禅师

问："觌面相呈事若何?"师云："清风来不尽。"僧曰："通上彻下,丝毫不纳也。"师云："明月照无私。"

问："文彩既彰,愿闻举唱。"师云："巡海夜叉头戴角。"僧曰："龙吟雾起,虎啸风生。"师云："天外那吒独把梢。"僧曰："祇园五叶花开处,不待东君别是春。"师云："重叠关山路。"

问："一镞破三关即不问,道人相见时如何?"师云："贼身已露。"

师乃云："三日一风,五日一雨。时清道泰,歌谣满路。释迦掩室谩商量,净名杜口休更举。要知极则本根源,识取南庄李胡子。敢问诸人,只如李胡子有甚长处?会么?今年必定有来年,不如剩种来年粟。"

上堂云："晷运推移,日长一线。且道佛法长多少?"自云："九九八十一。诸人还会么?若无人会,山僧为你重说偈言。九九八十一,日南长至日。晷运既推移,大家相委悉。非为世谛流布,且要膺时纳祜。参。"

上堂云:“今朝正月五,大众明看取。火上更加爇,苦中更加苦。堪笑谷隐太无端,空谷岩前说寐语。咄。”

上堂云:“语默视瞬皆说,见闻觉知尽听。香积世界,餐香饭悟无生。极乐国中,听风柯悟般若。”遂拈拄杖云:“若将耳听终难晓,眼处闻声方得知。”卓一下。

潭州龙王山善随禅师

问:“如何是龙王境?”师云:“水晶宫殿。”僧曰:“如何是龙王如意宝珠?”师云:“顶上髻中。”僧礼拜,师云:“莫道不如意。”

上堂云:“人人皆拜岁,山僧不贺年。山僧不贺年,诸人皆肯然。”良久云:“若是依时及节,也少他元正启祚,万物咸新不得。”

上堂云:“奇哉皮鼓响,大众尽来参。既善知时节,龙王不再三。”

筠州黄蘖山祇园永泰禅师

问:“如何是祖师西来意?”师云:“铁铸就。”僧拟议,师云:“会么?”僧礼拜,师云:“何不早如此。”

师乃云:“祖师妙诀,不妨径截。非风幡动,多少漏泄。

且道甚么处漏泄?”乃云:“莫是仁者心动么?且不要错会。”

庐山慧日明禅师

上堂云:“不用求真,唯须息见。三祖大师虽然回避金钩,殊不知已吞红线。慧日又且不然,不用求真,倒骑牛兮入佛殿,牧笛一声天地宽。稽首瞿昙,真个黄面。”

洪州泐潭山洪英禅师法嗣

南岳法轮院齐添禅师

问:“学人上来,乞师指示。”师云:“适来闻鼓声么?”僧曰:“闻。”师云:“还我话头来。”僧礼拜,师笑云:“令人疑着。”

上堂。喝一喝,云:“师子哮吼。”又喝一喝云:“象王嚬呻。”又喝一喝云:“狂狗趁块。”又喝一喝,云:“鰕跳不出斗。”乃云:“此四喝,有一喝堪与祖佛为师,明眼衲僧试请拣看。若拣不出,大似日中迷路。”

上堂。良久云:“性静情逸。”乃喝一喝云:“心动神疲。”遂顾左右云:“守真志满。”拈拄杖云:“逐物意移。”蓦召大众云:“见怪不怪,其怪自坏。”

潭州大沩山齐恂禅师

问:“玉兔不怀胎,牿牛为什么却生儿?”师云:“着槽厂去。”僧曰:“牧牛坡下。”师云:“莫教落草。”僧曰:“步步蹈着。”师云:“草里汉。”

师乃云:“头角未生时荐得,早犯山僧苗稼了也。更待擎头戴角,异类中来,生儿养牿,其何以堪。不见仰山云:‘一回入草去,一回把鼻牵。’然虽如是,不免犯人苗稼。且道如何得不犯?”良久云:“铁牛不吃栏边草,直上须弥顶上眠。”

上堂云:“青山叠叠水茫茫,猿爱岩边果熟香。更有一般堪羡处,谁知别有好思量。”

袁州仰山友恩禅师

上堂。以柱杖击禅床一下,云:“佛令祖令,瓦解冰消。半字满字,千山万水。衲僧门下,草偃风行。然虽如是,官不容针,私通车马。有一则奇特因缘举似大众。”良久云:“达磨九年空面壁,西归羞见洛阳人。”

上堂云:“烟云开处,日月齐明。影落千江,光含万象。头头显焕,无非自己家风。物物全影,尽是祖师活计。于斯明得,则点头咽唾。于斯未明,且摆臂摇头。恁么说话,大似傍若无人。若有一个出来,咳嗽一声,山僧退身三步。"

南岳方广怀纪禅师

问:"如何是道?"师云:"有时登陌岭,南北两头垂。"僧曰:"如何是道中人?"师云:"八十老翁策杖行。"僧曰:"未审向上更有事也无?"师云:"面南看北斗,月里有麒麟。"

泉州永春慧明院云禅师

问:"般若海中如何为人?"师云:"云开银汉回。"僧曰:"毕竟又如何?"师云:"棒头见血。"

问:"毗婆尸佛早留心,直至如今不得妙。意旨如何?"师云:"丑拙不堪当。"僧曰:"忽然当又作么生?"师云:"半钱也不直。"僧曰:"如何即是?"师云:"赵州南,石桥北。"僧礼拜,师击禅床三下。

上堂云:"少室遗风,曹溪要旨。黄蘗收来,临济扶起。三玄戈甲竞头分,四拣开遮何指比。定宗乘,立纲纪,当机验取庐陵米。更从升合定高低,争似备师封白纸。象骨提,心暗喜。同风今古播丛林,切忌扣牙惊着齿。"

上堂云:"雪峰鳖鼻,沩山水牯。临济三玄,云门一普。

劝君一一透将来,捉取大雄山下虎。"

潭州宝盖山自俊禅师

上堂。以拄杖卓一卓,喝一喝,云:"同声相应,同气相求。筑着鼻孔,撑着眼睛。哑却能言,聋却能听。东西不辨,南北不分。黑焌焌地,鬼恶人憎。翻笑香严去年贫,未是贫;今年贫,始是贫。去年贫,无卓锥之地;今年贫,虽也无。是何言欤? 噫。好个阿师又恁么去也。"

南岳上封行瑜禅师

问:"如何是上封境?"师云:"北望洞庭千里浪,南观石廪万波烟。"僧曰:"如何是境中人?"师云:"脚蹈古坛千片石,手攀松树万年枝。"僧曰:"人境已蒙师指示,向上宗乘事若何?"师云:"虽然身在青冥里,心出青冥人不知。"

东京智海禅院慕喆真如禅师法嗣

潭州道吾山汝能禅师

问:"如何是佛?"师云:"毁着不嗔。"僧曰:"如何是法?"师云:"赞着不喜。"僧曰:"如何是僧?"师云:"剃除须发。"

上堂云："三转法轮于大千，其轮本来常清净。毗婆尸佛早留心，直至如今未得妙。因什么如此？为在你诸人眉毛上转大法轮，放光动地。你等诸人不会，所以未得其妙。若言一切智智清净，又未有衲僧气息。山僧今日为众竭力，祸出私门。还会么？对牛弹琴，不入牛耳。吽。"

师迁住大沩山，不经两月，沐浴净发，趺坐而逝。

兴国军永安院妙喜禅师

问："如何是国师三唤侍者？"师召大德，僧应喏。师云："钝根阿师。"僧曰："向上还有事也无？"

师云："汝看虚空还曾开口么？"僧契悟，礼谢。师与一颂："虚空开口唤须弥，声隐春雷蛰者知。若不仙陀徒拟议，负吾负汝自风移。"

潭州中峰山罗浮院希声禅师

问："为国开堂于此日，师将何法报君恩？"师云："庭前瑞雪落纷纷。"僧曰："君恩只如此，祖意又如何？"师云："且领前话。"僧曰："恁么则金枝永茂，玉叶长芳。"师云："一任众人看。"

上堂云："云生大野，雾锁长空，百草百木师子吼。露滴庭莎，尽逞无边妙相。猿吟鸟噪，皆谈不二圆音。"乃拈拄杖云:“无边妙义,尽在山僧拄杖头上。若也会得,可谓应时应节。若也不会,万年松在祝融峰。”卓一下。

师于绍圣四年二月八日无疾坐终。荼毗,诸根不坏。舍利求者可掬。

潭州中峰山智源禅师

问:“如何是本来法?”师云:“满目青山。”僧曰:“言无展事,进步者何?”师云:“礼繁即乱。”僧曰:“只遮便是,为当别有?”师云:“南岳石桥。”

问:“如何是城里佛?”师云:“截耳卧街。”僧曰:“如何是村里佛?”师云:“牵犁拽杷。”僧曰:“如何是山里佛?”师云:“钓鱼取柴。”

安州大安山兴教惠淳禅师

开堂日,上首白槌竟,师云:“未白槌已前,唤作什么?白槌已后,唤作第一义谛。莫有不甘底僧,出来相见。”

问:“未白槌前请师道。”师云:“方丈里。”僧曰:“白槌后又如何?”师云:“法座上。”僧曰:“谢师指示。”师云:“勿交涉。”

问:“如何是第一句?”师云:“脚下。”僧曰:“如何是第二句?”师云:“口里。”僧曰:“如何是第三句?”师云:“脑上。”

师乃云:“灵山会上,迦叶亲闻;五祖堂前,老卢得旨;至今累及儿孙,血脉不断。岂是多学多知,负能负胜?人人具英雄志气,各各出自己胸襟。不取他人处分,便可出生入死,方为报佛恩德。如斯举唱,取笑傍观。还有同死同生底汉么?”良久云:“若无,山僧今日失利。”

舒州灵泉普济道坚禅师

问:“如何是祖意?”师云:“金鸡飞去,石马还来。”僧曰:“如何是教意?”师云:“海墨书不尽。”

庐陵隆庆庆闲禅师法嗣

潭州安化启宁闻一禅师

问:“意智不到处,特地好商量。未审是什么人境界?”师云:“张三李四。”僧曰:“木人把板云中拍,石女衔笙水底吹。”师云:“乱走作什么?”僧曰:“也要和尚识得。”师云:“西天此土。”

上堂:“拈花微笑虚劳力,立雪齐腰枉用功。争似老卢无用处,却传衣钵振真风。大众,且道那个是老卢传底衣钵?莫是大庾岭头提不起底么?且莫错认定盘星。”以拂子击禅床。

蕲州开元琦禅师法嗣

饶州荐福道英禅师

问:“佛未出世时如何?”师云:“琉璃瓶贮花。”僧曰:“出世后如何?”师云:“玛瑙钵盛果。”僧曰:“未审和尚今日是同是别?”师云:“趯倒瓶,拽转钵。”

上堂云:“据道而论,语也不得,默也不得。直饶语默两忘,亦勿交涉。何故?句中无路,意在句中。无意无不意,非计校之所及。若是劈头点一点,顶门豁然眼开者,于此却有速疾分。若低头向意根下寻思,卒模索不着。是知万法无根,欲穷者错。一源绝迹,欲返者迷。看他古佛光明,先德风彩,一一从无欲无依中发现。或时孤峻峭拔,竟不可构。或时含融混合,了无所睹。终不椿定一处,亦不系系两头。无是无不是,无非无不非;得亦无所得,失亦无所失。不曾隔越纤毫,不曾移易丝发。

“明明古路,不属玄微。觌面擎来,瞥然便过。不居正位,岂落邪途。不踏大方,那趋小径。腾腾兀兀,何住何为。回首不逢,触目无对。一念普观,廓然空寂。此之宗要,千圣不传。直下了知,当处超越。是知赤洒洒处,恁么即易。明历历处,恁么还难。不用沾黏点染,直须剥脱屏除。若是本分,手脚放去,无收不来底,一一放光现瑞,一一削迹绝踪。机上了不停,语中无可露。彻底搅不浑,通身扑不碎。且道毕竟是个什么灵通,得恁么奇特,得恁么坚确?

"诸仁者,休要识渠面孔,不用安渠名字,亦莫觅渠所在。何故?渠无所在,渠无名字,渠无面孔。才起一念追求如微尘许,便隔十生五生。更拟管带思惟,益见纷纷丛杂。不如长时放教自由自在,要发便发,要住便住。即天然非天然,即如如非如如,即湛寂非湛寂,即败坏非败坏。无生恋,无死畏;无佛求,无魔怖。不与菩提会,不与烦恼俱。不受一法,不嫌一法。无在无不在,非离非不离。

"若能如是见得,释迦自释迦,达磨自达磨,干我什么碗?恁么说话,衲僧门下,推勘将来,布裙芒靸,不免撩他些些泥水。岂况汝等诸处更道:遮个是平实语句,遮个是差别门庭,遮个是关棙巴鼻,遮个是道眼根尘。递相教习,如七家村里人传口令相似,有什么交涉。无事,珍重。"

庐山双溪宝严允光禅师

上堂云:"阿呵呵,也大差,不卷帘兮见天下。神光得髓是谁云,达磨不曾来东夏。西江一口吸易干,中原至宝难酬价。也大差,令人转忆老兴化。咄。"

黄蘖积翠永庵主法嗣

庐陵清平楚金禅师

问:"祖祖相传,未审和尚传个什么?"师云:"两手抬不起。”僧云:“能有几人知。”师云:“知底事又作么生?”僧曰:“放过一着。”师云:“迢迢十万余。”

问:“与么不与么。学人上来,请师与么。”师云:“洪州腰带。”僧曰:“请师不与么。”师云:“陕府铁牛。”僧曰:“和尚与么,学人即不然也。”师云:“不消拈出。”

上堂。以拄杖卓一下,云:“只遮是错。事无一向,出家人当为何事?”良久云:“自知较一半。”乃歌曰:“人悄悄,鼓冬冬,特地升堂话祖风。千般说,万般喻,特地翻真却成伪,分别缁素与色空。扶篱摸壁路难通,休寻南北与西东。山僧拄杖太无端,吞却十方刹界中。刹界中,细推穷,三十年后几多白头翁。”靠却拄杖云:“珍重。”

上堂云:“祖意齐彰,真机自立。分明蟾彩,彼我无差。出海红光,老婆心切。如斯境界,悟则头头显露,非取舍之功。迷则物物尘劳,难明妙理。更若即色明空,止是敲砖打瓦。说有说无,又是梦中说梦,未免觉来一场懡㦬。”

上堂云:“明眼人前若论斯事,如盐在水,只瞒得鼻孔;若是舌头上,一点也瞒不得。何故?三世诸佛、从上祖师出现于世,只是狸奴白牯一个注脚。拈槌举拂、下喝敲床,尽是露柱注脚。”以拄杖卓一下,云:“山僧与露柱注脚。遮里看得出,非但许你救得儿孙,亦许你见狸奴白牯,然后可以出生入死。若看不出,自救不了。何故?功夫不到不方圆,言语不通非眷属。”喝一喝。

南岳高台佛印禅师法嗣

潭州龙兴师定禅师

问:“如何是潇湘境?”师云:“猿到夜深啼岳麓。”僧曰:“如何是境中人?”师云:“相逢不下马,各自有前程。”

问:“如何是道?”师云:“花街柳巷。”僧云:“如何是道中人?”师云:“语笑呵呵。”

上堂云:“秋风数夜渐寒,衲僧早觉身冷。通宵不睡思量,叵耐祖师乱走。不知念念释迦出世,步步弥勒下生。恁么忽然撞着,尽是自己神光。怎生说得个自己神光?”良久云:“一轮明月照潇湘。咄。”

上堂云:“白云峰顶,昔年尝到。朝参暮请,依师学道。闹市红尘,煎熬不少。逐日忙忙,贪生至老。咄。遮皮袋臭秽易坏,贪欲贪乐不解厌,学佛学祖总不会,惭愧寒山老,眠云枕石睡。思量拾得奇,爱住深岩内。蓑衣为被褥,箬笠作冠盖。只如山僧恁么举唱,还有佛法也无?”良久云:“无为无事人,越①出红尘外。咄。”

---

① 越:音跳。同“跳”。

杭州庆善宗震禅师法嗣

杭州庆善普能禅师

问："祖祖相传传祖印，师今得法嗣何人？"师云："当官莫在前，作客莫向后。"僧曰："恁么则西堂嫡子，临济儿孙。"师云："天台楖樑木。"

师乃云："事不获已，与汝诸人葛藤。一切众生只为心尘未脱，情量不除；见色闻声，随波逐浪；流转三界，汩没四生。致使正见不明，触途成滞。若也是非齐泯，善恶都忘；坐断报化佛头，截却凡圣途路。到遮里，方有少许相应。直饶如是，衲僧分上也未为奇特。何故如此？才有是非，纷然失心。咄。"

上堂。拈拄杖云："未入山僧手中，万法宛然。既入山僧手中，复有何事？"良久云："无意气时添意气，不风流处也风流。"卓一下。

《建中靖国续灯录》卷第二十三·对机门

南岳怀让禅师第十四世

洪州泐潭山真净禅师法嗣

洪州分宁兜率从悦禅师

姓熊氏。虔州人。少依普圆院崇上人出家,未冠圆具。首习经论,次慕参问。缘契洞山真净禅师。

开堂日,白槌罢,师云:"住住,五眼难观。佛佛相传,默然自照。西天诸祖谩说异端,唐土宗师强生文彩,英灵衲子一点难瞒。直下分明,临机脱活。纵横南北,出没东西。于平地上涌起波澜,向虚空中倒翻筋斗。今朝座下那个惺惺,便请出来开人眼目。"

问:"亲闻洞里真消息,今日新丰事若何?"师云:"山横嫩翠,溪泻寒光。"僧曰:"不因风卷浮云尽,争见凉天万里秋。"师云:"不妨奇特。"

问:"如何是兜率境?"师云:"一水挪蓝色,千峰削玉青。""如何是境中人?"师云:"七凹八凸无人见,百手千头只自知。”

师乃云:“溪上桃花烂熳春,倚筇闲看笑灵云。抽枝抽叶寻常事,有悟无疑亦强分。诸禅者,既疑悟之强分,何玄旨而可定?但得凡情净尽,自然圣解都忘。如此则何是非而有,何得失而论;何动静而取,何彼此而分?到遮里,直得妙体虚明,大用纵横,都无拣择,好丑一如。还有人承当得么?若承当得,兜率与你拄杖子一任横行。若也未然,不免自家受用去也。”良久云:“拨落叶开苔藓色,卓穿冰放野泉声。”卓拄杖一下。

上堂云:“阿呵呵,底时节,仲夏初残梅雨歇。寥寥物外自清凉,扰扰人间方酷热。诸禅客,一种含灵,为什么世界有异?”良久云:“天阔云无碍,风高海自澄。”

上堂云:“耳目一何清,端居幽谷里。秋风入古松,秋月生寒水。衲僧于此更求真,两个猢狲垂四尾。”喝一喝。

上堂云:“龙安古路堂堂,往来未尝间隔。岭头风动松声,岩下溪流月色。上无一点红埃,内有祖师窟宅。到此方得心休,自解横吹玉笛。诸禅客,要识不涉程途底句么?”良久云:“直须透过遮机关,不用敲开无缝锁。咄。”

上堂云:“雪意连连作,春寒每放参。到头真实处,不在口喃喃。”

上堂云:"兜率都无辨别,却唤乌龟作鳖。不能说妙谈真,只解摇唇鼓舌。遂令天下衲僧觑见眼中滴血。莫有翻嗔作喜,笑傲烟霞者么?"良久云:"笛中一曲升平乐,算得生平未解愁。"

上堂云:"衲僧袖里神锋,截断有句无句。随宜独立真规,处处清风满路。更知结角罗纹,始解针来线去。"

上堂云:"始见新春,又逢初夏。四时若箭,两曜如梭,不觉红颜翻成白首。直须努力别着精神,耕取自己田园,莫犯他人苗稼。既然如是牵犁拽杷,须是雪山白牛始得。且道鼻孔在什么处?"良久云:"叱叱。"

潭州报慈开福进英禅师

问:"远涉长途即不问,到家一句事如何?"师云:"雪满长空。"僧曰:"此犹是时人知有,转身一路又作么生?"师便喝。

上堂云:"雪铺银世界,别是水晶宫。瑞气纷纷动,何人住此中。"拍禅床一下,云:"清泰桥边,今人榜样。报慈堂上,古佛家风。横担楖栗入门来,便把草鞋跟截断。华藏海中游戏,会春园里逍遥。信乎朝入伽蓝,暮成正觉。虽然如是,正令行时,犹较一着。敢问大众,作么生是坐致太平底事?还知么?"提起拂子云:"一掉秋风江上月,数枝春色洞中天。"击禅床一下。

上堂云:"报慈有一公案,诸方未曾结断。幸遇改旦拈出,各请高着眼看。"遂趯[①]下一只鞋云:"还知遮个消息也无? 达磨西归时,提携在身畔。"

上堂云:"今朝四月八,我佛降生辰。头头金相现,处处法幢新。不洗体,不洗尘,灌沐如来妙色身。谁信二千年后事,优昙重长一枝春。"掷拄杖云:"释迦老子重下阎浮,为大事因缘故,出现于世;开佛知见,示佛知见,悟佛知见,入佛知见。已为诸人说了也,且作么生入?"乃拍禅床云:"不离当处常湛然,觅即知君不可见。"

上堂云:"与么上来,猛虎出林。与么下去,惊蛇入草。不上不下,日轮杲杲。"喝一喝,云:"潇湘江水碧溶溶,出门便是长安道。"

上堂。掷下拄杖,却召大众云:"拄杖吞却祖师了也,教什么人说禅? 还有救得也无?"喝一喝。

上堂。蓦拈拄杖示众云:"三世一切佛,同入遮窠窟,衲僧唤作辽天鹘。"卓拄杖一下。

上堂云:"山门寂寞,无可祇待。诸禅德,夜来思量,得一段因缘奇特,准拟今日供养大众。及乎升座,忽然忘却。

---

① 趯:音替。跳也。

如今卒作不辨,且望大众智不责愚,不为笑怪。”

桂州寿宁寺善资禅师

问:“如何是广南境?”师云:“地连南岳千峰秀,水接西川一派清。”僧曰:“如何是境中人?”师云:“腰间曾坠石,镜上本无尘。”僧曰:“人境已蒙师指示,向上宗乘车若何?”师云:“一棒一痕分痛痒,独许泥牛木马知。”

问:“如何是祖师西来意?”师以乎反覆示之。僧曰:“不会。”师云:“好个消息。”

师乃云:“若论此事,如鸦啄铁牛,无下口处,无用心处。更向言中问觅,句下寻思,纵饶卜度将来,终成戏论边事。殊不知本来具足,直下分明。佛及众生,纤毫不立。寻常向诸人道:凡夫具足圣人法,凡夫不知。圣人具足凡夫法,圣人不会。圣人若会,即同凡夫。凡夫若知,即是圣人。然则凡圣一致,名相互陈。不识本源,迷其真觉。所以逐境生心,徇情附物。苟能一念情忘,自然真常体露。”良久云:“便请荐取。”

上堂云:“诸禅德,释迦老子不言,以手指天指地。须菩提不言,帝释动地雨花。达磨大师不言,二祖乃云得髓。维摩居士不言,文殊赞叹不二。”遂拈起拄杖云:“拄杖子不言,成得个什么?”良久云:“扶过断桥水,伴归无月村。”

上堂云:“诸方五日一参,寿宁日日升座。莫怪重说偈言,过在西来达磨。上士处处逢渠,后学时时蹉过。且道蹉过一着落在什么处?”举起拂子云:“一片月生海,几家人上楼。”

永州元丰太平寺安禅师

问:“贤侯启请,愿师举唱。”师云:“陌上桃花雪里红。”僧曰:“一言才举唱,四众尽沾恩。”师云:“沾恩底事作么生?”僧曰:“是处有芳草,何山无白云。”师云:“伶利人难得。”

问:“如何是太平境?”师云:“带郭有山兼有水。”僧曰:“如何是境中人?”师云:“憧憧道上往来人。”僧曰:“人境已蒙师指示,向上宗乘事若何?”师云:“明月清风也笑人。”

师以拄杖卓一下,云:“还会么?空王佛已前之事,太平今日一时漏泄了也。还委悉么?一大藏教未当切脚,佛之一字尚污心田,岂况其余?若也未然,且听太平葛藤去也。”掷拄杖,下座。

上堂云:“有利无利,莫离行市。镇州萝卜头极贵,庐陵米价甚贱。争似太平遮里,时丰道泰,商贾骈阗。白米四文一升,萝卜一文一束。不用北头买贱,南头卖贵,自然物及四生,自然利资王化。又怎生说个佛法道理?”良久云："劝君不用镌顽石，路上行人口似碑。"

庐山归宗杲禅师

问："为国开堂于此日，师将何法乐升平？"师云："尧风荡荡，舜日辉辉。"僧曰："君恩将此报，祖意又何如？"师云："云生岭上，雨滴岩前。"

问："如何是归宗境？"师云："重重看不尽。"僧曰："如何是境中人？"师云："个个眼眉横。"

师乃云："西来祖印，教外别传。非大根器，不能证入。其证入者，不被文字语言所转，声色是非所迷；亦无云门、临济之殊，赵州、德山之异。所以唱道须明有语中无语，无语中有语。若向遮里荐得，可谓终日着衣，未尝挂一缕丝。终日吃饭，未尝咬破一粒米。直是呵佛骂祖，有什么过。虽然如是，欲得不招无间业，莫谤如来正法轮。"喝一喝。

上堂。拈拄杖云："归宗会斩蛇，禾山解打鼓。万象与森罗，皆从遮里去。"掷下柱杖云："皈堂吃茶。"

南岳祝融峰上封寺慧和禅师

问："师唱谁家曲，宫商何调中？"师云："不落五音。"僧曰："不属韶阳调去也。"师云："且喜有知音。"

师乃云:“未升猊座已前,尽大地人成佛已毕,更有何法可说?更有何生可利?况菩提烦恼,本自寂然。生死涅槃,犹如春梦。门庭施设,诳呼小儿。方便门开,罗纹结角。于衲僧面前,皆为幻惑。且道衲僧有甚长处?”拈起拄杖云:“孤根自有擎天势,不比寻常曲蘱枝。”卓一下。

上堂云:“祝融峰上,瑞气腾空。行道坛前,祥云拂地。林间衲子,信步经行。岭上樵夫,讴歌拍乎。把针岩畔,音乐鸟声。懒瓒庵前,风生虎啸。说甚透声透色,休论达磨迷逢。莫是真假有无,俱不可得么?若恁么会,未免眼中添屑。总不恁么,又作么生?”良久云:“此境此时谁得意,极目千山入望来。”

衢州超化院静禅师

上堂云:“个中之源,无归者久。只为言泉乱派,语脉混流。一波始生,万波随往。生而不止,往而不休。遂使洪波浩渺,白浪滔天。今日山僧不免拖泥带水。”卓拄杖一下。

上堂云:“声前认得,已涉廉纤。句下承当,犹为钝汉。电光石火,尚在迟疑。一点不来,横尸千里。”良久云:“有甚用处?”喝一喝。

筠州五峰净觉院本禅师

问:“宝座高升,愿闻举喝。”师云:“雪里梅花火里开。”僧曰:“莫便是为人处也无。”师云:“井底红尘已涨天。”

问:“同声相应时如何?”师云:“鹁鸠树上啼。”僧曰:“同气相求时如何?”师云:“猛虎岩前啸。”

问:“一进一退时如何?”师云:“脚在肚下。”僧曰:“如何是不动尊?”师云:“行住坐卧。”

师乃云:“恁么也不得,不恁么也不得,恁么不恁么总不得。诸人作么生会?直下会得,不妨奇特。更或针锥,西天此土。”

上堂云:“五峰家风,南北西东。要用便用,以橛钉空。咄。”

蕲州五祖常禅师法嗣

蕲州月顶延福寺伦禅师

问:“如何是蕲州境?”师云:“白云堆里神仙秀。”僧曰:“如何是境中人?”师云:“紫阁筵中鼎鼐材。”

问:“如何是祖师西来意?”师云:“凉风却退檐前暑。”

问:“止宿庵中即不问,途中受用事如何?”师云:“落花铺地锦,流水映天心。”僧曰:“忽遇向上人来又作么生?”师云:“剑有七星君可度,琴无五线客难寻。”

问:“如何是宗乘向上事?”师云:“古符常照夜堂明。”

师良久云:“舍利塔前,金蕊花开吐艳。毗卢藏畔,绿毛龟戏池中。雾卷山堂,云藏佛阁。老鹤盘空,青罗翳目。足可与诸人内助其机,外扬其道。又何必山僧出来指点?然虽如是,也须的当始得。且道的当底事作么生?多谢宝陀岩上月,舒光常得到松门。”

上堂云:“重阳何物助僧家,篱菊枝枝尽发花。不学故侯将伴饮,为君泛出赵州茶。只此一杯醒大夜,卢同七碗谩矜夸。”良久云:“便请。”卓拄杖一下。

上堂云:“时雨频过比屋凉,师田昆甲尽同光。禅家高卧无余事,赢得林梢磬韵长。正当恁么时,谁是知音者?”良久云:“子期别后空千载,月上落崖流水寒。”

蕲州南乌崖寿圣楚清禅师

问:“如何是黄梅消息?”师云:“不许夜行。”僧曰:“如何为人?”师云:“投明须到。”

问:“亡僧迁化向什么处去?”师云:“灵峰水急。”僧曰:“恁么则不去也。”师云:“苍天苍天。”

师乃云:“见成公案,已涉多岐。伫思稽迟,辽天迸鹘。苟丧目前,实为苦屈。敢问诸人,且作么生是目前底句?”良久云:“灯笼拊掌,露柱呵呵。”

江陵护国禅院月禅师法嗣

江陵护国惠本禅师

问:“有物先天地,无形本寂寥。未审是甚么物?”师云:“一铤墨。”僧曰:“恁么则耀古照今去也。”师云:“作么生是耀古照今底?”僧便喝,师便打。

师乃云:“一切法是佛法,粪扫堆头,丈六金身;猪肉案上,十身调御。还会么?师颦象顾已多端,切忌韩獹空逐块。”喝一喝,下座。

上堂云:“尘劫来事,尽在如今。满目风光,十方无碍。山遥水远,地厚天高。刹刹见成,头头显著。直饶恁么会得,衲僧眼睛未曾梦见。且唤什么作衲僧眼睛?还会么?穿过须弥。”

上堂云:“好个时节,谁肯承当。苟或无人,不如惜取。”良久云:“弹雀夜明珠。”

上堂云:“去处与来时一般,来时与去处不别。有人闻着点头,有人闻着不肯。且道肯即是?不肯即是?也是巩县茶瓶。”

杭州净土思禅师法嗣

杭州灵凤山万寿法诠禅师

问:“师唱谁家曲,宗风嗣阿谁?”师云:“针劄不入。”僧曰:“石照嫡子,临济儿孙。”师云:“锦溪一派,尽向东流。”

问:“佛法流通,如何指示?”师云:“上天下地。”僧曰:“学人也恁么见。”师云:“错。”

问:“如何是佛?”师云:“抱桩打拍浮。”僧曰:“如何是法?”师云:“莫泥弹子。”僧曰:“如何是僧?”师云:“剃除须发。”僧曰:“三宝外,还别有为人处也无?”师举起一指。僧曰:“不会。”师云:“指在唯观月,风来不动幡。”

师乃云:“灵光洞耀,妙体昭然。动寂真常,隐显无二。六凡皆觉,强自云迷。四圣还源,谩称开悟。苟能返照,一念无差,不用思量,便请构取。还有荐得底么?”良久云:

"静处萨婆诃。"

上堂云:"德山棒、临济喝,尽是无风波呞呞。灯笼跨跳过青天,露柱魂惊头脑裂。然虽如是,大渴食盐加得渴。"喝一喝。

杭州庆善守隆禅师

问:"诸佛出世,为一大事。如何是一大事?"师云:"不同小事。"僧曰:"唯此一事实去也。"师云:"棒打石人头。"

问:"如何是祖师西来意?"师云:"扁舟过剡溪。"

问:"知师久蕴囊中宝,今日当筵略借看。"师云:"多少分明。"僧曰:"师子吼时全露现,文殊仗剑又如何?"师云:"惊杀老僧。"

问:"千佛出世,各有奇祥。和尚今日以何为验?"师云:"木人把板云中拍。"僧曰:"意旨如何?"师云:"石女拈笙水底吹。"

师乃云:"问同攒花簇锦,答也土上加泥。彼此气宇冲冲,何须听人处分。可谓如石含玉,不知玉之无瑕。似地擎山,不知山之孤峻。如斯举唱,盖为初机。明眼人前,一场笑具。且道作么生是明底眼?"良久云:"穿过髑髅。"

上堂云:“无手人一拳打破虚空,无舌人一喝喝翻巨海。惊起娑竭龙王,变作楖栗拄杖,为诸人说法。”乃拈起拄杖云:“不更指东画西,便与直下分付。”卓拄杖一下。

上堂云:“花簇簇,锦簇簇,盐酱年来是事足。留得南泉打破锅,分付沙弥煮晨粥。晨粥一任诸人饱吃,洗钵盂一句作么会?多少人疑着。”

潭州石霜山琳禅师法嗣

鼎州德山静照庵什庵主

问:“如何是庵中主?”师云:“从来不相许。”僧拟议,师云:“会即便会,本来底安名着字不得。”僧拟开口,师便打出。

师室中常以拂子示众云:“唤作拂子,依前不是。不唤作拂子,特地不识。汝唤作什么?”

因僧请益,师颂答之:“我有一柄拂子,用处别无调度。有时桂在松枝,任他头垂脚露。”

《建中靖国续灯录》卷第二十四·对机门

南岳怀让禅师第十四世

南岳福严慈感禅师法嗣

明州育王山广利寺宝鉴禅师

讳法达。饶州浮梁人,姓余氏。丱岁厌俗,剪爱离尘。严承师训,长通经业。比试辇下,落发天清。求道南游,初历淅右,未获开悟。复回江西,次造南岳福严法席,感师一见,观器印心。安抚何公向师名望,命居太平。少卿王公次迁广利,都尉郭侯特奏章服、师名。

问:“此事唯己自知,为什么众生随类得解?”师云:“眼见耳闻。”僧曰:“兵随印转。”师云:“德山、临济。”

问:“寒凝古寺,云锁千峰。如何是无寒暑处?”师云:“炉中添硬炭,身上挂绵衣。”僧曰:“此犹是时节因缘。”师云:“何得掩耳?”

问:“僧俗交参时如何?”师云:“风穴道底。”僧曰:“谢师答话。”师云:“甜瓜彻蒂甜。”僧曰:“学人今日虚伸此问。”师云:“适来道什么?”僧曰:“打草蛇惊。”师云:“分付海山无事客,夜深相共钓鲸鳌。”

问:“如何是极则处?”师云:“清风生竹户。”僧曰:“学人不会。”师云:“明月照松窗。”

问:“不落阶级处,请师道。”师云:“蜡人向火。”僧曰:“毕竟如何?”师云:“薄处先穿。”

问:“末后一句,今日愿闻。”师云:“昨日有人问我,直得杜口。”僧曰:“为什么如此?”师云:“不于湘水捉明月,且向天童看白云。”

问:“无根树子今日还解生苗也无?”师云:“拟待答话,又恐孤负阇梨。”

问:“作者相逢时如何?”师云:“平出。”僧曰:“学人有疑在。”师便打。僧曰:“不伸三拜,焉得周旋。”师云:“别处即得。”

师乃云:“一法虽彰万法无,到头何必用工夫。目前十字纵横也,自是时人落半途。大众,作么生是究竟一句?设使潜神守智,犹是止宿草庵。假饶息念观空,亦成守株待兔,虚生浪死。只为怀宝迷邦,滞壳迷封,良由贪程太速。直得言语道断,心行处灭,于衲僧分上着什么来由?假使心法双亡,两头截断,亦是按牛头吃草。争似耳闻目睹，口说心思，千山万水目前分，南北东西路头在。

“若也失之于旨，鱼鲁刁刀。若也得之于心，浑金璞玉。流出三教，皆指一心。左右逢源，万物皆备。到遮里，说什么仁义礼智、元亨利贞。说什么菩提涅槃、常乐我净。直须拈放一边。且看山僧执金刚王宝剑，把定要津，以文殊为先锋，以普贤为殿后，观音、势至掩耳偷铃，弥勒、释迦吞声饮气。直得皇风荡荡，舜日明明，天下衲僧谁敢向鬼窟里作活计？还信得及么？”良久云：“道泰不传天子令，时清休唱太平歌。”

上堂云：“半接城隍半倚村，一溪流水半山云。寂寥滋味有谁得，万世金轮王子孙。所以见闻觉知、思量分别，一见便见，无第二月。尧天舜日，谁能夜泛孤舟。白月清风，何必冬行春令。门当户对，极目无限青山。鸟叫猿啼，纵步从佗差路。栗蒲吞了，更无一物碍人。古镜重磨，不离旧时光彩。日日共虚空招手，时时与古佛对谈。堪嗟多少饥人，却去饭箩里饿杀。育王恁么道了，有三十棒本合自当。赖遇众人不知，且教拄杖子含声饮气。”

上堂云：“居山日少出山多，惹得问若孰奈何。争似白云深处坐，野猿幽鸟任高歌。大众，拈华示众，空自点胸。微笑破颜，落第二月。少林面壁，傍若无人。半夜渡江，贪程太速。更乃说佛说祖，头上安头。演妙谈真，泥中洗土。攒花簇锦，口是祸门。寂尔无言，守株待兔。总不如是，无孔铁锤。行道之人，如何即是？还会么？白云虽是无心物，到头还是恋青山。”

成都府南禅光澡禅师

问:“如何是南禅境?”师云:“一高一低。”僧曰:“如何是境中人?”师云:“头面相似。”僧云:“向上宗乘事若何?”师云:“嘉州石佛,陕府铁牛。”僧曰:“如何是成都境?”师云:“瑞气一千里,和风十万家。”僧曰:“如何是境中人?”师云:“赐紫金鱼袋,切忌犯威风。”

南岳怀让禅师第十五世

庐山罗汉寺南禅师法嗣

南岳云峰景德惠昌禅师

问:“高提祖印即不问,觌面相呈事若何?”师云:“不劳拈出。”僧曰:“不因渔父引,争得见波涛。”师云:“酌然。”僧曰:“言前道破无妨碍,物引全提有象迁。”师云:“独许阇梨。”僧曰:“横身三界外,谁是出头人?”师云:“争不足,让有余。”僧曰:“学人东西不辨,南北不分。”师云:“自生退屈。”

问:“如何是云峰境?”师云:“昨日乍到此。”僧曰:“如何是境中人?”师云:“灰头土面。”僧曰:“人境已蒙师指示,为人一句又如何?”师云:“将谓知音却不知。”

上堂云:“禹溪流水如蓝染,云密峰峦画不成。山色水声全是体,不知谁解悟无生。悟无生,彼此自忘情。更拟求奇妙,笑杀岭南能。”

上堂云:“至道无难,唯嫌拣择。但莫憎爱,洞然明白。雪岭辊毬,赵州庭柏。不落见闻,亦非声色。拟问如何,拦腮一掴。”

上堂云:“非不非,是不是。达磨西来,惑众显异。梁王勘破,渡江入魏。九年面壁向嵩丘,接得神光转失利。大众,欲得不失利么?廉纤梅雨蔽千家,萧洒薰风吹万类。若作佛法商量,堕在野狐群队。”

上堂云:“佛祖传心,西天此土。得之者,如日如月,照耀乾坤。失之者,如盲如聋,不辨西东。云峰遮里,得失是非一时放却。无禅可参,无道可学。猖猖狂狂,蹈乎大方。且道佛祖传心,传个什么?”良久云:“窗开云雾生衣上,帘卷山泉入镜中。”

舒州浮山德宣禅师

问:“如何是佛?”师云:“天长地久。”僧曰:“学人未晓。”师云:“年老病生。”僧曰:“同生同死事又作么生?”师云:“唤阇梨作佛,得么?”

上堂云:“双井峰,锦绣谷,南北东西难图录。纵尔僧繇巧笔端,争如一到心中足。”拈起拂子云:“还见么?”良久云:“云居、罗汉。”击禅床,下座。

上堂云:“诸佛不出世,四十九年说。祖师不西来,少林有妙诀。若人识祖佛,当处便超越。”遂拈拂子云:“遮个是浮渡拂子,且道祖佛在什么处?”良久云:“虽是善因,而招恶果。”

江陵护国慧本禅师法嗣

岳州君山崇胜普净禅师

问:“如何是君山境?”师云:“寺居烟岛上,四野尽波澜。”僧曰:“如何是境中人?”师云:“望南看北斗。”僧曰:“人境已蒙师指示,向上宗乘事若何?”师云:“槛外清风起,湖中白浪生。”僧曰:“谢答话。”师云:“老僧罪过。”

上堂。拈拄杖云:“看看拄杖,拄杖生在悬崖石上。如今拈向人前,须是生风起浪。”乃抛下。

上堂云:“摩竭掩室,净名杜口,饮光微笑,达磨壁观,雪老辊毬,禾山打鼓,秘严一叉,青平拽石,此一队汉,各逞伎俩,总不措一言,教后人如何摸索?莫怪山僧不会说禅,只是修造院门,一粥一饭,接待往来。若是说禅说道,自有诸方。”

洪州泐潭山乾禅师法嗣

庐州西天王兴化可都禅师

问:"祖意西来即不问,为人一句请师宣。"师云:"片云归后洞,只鹤舞清虚。"僧曰:"与么则兴化得人,群生有赖也。"师云:"鸟啄古林木,山横今日云。"

师乃云:"如来大法,诸佛妙道。真源湛寂,了无生灭。设使千圣出来,亦乃难寻缝罅。兴云吐雾,普遍河沙。纵横有准,妙应无疑。把定放行,卷舒自得。起人天眼目,扩佛祖心源。诸法见前,更无欠少。所谓人人具足,个个圆成。不用纤毫心力,自然壁立千仞。"良久,喝一喝。

潭州道吾山楚方禅师

问:"昔日道吾云:'生也不道,死也不道。'和尚今日为什么却道?"师云:"官不容针,私通车马。"僧曰:"真个泐潭无异水,清风宛尔不同常。"师云:"伶利衲僧,点一知二。"

上堂云:"诸人十二时中不要错用心好。头上是天,脚下是地。朝明夕晦,水绿山青。物象分明,亘今亘古。若也恁么承当去,早是无事起事。那更言中求玄,句里寻妙,正是埋没自己。不如归堂吃茶去。"

袁州崇胜密禅师

问："如何是佛？"师云："莫寐语。"

问："如何是一法？"师云："早落第二。"

上堂。大众集，师云："已是团圞，不劳雕琢。归堂吃茶。"

庐山圆通仙禅师法嗣

温州永嘉净居了威佛日禅师

问："如何是祖师西来意？"师云："一宿二宿程，千山万山月。"僧曰："意旨如何？"师云："朝看东南，暮看西北。"僧曰："向上更有事也无？"师云："人心难满，溪壑易填。"

问："时节因缘即不问，惠超佛话事如何？"师云："波斯弯弓面转黑。"僧曰："意旨如何？"师云："穿过髑髅笑未休。"僧曰："学人好好借问。"师云："黄泉无邸店，今夜宿谁家。"

师乃云："问一答一，谷响钟声，随扣随征，故无穷尽。本分事中，离诸问答，直下无私，昭然应物。所以道：唯一坚密身,一切尘中现。”乃举拂子云:“看看。拂子是尘,且道坚密身在什么处?”

良久云:“于斯见得,无量神通三昧本自圆成,恒沙诸佛法门自然具足。是故吾佛大圣人便以此法付嘱国王大臣,令其守护,流通不绝。付嘱之意,今古共闻。且道作么生是流通底事?”乃顾视左右云:“万家喜气参差动,千里恩波特地新。”

婺州明招山文惠禅师

问:“百尺竿头,如何进步?”师云:“南天台,北五台。”僧曰:“处处逢归路,时时达本源。”师云:“对面若无青白眼,相识犹如不相识。”僧曰:“争奈学人有转身一路。”师云:“切忌丧身失命。”

上堂。良久云:“便与么散去,早自落七落八了也。俯为初机,不免重重话会。今朝五月五,为汝等诸人举个父母未生底句。光明烜赫耀乾坤,且是无今亦无古。三世诸佛强猜量,六代祖师徒指注。殿上迦叶谩擎拳,门外金刚眉卓竖。”师拊掌呵呵大笑云:“笑个什么?笑灯笼入露柱。”

东京褒亲旌德有瑞佛海禅师法嗣

安州应城寿宁道完禅师

问:“云从龙,风从虎。未审和尚从个什么?”师云:“一字空中画。”僧曰:“得恁么奇特?”师云:“千手大悲提不起。”

问:“十方国土中,唯有一乘法。如何是一乘法?”师云:“斗量不尽。”僧曰:“恁么则动容扬古路,不堕悄然机。”师云:“作么生是悄然机?”僧举头看,师举起拂子。僧喝一喝,师云:“大好悄然。”

上堂云:“古人见此月,今人见此月。此月镇常存,古今人还别。若人心似月,碧潭光皎洁。决定是心源,此说更无说。咄。”

上堂云:“觉城东畔,五众云臻。古佛庙前,人人得旨。寿宁门下,草偃风行。为什么如此?”良久云:“个中须是个中人。”

上堂云:“诸禅德,三冬告尽,腊月将临三十夜,作么生吐攴[①]准?”良久云:“衣穿瘦骨露,屋破看星眠。”

---

① 攴:音扑。击打。

潭州云盖智本禅师法嗣

潭州南岳山承天禅院自贤禅师

问:“大众已集,仰听雷音。狻座既登,请师剖露。”师云:“刹竿头上翻筋斗。”僧曰:“恁么则岳麓山前祥雾起,祝融峰下瑞云生。”师云:“紫罗帐里撒真珠。”

上堂。拈拄杖云:“不是心,不是佛,不是物。”打禅床一下,云:“与君打破精灵窟,簸土飏尘无处寻,千山万山空突兀。”复敲禅床一下云:“归堂。参。”

上堂云:“一身高隐唯南岳,自笑孤云未是闲。松下水边端坐者,也应随例说居山。咄。”

上堂云:“五更残月落,天晓白云飞。分明目前事,不是目前机。既是目前事,为什么不是目前机?”良久云:“欲言言不及,林下好商量。”

上堂云:“佛祖不能正观,天地不能盖载。且道为什么如此?”良久云:“人人有个皮袋。”

潭州南岳承天慧连禅师

问:“如何是承天境?”师拈起拂子。僧曰:“如何是境中人?”师击禅床一下。僧曰:“人境已蒙师指示,向上宗乘事若何?”师挂拂子于旧处。

上堂云:“湖南近日稍别,小雪应时及节。但管积岭堆山,勿论春寒秋热。阿呵呵,真可悦,庭下黄柑香不彻。”

上堂。举扇子云:“犀牛扇子古今扬,七十峰前九夏长。二六时中如可用,分明头角好商量。且问诸禅德,商量个什么?”良久云:“任尔千般巧,终无两样风。”乃放下扇子。

上堂。拈拄杖云:“诸供养中,法供养最胜。所谓法供养者,山供养水,水供养山;僧堂供养佛殿,佛殿供养僧堂;诸人供养老僧,老僧供养诸人。”良久云:“供养已毕,念普供养真言。老僧忘却,且教拄杖子念与诸人。”卓一下,云:“静处萨婆诃。”

上堂云:“闹市里识取古佛,百草头上荐取老僧。闹市里古佛且致,百草头上老僧作么生荐?”乃云:“不是逢人夸好手,大都品格合风流。”喝一喝。

庐陵定香山惟德禅师

问:“登师子座,作师子吼。”师云:“退后三步。”僧曰:“忽遇文殊来又作么生?”师云:“列在下风。”

上堂云:“独坐草庵中,空生直未委。天龙殊不知,花雨从何坠。摩竭徒掩室,毗耶空目闭。睡起一杯茶,别是个滋味。咄。”

上堂云:“难难,丝毫犹隔万重山。易易,刹那便到无生地。堪嗟文殊与维摩,两个纷纷谈不二。山僧即不然。”良久云:“难难,拣择明白君自看。”喝一喝。

南岳草衣岩治平庆时禅师

问:“如何是治平境?”师云:“石室夜深霜月白,草衣岁久败蒲寒。”僧曰:“如何是境中人?”师云:“携筇寻远水,洗钵趁朝斋。”僧曰:“人境已蒙师指示,向上宗乘事若何?”师云:“水马嘶风,泥牛渡海。”

上堂云:“不是心,不是佛,不是物,与君放出辽天鹘。还见么?清风月下守株人,良兔渐遥春草绿。”喝一喝。

上堂云:“终日茫茫,那事无妨。且道那事如何?”良久云:“落叶知流水,归云识旧峰。”

洪州兜率从悦禅师法嗣

洪州龙安山兜率惠照禅师

开堂日,上首白槌竟,师顾视云“还观得么?若观得去,便能卷舒无碍,隐显自由。若观不得,第二义门出来相见。"问:"如何是第一义谛?"师云:"槌下分付。"僧曰:"第二义门请师举唱。"师云:"千家帘幕春光在,几处园林日色明。"僧曰:"学人未晓。"师云:"劳而无功。"僧曰:"争奈分付了也。"师云:"一人传虚,万人传实。"

问:"法鼓才声,大无云集。学人上来,乞师指示。"师云:"天静不知云去处,地寒留得雪多时。"僧曰:"学人未晓,乞师端的。"师云:"一重山背一重人。"

师乃云:"龙安山上,道路纵横。兜率宫中,楼台重叠。虽非天上,不是人间。到者心安,全忘诸念。善行者不移双足。善入者不动双扉,自能笑傲烟萝,谁管坐消岁月。既然如是,向上还有事也无?"良久云:"莫教推落岩前石,打破下方遮日云。"以拂子击禅床。

上堂。举拂子云:"端午龙安亦鼓桡,青山云里得逍遥。饥餐渴饮无穷乐,谁爱争光夺锦标。却向干地上划船,高山头起浪。明椎玉鼓,暗展铁旗。一盏菖蒲茶,数个沙糖粽。且移取北郁单越来,与南阎浮提斗额看。"击禅床一下。

上堂云:"兜率都无伎俩,也教诸方榜样。五日一度升堂,起动许多龙象。禅道佛法又无,到此将何供养。须知达磨西来,分付一条拄杖。"乃拈起云:"所以道:你有拄杖子,我与你拄杖子。你无拄杖子,我夺你拄杖子。且道那个是宾句?那个是主句?若断得去,即途中受用。若断不得,且世谛流布。”乃抛下拄杖。

袁州杨岐山子圆禅师

问:“如何是祖师西来意?”师云:“如何是上座意?”僧曰:“比为请益。”师云:“老僧答你不少。”

上堂云:“杨岐无异路,到者皆省悟。若也更求玄,驴年得休去。珍重。”

黄州柏子山嵩禅师法嗣

黄州东禅惟资禅师

上堂云:“信手招来,无非佛事。何故?头头显理,物物皆宗。念念释迦出世,步步弥勒下生。若信得及,把得住,便请坐断报化佛头,高步毗卢顶上。”拈拄杖云:“且道拄杖子有何长处?”良久,画一画,云:“能杀能活,能纵能夺。更有一般堪羡处,不风流处也风流。”卓一下。

澧州夹山纯禅师法嗣

澧州钦山乾明普初禅师

上堂。良久云:“举扬宗旨,上祝皇基,伏愿祥云与景星俱现,醴泉与甘露双呈。君乃尧舜之君,俗乃成康之俗。使林下野夫不觉成太平曲。且作么生是太平曲?无为而为,神而化之。洒德雨以霶霈,鼓仁风而雍熙。民如野鹿,上如标枝。十八子知不知,哩哩啰逻罗哩。”拍一拍,下座。

东京智海智清佛印禅师法嗣

蕲州四祖仲宣禅师

问:“牛头未见四祖时,为甚么百鸟衔花献?”师云:“看风使帆。”僧曰:“见后为甚么不衔花?”师云:“相头买帽。”僧曰:“只如学人今朝与和尚相见,又且如何?”师云:“彼一时,此一时。”

师乃云:“诸佛出世,为一大事因缘。祖师西来,直指人心是佛。凡圣本来不二,迷悟岂有殊途。非涅槃之可欣,非死生之可厌。但能一言了悟,不起坐而即证无生;一念回光,不举步而遍周沙界。如斯要径,可曰宗门。山僧既到遮里,不可徒然。”

乃举拂子云:“看看。山河大地、日月星辰、若凡若圣、是人是物,尽在拂子头上一毛端里出入游戏。诸人还见么?设或便向遮里见去,倜傥分明,更须知有向上一路。且问诸人,作么生是向上一路?”良久云:“六月长天降大雪,三冬岭上火云生。”

泉州乾峰圆慧禅师

上堂云:"达磨正宗,衲僧巴鼻,堪嗟迷者成群,开眼瞌睡。头上是天,脚下是地,耳朵闻声,鼻孔出气。敢问云堂之徒,时中甚处安置?还见么?可怜双林傅大士,却言只遮语声是。咄。"

上堂云:"春风荡荡,幽鸟关关。山青水碧兮罗空亘野,为报诸人兮慎勿颟顸。勿颟顸,好自看,十方三世趯团圞。"以拄杖击禅床一下。

临江军慧力院可昌禅师法嗣

临江军瑞筠山慧力洞源禅师

上堂云:"佛祖不立,雨落街头自湿。凡圣何依,晴乾自是无泥。方知头头皆是道,法法本圆成。休说赵州七斤衫,曹源一滴水。须弥顶上浪滔天,大洋海底红尘起。咦,是何道理?参。"

袁州分宜福圣常极禅师

上堂云:"和风习习,春日迟迟。牧童抛掌,石女生儿。垄上争先种植,田中急切扶犁。鸟窠冻髗,布毛莫吹。天皇老汉,糊饼充饥。休言即心即佛,莫问得髓得皮。松窗石室,兀坐支颐。只知今日明日,谁顾果满三祇。”以拂子击禅床。

庐山开先行瑛禅师法嗣

庐山开先华藏海评禅师

上堂云:“始见山前麦熟,满田又插新秧。东村人带水拖泥,西家里歌声一片。所谓苦中有乐,众生日用而不知,唯有寒山呵呵大笑。诸禅德,且道寒山子笑个什么?还会么?不觉日又夜,争教人少年。参。”

洪州上篮希肇禅师法嗣

洪州大宁文广禅师

问:“如何是大宁境?”师云:“此地更无尘一点,城居宛若似山居。”僧曰:“如何是境中人?”师云:“入门便见。”

饶州荐福英禅师法嗣

福州等觉普明禅师

开堂日,上首白槌罢,师良久,普视大众云:“奇哉,妙哉。是诸人还于此观得么？若实于此观得，尽十方世界更无微毫许法可与为见为闻，亦无纤芥许法可与为对为待，可谓露裸裸、赤洒洒。若观不得，定是根尘结缚未解，凡圣情量不脱，终日只在是非得失里转倒，有什么用处。众中莫有超然独脱洒落底衲僧么？无妨出来，与你证明。”

问：“当年裴相参黄蘗，笑指高僧问有因。府帅宪车临祖席，其中消息若为陈。”师云：“彼一时，此一时。”僧曰：“可谓风清八郡鱼龙跃，明耀千家日月心。”师云：“伶利衲僧。”僧曰：“门外沙堤闻再筑，即承天诏驾归骖[①]。”师云：“当头道着。”

问：“师唱谁家曲，宗风嗣阿谁？”师云：“鄱阳湖里，白浪滔天。”僧曰：“荐福一枝今独秀，钧螺江上月分辉。”师云：“衲子难瞒。”僧曰：“向上还更有事也无？”师云：“有。”僧曰：“幸遇海众，何妨指出？”师云：“高着眼。”

问：“如何是夺人不夺境？”师云：“风清月白。”僧曰：“如何是夺境不夺人？”师云：“灰头土面。”僧曰：“如何是人境俱不夺？”师云：“海晏河清。”僧曰：“如何是人境两俱夺？”师云：“水泄不通。”

问：“如何是宾中宾？”师云：“伶俜更苦辛。”僧曰：“如何是宾中主？”师云：“问处甚分明。”僧曰：“如何是主中

① 骖：音参。马也。

宾?”师云:“垂手入红尘。”僧曰:“如何是主中主?”师云:“宝剑当胸。”僧曰:“宾主已蒙师指示,向上宗乘事若何?”师云:“且待别时来。”

师乃云:“休休。直饶问若联珠,答如瓶泻,若也于道,远之远矣。何谓也?若论此事,一大藏教更不能诠,三世诸佛唯是自得。辉今耀古,忘见绝知。弥满十虚,宁有方所。只为情生知隔,想变体殊,于日用间不能自觉;所以劳佗先德回首尘劳,开方便门,示真实相。方便门已八字打开了也,还有入得底么?若向遮里入得,便能持实相印,建大法幢。出没纵横,卷舒自在。直饶到此,犹落建化门底,未为衲僧径要一路。作么生是径要一路?”良久云:“肯重不得全,卸却方为妙。珍重。”

《建中靖国续灯录》卷第二十五・对机门

庐陵清原山行思禅师第十四世

东京法云禅寺善本大通禅师法嗣

婺州云黄山宝林寺宝觉禅师

讳果昌。姓时氏，安州人也。自幼出家，精通贝叶，弱冠试度。遂慕南宗，远造宝林大通禅师席。入室，闻举游山玩水因缘，豁然大悟，乃获印可。复游淮甸，遍扣宗师。孤节介性，超然独异。担板自称，名播丛席。缘终示疾，沐浴更衣。索笔为颂，趺坐而逝。

问："朝宰临筵，愿闻举唱。"师云："闻似不闻。"僧曰："恁么则得闻于未闻也。"师云："不闻似闻。"僧曰："一句流通，清风匝地。"师云："一似不曾闻。"

问："昔日保寿开堂，三圣推出一僧，保寿便打。学人今日不推自出，未审和尚如何下手？"师云："尊官在此。"僧曰："不干他事。"师云："前令已行。"僧曰："丈夫未尽平生志，特地挑灯把剑看。"师云："识甚痛痒。"僧曰："只如放开捏聚一句作么生道？"师云："犹自不甘。"

问:“如何是宝林境?”师云:“云黄山。”僧曰:“如何是境中人?”师云:“傅大士。”僧曰:“只如向上宗乘,若何指示?”师云:“贪观天上月,失却手中桡。”

问:“如何是佛?”师云:“尧眉八彩。”僧曰:“乞师再指。”师云:“舜目重瞳。”

问:“如何是佛法大意?”师云:“钉椿摇橹。”僧曰:“毕竟如何?”师云:“把缆放船。”

提刑杨公杰入寺,因写七佛殿额,乃问:“七佛重出世时如何?”师云:“一回相见一回新。”

又同问山次,刑拈起大士饭石,问:“既是饭石,为什么咬不破?”师云:“只为太硬。”刑云:“犹涉繁词。”师云:“未审提刑作么生?”刑云:“硬。”师云:“也是第二月。”

上堂云:“千般巧说,不离昔日门风。万种施为,只是旧时光彩。蝉鸣高柳,普应十方。叶落孤峰,一时可验。”顾视左右云:“还见么?若言有见无见,未出断常。若言非有非无,乃存戏论。”喝一喝,云:“快须荐取。更若意思交驰,便见白云万里。”

上堂云:“正月孟春犹寒,叉手人人举过。青山隐隐如蓝,谁道迷逢达磨。参。”

上堂云:“天高地厚,自古及今。西落东生,何曾间断。清风明月,匝地普天。逼塞虚空,逃之无处。恁么说话,且逗初机。”蓦拈起拄杖云:“佛殿上鸱吻,吞却云黄山。见你诸人不会,却吐在旧处了也。参。”

上堂云:“山僧作事无限,凡百不曾预辨。凌晨随例餐糜,斋时伴众吃饭。日月任渠迁,四序从佗变。且道为人在什么处?”良久云:“两个五百,合成一贯。”

上堂云:“一即一,二即二,嗅着直是无香气。”蓦拈拄杖,卓一下,云:“识得山僧楖標条,莫向南山寻鳖鼻。”

师于绍圣三年五月十日辞世云:“遮个关棙,非难非易。四象相催,吾难住世。昨夜三更星斗移,一片虚空扑落地。”

杭州净慈宝印禅师

讳楚明。姓张氏,越州人也。早穷教旨,复慕禅宗,参大通禅师。初住越州承天,次迁净慈。左丞蒲公宗孟奏以师名。

问:“法不孤起,仗境方生。如何是净慈境?”师云:“目前朵朵之山,耳畔潺潺之水。”僧曰:“如何是境中人?”师云:“闲向湖边看鱼跃,归来林下毳禅衣。”僧曰:“人境已蒙师指示,西来祖意又如何?”师云:“白石有消日,清声无尽年。”僧曰：“谢答话。”师云：“家贼难防。”

问：“黄梅半夜，心印相传。惠日峰前，如何指示？”师云：“湖水连天碧，山花映日红。”僧曰：“西来密意蒙师决，当机一句又如何？”师云：“回首细思量。”

上堂云：“看看，山花山鸟各转无尽法轮，湖水湖波共演祖佛心印。尘尘互说，法法同宣。耳目观听难明，情识思量莫及。当须自照，唯证相应。”

上堂云：“祖师心印，非长非短，非方非圆；非内非外，亦非中间。且问大众，决定是何形貌？”拈拄杖云：“还见么？古篆不成文，飞帛难同体。从本自分明，何须重特地。”击禅床一下。

上堂云：“出门见山水，入门见佛殿，灵光触处通，诸人何不荐？若不荐，净慈今日不着便。”

上堂云：“云门糊饼，非面所成。赵州吃茶，口行人事。诸人还相委悉么？若也委悉，方信古人是截铁之言。如或未入玄关，且在荆棘林里。”

上堂云：“若论此事，得之则绝毫绝牦，用之则如山如岳，迎之则无背无面，随之则无厚无薄。如斯语话，诸人还委悉么？若委悉去，方信寒暑不能迁，生灭不曾易。日月镇长新，历劫光一色。大众，如何是一色底光？”良久云：

"天下衲僧跳不出。"

越州承天滋须禅师

姓黄氏。单州人也。受业东京恒兴寺，深穷论旨，精持律行。参大通禅师，言下契悟。

问："太守光临于法席，祖意西来愿举扬。"师云："一人有庆。"僧曰："大众咸闻。"师云："闻底事作么生？"僧曰："怪[1]来昨夜清风起，今日灵山事宛然。"师云："瞻之仰之。"

问："今朝朝旆光临，如何相见？"师云："此心能有几人知。"僧曰："一言归大道，四海尽知音。"师云："合。"

师云："若论此事，体之则神，敬之则灵；观之则眼似眉毛，听之则泥牛哮吼；言之则缩却舌头，嗅之则塞却鼻孔；触之则一棒一条痕，思之则针劄不入。当此之际，谓之智不到处，心言绝处，亦谓之无事人安乐处。直饶千圣出兴，当头亦道不着。昔日净名居士对诸菩萨前，曾露遮个消息。次有达磨大师于少室峰前，九年为众说，唯有二祖亲闻。自后法流沙界。承天今日向知有底人前有个说处？"良久云："见么？百味盆罗明祖意，一意之下报深恩。"

① 怪：音叠。凶恶。疑误。

上堂。拈起拄杖云:“见么?明如镜,平如秤。四七二三,亲行此令。有眼底辨取。”击禅床一下。

苏州吴江圣寿法晏禅师

问:“祖意西来即不问,今日开堂事若何?”师云:“云生碧嶂。”僧曰:“学人不会。”师云:“月落寒潭。”

上堂云:“山头浪起,水底尘飞。结果空花,生儿石女。如今即不恁么,三年一闰,九月重阳。冬天日短,春天渐长。寒即向火,热即取凉。”良久云:“且道佛法在什么处?不离当处常湛然,觅则知君不可见。”喝一喝。

越州天衣寺惠通禅师

姓沈氏。钱塘人也。早年具戒,听习台教。寻慕参问,诣大通禅师席下,契悟宗猷。

问:“师子未出窟时如何?”师云:“藏牙伏爪。”僧曰:“出窟后如何?”师云:“群狐屏迹。”僧曰:“恁么则青莎窟里威风振,秦望山前露爪牙。”师云:“你试哮吼看。”僧曰:“放过一着。”师云:“吐不出。”

问:“如何是祖师西来意?”师云:“青松倒影垂幽径。”僧曰:“学人不会。”师云:“绿竹寒声夹乱流。”僧曰:“学人从此更无疑也。”师云:“且缓缓。”

师乃云:“今日囊锥既露,不免带水拖泥。”顾视大众云:“有么?然祖师心印,直下圆成。恁么会得,少分相应。若以言诠取证,徒自疲劳。驰骋词锋,欲继真乘,无有是处。只如达磨未来一句作么生道?还有人道得么?”良久云:“铁牛昨夜三更走,石女溪边喝便回。”

上堂云:“鸣钟一扣,响振妙峰。玉烛腾辉,大千普照。观音菩萨到遮里,无处藏身。更问如何若何,铁围山畔,更过三千。”

湖州天圣齐月禅师

问:“如何是祖师西来意?”师云:“胡地冬生笋。”僧曰:“乞师再指。”师云:“波斯不系腰。”僧曰:“三十年后专为流通。”师云:“西来意作么生?”僧拊掌一下,师云:“早是乱统。”僧礼拜,师便打。

问:“师唱谁家曲,宗风嗣阿谁?”师云:“鱼行水浊。”僧曰:“恁么则净慈一箭直射翠峰也。”师云:“卦是天门,算来五兆。”僧曰:“验人端的处,下口便知音。”师云:“一任摸索。”

师乃云:“祖师心印,迥脱根尘。妙体非形,徒然测度。若乃心存知解,识滞见闻。祖师徽猷,如何得到。今日直须一念情尽,内外见亡,大智圆明,方能洞晓。便及随机应用,好丑齐观,触处皆渠,更无别理。山河举唱,孰是知音。水鸟谈真,何人善听。然虽如是,知者方知。更若心眼未开,切忌承虚接响。”以拄杖卓一下。

郑州资福法明宝月禅师

问:“法身清净,报应无垢。为什么香汤浴佛?”师云:“今朝四月八。”僧曰:“既然无垢,浴个什么?”师云:“不因入水,争见长人。”僧曰:“忽若撞着云门老子又作么生?”师云:“快便难逢。”便打。

上堂云:“资福别无所补,五日一参击鼓。何曾说妙谈玄,只是粗言直语。甘草自来甜,黄连依旧苦。忽若鼻孔辽天,逢人切忌错举。参。”

上堂云:“风柯月渚,并可传心。烟岛云林,咸提妙旨。现成公按,不在思量。更说碧眼西来,单传直指,大似平地生波。而今还有相悉底么?”良久云:“石头大小连云翠,柏短松长带灵青。”便下座。

上堂云:“若论此事,譬如伐树得根,灸病得穴。若也得根,岂在千枝遍斩。若也得穴,不假六分全烧。”以拄杖卓一下,云:“遮个是根,那个是穴?咄。是何言欤?”

杭州径山承天禅院常悟禅师

姓李氏。本州光化寺受业。参大通禅师,发明己事。出世阐扬,禅众宗仰。初住龙华,驸马都尉张侯敦礼奏以章服。

问:"一棒一条痕,一掴一掌血,有个末后句,请师分明说。"师云:"有功者赏。"僧曰:"一言金石谈来重,万虑鸿毛脱去轻。"师云:"手把白玉鞭,殷勤赠三百。"

问:"达磨未来时如何?"师云:"省得草鞋钱。"僧曰:"来后如何?"师云:"重叠关山路。"僧曰:"来与未来相去多少?"师云:"伸脚在缩脚里。"

师良久云:"佛法至论,非辨口利辞之所为,非神通修证之所得。直饶尽乾坤大地,情与非情,各致百千问难,只赢得一场戏论,去道转远。何故如是?灵山会上,世尊拈花,迦叶微笑:'吾有正法眼藏,涅槃妙心,分付于汝。'大众,还知释迦老汉怜儿不觉丑么?山僧当时若见,三十棒一棒也较不得。为什么如此,祖祢不了,殃及子孙。"

上堂云:"至道无难,迷于巧会。说神说通,着凡着圣。而今见山是山,见水是水。饥即餐,困即睡。且道将什么消他供养?"良久云:"更请一瓯茶。"

越州延庆可复禅师

问:“一言道合时如何?”师云:“清风明月。”僧曰:“不假一言时如何?”师云:“南北东西。”僧曰:“直下便会时如何?”师云:“藏头露影。”

问:“如何是事不迁?”师云:“江山不改旧,风月自依然。”僧曰:“如何是理不迁?”师云:“晓月收松影,春池解冻冰。”僧曰:“事理异同,如何得归一去?”师云:“浪花不待春风发,云叶宁随秋露凋。”

上堂云:“胡来胡现,汉来汉现。忽然胡汉俱来时如何只准?”良久云:“落霞与孤鹜齐飞,秋水共长天一色。参。”

上堂云:“日暖春将暮,桃华落涧红。灵云时不遇,随水自西东。参。”

温州永嘉双峰山普寂宗达佛海禅师

问:“如何是永嘉境?”师云:“华盖峰。”僧曰:“如何是境中人?”师云:“一宿觉。”

上堂。蓦拈拄杖横按膝上云:“苦痛深,苦痛深。碧潭千万丈,那个是知音。”卓一下。

上堂。众集定,喝一喝,云:“冤有头,债有主。珍重。”

上堂云:“孤屿峰前太直,不费纤毫心力。入门两手分付,更听青天霹雳。”喝一喝,下座。

郴州宣章圆明希禅师

上堂云:“天地无四壁,日月有四时。暑往寒来,风恬浪静。古今天地,古今山河,情与无情,皆承恩力。不用南询诸祖,北见文殊。古佛庙前,此时参毕。见个什么?”良久云:“也是迷逢达磨。”

越州五峰山子琪禅师

问:“学人上来,乞师垂示。”师云:“华开千朵秀。”僧曰:“学人不会。”师云:“雨后万山青。”僧曰:“谢指示。”师云:“你作么生会?”僧便喝,师云:“未在。”僧又喝,师云:“一喝两喝后作么生?”僧曰:“也知和尚有此机要。”师云:“适来道什么?”僧无语,师便喝。

上堂云:“秋风清,秋月明。萧洒景,称闲情,时听断崖流水声。”

通州狼山文惠禅师

问:“和尚未见净慈时如何?”师云:“铁牛生角。”僧曰:“见后如何?”师云:“石马怀胎。”

问:“如何是祖师西来意?”师云:“海云生岳顶。”僧曰:“学人不会。”师云:“杨子水朝东。”

西京韶山云门道信禅师

问:“如何是祖师西来意?”师云:“千年古墓蛇,今日头生角。”僧曰:“莫便是和尚家风也无?”师云:“卜度则丧身失命。”

问:“如何是学人自己?”师云:“无人识者。”僧曰:“如何得脱洒去?”师云:“你问我答。”

师乃云:“直饶言言谛当,句句精通,人天众前,暖热法席即可。何故?是法非法,离见闻缘。至道非道,绝诸戏论。直得文殊仗剑,杀活临时。秘魔擎杈,事不获已。百丈竿头进步,未是全身。撒手千圣那边,岂唯分外。自尔泥牛入海,气似云奔。木马嘶风,声如雷吼。英灵禅德宜自参详,妙悟不忘,无有休日。珍重。”

舒州投子山修颙证悟禅师法嗣

寿州资寿灌禅师

问:"朝宰临筵,请师举唱。"师云:"翠竹摇风,寒松锁月。"僧曰:"只如威音王已前又作么生?"师云:"无角铁牛眠少室,生儿石女老黄梅。"僧曰:"三十年后此语盛行。"师云:"切忌错举。"

上堂。良久云:"便恁么散去,已是葛藤。更若喃喃,有何所益。"以拂子击禅床。

西京白马山崇寿寺江禅师

问:"知师久蕴囊中宝,今日开堂略借看。"师云:"不借。"僧曰:"为什么不借?"师云:"卖金须是买金人。"

上堂云:"若言说佛说祖,未断生死根源。直饶不立纤尘,也是心常附物。敢问诸人,作么生恰好去?"拈起拄杖云:"看看,拄杖吞却虚空,虚空何曾知觉。"

邓州香严长寿知月禅师

师顾视云:"好诸禅德,雾卷长空,云收大野。女郎台下,何殊鸡足峰前。西湖岸头,不异曹溪路上。渔歌短艇,莺啭乔林。野草含烟,汀花泣露。大众还相委悉么?”良久云:“头头垂示处,子细好生观。”

上堂云:“吾家宝藏不悭惜,觌面相呈人罕识。辉今耀古体圆时,照地照天光赫赫。荆山美玉奚为贵,合浦明珠比不得。借问谁人敢酬价,波斯鼻孔长三尺。咄。”

润州金山善宁法印禅师法嗣

秀州禅悦知相禅师

上堂云:“或住城隍或住山,任缘无事可相关。有时默座令人笑,却是闲时又不闲。且问诸人,为什么却成不闲?大众,还会么?”良久云:“昨朝霜冷尽,今日孟冬初。参。”

上堂云:“祖师心印,格外清规。更问如何,伏惟伏惟。”

婺州普济子淳圆济禅师

问:“摩尼珠,人不识,如来藏里亲收得。如何是珠?”师云:“不拨自转。”僧曰:“如何是藏?”师云:“一拨便转。”僧曰:“转后如何?”师云:“把不住。”

问:“如何是普济境?”师云:“任是王维手,都卢画不成。”僧曰:“如何是境中人?”师云:“李四虽抬手,张三不举头。”僧曰:“忽遇客来,如何祇待?”师云:“煮茶敲破石池冰。”僧曰:“向上更有事也无?”师云:“犹自不知。”

问:“如何是道?”师云:“秋收冬藏。”僧曰:“如何是道中人?”师云:“拖泥带水。”

问:“诸佛说不到底,请师说。”师良久,僧曰:“觌面无私,对扬有准。”师云:“莫将泥弹子,认作夜明珠。”

上堂云:“难难,思量犹隔万重山。易易,刹那便到无生地。维摩昔日与文殊,两个相逢谈不二。敢问诸人,作么生说个不二底道理?”良久云:“有水皆含月,无山不带云。”

上堂云:“竹林饲虎,犹尚鲜血霶流。灵山说法度人,至今声音嘹喨。且道少室峰前一句作么生道?”良久云:“红霞穿碧落,白日绕须弥。”

上堂云:“晓天时静乱云深,寂寂开轩对碧岑。为报五湖参学者,休言见色便明心。”

上堂云:“雨过山青,云开月白。带雪寒松,摇风庭柏。山僧恁么说话,还有师祖意也无?其或不然,”良久云,“看看。”

秀州鹿苑道齐禅师

上堂云:"君论此事,直下无私,辉腾今古。不离当处,应现无亏。更逞词锋,徒劳侧耳。门庭敲磕,不别千差。到遮里,维摩老汉只可傍观,达磨九年看即有分。"良久云:"参。"

庐山开先心印禅师法嗣

庐州延昌寺熙咏禅师

问:"少林面壁,意旨如何?"师云:"惭惶杀人。"

师乃云:"衲僧家直须横身宇宙,裂破面门。把住放行,总由遮里。放行也,千花竞秀,万木迎春。把住也,水泄不通,纤尘不立。且道山僧为人在什么处?"良久云:"可知礼也。"

金陵保宁子英禅师法嗣

庐山承天罗汉勤禅师

问:"今朝已受贤侯请,未审如何显祖机?"师云:"甚处得此问头?"僧曰:"因师置得。"师云:"道什么?"

问:“学人上来,合谈何事?”师云:“水出昆仑。”僧曰:“意旨如何?”师云:“天高地厚。”僧曰:“毕竟如何?”师云:“步步向前。”

上堂云:“罗汉有一句,拟议成露布,直下便承当。归堂吃茶去。”

上堂云:“月生一,三世如来跳不出。月生二,直下分明休拟议。月生三,凛凛霜风彻骨寒。”遂拈拄杖子:“过去不可得,现在不可得。诸仁者作么生会?向遮里辨得,罗纹十字,一任横行。苟或未然,切忌乱走。”击禅床一下。

庐山罗汉善修禅师

问:“直截之机,请师速道。”师云:“翦铁湛卢寒照雪。”僧曰:“未是直截之机。”师云:“目前可验。”

师乃云:“一气不言,群芳竞吐。烟幂幂兮水绿山青,日迟迟兮莺吟燕语。桃花依旧笑春风,灵云别后知何许。”蓦拈拄杖云:“见么?”良久云:“鼻孔眼睛一时穿却。”卓拄杖一下。

秀州本觉法真一禅师法嗣

福州越峰粹圭妙觉禅师

闽县人也。姓林氏。少业儒,应乡书不振。三十四落发于大善寺。受具后一年,杖锡游方。至本觉,入室,闻举言下合无生,遂陈悟旨,法真印之。

一日,告以京洛之行,法真书颂为送,曰:"腾兰昔东来,京洛始知佛。寥寥千载余,白马瘗遗骨。吾祖传佛心,九年居少室。断臂得神光,高风在今日。之子七闽士,昔学缀文笔。厌为章句佛,勇往事超逸。坏服从我游,出处造禅窟。遽坏西洛行,去意不可屈。丈夫宜慨然,万事所当忽。毋为尘迹留,君看是何物。"

自此京淮庐阜,遍历丛林。俄还乡曲,会太守工部温侯益崇敬佛法,命师出世。开堂日,问:"拨草瞻风即不问,一曲还乡事若何?"师云:"溪畔老婆呼旧字。"僧曰:"恁么则踏着本家田地稳也。"师云:"飞猿岭外有知音。"

问:"击鼓升堂今日事,未委宗风嗣阿谁?"师云:"金鸡一唱千峰晓。"僧曰:"槜李亭前曾得意,越王峰下遇知音。"师云:"多少离人冒暗行。"

问:"贤侯请命,当为何事?"师云:"光拭床,净扫地。"

僧曰："还当佛法也无？"师云："不用奴，安使婢。"

问："如何是祖师西来意？"师云："瘦田损种。"僧曰："未审如何领解？"师云："刈禾镰子曲如钩。"

问："机关不到时如何？"师云："抱瓮灌园。"僧曰："此犹是机关边事。"师云："须要雨霖头。"

问："祖意教意，是同是别？"师云："驴着槽，马着厂。"僧曰："争奈学人未会何？"师云："芦花窣地白丝鞭。"

问："宝剑未出匣时如何？"师云："丰城价重。"僧曰："出匣后如何？"师云："雷焕名高。"

师乃云："释迦出世，石火里现身；四方七步，从何而起？达磨西来，雷声中说法；一华五叶，甚处得来？迩后缘空凿隙，逐恶随邪。便有德山、临济、沩仰先曹，平地上撒起葛藤，宝器里停储馊饭。使南来北往者牵手绊脚，倚门傍户者咽唾吞精。且饶有一个半个眼乇[①]朔地跳得出来。若到衲僧门下，不消一劄。"喝一喝，下座。

福州寿山本明禅师

开堂日，问："李相当年参药峤，云在青天水在瓶。府

---

① 乇：音折。张开。

帅请师匡上席,未知祖意若为明?”师云:“今古应无坠,分明在目前。”僧曰:“将谓寿山无透路,元来方外有知音。”师云:“今之古之一句作么生道得?”僧曰:“伯牙与子期,不是闲相识。”师云:“又被风吹别调中。”

问:“如何是寿山境?”师云:“三山长在目,一径是杉松。”僧曰:“如何是境中人?”师云:“闲持榔榡木,笑问往来人。”僧曰:“向上宗乘事若何?”师云:“龙吟雾起,虎啸风生。”

问:“知师久蕴吹毛剑,作么生是吹毛剑?”师云:“清风八面。”僧曰:“中下之机如何晓解?”师云:“切忌当锋。”僧曰:“恁么则今日用去也。”师云:“快便难逢。”

师乃云:“过去诸佛已过去,未来诸佛犹未来。正当空劫之际,佛法委在何人?若也一念回光遍照,十世古今不离于当念,岂有前后去来之际。直饶诸圣出兴如恒河沙数,未有一人半个当头指出。是以释迦老子四十九年说不尽,三乘十二分教又是黄叶止啼之说。洎乎灵山会上,不得已而拈花示众,迦叶破颜而笑,便道:‘吾有正法眼藏,分付摩诃大迦叶。’

“自此之后,翻成途辙。西天此土,递相传授。莫不以心印心,以印印定。实无一法与人,直指当人分上,真机绝眹,包千古以无穷。大智冲虚,亘十方而无尽。圆光不离于目前,法界岂从他得。举足下足,无非真实道场。一卷一舒,岂离繁兴大用。草木丛林,皆现色身三昧。山河大地,尽转根本法轮。若能如是,方解报佛深恩,上资皇图之永固。珍重。”

上堂云:“四面青山列画屏,谁知身世与云平。松风水月淡相对,别占壶中一片清。所以白云影里,古佛岩前,青松翠柏,尽彰古佛之家风。杰阁雄楼,何异天宫之世界。既到遮里,不用弹指,楼阁门开,说甚天台与南岳。为什么如此?寿岳凌霄汉,红尘不到门。”

睦州广灵希祖佛印禅师法嗣

睦州乌龙山广坚禅师

上堂。良久云:“明珠在掌,别者还稀。宝镜当台,何人委悉?锋前一路,截断众流。言下千差,随波逐浪。是以道:棒头取正,喝下承当。拟议之间,新罗国里。如斯举唱,曲为初机。若是明眼高流,不在钻龟打瓦。珍重。”

处州缙云仙岩怀义禅师

问:“如何是佛?”师云:“自屈作么?”僧曰:“如何是道?”师云:“你道了。”僧曰:“向上更有事也无?”师云:“无。”僧曰:“恁么则小出大遇也。”师云:“只恐不恁么。”僧曰:“也是。”师云:“却恁么去也。”

睦州清溪西禅智诚禅师

师云:“庭凋一叶之梧,普天秋色。云过数行之雁,匝地寒声。忽荐西风,顿清野水。头头显露,物物全彰。有眼底总见,有耳底总闻。且道佛法在什么处?”良久云:“多少分明。”

寿州资寿圆澄岩禅师法嗣

鼎州武陵彰法嵩禅师

有僧脱鞋戴头上出来,师云:“赵州犹在。”僧拈下鞋呈起,师云:“果然。”僧提鞋归众,师云:“犹较些子。”

上堂。拈拄杖云:“行坐常持兔角杖,应用全施龙虎状。乳峰犹许老韶撺,后代商量几般样。有方圆,有拯济,打着铁牛随棒起。须教不怯万年藤,画断两头休拟议。亦不大,亦不小,拄地撑天常皎皎。拈来卓向众人前,万象乾坤都一照。”卓一下。

婺州宝山公远禅师

问:“如何是声?”师云:“分明听取。”

问:“如何是色?”师云:“分明看取。”僧曰:“更有事也无?”师云:“言犹在耳。”

岳州乾明惠觉禅师法嗣

岳州平江长庆圆禅师

上堂云:“寒气将残春日到,无索泥牛皆踍跳。筑着昆仑鼻孔头,触倒须弥成粪扫。牧童儿,鞭弃了,懒吹无孔笛,拍手呵呵笑。归去来兮归去来,烟霞深处和衣倒。”良久云:“切忌睡着。”

上堂云:“此道径截,只遮无别。要休便休,要歇便歇。还歇得么?吃茶去。”

上堂云:“长庆有个消息,生缘本在江国。逢人不敢相谩,面赤不如语直。”

岳州平江宝积清及禅师

问:“如何是实际理地?”师良久云:“会么?”僧曰:“不会。”师云:“可惜实际理地。”

上堂云:“左一盼,右一顾,万象森罗体全露。且道露个什么?”顾视大众,下座。

上堂。拈拄杖,喝云:“德山、临济不解我语,诸人还会么?”乃卓一下,又喝一喝,云:“吽。未梦见德山、临济在。”

上堂云:“看看,辉辉红日上栏干,更饶清风吹我寒。咄。”

真定府洪济满禅师法嗣

相州长兴宗朴禅师

上堂云:“我有一诀,逢人便说。雨下天阴,炎天普热。大众还会么?你若会得,眼中着屑。你若不会,今朝败阙。不见道,别别,韶阳老人得一橛。”

上堂云:“腊月正严寒,草木尽枯干。几多名利客,见处黑漫漫。咄。”

东京法云惟白佛国禅师法嗣(向下八人语录,禅学僧希式录)

润州金山龙游寺佛鉴禅师

讳惟仲。汀州人也。早圆戒品。游庐山、淮浙,遍扣宗师。至龟山,抠衣入室。闻举庭前柏树因缘,言下契悟。出世磁州慧果。未几,参侍佛国禅师。住东京法云,为众领袖。

元符三年春，哲宗皇帝上仙，五七入内，帘赐章服。相国曾公布闻师道风，奏以师名。浙漕金部程公之元、润州州牧大监傅公燮，遣使具仪，请住金山。

师于建中靖国元年四月十一日入寺开堂，中宫皇后遣中使降香，恭为今上皇帝祝延圣寿。师谢恩毕，登座祝圣罢，乃敷坐。上首白槌竟，师顾左右云："还会么？师子奋迅，象王回旋。于斯明得，不妨省力。其或不然，有疑请问。"

问："选佛场开当此日，师将何法答皇恩？"师云："万年松在祝融峰。"僧曰："若然者，只如大监临筵，如何补报？"师云："渔樵千里乐升平。"僧曰："飘来新雨露，洗出旧楼台。"师云："说道理。"僧曰："只如泛洪舟冲雪浪，到家一句又作么生？"师云："三门头合掌，佛殿里烧香。"

师云："法本无说，随事应机。心本无形，遇缘即现。古今如是，凡圣同途。盖众生迷妄不知，遂成流转。故能仁顿忘情见，了达根源。不从外求，亦非内得。所以佛佛授手，祖祖相传。道贯一乘，宗分五派。临济则宾主互换，韶阳乃顾鉴全抽，沩仰则父子相投，曹洞乃君臣会合，清凉法眼直指唯心。建立门风，各张铺席。包含万象，该括大千。

"冥冥不混于色声，荡荡岂妨于语默。把定则十方坐断,虎踞龙蟠。放行则千圣出兴,风行草偃。助尧仁政化,祝睿算延鸿。降伏众魔,普利群有。然虽恁么,犹涉程途。且道正令当行,如何理论?”良久云:“一气不言含有象,万灵何处谢无私。”

建中靖国元年四月十三日,皇后教旨,遣中使降香,为皇子韩国公头晬之辰设斋。请陞座,祝延圣算。问:“天香远降,庆皇子之令辰。中使临筵,愿闻法要。”师云:“好风来不尽,红日照无涯。”僧曰:“一句迥超今古外,松萝不与月轮齐。”师云:“于斯如晓了,不在别追求。”僧曰:“个中奇特事,炉爇御香清。”师云:“木人吹玉笛,声入紫微宫。”

师云:“妙高台畔,龙象骈阗。化城阁前,圣会贤合。正是我皇植福之地,乃为禅流选佛之场。洞启法门,广开要路。悟之者,头头显道,物物明心;高蹈大方,圆融至理。迷之者,重重味性,句句乖宗;空自精勤,终无了达。苟能于斯一致画断,两边不离,当人便同正觉。真可谓金轮统御,玉烛遐明。万国宾从,八方宁静。虬龙出穴,丹凤来梧。野老讴歌,行人让路。尧风与祖风并扇,舜日共佛日齐明。奔波游子径归家,是处高人游佛国。然如是,且道龙生龙子底句又作么生?”良久云:“非但天神来密祐,更资遐算助吾皇。”

问:“如何是佛?”师云:“高声问着。”僧曰:“如何是道?”师云:“脚下荐取。”僧曰:“如何是禅?”师云:“舌拄梵天。”僧云:“学人今日小出大遇去也。”师云:“你遇得个什么?”僧曰:“不可重说偈言。”师云:“勘破了也。”

师云:“如是之法,亘古亘今。一切现前,不劳心力。上至诸佛,下及傍生。妙湛真如,恒常有异。盖群情而弃本逐末,展转轮回。苟圣种而舍妄归真,顿超彼岸。所以菩提达磨远届此方,直指人心,见性成佛;少林九年冷坐,不措一言。唯有座主神光,俄然瞥地,便乃求安心之旨,了不可寻;即于言下承当,从此绍隆祖位。末后门庭大启,枝派遥分。石人舞出玄关,玉女吹成妙曲。如斯举唱,已徇机缘。后学初心,直须荐取。久参高德,同为证明。且道截断两头底句又作么生?”良久,拍禅床,下座。

上堂云:“今朝二月十五,慧果升堂击鼓。召集四海禅人,大家商量佛祖。寒山闻说呵呵,拾得起来作舞。直饶碧眼胡僧,也须点头相许。还相委悉么?归堂吃茶去。”

上堂。顾视大众云:“春光渐老,山色方融。桃华柏上喷馨香,杨柳岸边垂袅娜。大医岭下,水声终夜响潺湲。慧果门前,云影暮天铺烂熳。莺啼岭上,蝶舞华前。法法现成,不劳心力。参。”

上堂云:“大众尽是云外高士,遍历诸方,扣问宗师,求其悟解。还知人人自有一段光明,十二时中在汝诸人面门出入;未尝有丝毫许欠少,未尝有丝毫许间隔。未究得者,切须究取,比来行脚,图个什么?若于此见得历历分明,犹是生死岸头事在。更须知有衲僧家超佛越祖,向上一着。

敢问诸人，作么生是向上一着？”良久云：“月明深夜后，猿叫乱峰前。”

兴元府中梁山乾明禅院永因禅师

本府人也。初住法济，都尉张侯敦礼奏赐章服。

问：“建律为禅，非无所以。学人上来，乞师便道。”师云：“分明一句，作者犹迷。”僧曰：“汉水只应流到海，月轮直上最高峰。”师云：“且得领话。”

问：“世尊出世，地涌金莲。和尚出世，有何祥瑞？”师云：“昨日雨，今日晴。”僧曰：“向上更有事也无？”师云：“有。”僧曰：“如何是向上事？”师云：“东西南北，上下四维。”

师乃云：“信哉此事，孰不承恩。大似日轮处虚空界，但能反照，即自图明。不假多闻，本来具足。堂堂应用，历历见前。廓落情尘，遍周法界。虚空上下，不在思量。大地山河，有谁间隔。”乃拈起拂子云：“前佛已灭，后佛未生，正当而今，诸人何不省悟？若能悟去，便乃不除烦恼，即证菩提；不离死生，便成正觉。假饶碧眼胡僧，也添减丝毫不得。虽然如是，敢问诸人，作么生是添减不得底事？”良久云：“斩新楼殿佛家天，律去禅居岂偶然。底事不曾添减得，任从天下与人传。”

婺州智者山寿圣禅寺绍光禅师

潭州人也。出世楚州胜因,后迁智者山。都尉张侯敦礼奏赐章服。

问:"远离楚寺,来届金华。如何是不动尊?"师云:"卸帽穿云去,披蓑带雨归。"僧曰:"未审是同是别?"师云:"莫向意中求。"僧曰:"争奈远涉程途。"师云:"有请不背。"

问:"击大法鼓,演大法义。学人上来,乞师垂示。"师云:"寒生水面。"僧曰:"向上还有事也无?"师云:"有。"僧曰:"如何是向上事?"师云:"日上天心。"

上堂云:"千手千眼,不碍施呈。一信不通,玄关永隔。且道过在什么处?十年归不得,忘却来时道。参。"

上堂云:"根尘同源,缚脱无二。不动丝毫,十方游戏。紫胡犬子虽狞,争似南山鳖鼻。"师高声云:"大众,看脚下。"

上堂云:"团不聚,拨不散。日晒不干,水浸不烂。等闲挂在太虚中,一任傍人冷看取。"

泗州大圣普照禅寺法最禅师

问:“为国开堂于此日,请师演法报君恩。”师云:“万里白云,一轮红日。”僧曰:“恁么则我皇有道日无私。”师云:“铁树华开好春色,龟毛点出太平年。”僧曰:“只如截断众流一句作么生?”师云:“板齿生毛则向汝道。”

上堂云:“瓦砾争光,摩尼失色。若也承虚接响,应在声前。设使眼见耳闻,未免盲聋暗哑。咄。”

上堂云:“箭过新罗,锡飞旧隐。迷逢达磨,作者方知。具眼之流,应机如电。参。”

和州灵汤惠济禅院普虔禅师

问:“假大导师,传正法眼。只如尽十方世界是沙门一只眼,未审作么生传?”师云:“痛杖且待别时。”僧曰:“恁么则铁牛哮吼,石鼓喧轰。”师云:“非公境界。”

师云:“法身无相,应物现形。般若无知,对缘而照。致使虚空霹雳,旱地爆雷;南山起云,北山下雨,且作么生会?”良久云:“溪涧岂能流得住,终归大海作波涛。”

楚州胜因崇恺禅师

姓刘氏。广州人也。依蒲涧山出家,受具游方,参佛国禅师。出世住持,都尉张侯敦礼奏赐章服。

问:"菩萨人见性,如昼见日。声闻人见性,如夜见月。未审和尚见性如何?"师云:"一笔勾下。"僧曰:"未审意旨如何?"师云:"万里无云,千峰壁立。"僧曰:"谢师指示。"师云:"错。"

问:"师唱谁家曲,宗风嗣阿谁?"师云:"云舒北阙,月印南溟。"僧曰:"恁么则佛国嫡子。"师云:"抛第五兆。"

师乃云:"祖宗正令,今古全提。函盖乾坤,把定世界。直得天轮左转,地轴右旋。夜月流光,朝曦耀彩。四方炳焕,八顾恢张。不隐微毫,无遗纤芥。山青水碧,鹄白乌玄。雾起郊原,龙吟城际。风生槛外,虎啸亭前。木童撞出幽关,石女擘开金锁。冲断三重戈甲,拨散五位枪旗。石巩、秘魔弓叉放下,德山、临济棒喝休施。何须击鼓般泥,不用辊毬拽石。任你道理俱尽,己鼻全无。点捡将来,直是未在。既若如然,你且道超宗越祖底事作么生?"良久云:"大地载不起,乾坤藏亦难。"

沂州马鞍山福圣院仲易禅师

问:"如何是惊人一句?"师便喝,僧曰:"几年虽不言,一语便惊人。"师云:"道什么?"

问:"如何是最初一句?"师云:"看脚下。"僧曰:"蹈破澄潭月,冲开碧落天。"

师云:"只恐不恁么。"乃云:"一尘才起,大地全收。一令当行,群魔失色。一人当御,万国来宾。一月在天,千江映彻。虽然如是,只遮一点,诸人还知落处么?"良久云:"千山攒翠色,万古碧岩前。"

磁州二祖元符禅寺璇果禅师

问:"如何是佛?"师云:"天上天下。"僧曰:"如何是法?"师云:"海藏龙宫。"僧曰:"如何是僧?"师云:"游山玩水。"僧曰:"三宝已蒙师指示,衲僧相见又若何?"师云:"鹞子过西天。"

问:"谛观法王法,法王法如是。如何是法王法?"师云:"薰风来席上。"僧曰:"蟾彩乍开金殿冷,法王升座玉窗寒。"师云:"红日正当轩。"僧曰:"斩钉截铁须是本分钳锤。"师云:"法王法又作么生?"僧曰:"犹握金鞭问归客,夜深谁共御街行。"师云:"不妨伶利。"

师乃云:“一二三四五,升堂击法鼓。蔟蔟齐上来,一一面相睹。秋色满虚庭,秋风动寰宇。更问祖师禅,雪峰到投子。咄。”

庐陵清原山行思禅师第十五世

婺州宝林果昌宝觉禅师法嗣

袁州木平山兴化德观禅师

问:“如何是和尚为人处?”师云:“月上松添影。”僧曰:“学人未晓。”师云:“钟声和白云。”

问:“云门直下法嗣何人?”师云:“圆光沼畔清风起。”僧曰:“云黄嫡子也。”师云:“饲虎岩前别是春。”

天台护国妙机禅师

问:“渴忆洞庭霜后橘,困思天竺雨前茶。橘则不问,如何是茶?”师云:“与你一盏。”僧曰:“学人今日已知香味。”师云:“也是画饼充饥。”

上堂云:“昨日晴,今日雨,此是观音示门户。门户开,今朝特地上高台。敢问大众,且道观音即今在什么处?”良久云:“不须更向宝陀山。”

上堂。师乃召大众，众举头，复云："便恁么去，已是周遮。更若迟疑，白云万里。参。"

杭州净慈楚明宝印禅师法嗣

温州灵岩德宗禅师

问："人天列请，觉树华开。猊座既登，愿师说法。"师云："一叶金风坠，千岩素月圆。"僧曰："非但人天有赖，湖山泉石光辉。"师云："火云风卷去，秋色雨飘来。"僧曰："蛟龙不是泥中物，须向人间作雨雷。"师云："谢你证明。"

《建中靖国续灯录》卷第二十六·对机门

庐陵清原山行思禅师第九世

郢州大阳山警延明安禅师法嗣

舒州投子山义青禅师

姓王氏。青州人也。师始诞生,父丧母病,无以育养,遂遗之道左丛莽间。有异人过,闻其声,乃惊叹曰:“此儿他日当得道果。”遂收养之。八岁,依本州妙相寺文秀上人出家,比试圆具。首听百法诸论,次习大经。不俟终轴,洞晓其旨。缁素命讲,法侣云臻。

后闻南宗,弃席参问,抵浮山圆鉴禅师法席。鉴知其法器,即许入室,示外道问佛因缘。一日,岩间坐次,因举前话,忽闻板声,豁然开悟。归求印证,鉴印可之,乃曰:“吾昔受明安禅师真像并直裰皮履,令求法器,以继其宗。观汝所解,无坠前芳。”乃示谶偈,题其首曰:“代吾续大阳宗风。”偈云:“羊广山头草,凭若待价纯。异苗翻茂处,深密固灵根。”

以海会虚席,坚命主之,出扬大事。次迁投子,复应慈济禅师塔红再来之记。

开堂日，问："和尚适来拈香祝圣，且道当今年多少？"师云："月笼丹桂远，星拱北辰高。"僧曰："南山直耸齐天寿，东海洪波比福源。"师云："双凤朝金阙，丹松古韵高。"僧曰："圣寿已蒙师指示，治化乾坤事若何？"师云："不如缄口退，却是报皇家。"

问："多子塔前，预闻记莂[1]。白云峰下，愿听雷音。"师曰："紫凤阶前舞，金鸡对日啼。"僧曰："若然者，五山高镇地，百谷远朝宗。"师云："云外千峰翠，溪声一样寒。"僧曰："一片白云舒世界，普天无处不垂阴。"师云："龙吟碧涧，雾起霜华。"

问："昨离舒郡太平，今到白云海会。如何是不动尊？"师云："白云来往青山外，岭上寒松带月高。"僧曰："恁么则不离此处，遍至他方。"师云："休问山前路，孤猿啼处深。"

师乃云："若论此事，岂在高升法座，下列明贤，问答主宾，以为出世。况千贤塞口，万圣绝言。古今佛祖分雪无门，三藏五乘指谕不及。然虽如是，不可一向弓折箭尽去也。所以道：千峰锁色，万木凝条。古岩月照风生，幽洞云开四面。龙吟枯木，风转青霄。石牛吼断长空，木马嘶开

① 莂：音别。凭证。

金户。灵苗竞发,瑞草争春。日月同明,千江共澍。直得如斯,犹是出世边事,落在今时。诸仁者,如何得不落今时去?”良久云:“万年石迳千云锁,一带青烟半夜封。”

上堂云:“鱼遁深渊,必招钓客。玉埋荆谷,何逆求人。所以刖足楚城,烟波渭水。盖不守平常,致其如是。白云满谷,绿水浮烟。瑞鸟惊晨,山光眩目。触事无私,有何不可。然虽如是,更须无手能遮日,钓鱼不犯竿。”

上堂。见大众集定,以拄杖卓一下,良久云:“一阳生也。所以道:古佛路外,千圣不游。今祖流芳,传衣表信。自曹溪之后,列派分枝承师,各就于一宗转换,共扬于斯事。此日一阳届候,万物含灵;严风吹绽于鸡岩,玉兔挨开于碧落;龙生凤子,虎抱麒麟;灵苗带雪生晖,瑞草和云遍地。然虽如是,且道妙在体前一句作么生道?”良久云:“一气才生天地后,万灵何处谢无私。”

上堂云:“天垂彩露,地涌祥云。千江澄万顷烟波,四塞贺尧风舜化。山连碧汉,木起清风。琼林花绽于瑶池,御柳莺啼于玉苑。星分紫阁,辰拱天轮。千邦贺诞圣之辰,万国祝南山之寿。直得山川拥秀,海岳呈辉;金鸡报天外之声,玉扆受千春之贵。诸仁者,正当恁么时,且道君臣道合一句作么生道?”良久云:“道泰君臣清宇宙,时丰齐贺舜尧年。”

上堂云:“红炉焰里,共守寒冰。水石声中,寂寥宴坐。

霜凝月色,松锁青烟。雁回半夜过长空,星转天轮正一色。诸仁者,作么生是一色边事?”良久云:“半夜云横岭,天明霜满溪。”

上堂云:“宗乘若举,凡圣绝踪。楼阁门开,别户相见。设使卷帘悟道,岂免傍观。春遇桃花,重增眼病。所以古人道:向上一路,千圣不传。诸仁者,既是不传,因甚陕府铁牛走过新罗国里?”乃喝一喝,云:“达者须知暗里惊。”

上堂。以拄杖卓一下,良久云:“大众还委悉么?春残景暮,气序渐暄。高低花绽于千峰,远近烟蒙于四野。莺啼谷响,鹤舞鸾翔。耕人贺尧舜之丰,渔父乐升平之道。月生云际,日照长空。金鸡衔凤子归巢,玉兔渡星河起浪。灵苗竞发,枯木迎春。白云绽一带青山,流水贯千江合派。直得如是,犹是遮边事,落在今时。诸仁者,作么生是那边事?”良久云:“万年松径雪深处,一带峰峦云更遮。”

元丰五年五月初一日夜,索袈裟自覆,援笔留偈云:“两处住持,无可助道。珍重诸人,不须寻讨。”阇维,获舍利。鸟兽悲鸣,灵应非一。

西川云顶山鹏禅师

问:“教意与祖意,是同是别?”师云:“达磨逢梁武,摩腾遇汉明。”

问:“如何是疑底人?”师云:“毕钵罗岩中面面相觑。”僧曰:“如何是不疑底人?”师云:“如是我闻,须弥粉碎。”

庐陵清原山行思禅师第十世

舒州投子山义青禅师法嗣

郢州大阳山楷禅师

问:“师唱谁家曲,宗风嗣阿谁?”师云:“金凤夜栖无影树,峰岩才露海云遮。”

问:“寂柱峰头一朵秀,优钵罗花火里开时如何?”师云:“言无展事意,人迷语路中。”僧曰:“莫便是为人处也无?”师云:“文彩未彰全体现,太阳辉后却迷人。”僧曰:“喏喏。”师云:“且礼拜着。”

问:“胡家曲子,不堕五音。韵出青霄,请师吹唱。”师云:“木鸡啼夜半,铁凤叫天明。”僧曰:“恁么则一句曲含千古韵,满堂云水尽知音。”师云:“无舌童子能断和。”僧曰:“作家宗师,人天眼目。”师云:“禁取两片皮。”

问:“夜半正明,天晓不露。如何是不露底事?”师云:“满船空载月,渔父宿芦花。”

问:“如何是曹洞家风?”师云:“绳床风雨烂,方丈草莱侵。”

问:“如何是直截根源?”师云:“足下已生草,举步落危坡。”

问:“如何是无缝塔?”师云:“白云笼岳顶,终不露崔嵬。”

问:“如何是默时说?”师云:“幻人看月色。”僧曰:“如何是说时默?”师云:“铁狗吠石牛。”僧曰:“不默不说时如何?”师云:“相逢不相识,君东我向西。”

问:“如何是透法身句?”师云:“龙门无宿客,龟鹤自成仙。”

问:“一色难分明如何?”师云:“易分雪里粉,难辨墨中煤。”

问:“如何是大红烂底人?”师云:“通身近不得。”

问:“如何是兼带之语?”师云:“妙用全施该世界,木人闲步火中来。”

问:“如何是正位?”师云:“言前不布彩,一句是非前。”僧曰:“如何是偏位?”师云:“万仞峰前卓五彩。”僧曰:“如何是正中偏?”师云:“夜半不须开户牖,暗中谁辨往来源。”僧曰：“如何是偏中正？”师云：“天晓便藏无影木，依俙兆象雾云遮。”僧曰：“如何是兼中到？”师云：“他家自有通心在，曲新终不落今时。”

问：“如何是大阐提底人？”师云：“佛祖尽攒眉。”

问：“如何是无底钵？”师云：“漏尽无遗香积饭，尘尘刹刹尽无余。”

问：“如何是退步就己？”师云：“从来不出户，折屋觅应难。”

问：“如何是无影树？”师云：“天然无相子，不挂出尘衣。”

问：“黑白未分时如何？”师云：“夜半不须敲玉户。”

问：“如何是道？”师云：“勿角泥牛奔夜栏。”

问：“如何是古镜？”师云：“丑妇从来耻见明。”

上堂云：“昼入祇陀之苑，皓月当天。夜登灵鹫之山，太阳溢目。乌鸦似雪，孤雁成群。铁狗吠而凌霄，泥牛斗而入海。正当恁么时，十方共聚，彼我何分。古佛场中，祖师门下，大家出一只手，接待往来知识。诸仁者，且道成得个什么事？”良久云：“剩栽无影木，留与后人看。”

上堂云:“诸禅德,直饶你肚里蹈破脚,亦且向遮里休去好。古殿风清,回廊人静。青青庭柏,善说真如。隐隐石鱼,能谈法要。灯笼侧耳,露拄点头。若也于斯荐得,庆快平生。若也未明,山僧不免说破。还会么?口似鼻孔。”

上堂云:“月白风清,水遥山远;楼台耸翠,殿阁生凉;大地山河,森罗万象,尽与诸人说了也。切莫自生退屈,更去问佛问祖,说道说禅,却恐埋没诸人去。还相委悉么?”良久云:“已落第二月也。”

上堂云:“腊月三十日已前即不问,腊月三十日事作么生?诸仁者,到遮里,佛也为你不得,法也为你不得,祖师也为你不得,天下老和尚也为你不得,山僧也为你不得,阎罗老子也为你不得,直须尽却今时去。若也尽却今时,佛也不奈他何,法也不奈他何,祖师也不奈他何,天下老和尚也不奈他何,山僧也不奈他何,阎罗老师也不奈他何。诸人且道如何是尽却今时底道理?还会么?明年更有新条在,恼乱春风卒未休。”

西京少林恩禅师

问:“九鼎澄波即不问,为祥为瑞事如何?”师云:“古今不坠。”僧曰:“遮个且拈放一边,向上还有事也无?”师云:“太无厌生。”僧曰:“作家宗师。”师云:“也不消得。”

问:“达磨九年不敢正眼观瞻,未审和尚出世如何举唱?”师云:“遮边是僧,那边是俗。”

问:“天不寒不暖,日不长不短。和尚出世,当为何事?”师云:“知时别宣。”僧曰:“若不上来伸此问,焉能得见法王机?”师云:“龙头蛇尾。”僧曰:“恁么则木人夜半穿靴去,石女天明戴帽归。”师云:“真师子儿。”

问:“久飘客路,罕遇知音。今日上来,请师一接。”师云:“有眼无耳朵,六月火边坐。”僧曰:“顶门不具金刚眼,几逐流莺过短墙。”师云:“白云千里万里。”

问:“一箭一群即不问,一箭一个事如何?”师云:“中也。”僧曰:“还端的也无?”师云:“同声相应,同气相求。”僧曰:“恁么则石巩犹在。”师云:“非但一个两个。”僧曰:“好事不如无。”师云:“穿却了也。”

问:“三玄三要即不问,五位君臣事若何?”师云:“非公境界。”僧曰:“恁么则石人拊掌,木女呵呵。”师云:“杓卜听虚声,熟睡饶啖语。”僧曰:“若不上来伸此问,焉能得见少林机?”师云:“放过即不可。”随后便打。

问:“祖师西来,九年面壁。最初一句,请师举唱。”师云:“面黑眼睛白。”僧曰:“三十年后专为流通。”师云:“山僧未有语在。”

上堂。良久云:“若向遮里说即心即佛,大似头上安头。若说非心非佛，何异迷头认影。赏个名，安个是，立个非，向甚么处见达磨祖师？然虽如此，放一线道，别有商量。诸仁者，是复谁是？非复谁非？是非杳绝，分明万机。还会么？前是官不容针，后是私通车马。于斯明得，昼见日，夜见星。于斯不明，有寒暑兮促君寿，有鬼神兮蠹君福。"

上堂云："如斯话会，谁是知音。直饶向一句下千眼顿开，端的有几个是迷逢达磨。诸人要识达磨祖师么？"乃举手作捏势云："达磨祖师鼻孔在少林手里，若放开去也，从教此土西天说黄道黑，欺胡谩汉。若不放过，不消一捏。有人要与祖师作主，便请出来与少林相见。还有么？"良久云："果然果然。"

上堂。拈超拄杖云："昔日德山、临济信手拈来，便能坐断十方，壁立千仞。直得冰河焰起，枯木花芳。诸人若也善能横担竖夯，遍问诸方。苟或不然，少林倒此令去也。"击禅床一下。

上堂。横按拄杖云："便与么休去，已落二三。更若忉忉，终成异见。既到遮里，又不可弓折箭尽去也。且衲僧家远则能照，近则能明。"乃拈起拄杖云："穿却德山鼻孔，换了临济眼睛。掀翻大海，拨转虚空。且道三千里外谁是知音？于是明得，大似杲日照天。苟或未明，不免云腾致雨。"卓一下。

上堂。良久云:“直下明得,更不用如何若何,便请休去歇去。其或未然,三十年后忽然于粪扫堆上,斩新拾得旧时物,方知少林今日已为诸人打破画瓶。还信得及么?人人鼻孔头,岂是无消息。”

上堂云:“十方共聚,同此安居。既在少林,还委少林家风也未?若委悉得去,石城山下,今古同风。若未相委,但见云生碧嶂,焉知月落寒潭。君不见古人道:行路难,行路难,时上眉毛若自看。”

滁州龙蟠山寿圣寺广禅师

问:“师唱谁家曲,宗风嗣阿谁?”师云:“阳广山头云霭霭,月华庵畔柏青青。”僧曰:“恁么则投子嫡子,大阳儿孙也。”师云:“未跨铁牛,棒如雨点。”僧曰:“今日已知端的。”师云:“一任敲砖打瓦。”

庐陵清原山行思禅师第十一世

郢州大阳山楷禅师法嗣

西京龙门乾元寺南禅师

问:“莲华未出水时如何?”师云:“觑不见。”僧曰:“出水后如何?”师云:“清香遍界。”僧曰:“真善知识。”师云:“何必如此。”

云居山道齐禅师法嗣

苏州翠峰山洪禅师

问:“如何是翠峰境?”师云:“只闻莺鸟语,不见报春来。”

问:“如何是祖师西来意?”师云:“堪嗟立雪僧。”

明州金鹅山虚白禅师

问:“如何是直截一路?”师云:“鸟道羊肠。”

问:“如何是一体师子?”师云:“驼驴猪狗。”僧曰:“恁么则四生六道去也。”师云:“哑。”

洪州上蓝普禅师

相国夏公竦问:“百骸俱溃散,那个是长老主人公?”师云:“前月二十日离蕲阳口。”

杭州承天义海禅师

问:“法同法性,入诸法故。此理如何?”师云:“汝还见香炉么?”僧曰:“还有不入者无?”师云:“赚杀人。”

问:“如何是正法眼?”师云:“觑破一切。”

庐山万杉院太超广知禅师

问:“如何是和尚家风?”师云:“山家只如此。”

问:“如何是西来的的意?”师云:“大众总闻。”

问:“寂默为宗时如何?”师云:“谩语。”

问:“如何是径截一路?”师云:“迂回多少。”

问:“如何是最先一句?”师云:“此问在后。”

问:“世尊拈华,意旨如何?”师云:“你还荐得么?”僧曰:“学人不会。”师云:“多少分明。”

问:“世尊三昧,迦叶不知。如何是世尊三昧?”师云:“何处得遮消息。”

问:“瑞云满庭,从何而降?”师云:“莫泄真机。”

问:“如何是无价宝?”师云:“甚处得来?”

问:“如何是祖师西来意?”师云:“尽言只履归西去。”

问:“古人卷席,意旨如何?”师云:“何不礼拜归堂?”

问:“如何是文殊门?”师云:“千圣皆从此入。”僧曰:“入后如何?”师云:“想你不识。”僧礼拜,师云:“酌然。”

师乃云:“世尊良久,迦叶起来白槌;马师才升座,百丈便出来卷席;可谓摩竭陀令已行,不可更教山僧重下注脚。然虽如此,久参高士莫讶周遮,后学上座也须着些精彩,更若繁词恐不及。珍重。”

南康军罗汉行林祖印禅师法嗣

福州古田灵峰道诚禅师

问:“祖祖相传传祖印,师今得法嗣何人?”师云:“那个古人恁么道。”僧曰:“只如道吾有正法眼藏付嘱迦叶,又作么生?”师云:“不妨具眼。”僧曰:“千圣不传方是的,一言合道未为真。”师云:“早是不合也。”

真州长芦赞禅师

问:“拈槌举拂即不问,如何是喝散白云底意气?”师云:“吃棒。”僧曰:“争奈人天大众何?”师云:“罪不重科。”

问:“如何是佛法大意?”师云:“老僧奉圣旨开堂。”僧曰:“恁么则天人群生类,皆承此恩力。”师云:“知恩方解报恩。”

问:“一棒打破虚空时如何?”师云:“费力。”僧曰:“恁么则百杂碎。”师云:“莫费力。”

问:“终日驱驱,如何得入?”师云:“只为终日驱驱。”

师乃云:“起动大众,若于佛法中,也无可得伸剖。诸人尽是久参先德,达佛知见,不可更教遮里谈禅说道,实为举足动步,不离道场;乃至林间宴坐经行,无非佛事。”良久云:“参。”

袁州崇胜道珍禅师

问:“如何是佛?”师云:“更向什么处觅?”僧曰:“莫只遮是。”师云:“勿交涉。”

绵州富乐山智静禅师

问:“如何是佛法大意?”师云:“六耳不同谋。”僧曰:“意旨如何?”师云:“逢人但恁么举。”

越州天衣山昭爱禅师

问:“如何是佛?”师云:“牛儿不识虎。”

问:“如何是和尚家风?”师云:“臂长衫袖短。”僧曰:“忽遇客来如何?”师云:“离中虚,坎中满。”

袁州仰山太平兴国寺择和禅师

问:“如何是祖师西来意?”师云:“君子不发游言。”

问:“如来藏中以何为佛事?”师云:“香风吹萎花。”僧曰:“皆因今日也。”师云:“更雨新好者。”

问:“如何是佛?”师云:“真书梵字。”

师示众云:“法本不生,今则无灭。无灭无生,眼中金屑。古佛家风,青天明月。”

庐州栖贤澄諟禅师法嗣

湖州西余山宁化体荣禅师

问:“如何是祖师西来意?”师云:“神光曾断臂。”僧曰:“未审还当得也无?”师云:“粉骨碎身未足酬。”

上堂云:“一人把火,自烬其身。一人把冰,横死于路。进前,触途成滞。退后,噎填胸。不进不退,直得上天无路,入地无门,而今不奈何也。”良久云:“待得雪消去,自然春到来。”

南岳福严省贤惠照禅师

问:“如何是福严境?”师云:“画也画不及。”僧曰:“如何是境中人?”师云:“且子细。”

问:“师唱谁家曲,宗风嗣阿谁?”师云:“不因汝问,我也不说。”僧曰:“恁么则宝觉分枝去也。”师云:“莫乱道。”

袁州仰山智齐禅师

师参諟禅师,諟问:“汝是甚处人?”对曰:“安州人。”諟曰:“汝为什么却不安?”对曰:“今日转见病源。”諟曰:“且莫强惺惺。”师遂礼拜。

有颂云:“有口不能言,无舌能解语。惺惺犹是梦,何处有佛祖。”

庐陵清原山行思禅师第十二世

杭州灵隐文胜禅师法嗣

杭州灵隐山蕴聪惠照禅师

问："如何是和尚家风？"师云："索唤即有。"僧曰："未审有个什么？"师云："天台榔㮽。"

问："古路重修时如何？"师云："平高就下。"

杭州南院清禅师

问："西祖传来，请师通信。"师云："汝道传什么来？"僧曰："恁么则不通信去也。"师云："不妨伶利。"

江宁府保宁宗禅师

问："如何是佛？"师云："更问什么？"僧曰："莫只遮便是也无？"师云："且莫虚头。"

江宁府清凉举内慈化禅师

问："一法本无，万法何有。未审和尚说个什么？"师云:“汝说得分明。”僧曰:“恁么则一切不存去也。”师云:“也不信汝。”

越州新昌石佛有邦禅师

问:“祖祖相传传祖印,师今得法嗣何人?”师云:“布发掩泥人尽委。”僧曰:“恁么则灵隐一枝,南明独秀也。”师云:“杓卜听虚声。”

杭州龙华悟乘禅师法嗣

温州雁荡山灵岩惠瑞宣密禅师

问:“优钵华拆人皆委,祖令亲行事若何?”师云:“识法者惧。”僧曰:“施行有据去也。”师云:“人小胆大。”

明州瑞岩山义海禅师法嗣

明州大梅文慧禅师

问:“祖祖相传传祖印,师今得法嗣何人?”师云:“少人定当得。”僧曰:“报本嫡子也。”师云:“适来向汝道什么?”

问:“如何是大梅境?”师云:“看。”僧曰:“如何是境中人?”师云:“吃茶去。”

明州翠岩嗣元禅师

问:“如何是祖师西来意?”师云:“见钱卖买不曾赊。”僧曰:“向上更有事也无?”师云:“好不信人直。”

明州大梅保福居照禅师法嗣

婺州智者嗣如禅师

问:“如何是佛?”师云:“量才补职。”僧曰:“补职后如何?”师云:“天台杖子。”

问:“如何是真实之体?”师云:“今日好寒。”僧曰:“意旨如何?”师云:“千山万山雪。”

洪州章口昭达禅师法嗣

苏州万寿守坚法印禅师

问:“如何是道?”师云:“谁不履践?”僧曰:“如何是道中人?”师云:“来千去万。”

庐陵清原山行思禅师第十三世

婺州智者山嗣如禅师法嗣

婺州浦江华藏虚外禅师

问:"知师久蕴囊中宝,今日临筵欲借看。"师云:"剔起眉毛。"僧曰:"见后如何?"师云:"多少分明。"

辞世云:"少年石女握金环,独角犀牛入华山。波旬抚掌呵呵笑,碧眼胡儿渡铁关。"言毕,趺坐而逝。

婺州净土可嵩禅师

辞世颂云:"灵木无根,北斗有柄。大海波澜,是余寿命。八尺丈六,谁凡谁圣。若问去处,春行秋令。珍重诸贤,形端表正。"言毕,趺坐而逝。

婺州承天澄月禅师

问:"如何是道?"师云:"残阳恋幽草。"

问:"如何是佛法大意?"师云:"今年柴米贵。"

辞世颂云："去也何之，住兮何所。去住何从，超然绝侣。临歧一句向谁举，银汉夜白孤蟾吐。"

庐陵青原山行思禅师第十四世

婺州承天澄月禅师法嗣

婺州承天仲颜禅师

问："梵王请佛，盖为群生。今日史君请师，当为何事？"师云："大众知恩。"僧曰："恁么则人天交接去也。"师云："不妨具眼。"

《建中靖国续灯录》卷第二十七·拈古门

明州雪窦山重显明觉禅师二十则

举:德山示众云:“今夜不答话,问话者三十棒。”有僧出礼拜,山便打。僧曰:“某甲话也未问。”山云:“你是甚处人?”僧曰:“新罗人。”山云:“未踏船舷,好与三十棒。”法眼拈云:“大小德山话作两橛。”圆明道:“大小德山,龙头蛇尾。”

师云:“二老宿虽善裁长补短,舍重从轻,要见德山亦未可。何故?德山大似握阃外威权,有当断不断,不招其乱底剑。诸人要识新罗僧么?只是撞着露柱底瞎汉。”

举:百丈再参马祖,侍立次。祖以目视禅床角头拂子,丈云:“即此用?离此用?”祖云:“你他后开两片皮,将何为人?”丈取拂子举起,祖云:“即此用?离此用?”丈挂拂子于旧处,祖便喝,百丈直得三日耳聋。

师云:“奇怪,诸禅德,如今列其派者甚多,究其源者极少。总道百丈于喝下大悟,还端的也无?然刁刀相似,鱼鲁参差。若是明眼汉,瞒他一点不得。只如马祖道:‘你他后开两片皮,将何为人?’百丈举起拂子,为复如虫御木?为复啐啄同时?诸人要会三日耳聋么?大冶精金,应无变色。”

举:香严坐语云:“如人上树,口衔树枝,手不攀枝,脚不踏树。树下有人问西来意,不对,则违他所问。若对,又丧身失命。当恁么时,作么生即是?”有虎头上座云:“上树即不问,未上树请和尚道。”严呵呵大笑。

师云:“树上道即易,树下道即难。老僧上树也,致将一问来。”

举:僧问雪峰:“古涧寒泉时如何?”峰云:“瞪目不见底。”僧曰:“饮者如何?”峰云:“不从口入。”僧举问赵州,州云:“不可从鼻孔里入。”僧却问赵州:“古涧寒泉时如何?”州云:“苦。”僧曰:“饮者如何?”州云:“死。”雪峰闻举,云:“赵州古佛从此不答话。”

师云:“众中总道:雪峰不出遮僧话,所以赵州不肯。如斯话会,深屈古人。雪窦即不然,斩钉截铁,本分宗师。就下平高,难为作者。”

举:钦山一日上堂,举起拳,又开云:“开即为掌,五指参差。”复握云:“如今为拳,必无高下。还有商量也无?”一僧出众,举起拳。山云:“尔只是个无开合汉。”

师云:“雪窦即不然。”乃举拳云:“握则为拳,有高有下。”复开云:“开则成掌,无党无偏。且道放开为人好?把定为人好?开也造车,握也合辙。若谓闭门造车,出门合辙,我也知尔向鬼窟里作活计。”

举:洞山到云门。门问:“近离甚处?”山云:“查渡。”

门云:“夏在甚处?”山云:“湖南报慈。”门云:“甚时离彼?”山云:“去年八月。”门云:“放汝三顿棒。”山至来日,却上问讯:“昨日蒙和尚放三顿棒,不知过在什么处?”门云:“饭袋子。江西、湖南便澑么去。”山于此大悟。

师云:“云门气宇如王,捞着便冰消瓦解。当时若据令行,子孙也未到断绝。”

举:“国师三唤侍者,点即不到。侍者三应,到即不点。将谓吾孤负汝,谁知汝孤负吾。瞒雪窦不得。”

云门道:“作么生是国师孤负侍者处?会得也是无端。”

师云:“元来不会。”

“作么生是侍者孤负国师,粉骨碎身未报得?”

师云:“无端无端。”

举:师祖问南泉:“摩尼珠,人不识,如来藏里亲收得。如何是如来藏?”云:“王老师与你往来者是藏。”

师云:“草里汉。”

祖云:“不往不来者。”云:“亦是藏。”

师云:“雪上加霜。”

祖云:“如何是珠?”

师云:“险,百尺竿头作伎俩,不是好手。遮里着得个眼，宾主互换，便能深入虎穴。或不溜么，纵饶师祖悟去，也是龙头蛇尾汉。”

举：马大师令智藏驰书上径山，山接书开，见一圆相，于中下一点。国师闻举，云：“钦师犹被马师惑。”

师云：“径山被惑且致，若将呈似国师，别作个什么伎俩，免致惑去。有老宿云：‘当时坐却便休。’亦有道：‘但与画破。’若与么，只是不识差。敢谓天下老师各具金刚眼睛，广作神通变化，还免得么？雪窦见处也要诸人共知。只遮马师当时画出，早自惑了也。”

举：南泉山下有一庵主，行僧经过，谓庵主云：“近日南泉和尚出世，何不去礼拜？”主云：“非但南泉，直饶千佛出兴亦不能去。”泉闻，令赵州去看。州见便礼拜，主亦不管。州从西过东，主亦不管。州又从东过西，主亦不管。州云：“草贼大败。”拽下帘子便行。归，举似南泉，泉云：“从来疑着遮汉。”

师云：“大小南泉、赵州被个担板汉勘破了也。”

举：僧问智门和尚：“如何是般若体？”云：“蚌含明月。”僧云：“如何是般若用？”云：“兔子怀胎。”

师云：“非唯把定世界，亦乃安贴邦家。若善能参详，便请丹霄独步。”

举：僧礼拜雪峰，峰打五棒。僧云：“某甲有甚么过？”峰又打五棒。

师云:“雪窦不曾与人葛藤,前五棒日照天临,后五棒云腾致雨。你若辨得,也好与五棒。”

举:僧问巴陵:“祖意教意,同?别?”陵云:“鸡寒上树,鸭寒下水。”僧问睦州:“祖意教意,同?别?”州云:“青山自青山,白云自白云。”

师云:“问既一般,答亦相似。其中有利他自利,瞒人自瞒。若点检分明,管取解空第一。”

举:睦州示众云:“我见百丈不识好恶,大众方集,以拄杖一时打下,复召大众,大众回首,丈云:‘是什么?’有甚么共语处?黄蘗和尚,大众方集,以拄杖一时打下,复召大众,众回首,蘗云:‘月似弯弓,少雨多风。’犹较些子。”

师云:“说什么犹较,直是未在。若据雪窦,众集,一时打下便休。或有个无孔铁锤为众竭力,善能担荷,可以笼罩古今,乾坤把断。”蓦拈起拄杖云:“放过一着。”

举:南泉示众云:“王老师卖身去也,还有人买么?”一僧出众云:“某甲买。”泉云:“不作贵,不作贱,作么生买?”僧无语。卧龙代云:“和尚属专甲。”禾山代云:“是何道理?”赵州云:“明年与和尚作领布衫。”

师云:“虽然作家竞买,要且未解输机。且道南泉还肯么?雪窦也拟酬个价,直令南泉进也无门,退也无地。‘不作贵,不作贱,作么生买?’别处容和尚不得。”

举:夹山与定山同行言话次。定山云:“生死中无佛,则无生死。”夹山云:“生死中有佛,则不迷生死。”互相不肯,同上大梅。相见了,具说前事。夹山问:“未审那个是亲?那个是疏?”梅云:“一亲一疏。”山又问:“那个亲?”梅云:“且去,明日来。”夹山至来日又问:“未审那个亲?”梅云:“亲者不问,问者不亲。”夹山后住云:“我当时在大梅失却一只眼。”

师云:“夹山不知换得一只眼,大梅老汉当时闻举,若以棒一时打出,岂止画断两人葛藤,亦乃为天下宗匠。”

举:沩山问仰山:“甚处来?”云:“田中来。”沩山云:“田中多少人?”山插下锹子叉手而立,沩云:“南山大有人刈茆。”山拈得锹子便行。玄沙云:“我当时若见,与踏倒锹子。”镜清云:“不奈船何,打破戽斗。”僧问明招:“古人意在锹子处?叉手处?”招唤某专甲,僧应喏,招云:“还曾梦见仰山么?”

师云:“诸方老宿咸谓插锹话奇特,也大似随邪逐恶。若据雪窦见处,仰山被沩山一问,直得草绳自缚,去死十分。”

举:雪峰示众云:“望州亭与汝相见了也,乌石岭与汝相见了也,僧堂前与汝相见了也。”保福问鹅湖:“僧堂前且致,望州亭、乌石岭什么处相见?”鹅湖骤步归方丈,保福便入僧堂。

师云:“二老宿是即是,只知雪峰放行,不见雪峰把住。忽有个衲出问:‘未审雪窦作么生?’岂不是别机宜,识休咎底汉?还有望州亭、乌石岭相见底衲僧么?”良久云:“担板禅和,如麻似粟。"

举:德山一日饭迟,自掌钵至法堂上。雪峰见云:"遮老汉,钟未鸣,鼓未响,托钵向什么处去?"德山便回。峰举似岩头,头云:"大小德山不会末后句。"山闻举,令侍者唤岩头至方丈,问:"汝不肯老僧那?"岩头密启其意。山至来日上堂,与寻常不同。岩头到僧堂前,抚手大笑云:"且喜得老汉会末后句,他后天下人不奈何。虽然如此,只得三年。"明招代德山云:"咄咄,勿处去,勿处去。"

师云:"曾闻说个独眼龙,元来只具一只眼。殊不知德山是个无齿大虫,若不是岩头识破,争得今日与昨日不同。诸人要会末后句么?只许老胡知,不许老胡会。"

举:"古云:'眼里着沙不得,耳里着水不得。'忽若有个汉信得及,把得住,不受人瞒,祖佛言教是什么热碗鸣声?便请高挂钵囊,拗折拄杖,管取一员无事道人。"

又云:"眼里着得须弥山,耳里着得大海水。一般汉受人商量,祖佛言教如龙得水,似虎靠山;却须挑起钵囊,横担拄杖,亦是一员无事道人。"复云:"溜么也不得,不溜么也不得,然后勿交涉。三员无事道人中,要选一人为师。"

洪州黄龙山南禅师二则

举:临济问寺主:"什么处去来?"主云:"州中粜黄米去来。"临济以拄杖面前画一画,云:"还粜得遮个么?"主便喝,济便打。典座至,济乃举前话,典座云:"寺主不会和尚意。"济云:"你又作么生?"典座便礼拜,济亦打。

师云:"喝亦打,礼拜亦打,还有亲疏也无?若无亲疏,临济不可盲枷瞎棒去也。若是归宗即不然,寺主下喝,不可放过。典座礼拜,放过不可。"又云:"临济行令,归宗放过,三十年后有人说破。"

举:僧问大觉和尚:"忽来忽去时如何?"觉云:"风吹柳絮毛毬走。"进云:"不来不去时如何?"觉云:"华岳三峰头指天。"

师云:"大觉只解箭锋相拄,理事相投。殊不知趁得老鼠,打破油瓮。"

东京净因怀琏大觉禅师三则

举:云门大师有时闻白槌声,乃云:"妙喜世界百杂碎,汝等诸人擎钵向湖南城里吃饭去。"

师云:"大小云门也似事颠倒。山僧遮里,只是维那白槌,首座施食,山僧展钵,行者行益。与么说话,一任诸方裁断。"

举:"睦州有时云:'忽然忽然。'山僧道:不然不然。何也?夜乌啼晓月,玉女打秋千。"

举:肇法师云:"会万法为己者,其唯圣人乎?"石头和尚因看到此,乃以手拊几一下,云:"圣人无己,靡所不己。"

师云:"大小石头只向泥里洗土块。山僧即不然。"良久云:"常爱川原幽隐处,满园花木撼春风。"

滁州琅琊惠觉广照禅师四则

举:临济示众云:"但有问讯,不亏欠伊,总识伊来处。与么来者,恰似失却。不与么来,无绳自缚。一切时中,莫乱斟酌。会与不会,都来是错。分明与么道,一任天下人贬剥。"

师拈云:"作么贬?作么剥?"良久云:"垂钩四海,为钓骊龙。格外玄谈,盖寻知己。"喝一喝。

举:百丈见赵州来参,百丈云:"甚么处来?"州云:"南泉来。"丈云:"南泉近日有何言句示徒?"州云:"今时人直教悄然去。"百丈云:"悄然且致,茫然一句作么生道?"州近前三步,百丈咄之,州作缩头势。百丈云:"大好悄然。"赵州拂袖便出去。

师拈云:"赵州老人向师子窟里换得牙爪。"

举:临济上堂,有僧出礼拜,济便喝。僧云:"老和尚莫探头好。"济云:"你道落在什么处?"僧便喝。又僧问:"如何是佛法大意?"济便喝,僧礼拜。济云:"你道好喝也无?"僧云:"草贼大败。"济云:"过在什么处?"僧云:"再犯不容。"临济乃云:"要会临济宾主句,请问取适来问话二禅客。"

师拈云:"真金须入火。"

举:水潦参马祖。师问:“如何是祖师西来意?”被马大师一踏踏倒,起来拍手呵呵大笑,当下大悟,便承嗣马大师。住后有僧问:“如何是祖师西来意?”水潦云:“自从马师一踏后,直至如今笑不休。”

师拈云:“大众,你道水潦还曾悟也未?”

云居山晓舜禅师三则

举:石霜迁化,众请首座住院。虔侍者曰:“夫续先师住持,须会先师意。只如先师道:‘休去,歇去,寒灰枯木去,直似一条白练去。’未审首座作么生会?”首座云:“先师意,明一色边事。”虔侍者云:“与么会,又何会梦见先师意。”首座乃焚香云:“某甲若会先师意,香烟尽处脱去。若不会先师意,香烟尽处脱去不得。”良久,香烟尽,首座脱去。虔侍者曰:“坐脱立化即不无首座,要且未梦见先师意。”

师云:“你等诸人且作么生会?诸人会处,便道首座与么说,是说道理,所以虔侍者不肯伊。大愚道:虔侍者尽平生见解,只具一只眼。”

举:赵州问南泉云:“明头合,暗头合。”南泉便归方丈,赵州云:“遮老子,寻常口吧吧地,被我问着,杜口无词。”首座云:“莫道和尚无语,自是上座不会。”赵州便掌首座,云:“遮一掌合是堂头老子吃。”首座便休。

师云:“你诸人作么生会?诸人会处,便道首座落佗赵州圈樻[1],与么会又争得?大愚道:赵州大似傍若无人。”

举:邓隐峰去访丹霞,山下逢见丹霞,乃问:“丹霞山在什么处?”霞云:“青黯黯处。”峰近前便扭住云:“莫只遮个便是?”霞云:“真师子儿,一拨便转。”峰便休。

师云:“大愚道:丹霞只知衫穿,不觉鞋绽。”

婺州承天简禅师五则

举:法灯禅师问僧:“禅客相逢只弹指,此心能有几人知。作么生会?”僧弹指一下,灯云:“恁么会又争得?”僧云:“未审和尚尊意如何?”灯弹指一下。

师拈云:“将谓众生苦,更有苦众生。”

举:玄沙和尚到三斗庵主处,三斗乃云:“住山年深,不怪无坐具。”沙云:“庵主来在那?”后法灯别三斗语云:“当时但触礼。”

师拈云:“玄沙不解作客,劳烦主人。法灯大似将砖换玉。”

举:南泉和尚有书与茱萸和尚,书中云:“理随事变,宽廓非外。事从理变,寂寥非内。”茱萸看了,呈起问大众云:“谁能与山僧作得回书?”乃有僧问:“如何是宽廓非外?”茱萸云:“问一答百也无妨。”僧曰:“如何是寂寥非内?”茱

① 樻:音贵。同“柜”。

萸云:“睹对颜色不好手。”僧又问长沙和尚:“如何是宽廓非外?”长沙闭目良久,僧曰:“如何是寂寥非内?”长沙开目视之。僧又问赵州和尚:“如何是宽廓非外?”州作吃饭势,僧曰:“如何是寂寥非内?”州作拭口势。僧便举似南泉,泉云:“此之三人,不谬为吾嫡子。”

师拈云:“此三人,一人得皮,一人得肉,一人秦不收,魏不管。”

举:僧问大颠和尚:“不昧本来人,请师高着眼。”颠低头,僧曰:“大颠法道,今日亲晓。未审灵山事若何?”颠举头,僧曰:“一等勿弦琴,唯师弹得妙。”颠合掌,僧展两手。颠云:“赖遇老僧。”僧礼拜,颠便皈方丈,僧云:“弄巧成拙。”

师拈云:“遮僧虽能掉斗,不解理兵。大颠大似生钱放债。”

举:有一梵僧来参仰山,仰山于地上画一半月相,僧添成圆月相,乃以脚抹却,山展两手。僧云:“此土有小释迦出现。”

师拈云:“仰山大似哑子吃苦瓜。”

洪州翠岩山可真禅师一则

举:僧问巴陵:“如何是道?”陵云:“明眼人落井。”又问宝应:“如何是道?”应云:“五凤楼前。”又问首山:“如何是道?”山云:“脚下深三尺。”

师云:“此三转语,一句壁立千仞,一句陆地行船,一句宾主交参。”

东京智海慕喆真如禅师二则

举:云岩扫地次,道吾云:“何得太区区生?”岩云:“须知有不区区者。”吾云:“恁么则有第二月也。”岩举起扫帚云:“遮个是第几月?”吾便休。后玄沙云:“我当时若见,向伊道:正是第二月。”云门云:“奴见婢殷勤。”

师云:“将勤补拙。此三句语,一句可以定乾坤,一句可以验衲僧,一句可以接初机。诸人还拣辨得么?若拣辨得出,许你亲见惠光。若辨不出,莫道慧光山势险,隔江遥望碧云开。”

举:夹山在沩山作典座,一日,沩山问:“今日吃甚么菜?”夹山云:“二年共一春。”沩山云:“如法修事着。”山云:“龙宿凤巢。”

师云:“夹山虽逞家风,美即美矣,善即未善。慧光即不然,寻常茶饭,随家丰俭。或有人问:‘今日吃甚菜?’向道:‘不是茄子,便是菘菜。’‘如法修事着。’五味不少。且道夹山是?慧光是?”

庐山东林广惠常总照觉禅师一则

举:汾州昭禅师。僧问:“如何是接初机底句?”州云:“汝是行脚僧。”“如何是辨衲僧底句?”州云:“西方日出卵。”“如何是正令行底句?”州云:“千里特来呈旧面。”“如何是立乾坤底句?”州云:“北俱卢洲长粳米,食者无贪亦无嗔。”汾州复云:“老僧将此四转语验天下衲子。”

师云:“验则验矣,争奈有个人不肯。宝峰今日对大众前,敢别汾州四转语。”

“如何是接初机底句?”

师云:“无底钵盂光烜赫。”

“如何是辨衲僧底句?”

师云:“天台榔椋黑皴。”

“如何是正令行底句?”

师云:“戴盆鍱[①]腹三千里。”

“如何是立乾坤底句?”

师云:“人间天上一般春。”师复云:“汾州与么验天下衲子,宝峰与么辨海上禅流。”

南岳云峰文悦禅师五则

举:玄沙一日见长生,乃作一圆相。生云:“一切人出遮个不得。”沙云:“情知你向鬼窟里作活计。”生云:“某甲只如此,和尚又作么生?”沙云:“一切人出遮个不得。”生

① 鍱:音叶。薄铁片。

云:“某甲适来与么道,为甚不得?和尚恁么道,为甚却得?”沙云:“我道得,你道不得。”

师云:“道得、道不得,总在玄沙圈里。如今还有出得底么?”

举:雪峰示众云:“尽乾坤大地撮来如粟米粒大,抛向面前。漆桶不会,打鼓普请看。”

师云:“虽然比上不足,翠岩更与你葛藤。”拈拄杖云:“还见雪峰么?”

举:云门示众云:“佛法也大有,只是舌短。”

师云:“云门与么道,也是秦州来。”

举:汾州示众:“识得拄杖子,行脚事毕。”

师拈起拄杖云:“遮个岂不是拄杖子?阿那个是你行脚事?”复云:“楖栗横担不顾人,直入千峰万峰去。”

举:五泄初参石头,才到门,便云:“一言相契即住,一言不契即去。”石头踞坐,泄拂袖便行。头遂召:“阇梨。”泄回首,头云:“从生至死,只是遮个,回头转脑作什么?”因而有省。

师云:“石头老人坐不定,把不住。似遮般担板汉,从教去便休,又唤他回头来,被他茶糊一上,道‘我向遮里有个悟处’,驴年梦见。”

潭州大沩怀秀禅师一则

举:仰山梦往弥勒所,令居第二座。有尊者白槌云:“今当第二座说法。”仰山起,白槌云:“摩诃衍法,离四句,绝百非。谛听谛听。”

师云:“仰山依文解义即不无,忽然弥勒会中有个作者,才见伊道‘摩诃衍法’,便云:‘合取两片皮。’非唯止绝仰山寐语,亦免后人梦中说梦。”

越州天衣义怀禅师三则

举:修山主问僧:“甚处来?”僧云:“翠岩来。”主云:“翠岩有甚么言句示徒?”僧云:“和尚寻常道:‘出门逢弥勒,入门见释迦。’”主云:“恁么道又争得?”僧便问:“和尚又如何?”主云:“出门逢阿谁,入门见什么?”僧于言下有省。

师乃云:“虽得一场荣,刖却一双足。且道在宾家分上?主家分上?若定当得出,忧则共戚,乐则同欢。山僧则不然,出门则吴山楚水,入门则佛殿行廊。或有个衲僧出问:‘师意如何?’许伊具一只眼。”

举:云门颂云:“上不见天,下不见地。塞却咽喉,何处出气。笑我者多,哂我者少。”

师云:“云门恁么道,不觉弄巧成拙。山僧即不然,仰面看天,低头觑地,口里吃饭,鼻孔出气。心不负人,面无惭色。"

举:赵州送僧,举起拂子云:"有佛处不得住,无佛处急走过。三千里外逢人莫举。"僧云:"恁么则不去也。"州云:"摘杨花,摘杨花。"

师云:"赵州非但走得遮僧脚底皮穿,亦乃哑却遮僧口。口若不哑,为什么逢人便举?"

庐山开先善暹禅师二则

举:明招云:"今日风头梢硬,归暖处说话去来。"大众随入方丈,招云:"才到暖处,便见瞌睡。"乃以拄杖一时赶散。

师云:"停囚长智。当时待伊道'今日风头稍硬,归暖处说话去来',但拊一掌,各自归堂,教遮老汉一场懡㦬。"

举:进山主问澄源云:"山河大地,从何而有?"源云:"从想有。"进云:"学人拟想一鋌金,还得也无?"源无语。

师拈云:"澄源老汉将谓想澄成国土,殊不知问者如虫御木,答者偶尔成文。山僧即不然,待他道'学人拟想一铤金,得也无',但痛与三十棒。何故如此?卖金遇与买金。"

湖州上方齐岳禅师二则

举:疏山示众云:"山僧咸通已前,明得法身边事。咸通已后，明得法身向上事。”云门在众，出问云：“如何是法身边事？”疏云：“枯桩。”“如何是法身向上事？”山云：“非枯桩。”门云：“还许学人说道理也无？”山云：“许汝说。”门云：“枯桩岂不是明法身边事？”山云：“是。”门云：“非枯桩岂不是明法身向上事？”山云：“是。”门指净瓶云：“法身还该个么？”山云：“阇梨，莫向净瓶边会。”门云：“喏喏。”

师云：“疏山总是战争收拾得，却因歌舞破除休。云门舌上有龙泉。”

举：云居膺和尚示众云：“孤迥峭巍巍。”却问僧云：“会么？”僧云：“不会。”居云：“汝面前案山子也不会。”

师拈云：“云居大似按牛头吃草。”

江宁府蒋山法泉佛惠禅师三则

举：本净和尚云：“道体本无修，不修自合道。弃却一真性，来入闹浩浩。若逢修道人，第一莫向道。”

师云：“山僧爱与古人厮拗。若逢修道人，第一切向道，且道向道个什么？陕府铁牛浑是铁，陇西鹦鹉解人言。”

举：修山主云：“风动心摇树，云生性起尘。若明今日事，暗却本来人。”

师云：“修山主虽甚奇怪，只解抱桥柱澡洗。山僧即不然，云生洞里阴，风动林间响。若明今日事，半斤是八两。”

举:香严示众云:“我有一机,瞬目扬眉。有人不会,别唤沙弥。”

师云:“香严虽然慈悲广大,岂知恩多怨深。山僧即不然,我有一机,电掣犹迟。有人不会,脑后金锤。”

云居山了元佛印禅师一则

举:南泉、归宗、麻谷三人同去礼拜国师。至中路,泉于地上画一圆相,云:“道得即去。”归宗于圆相中坐,麻谷作女人拜。南泉云:“恁么则不去。”归宗云:“是何心行?”

师拈云:“归宗、麻谷,气宇如王,落在南泉圈里。当时见佗画圆相,拂袖便行。直饶南泉更有神通,也较三千里。”

杭州佛日智才禅师二则

举:临济持钵到一婆子门前云:“家常。”婆子开门云:“太无厌生。”济云:“饭犹未曾得,何责人无厌?”婆子闭却门。

师拈云:“婆子虽然机智纵横,也是自损。临济出不当时,过着此人,翻在阃外。若要临济口闭,直须将饭与伊。”

举:南泉垂语云:“唤作如如,早是变也。今时人须向异类中行。”赵州云:“异则不问,如何是类?”南泉两手托地,赵州便与一踏,归涅槃堂云:“悔悔。”首座问云:“悔个什么?”州云:“悔不更与两踏。”

师拈云："父不慈，子不孝。作之在前，悔之在后。明眼衲僧难缄其口。"

东京智海本逸正觉禅师三则

举：僧辞归宗。宗问："甚处去？"僧云："诸方学五味禅去。"宗云："我遮里有一味禅，你何不学？"僧云："如何是和尚此间一味禅？"宗便打，良久云："会么？"僧云："会也。"宗云："你试道看。"僧拟祇对，宗又打。黄蘗闻举，云："马大师出八十四人善知识，问着更阿辘辘地，只有归宗老犹较些子。"

师拈云："黄蘗禅师也是爱忘其丑，忍俊不禁。归宗老汉禅精一味，不觉伤盐伤醋。遮个师僧将赤肉抵他乾棒，盖为有求皆苦。更有一个，且听诸方断看。"

举：德山和尚不安，有僧问："还有不存病者也无？"山云："有。"僧云："如何是不病者？"山云："阿耶，阿耶。"

师拈云："作家宗匠，语不浪施。如人解射，百发百中。山僧即不然，'如何是不病者'？伤寒鼻涕流。"

举：汾州和尚以拄杖示众："识得拄杖子，行脚事毕。"三角和尚云："识得拄杖子，入地狱如箭射。"

师拈云："二老宿，一出一入，半合半开，犹是干戈相待。山僧即不然，'识得拄杖子'，画月冷光在，指云秋片移。"

杭州承天传宗禅师二则

举:僧问南泉:"百尺竿头,如何进步?"泉云:"更进一步。"僧复问盐官,官云:"百尺竿头,用进作什么?"僧不肯,拂袖便出,官便打。

师拈云:"若参南泉,须进一步。若参盐官,须退一步。明眼底辨取。"

举:仰山到东寺,问云:"相看。"寺云:"已相见了也,不用上来。"山云:"与么相见,莫错么?"寺便入方丈闭却门。仰山后归,举似沩山,山云:"是什么心行?"仰山云:"若不与么,争识得伊?"

师拈云:"仰山识得东寺,强说道理。设使沩山亲去,也未能与东寺相见。"

东京慧林德逊佛陀禅师一则

举:百丈和尚问僧:"从什么处来?"僧云:"山下来。"丈云:"还曾逢着人么?"僧云:"不曾逢着。"丈云:"为甚不逢?"僧云:"逢着即举似和尚。"丈云:"甚么处得遮个消息?"

师拈云:"山下不曾逢着则且致,山上还曾逢着么?若逢着,即汾阳消息流布诸方。若不逢着,什么处去来?"

台州瑞岩子鸿禅师二则

举:曹山问僧:"佛真法身,犹若虚空,应物现形,如水中月,且作么生说个应?"僧云:"如驴觑井。"山云:"子只道得八成。"僧云:"请师全道。"山云:"如井觑驴。"

师云:"遮僧始道一半,曹山方得八成。要得全道么?如井觑井。"

举:陈操尚书问同参僧云:"有一事与老兄商量,得么?"僧云:"合取狗口。"书自掴口一下,云:"某甲罪过。"僧云:"知过必改。"书云:"恁么,乞与老兄口吃饭。"

师拈云:"陈操却解髑髅前挥剑,脑盖后放光。遮僧虽入虎穴,不得虎子。"

东京法云法秀圆通禅师四则

举:茱萸示众云:"汝等诸人莫向虚空里钉橛。"有灵虚上座出众云:"是虚空?是橛?"茱萸便打,虚云:"和尚莫打某甲。"茱萸放下拄杖,便归方丈。

师拈云:"茱萸只知瞻前,遮僧不能顾后。子细捡点将来,两个总好吃棒。且道过在甚么处?具眼者辨取。"

举:药山参石头,问:"三乘十二分教某甲粗知,承闻禅宗直指人心,见性成佛,未晓此理,乞师指示。"石头云:"恁么也不得,不恁么也不得,恁么不恁么总不得。"

师云："石头好个无孔铁锤，大似分付不着人。药山虽然过江悟去，争奈平地吃交。有甚扶策处。"

举："法眼云：'识得凳子，周匝有余。'云门云：'识得凳子，天地悬殊。'天衣云：'识得凳子，榇楠木作。'栖贤即不然，识得凳子，四脚着地。其间一出一没，半合半开，有得有失，有亲有疏。具眼禅人，一任检点。"

举："若见诸相非相，即见如来。"

师云："直饶大地普请成佛，亦未梦见山僧脚跟在。"

法眼道："若见诸相非相，即不见如来。"

师云："虽然如是，未免垛根。先师云：'若见诸相非相，眼在什么处？'此语有两负门，若检点得出，许你具择法眼。"

师召众云："会么？前面千寻古涧，后面万仞高山。若也不见，为你诸人重新注破，瘦竹有高节，闲云无定心。"

卫州元丰清满禅师二则

举：法眼问修山主："毫厘有差，天地悬隔。子作么生会？"主云："毫厘有差，天地悬隔。"法眼云："恁么会又争得？"主云："某甲只恁么，师兄作么生？"法眼云："毫厘有差，天地悬隔。"主便礼拜。

师云："噫，许大修山主被泥弹子换了眼睛。还知么？"复云："后面礼拜，也是停因长智。"

举:雪峰示众云:“南山有鳖鼻蛇,汝等诸人切须好看。”

师乃横按拄杖云:“更看山僧为蛇画足。”

东京净因惟岳佛日禅师一则

举:“教云:‘知见立知,即无明本。知见无见,斯即涅槃。’山僧即不然,今日要与释迦老子争锋,别为诸人通个消息。知见立知,即无明本,知见无见,斯即涅槃。若道云月是同,如来禅即许师兄会。若道溪山各异,祖师禅未梦见在。”

秀州资圣盛勤禅师二则

举:疏山到投子处。投子问:“近离甚处?”山云:“延平。”投子云:“还将得剑来么?”山以手指地,投子便休,山便出去。投子至晚,令侍者请山吃茶。侍者云:“早来已去。”子云:“三十年弄马骑,今日被驴子扑。”

师拈云:“此二人还有得失也无?试请断看。”良久云:“得便宜是落便宜。”

举:“钦山问德山:‘天皇也与么道,龙潭也与么道,未审德山作么生道?’德山云:‘你试道天皇、龙潭底看。’钦山礼拜,德山便打。祖峰拈云:‘德山只会打死钦山,不会打活钦山。’资圣即不然,若据钦山,合吃三顿棒。‘天皇也与么道，龙潭也与么道，未审德山作么生道？’遮里合吃多少？‘你试举天皇、龙潭底看。’钦山礼拜，又亦放过。更有一顿，落在甚处？”良久云：“遮一顿，三十年后好作点眼药。”

卢山栖贤迁禅师三则

举：大禅佛到仰山，问仰山：“西天二十八祖也与么，唐土六祖也与么，和尚也与么，某甲也与么。”仰山下绳床，打四棒。大禅佛后到诸方，自云：“集云峰下四藤条天下大禅佛，参。”

师云：“且仰山打伊四藤条，是何道理？莫是打伊不会？莫是打伊说道理？若恁么会，何曾梦见。山僧道：若瓠连根苦，甜瓜彻蒂甜。”

举：维摩诘有病，世尊令文殊师利诣彼问疾。文殊云：“是疾从何而起？是身病也？是心病也？于四大中，何大病也？”维摩云：“我此病者，亦非有也，亦非无也；非是身病，非是心病；非四大病，不离四大。由众生病故，而我亦病。众生病瘥，我病亦瘥。”

师云：“看他维摩如斯懊恼，作却遮病。山僧病，诸人还知么？只为当初不忌口。”

举：僧问曹山：“抱璞投师，请师雕琢。”山云：“不雕琢。”僧云：“为甚不雕琢？”山云：“须知曹山好手。”

师云：“山僧即不然。‘为甚不雕琢？’涧底松寒。”

江宁府清凉和禅师一则

举:舍利弗入城,见月上出城,弗问云:“什么处去?”女云:“如舍利弗与么去。”弗云:“我入汝出,何言同去?”女云:“汝住何所?”弗云:“当住涅槃。”女云:“我如汝去。”

师拈云:“一出一入,何云同去?会么?”拈起拄杖云:“舍利弗、月上女尽在山僧拄杖头上。若也会得,去路无差。其或不然,一任出入。”

澧州夹山自龄禅师三则

举:天王如来会中,有女子于世尊前入定。佛敕文殊出此女子定,文殊遂弹指一下,乃以手托上梵天,出此女子定不得。世尊云:“下方有网明菩萨出得此定。”须臾,网明至,弹指一下,女子出定而去。

师云:“遮公案无不委知。文殊为甚出不得?网明为甚出得?诸人傥具奔流度刃底眼,非但见遮一队汉败关,乃至河沙祖佛出来,也被作家觑破。其或青黄不辨,邪正不分,只管去觅女子出定。玄沙道底。”

举:南泉示众云:“文殊、普贤,昨夜三更每人与二十棒趁出院了也。”赵州出众云:“和尚棒教谁吃?”泉云:“王老师过在甚处?”州便礼拜。

师云:“南泉一期逞俊,争奈平地生堆。赵州虽则觌面投机,不免脑门着地生。”

举:赵州见院主送生饭与鸦子,忽总飞去。州问:"鸦子见你为甚飞去?"主云:"怕某甲。"州云:"甚是语话。"主云:"请师代语。"州代云:"为某甲有杀心在。"

师拈云:"是甚语话。忽有人问山僧,只云'渠却伶利。'"

庐山开先心印禅师一则

举:僧问投子:"历却来来无尽灯,不曾挑剔镇长明时如何?"投子云:"历劫来来无尽灯,不曾挑剔镇长明。"

师拈云:"问既如斯,答亦相似。为甚东家点灯西家暗坐?明眼禅人,试请辨看。"

《建中靖国续灯录》卷第二十八·颂古门

明州雪窦山重显明觉禅师(二十则)

举:梁武帝问达磨大师:“如何是圣谛第一义?”达磨云:“廓然无圣。”帝曰:“对朕者谁?”达磨云:“不识。”帝不契,遂渡江至魏。武帝举问志公,志公云:“陛下还识此人否?”帝曰:“不识。”志公云:“此是观音大士传佛心印。”帝悔,遂遣使取,志公云:“莫道陛下发使去取,阖国人去,他亦不回。”

圣谛廓然,何当辨的。对朕者谁,还云不识。因兹暗渡江,岂免生深棘。阖国人追不再来,千古万古空相忆。休相忆,清风匝地有何极。

师顾视左右云:“遮里还有祖师么?”自云:“有,唤来与老僧洗脚。”

举:赵州示众云:“至道无难,唯嫌拣择。才有语言,是拣择?是明白?老僧不在明白里,是汝诸人还护惜也无?”时有僧问云:“既不在明白里,护惜个什么?”州云:“我亦不知。”僧云:“和尚既不知,为什么道不在明白里?”州云:“问事即得,礼拜了退。”

至道无难,言端语端。一有多种,二无两般。天际日上月下,槛前山深水寒。髑髅识尽喜何立,枯木龙吟消未干。难难，拣择明白君自看。

举：云门大师垂语云："十五日已前不问汝，十五日已后道将一句来。"自代云："日日是好日。"

去却一，拈得七，上下四维无等匹。徐行踏断流水声，纵观写出飞禽迹。草茸茸，烟羃羃。空生岩畔花狼籍，弹指堪悲舜若多。莫动着，动着三十棒。

举：肃宗帝问忠国师："百年后所须何物？"国师云："与老僧作个无缝塔。"帝曰："请师塔样。"国师良久云："会么？"帝曰："不会。"国师云："吾有付法弟子耽源却谙此事，请诏问之。"国师迁化后，肃宗帝诏耽源问："此意如何？"源云："湘之南，潭之北（师云：独掌不浪鸣），中有黄金充一国（山形拄杖子）。无影树下合同船（海晏河清），琉璃殿上无知识（拈了也）。"

无缝塔，见还难，澄潭不许苍龙蟠。层落落，影团团，千古万古与人看。

举：龙牙问翠微："如何是祖师西来意？"微云："与我过禅板来。"牙取禅板与翠微，微接得便打。牙云："打即任打，要且无祖师意。"又问临济："如何是祖师西来意？"济云："与我过蒲团来。"牙取蒲团与临济，济接得便打。牙云："打即任打，要且无祖师意。"

龙牙山里龙无眼，死水何曾振古风。禅板蒲团不能用，只应分付与卢公。

复云:"遮老汉亦未剿绝在。"

卢公付了亦何凭,坐倚休将继祖灯。堪对暮云归未合,远山无限碧层层。

举:雪峰示众云:"南山有一条鳖鼻蛇,汝等诸人切须好看。"长庆出云:"今日堂中大有人丧身失命。"

僧举似玄沙,沙云:"须是棱兄始得。然虽如此,我即不与么。"僧曰:"和尚作么生?"沙云:"用南山作么?"云门以拄杖撺向雪峰面前,作怕势。

象骨岩高人不到,到者须是弄蛇手。棱师备师不奈何,丧身失命有多少。韶阳知,重拨草,南北东西无处讨。忽然突出拄杖头,抛向雪峰大张口。大张口兮同闪电,剔起眉毛还不见。如今藏在乳峰前,来者一一看方便。

师高声喝云:"看脚下。"

举:僧问云门:"树凋叶落时如何?"门云:"体露金风。"

问既有宗,答亦攸同。三句可辨,一镞辽空。大野兮凉飙飒飒,长天兮疏雨蒙蒙。君不见少林久坐未归客,静依熊耳一丛丛。

举:南泉参百丈涅槃和尚。丈问:"从上诸圣还有不为人说底法么?"泉云:"有。"丈云:"作么生是不为人说底法?"泉云:"不是心,不是佛,不是物。"丈云:"说了也。"泉云:"某甲只与么,和尚作么生?"丈云:"我又不是善知识,争知有说不说。"泉云:"某甲不会。"丈云:"我大杀为汝说也。”

古佛从来不为人，衲僧今古竞头走。明镜当台列象殊，一一面南看北斗。斗柄垂，无处讨，拈得鼻孔失却口。

举：定上座问临济：“如何是佛法大意？”济下绳床擒住，与一掌便托开，定伫立。傍僧云：“定上座，何不礼拜？”定方礼拜，忽然大悟。

断济全机继后踪，持来何必在从容。巨灵抬手无多子，分破华山千万重。

举：槃山垂语云：“三界无法，何处求心？”

三界无法，何处求心。白云为盖，流泉作琴。一曲两曲无人会，雨过夜塘秋水深。

举：僧问云门：“如何是清净法身？”门云：“花药栏。”僧云：“便与么去时如何？”门云：“金毛师子。”

华药栏，莫颟顸，星在称兮不在盘。便与么，太无端，金毛师子大家看。

举：陆亘大夫与南泉话次，云：“肇法师道：‘天地同根，万物一体。’也甚奇怪。”南泉指庭前华召大夫云：“时人见此一株华，如梦相似。”

闻见觉知非一一，山河不在镜中观。霜天月落夜将半，谁共澄潭照影寒。

举：僧问洞山和尚：“寒暑到来，如何回避？”山云：“何不向无寒暑处去?”僧云:“如何是无寒暑处?”山云:“寒时寒杀阇梨,热时热杀阇梨。”

垂手还同万仞崖,正偏何必在安排。琉璃古殿照明月,忍俊韩獹空上阶。

举:镜清问僧:“门外什么声?”僧云:“雨滴声。”清云:“众生颠倒,迷己逐物。”僧云:“和尚作么生?”清云:“洎不迷己。”僧云:“洎不迷己,意旨如何?”清云:“出身犹可易,脱体道应难。”

虚堂雨滴声,作者难酬对。若谓曾入流,依前还不会。会不会,南山北山转霶霈。

举:马大师与百丈行次,见野鸭子飞过。大师云:“是什么?”丈云:“野鸭子。”大师云:“什么处去也?”丈云:“飞过去也。”大师遂扭百丈鼻头,丈作忍痛声。大师云:“何曾飞去?”

野鸭子,知何许,马祖见来相共语。话尽山云海月情,依前不会还飞去。欲飞去,却把住,道道。

举:外道问佛:“不问有言,不问无言。”世尊良久,外道赞叹云:“世尊大慈大悲,开我迷云,令我得入。”外道去后,阿难问佛云:“外道有何所证而言得入?”佛云:“如世良马,见鞭影而行。”

机轮曾未转,转必两头走。明镜忽临台,当下分妍丑。妍丑分兮迷云开,慈门何所生尘埃。因思良马窥鞭影,千里追风唤得回,唤得回。鸣指三下。

举：盐官一日唤侍者："与我将犀牛扇子来。"侍者云："扇子破也。"官云："扇子既破，还我犀牛儿来。"侍者无对。

投子云："不辞将出，恐头角不全。"

师拈云："我要不全底头角。"

石霜云："若还和尚即无也。"

师拈云："犀牛儿犹在。"

资福画一圆相，于中书一"牛"字。

师拈云："适来为什么不将出？"

保福云："和尚年尊，别请人好。"

师拈云："可惜劳而无功。"

犀牛扇子用多时，问着元来总不知。无限清风与头角，尽同云雨去难追。

师复云："若要清风再覆，头角重生，请禅客下一转语。"问云："扇子既破，我还我犀牛儿来。"时有僧出云："大众，参堂去。"师云："抛钩钓鲲鲸，钓得个虾蟆。"

举：世尊一日升座，文殊白槌云："谛观法王法，法王法如是。"世尊便下座。

列众丛中作者知，法王法令不如斯。会中若有仙陀客，何必文殊下一槌。

举：赵州示众三转语。

泥佛不度水，神光照天地。立雪如未休，何人不雕伪。

金佛不度炉，人来访紫胡。牌中数个子，清风何处无。

木佛不度火，常思破灶堕。杖子忽击着，方知孤负我。

举：肃宗帝问忠国师："如何是十身调御？"师云："檀越踏毗卢顶上行。"帝云："寡人不会。"师云："莫认自己作清净法身。"、

一国之师亦强名，南阳独许振嘉声。大唐扶得真天子，曾踏毗卢顶上行。

铁锤击碎黄金骨，天地之间更何物。三千刹海夜澄澄，不知谁入苍龙窟。

潭州石霜楚圆慈明禅师（三则）

举：僧问云门："如何是超佛越祖之谈？"门云："糊饼。"

超佛越祖若何宣，充斋糊饼恣情餐。湖南展钵新罗咬，大食波斯索渡船。

举：僧问："如何是佛？"明云："水出高源。"

水出高源也大奇，禅人不会眼麻弥。若也未明泥水句，灯笼露柱笑怡怡。

举：僧问赵州："如何是祖师西来意？"州云："庭前柏树子。"

赵州庭前柏，天下走禅客。养子莫教大，大了作家贼。

洪州黄龙慧南禅师(三则)

举:台山路上有一婆子,凡有游僧问:"台山路什么处去?"婆以手指云:"蓦直去。"僧方去。又云:"好个师僧,又恁么去。"赵州闻举,云:"来日上堂,我已勘破遮婆子。"

杰出丛林是赵州,老婆勘破有来由。而今四海清如镜,行人莫与路为仇。

举:忠国师三唤侍者,侍者三应。师云:"将为吾孤负汝,元来汝孤负吾。"

国师三唤侍者,打草只要蛇惊。谁知涧底青松,下有千年茯苓。

国师有语不虚施,侍者三唤无消息。平生心胆向人倾,相识不如不相识。

举:赵州问僧:"曾到此间么?"僧云:"曾到。"州云:"吃茶去。"又问僧:"曾到此间么?"僧云:"不曾到。"州云:"吃茶去。"

赵州验人端的处,等闲开口便知音。觌面若无青白眼,宗风争得到如今。

相逢相问知来历,不拣亲疏便与茶。翻忆憧憧往来者,忙忙谁辨满瓯华。

东京智海慕喆真如禅师(二则)

举:沩山和尚示众云:“老僧百年后向山下作一头水牯牛,左胁书五字云‘沩山僧某甲’。此时唤作沩山僧,又是水牯牛。唤作水牯牛,又云沩山僧。唤作什么即得?”

蹄角分明触处周,不劳管带不劳收。但知不犯佗苗稼,水草随时得自由。

举:岩头汉阳作渡子,江南江北各悬木板,索渡者扣板一下。一日,婆子抱一孩儿扣板索渡,岩头于草舍中舞棹而出。婆便问:“呈桡舞棹即不问,婆婆手中一子甚处得来?”岩头以棹便打,婆云:“婆生七子,六个不遇知音。只遮一个,也不消得。”遂抛向水中。

亲儿弃了更无亲,撒手归家罢问津。呈桡举棹波中客,休向江头觅渡人。

筠州洞山真净文禅师(一则)

举:云门大师抽顾。

云门抽顾,自有来由。不点不到,休休休休。

舒州海会守端禅师(二则)

举:僧问洞山:“如何是佛?”山云:“麻三斤。”

斤两分明不负君，眼中瞳子莫生嗔。百年三万六千日，得欣欣处且欣欣。

举：僧问杨岐："少林面壁，意旨如何？"岐云："西天人不会唐言。"

天高地迥人离见，水阔山重不易论。万古八风吹不入，西天人不会唐言。

庐山东林常总照觉禅师（一则）

举：船子和尚接夹山后，踏覆船。

夹山桡下悟心休，何患身名踏覆舟。今古华亭垂钓者，烟波江上使人愁。

江宁府保宁仁勇禅师（五则）

举：六祖问让和尚："甚处来？"让云："嵩山安和尚处来。"六祖云："什么物恁么来？"让云："说似一物即不中。"六祖云："还假修证否？"让云："修证即不无，污染即不得。"六祖云："即此不污染，是诸佛之护念，吾亦如是，汝亦如是。西天二十七祖般若多罗谶佛法从汝边去，已后出一马驹，蹈杀天下人去在。"

戴角披毛恁么来，铁围山岳尽冲开。阎浮踏杀人无数，蓦鼻深穿拽不回。

举：庞居士问马祖："不昧本来身，请师高着眼。"马祖直上觑,居士云:“一种勿弦琴,唯师弹得妙。”马祖直下觑,居士礼拜。马祖归方丈,居士随后云:“弄巧得拙。”

浩浩擎山戴岳来,撑天拄地势崔嵬。从教弄巧翻成拙,撒手前行更不回。

举:南泉示众云:“道非物外,物外非道。”赵州出问:“如何是物外道?”南泉便打,赵州接住云:“和尚莫打某甲,已后错打人去在。”南泉掷下拄杖云:“龙蛇易辨,衲子难瞒。”

软缠藏锋入阵来。画时擒下眼瞠开。死生一决英雄士,文武双行将相才。

举:石头问长髭:“甚处来?”长髭云:“岭南来。”石头云:“大庾岭头一铺功德,成就也未?”长髭云:“成就久矣,只欠点眼。”石头云:“莫要点眼否?”长髭云:“便请。”石头垂下一足,长髭便礼拜。头云:“见个什么?”长髭云:“如红炉上一点雪。”

一铺大悲千手眼,十分圆就未开光。君看笔下神通现,更有灵踪在上方。

举:芭蕉示众云:“你有拄杖子,我即与你拄杖子。你无拄杖子,我即夺你拄杖子。”

你有面前拈取去,你无背后夺将来。可怜黑漆光生底,击着千门万户开。

苏州定慧超信海印禅师(七则)

举:石霜普会迁化,众定首座住持。虔侍者曰:“首座若会先师意,方可住此。先师道:‘休去,歇去,一念万年去,古庙里香炉去,如一条白练去。’且道先师意作么生?”座曰:“只是明一色边事。”侍者曰:“首座不会先师意。”座曰:“装香来。香烟断处,我若不脱去,即不会先师意。”香烟才绝,首座便脱去。侍者于背上拊一下,曰:“去即不无,要且不会先师意。”

张家养得数个儿,大者教爷治家业。中有一男艺最精,气宇如王威猛烈。别别,踏翻海底,不顾骊龙珠。喝散白云,岂羡长天月。

举:太原孚上座参雪峰,至方丈前,顾视雪峰,便下看知事。来日,入方丈云:“昨日触忤和尚。”峰云:“知是般事便休。”

李广将军,古今无对。深入虏庭,全身远害。不动干戈赢小捷,到今边塞嘉声在。

举:临济辞黄蘗。蘗问:“什么处去?”济曰:“不是河南,便是河北。”蘗便打,济约住棒,遂打一掌。蘗大笑,唤侍者:“将先师禅板、拂子来。”济云:“侍者将火来。”蘗云:“虽然如此,汝但将去,已后坐却天下舌头去在。”

师资叙别意非遥,禅板持来命火烧。佛祖己灵犹不重,信行余长孰擎挑。

举:琅琊广照问举和尚:“近离甚处?”举云:“两浙。”照云:“船来? 陆来?”举云:“船来。”照云:“船在甚处?”举云:“胡步。”照云:“且坐吃茶。”举云:“喏喏。”

渔翁萧洒任东西,芦管横吹和不齐。夜静月明鱼不食,扁舟卧入武陵溪。

举:沩山示众云:“有句无句,如藤倚树。”后疏山问云:“树倒藤枯时如何?”山呵呵大笑,归方丈。

树倒藤枯伸一问,呵呵大笑有来由。羚羊挂角无寻处,直到如今笑未休。

举:僧问举和尚:“如何是佛?”举云:“芦芽穿膝。”

信手拈来如掣电,全机大用疾如风。放行一句通消息,后夜猿啼在乱峰。

举:耽源辞国师曰:“某甲往南方,忽有人问极则事,如何祇对?”师云:“幸自可怜生,须要个护身符子作什么?”

不重己灵犹未可,护身符子更那堪。为君旨外通消息,秋月无云落碧潭。

东京慧林德逊佛陀禅师(二则)

举:赵州问僧:“吃粥了也未?”僧云:“了也。”州云:“洗钵盂去。”

粥了令教洗钵盂,初心往往更心粗。直饶到此分明了，已是平生不丈夫。

举：僧问云门："不起一念，还有过也无？"门云："须弥山。"

问答随机或浅深，云门终是饱丛林。如今竞逐须弥走，无限平人被陆沉。

舒州投子山义青禅师（四则）

举：僧问洞山："如何是祖师西来意？"山云："待洞水逆，即向汝道。"

古源无水有何声，满岸西风一派新。葱岭罢询熊耳梦，雪庭休说少林春。

举：僧问石霜："如何是石霜深深所？"霜云："无鑐[①]销子两头摇。"

三更月落两山明，古道程遥苔藓生。金锁摇时无手把，碧波心月兔常行。

举：僧问夹山："如何是夹山境？"山云："猿抱子归青嶂后，鸟衔华落碧岩前。"

月皎青松鹤梦长，碧云丹柱挂羚羊。高岩壁仞千峰雪，石笋生条半夜霜。

---

① 鑐：音需。锁簧。

举:僧问曹山:"佛未出世时如何?"山云:"曹山不如。"僧曰:"出世后如何?"山云:"不如曹山。"

月隐青山瑞气高,梧藏丹凤觑无辽。无端石马潭中过,惊怒泥龙翻海潮。

东京智海本逸正觉禅师(六则)

举:云门一日僧堂前见直岁吃糊饼次,乃问:"吃得几个糊饼?"岁云:"五个。"门云:"露柱吃得几个?"岁云:"请和尚茶堂里吃茶。"门便归方丈。

韶阳门下足英明,直岁之才又哲英。云华堂前凹凸处,不劳心力一齐平。

举:外道问佛:"今日说何法?"佛云:"说定法。"来日又问:"今日说何法?"佛云:"说不定法。"外道云:"昨日定,今日为什么不定?"佛云:"昨日定,今日不定。"

灵山会上如来禅,问答何曾别是玄。今日不定昨日定,借婆裙子拜婆年。

举:昔日有老宿经夏不为师僧说话,有一僧叹云:"我只么空过一夏,不敢望和尚说佛法,得闻正因两字也得。"老宿聊闻,告云:"阇梨莫誓[1]速,若论正因一字也无。"溜么道了,自扣齿云:"适来无端溜么道,邻壁老宿闻之,云:'好一釜羹,被两颗鼠粪污却也。'"

① 誓:音斯。与"嘶"通。

一夏调和一釜羹，傅岩犹未许争衡。莫言污了无人见，邻壁禅翁只眼明。

举：二祖于少林立雪断臂而问："诸佛法印，可得闻乎？"林云："诸佛法印，匪从人得。"祖云："我心未宁，乞师与安。"林云："将心来，与汝安。"祖云："觅心了不可得。"林云："为汝安心竟。"

断臂难于立雪难，觅心无处始心安。谁知万顷芦华境，一一渔翁把钓竿。

举：僧问香林："如何是衲衣下事？"林云："腊月火烧山。"

僧问衣下事，师云火烧山。佛手遮不得，人心似等闲。

举：僧问佛岩："如何佛向上事？"岩云："螺是髻子，如何是佛向下事？"岩云："莲华座。"

螺纹顶髻莲华座，香象鞶呻师子吼。流落人间三百年，塞断天下衲僧口。

太平州隐静山守俨禅师（二则）

举：药山和尚初参石头，密领玄旨。一日座次，石头见："汝在遮里作什么？"山云："一切不为。"头云："恁么则闲座也。"山云："闲座即为。"头云："汝道不为，不为个什么？"山云："千圣亦不识。"

石头打草要蛇惊，密护玄机绝汇情。迅句追风须辨的,报云千圣不知名。

举:沩山一日坐次,仰山与香严侍立。沩山云:"如今总恁么者少,不恁么者多。"香严从东过西,仰山从西过东。沩山云:"遮个因缘,三十年后如金掷地相似。"仰云:"也须和尚提唱始得。"香严云:"即今亦不少。"沩山云:"合取口。"

沩山垂语辨龙蛇,一对骊珠绝点瑕。师子窟中无异兽,嘉声动地遍天涯。

云居山了元佛印禅师(四则)

举:僧问六祖:"黄梅意旨什么人得?"祖云:"会佛法人得。"僧云:"师还得也无?"祖云:"我不得。"僧云:"和尚为甚不得?"祖云:"我不会佛法。"

当日黄梅传意旨,会佛法人如竹苇。麟龙头角尽成空,卢老无能较些子。

举:思禅师问六祖:"当何所务得不落阶级?"祖云:"曾作什么?"思云:"圣谛亦不为。"祖云:"落何阶级?"思云:"圣谛尚不为,何处有阶级。"祖云:"如是如是,汝善护持。"

圣谛从来尚不为,更无阶级可修持。至今卢大犹舂米,和谷和糠付与谁。

举:僧问南泉和尚:"百年后迁化向什么处去?"泉云:

“山前檀越家作一头水牯牛去。”僧曰:“学人随去得也无?”泉云:“你若来,衔一枝草来。”

行履从来异类中,不知头角与谁同。若衔水草来相见,摆尾摇头四野风。

举:僧问龙牙和尚:“十二时中如何着力?”牙云:“如无手人行拳始得。”

无手人拳力最多,龙牙曾打杜禅和。直饶用得工夫尽,不似陶家壁上梭。

虔州慈云圆照禅师(二则)

举:白马和尚寻常叫“快活”,临终时叫“苦苦”。院主问:“和尚寻常叫快活,如今何得如此?”和尚拈起枕头云:“汝道当时是? 如今是?”院主无语。

甜甜彻蒂甜,苦苦连根苦。拈起枕头时,新罗夜打鼓。

举:僧问赵州:“如何是祖师西来意?”州云:“栏中失却牛。”

栏中失却牛,有问即有酬。更若求玄妙,猢狲筑气毬。

东京净因惟岳佛日禅师(二则)

举:僧问投子:“如何是第一月?”子云:“孟春犹寒。”“如何是第二月?”子云:“仲春渐暄。”

孟春犹寒第一月,仲春渐暄第二月。若无闲事挂心头,便是人间好时节。好时节,江南并两浙,春寒又秋热。

举:僧问云门:"如何是祖师西来意?"门云:"日里看山。"

日里看山好,清风扫白云。夜来何处火,烧出古人坟。

福州大中智德禅师(四则)

举:僧问岩头:"孤帆不挂时如何?"头云:"后园驴吃草。"

孤帆不挂事如何,后圃驴儿吃草多。直至如今闲放下,谁知平地有肴讹。

举:僧问云门:"如何是大修行底人?"门云:"一榼[①]在手。"

手中一榼绝痕瑕,道听途传转见赊。作者至今拈不起,依前独自挈归家。

举:僧问报慈:"情生智隔,想变体殊。情未生时如何?"慈云:"隔。"僧曰:"只如情未生,隔个什么?"慈云:"梢子,你未遇人在。"

隔,青天无云轰霹雳。丛林衲子如稻麻,不知几个仙陀客。

---

① 榼:音科。酒器。

举:僧问玄沙:“如何是学人自己?”沙云:“是汝自己。”

是汝自己,莫相钝置。衲子两两三三,只道早眠晏起。

岳阳乾明慧觉禅师(二则)

举:僧问:“雁过长空,影沉寒水。水无沉影之心,雁无遗踪之意。意旨如何?”师云:“事向无心得。”

雁过长空岂遗影,影沉寒水水无心。但能体得无心处,不用无心自道深。

举:僧问投子:“如何是露地白牛?”子云:“叱叱。”僧曰:“饮啖何物?”子云:“吃吃。”

露地白牛起问端,随机叱叱齿牙寒。不知饮啖是何物,吃吃直教沧海干。

越州天章元善禅师(一则)

举:云居和尚闻僧诵《维摩经》,问云:“念什么经?”僧曰:“《维摩经》。”师云:“不问你《维摩经》,念底是什么?”其僧有省。

问经不问念《维摩》,念底分明见也么。欲入尘沙法门海,一言演出不须多。

湖州上方日益禅师(三则)

举:杨岐在九峰受请,升座罢,九峰勤和尚把住云:“今日喜得个同参。”岐云:“同参底事作么生?”峰云:“九峰牵犁,杨岐拽把。”岐云:“正当恁么时,扬岐在前?九峰在前?”峰拟议,岐拓开云:“将谓同参,元来不是。”

一拽杷,一牵犁,平田浅地且相随。恰到饥时无草料,放开头角便东西。老杨岐,老杨岐,尽道从来解弄蹄。

举:大随庵前有一龟,僧指问:“一切众生皮裹骨,遮个众生为什么骨裹皮?”大随脱一只鞋安龟背上。

骨在外,皮在里,灵于人兮不灵己。直饶背上卦分明,九九翻成八十二。

举:僧问忠国师:“如何是本身卢舍那?”国师云:“与老僧过净瓶来。”僧将瓶来,国师云:“安旧处着。”僧复问:“如何是本身卢舍那?”国师云:“古佛过去久矣。”

两手分明过净瓶,不知身已在隍城。直饶便具金刚眼,也较沩山半月程。

《建中靖国续灯录》卷第二十九·偈颂门

蒋山法泉佛惠禅师（三十四首）

释迦牟尼佛

四顾无人法不传，鹿园鹤树两茫然。朝朝大士生浮世，处处明星现碧天。迦叶捧衣眉已皱，金棺将火足犹悬。谁知摩竭当年事，落日双林噪暮蝉。

一祖大迦叶尊者

曾把珠金结净因，九十一劫异常身。涅槃会上仙陀客，粪扫衣中无事人。妙舞凭谁知此意，绿岩孤坐自移春。世尊无说声闻处，千古金园跃瑞麟。

二祖阿难尊者

娑罗林下涅槃门，独授金襕众处尊。宝盖摧时先有约，刹竿倒处旧无根。群仙请证离山麓，二主哀号露血痕。谁谓真身已圆寂，常河风急浪华奔。

三祖商那和修尊者

非法非心会得么,六年身后出娑婆。先生受记青林在,弟子投机白发多。胎久膺香草服瑞,梵宫高占火龙窠。方今徒与还憍慢,好向南山更一过。

四祖优波鞠多尊者

化行无间复无亲,摄彼唯将定力熏。筹室晚抛逢的子,花鬘重献怖魔军。不依佛法非常道,若着身心未出群。付却本来无底物,旧山归去卧闲云。

五祖提多迦尊者

摩迦当夕诞神躯,异梦曾将昔谶符。杲日升腾开黑暗,王泉喷涌救焦枯。八千修习因非正,六劫分携事岂虚。今日班荼山顶上,牛车鹤驾尽同途。

六祖弥遮迦尊者

勤求祖裔惜年光,雉堞金云熠熠翔。触负净时犹旅舍,识非我处近家乡。传灯预记百年后,旧姓才呼远事彰。从此五天不归去,火中游戏类金刚。

七祖婆须密尊者

汗衣粝食恣游行，甘露常擎一点清。强谓传心心岂有，欲求论义义难成。慈缘现相云无着，陋巷狂歌月自明。翻忆山中来客少，一壶春酒为谁倾。

八祖佛陀难提尊者

顶珠高耸自欣然，满寺清风壮祖垣。接引劳生春力重，对酬雄辩海涛翻。喻徒无说知真器，向己求心赖至言。老老门生人不识，白光尽处笑腾轩。

九祖伏驮蜜多尊者

闵却年光半百春，可怜嫌富不嫌贫。祖佛非道求何道，父母不亲谁更亲。七步岂劳莲捧足，无言须信鉴生庆。禅门自古牢关钥，漏泄家风是此人。

十祖胁尊者

身非凡器预闻仙，独号难生岂偶然。苦海浪停全象在，昏衢光散一珠圆。言宣非佛幽人悟，地变黄金大法传。胁席遗风千古在，今人多向日高眠。

十一祖富那夜奢尊者

莫讶从前得法悕,寥寥玄路绝离微。悟迷不有晦明尽,隐显元无一二非。问佛不知非别道,还家无住是真归。徒言弟子纵横辩,木义才标尽息机。

十二祖马鸣尊者

功成高度死生流,有作无为已共修。极物形分群马恋,归云路断小虫忧。金龙过雨危山动,性海无风骇浪休。唯有日轮垂灭相,至今犹挂乱峰头。

十三祖迦毗摩罗尊者

遣文不许王宫住,挂锡还忻石窟深。寒岫孤征云扑扑,毒龙将近树森森。宁知枉足相逢地,便是拈华付嘱心。老蟒何期千载后,尘缘脱尽震雷音。

十四祖龙树尊者

悲深曾解髻中珠,我慢先摧福业徒。但得死生常了了,都来声色尽如如。幻师已类春冰散,佛性还同海月孤。欲识涅槃无住相,大千沙界一毗卢。

十五祖迦那提婆尊者

休言无路出樊笼,迷即山河悟即空。报施园林生木耳,投机天地共针锋。八光尽处沤归海,异论兴时雪洒松。巴弗城边人去后,赤幡依旧起清风。

十六祖罗睺罗多尊者

运应千年岂谬悠,光连五佛助勤求。井金锻去绝纤矿,河水乘来彻上流。无我为师明了义,擎盂分坐示同修。门人不信曾三果,香饭空持过几州。

十七祖僧伽难提尊者

生已能言少悟空,肯将宝位苦羁笼。不知祖域当传道,谩把禅多摈出宫。悲世几怜红日落,开怀因望白云重。从来嗣法人难得,何惜携筇过一峰。

十八祖伽耶舍多尊者

七日经胎即诞神,肌肤净照雪山春。月氏已悟千年事,童子何惊百岁身。听去风铃非别物,携来宝鉴自无尘。区区曾入宽闲舍,唤出三天旧主人。

十九祖鸠摩罗多尊者

路在诸天孰可攀，只缘悲重入尘寰。一灵寂寂死生外，三界悠悠梦幻间。容易岂教忘妙偈，殷勤更为倒疑山。重门自昔敲门后，直至如今不着关。

二十祖阇夜多尊者

垂手因伤失道真，象王纵步有谁怜。只将言下无生义，唤起林间长坐人。至道不求非散乱，急兹将断为悲辛。当时不觌罗城会，勤苦徒劳数劫尘。

二十一祖婆修槃头尊者

念昔拳拳扣德音，幻泡无碍旨还深。双珠梦去忘明晦，一法传来非古今。失果宁知月净记，在胎因得众贤钦。临行蹈破虚空处，不是男儿岂易寻。

二十二祖摩拏罗尊者

愚智尝因辩塔分，出尘岐路感时君。施檀引喻人多劫,听偈飞鸣鹤一群。性㴷[1]山河但窅窅[2],心生毫芥尽纷纷。谁知异域香焚日,曾把青烟破白云。

二十三祖鹤勒那尊者

乡落皆呼圣子贤,摧颓庙貌未童年。罹忧虹贯乾坤外,问法人归日月边。无我无为非是道,有功有作未忘筌。身分舍利重来后,奇特还如火里莲。

二十四祖师子尊者

即心知见绝消详,五众何人敢校量。童子有缘惊展手,嚫[3]珠无纇[4]惜潜光。蕴空已得身如幻,臂断徒夸剑似霜。光首何须忧法坠,窣堵波上有斜阳。

二十五祖婆舍斯多尊者

道涂多难意潜宣,无我先摧印帝前。神剑梦符应网断,祖衣焚验法幢坚。食来毒药曾无着,谏去因人亦可怜。三昧火中何处有,一轮明月在青天。

---

① 㴷:音忽。青黑貌。
② 窅:音杳。深远
③ 嚫:音衬。布施。
④ 纇:音类。缺点。

二十六祖不如蜜多尊者

祖堂冥合继清芬，储贰摧邪骇众闻。长爪岂能为巨蠹，化山空欲碍高云。东王超悟终何得，圣嗣重归岂易群。付嘱强名心地藏，更无头尾可呈君。

二十七祖般若多罗尊者

应变乘时善举扬，问珠求裔旨何长。三春果满菩提树，一夜华开世界香。但切传灯悲物化，宁忧仙水走年光。翻嗟未见蜜多日，几度行吟效建狂。

二十八祖菩提达磨大师

运智随缘肯自安，游梁涉魏几何般。穿云锡挂草堂静，为法人忘雪夜寒。开叶开华皆不实，得皮得髓谩多端。空留只履嵩阳寺，后代儿孙着脚难。

二十九祖慧可禅师

峰前孤坐眼慵开，佛祖非遥偶自谐。顶骨换来山忽耸，风痾忏去露先摧。潜兴讪谤真堪惜，晚过屠沽更莫猜。回首邺都城下路，春风无限长苍苔。

三十祖僧璨禅师

尝因吾道苦陵迟,十载藏珠卧翠微。华地无生聊密付,法门求解使知非。罗浮海近凭栏久,山谷云深振锡归。名氏不言休更问,手携席帽旧麻衣。

三十一祖道信禅师

勤苦遗风迈昔贤,沙弥闻法尚髫年。重城解盗神兵至,古路求人佛性圆。白气已膺分派后,紫云犹记破头边。塔开真相堂堂处,留与禅家万古传。

三十二祖弘忍禅师

谁言相阙紫金身,尽性高谈绝四邻。圣果高推僧上座,衣盂自与岭南人。三更已付何曾付,七百相亲岂易亲。堪叹当年奔逐者,至今犹拂镜台尘。

三十三祖慧能禅师

今古曹溪一派寒,师来因为起波澜。携囊庾岭人空逐,负石黄梅众识难。顿悟心田华馥郁,欲归乡社叶凋残。风幡辨的真猷在,试向刹竿头上看。

越州天衣义怀禅师(三首)

投机

一二三四五六七,万仞峰前独足立。骊龙颔下夺明珠,一言勘破维摩诘。

色空

色空空色色空空,阂却潼关路不通。劫火洞然毫末尽,青山依旧白云中。

东西南北,十万八千。空生罔措,火里生莲。

东京净因净照臻福师(十五首)

百丈再参

一喝分明守死灰,青天赫日起风雷。傍人抚掌呵呵笑,唯有知音吐舌来。

百丈卷席

高登猊座已圆成,大智仙陀卷便行。师子颦呻犹似可,象王回首更堪惊。

外道问佛

特地殷勤问有无,因风应不费工夫。迷云纵得开令入,未免区区在半途。

灵云悟桃华

春暖桃花带露开,灵云一见悟灵台。玄沙谛当传千古,谁解雌黄息众猜。

赵州勘婆

赵州勘破老婆禅,语脉分明在目前。近日五湖参学者,刚于岐路走如烟。

不见一法是大过患

不见一法是过患,雨余郊野云收汉。中秋午夜月轮高,几处人登楼上看。

不见一法即如来

不见一法即如来,南有天台北五台。江上雪消春已暖,岩华凌晓露中开。

百丈野狐

问来答去尽因缘,流落寰区数百年。自古自今诸衲子,一人传了一人传。

四宾主

宾中宾,寥寥度日好愁人。舍父佗方空役役,平生受尽苦兼辛。

宾中主,携筇入市无俦侣。纵然觌面便相呈,争奈自家不能睹。

主中宾,权挂垢衣混俗尘。头头应接殊无倦,悲智双严最上人。

主中主,独坐巍巍金殿宇。五湖四海乐升平,处处修文尽偃武。

因僧请益三诀以示之

第一诀,衲僧犹未瞥。更拟问如何,棒头须见血。

第二诀,南北行人绝。非但迦叶兄,文殊也结舌。

第三诀,祖令随机设。腊月岭头梅,满枝香吐雪。

舒州浮山法远圆鉴禅师(一首)

禅将交锋歌

禅将交锋看作家,还同敬德遇金牙。机锋迅速人难辨,纵横擒纵智徒夸。善藏锋,巧回互,把断要津谁敢指。香象咆哮海岳摧,师子颦呻凡圣惧。或探竿,或把火,照耀乾坤验作者。拟议之时宾主分,闪电之间换甲马。势如龙,健如虎,左旋右转夺旗鼓。临机照破铁门关,决烈冲开金锁户。文彩彰,风骨露,设使全提未为据。撒星佩印落荒郊,点的啮镞涉西土。看作家,终不误,任是铓刀解遮护。吹毛晃耀七星分,金镜光霞八方顾。影草中,藏部队,匝地风云迷向背。单刀透出万机前,双明送入千峰会。载趋跄,重管带,疋马单枪呈作解。虽然带甲上桥来,早被定唐批急赛。按镆鎯,全举令,照用同时谁敢并。忿怒那吒失却威,骞驮佉罗口目瞪。立股肱,赞元首,解定乾坤平万有。画鼓连捶两阵收,拍马将军唱好手。

福州地藏显端禅师(十首)

玄唱

地藏一琴,谁是知音。岩松百尺,瀑布千寻。是何之琴,虎啸龙吟。

地藏一箭,本非磨炼。射遍十方,群魔胆战。是何之箭,风和柳绽。

地藏一句,禅徒罔措。不堕圣凡,岂沉迷悟。是何之句,清平过渡。

地藏一诀,随宜施设。拟问如何,头破额裂。是何之诀,春寒秋热。

地藏一道,经行坐卧。有意难寻,无心易到。是何之道,松风浩浩。

地藏一拂,打祖打佛。暑往寒来,天晴日出。是何之拂,萧何定律。

地藏一锡,敲空击色。剿绝三贤,屏除六贼。是何之锡,曲不藏直。

地藏一机,细雨霏霏。扬眉瞬目,涉水拖泥。是何之机,礼别尊卑。

地藏一山,峻不可攀。华浮水渌,石锁苔斑。是何之山,形直影端。

地藏一水,清冷甘美。汪洋大千,鱼龙任止。是何之水,许由洗耳。

东京法云法秀圆通禅师(六首)

祖意

涉岭登山得得来,少林不意口难开。任是虚空须吃棒,当锋谁敢振云雷。

凛凛清风何处来,谁云枯树却华开。岩松自有凌云势,不藉阳春二月雷。

幻身

千头百头只一头,天生肌体饱脂膏。眠云卧水人休觅,不在贫家与富豪。

幻本元真不用逃,顺缘水草育脂膏。六凡四圣皆同体,头角何须竞富豪。

心印

祖祖从来不识心，森罗万象此中沉。昆仑鼻孔长三尺，南海波斯莫乱斟。

成块成团亘古今，五湖四海尽浮沉。铁牛锁断黄河水，听审之流莫乱斟。

江宁府蒋山赞元觉海禅师（三首）

三要

第一要，当锋谁敢道。千圣一时兴，那能穷此妙。

第二要，明镜当台照。胡汉尽皆沉，透匣青蛇斗。

第三要，须知遮一窍。进步问如何，拊掌呵呵笑。

东京法云善本大通禅师（五首）

述旨

学道道无得，修心心本空。本空无得处，勿谓出樊笼。

言中无异路,妙旨若为寻。海底红尘起,山头白浪深。

佛魔不到处,今古有谁知。雾卷千峰出,云收片月移。

掣电机轮转,当风不立尘。欲寻言下旨,一箭过西秦。

不是无言说,言多转见猜。九年虽兀坐,声震五天雷。

南岳谷泉大道禅师(八首)

大道歌

狂僧性本落魄,到处随缘栖泊。都来些子行装,棹下谁能管着。曲竹杖,凹木杓,独行独坐还独酌。时人不会狂僧意,将谓狂僧虚造作。布直裰,纸衲帔,破绽谁能管得伊。禅客相逢皆哂笑,律师遇着大不喜。迎风坐,向日睡,也胜时人盖锦被。腾腾兀兀且延时,落落魄魄长如醉。面懒洗,头懒剃,行住更无些济济。不但千峰与万峰,恣意纵横去还止。或淫妨,或酒肆,拍手高歌更无虑。人人咄骂遮狂颠,莫怪颠狂只如是。游方广,入圣寺,半千小儿皆罔措。只解观空卧白云,争似狂僧豁神思。时人更问有也无,低头拈个山枣子。

颂曰。

落落魄魄,居山居郭。莽莽卤卤,是今是古。拍手大奇，颜回彭祖。

落魄歌

狂僧性且无拘束，落魄纵横随处宿。有时狂歌歌一场，蓦地起来舞一曲。禅子云，甚奇特，到了依前六十六。阿呵呵，为君述，丰干老汉骑虎出。路逢拾得笑咍咍，却被寒山咄咄咄。

巴鼻颂（六首）

禅师巴鼻，有利无利。碧岳崔嵬，龙行虎势。

衲僧巴鼻，坐具尺二。休问短长，风高云起。

座主巴鼻，悬河无滞。地涌金莲，手擎如意。

大道巴鼻，问着瞌瞌。背负葫芦，狂歌游戏。

山童巴鼻，煮茶鼎沸。客问如何，远来不易。

散圣巴鼻，逢场作戏。东涌西没，南州北地。

东京智海本逸正觉禅师祖室联芳(十二首)

鸡峰至曹溪

吾道提纲者,东西三十三。别传一句子,突出少人谙。

靖居思

吾道提纲者,庐陵米价奇。年年田大熟,行市莫嫌迟。

石头迁

吾道提纲者,衡山踞石头。光阴莫虚度,恩大固难酬。

天皇悟

吾道提纲者,天皇荫子孙。一枚糊饼子,千载耀吾门。

龙潭信

吾道提纲者,师资会遇难。龙潭灭烛夜,德峤髑髅乾。

德山鉴

吾道提纲者，常思古德山。一寻铁作棒，坐断武陵关。

雪峰存

吾道提纲者，难忘是雪峰。望州乌石岭，无处不相逢。

云门偃

吾道提网者，无私是至谈。充斋糊饼子，佛祖未相谙。

双泉郁

吾道提纲者，韶阳好子孙。双泉分一派，亹亹出云门。

德山远

吾道提纲者，铁门路险巇。少林人过后，南北自多岐。

开先暹

吾道提纲者，开先古佛先。宗风谁的嗣，一月在长天。

总颂

吾道正提纲，令行谁敢当。龙泉横智海，三尺刃如霜。

潭州道林智本禅师（一首）

快活歌

山僧山里得优游，衲衣瓶钵外无求。闲来纵步时迷经，倦即和云倚石头。快活歌，歌快活，松韵箫箫泉聒聒。野花芳草不知名，岩上落花红一抹。任疏慵，忘礼节，时就潺湲弄明月。个中消息若为传，回头笑共青山说。

潭州石霜楚圆慈明禅师（六首）

三诀

第一诀，大地山河泄。维摩才点头，文殊便饶舌。

第二诀，展拓着时节。语默岂相干，夜半秋天月。

第三诀，山远路难涉。陆地弄舟船，眼中挑日月。

三句

第一句，天上他方皆罔措。俱轮颠倒论多端，巍巍未到尼拘树。

第二句，临济德山涉路布。未过新罗棒便挥，达者途中乱指注。

第三句，维摩示疾文殊去。对谈一默震乾坤，直至而今作笑具。

蕲州白云山广教景云禅师(二首)

曹洞玄旨

然灯那畔祖师行，信是无功道自呈。石女拈华千界动，木童汲水万波倾。金田有树云生叶，玉洞无灯日照明。善化群机偏得妙，龟毛拂子掌中擎。

闲将芥子纳三千，古圣神通任自然。每使牧童来座畔，时教石女去岩前。玉轮辗破珊瑚殿，金杖敲开码瑙船。曹洞家风谁得旨，青山脚下向阳眠。

北禅慧云升禅师（八首）

嘉禾一窍，把定三要。临济德山，呵呵大笑。是何之窍，云生岳峤。

嘉禾一宗，万象该通。释迦慈氏，齐立下风。是何之宗，黄昏打钟。

嘉禾一言，千圣共传。不存意思，切忌声前。是何之言，天晴道干。

嘉禾一路，行人无数。踏着超然，西天此土。是何之路，虔州麻布。

嘉禾一脉，休问宽窄。地狱天堂，丝毫不隔。是何之脉，青黄赤白。

嘉禾一曲，五音具足。格调难陈，知音共续。是何之曲，二八十六。

嘉禾一门，凡圣齐奔。虽无关锁，包裹乾坤。是何之门，水出昆仑。

嘉禾一印，大千普振。举措施为，且无鄙吝。是何之印，谁敢通信。

洪州龙安山兜率从悦禅师（六首）

归根

笑把寒山手，相将过野桥。水边同坐石，林下各攀条。日到天心盛，云归谷口消。寥寥人界外，何处不逍遥。

得旨

寓迹千峰里，闲心绝万缘。短筇横膝坐，块石枕头眠。就火烹新茗，临溪汲冷泉。幽林华又发，浑不计流年。

冥契

寂寂浮埃外，溪山相称深。水流元有势，云萃本无心。翠鸟溪边立，青猿洞口吟。倚筇回望处，红叶下霜林。

寂照

二六时中事，何尝不一如。云收青汉迥，月落碧潭虚。崔瀑声无尽，春山翠有余。谁能忘世累，向此乐闲居。

应机

高着何曾算，谁为歒[①]手人。神仙看有分，黑白斗无因。紧向当头捺，宽从四角伸。若于盘上觅，犹未出常伦。

设变

握土成金法，非因巧口传。水中元有火，妙外更无玄。海上游三岛，松间会八仙。几回明月夜，长啸乱峰前。

庐山万杉绍慈禅师（六首）

通玄颂

祖意无方莫问西，旷然那许定交知。更来石火光中觅，燎却当门一聚眉。

至理无私不用猜，岂从天竺付将来。尘中有路君须辨，顶上金刚铁眼开。

灵苗无影勿云高，寻叶寻枝转更劳。若蹈个中根蒂稳，大千沙界一丝毫。

---

① 歒：音替。小儿喜笑。疑“敌”字误。

法战从来两不伤，应机随顺入强场。金刀才举魔军伏，统得群原共一乡。

大道渊玄绝谓称，暂将譬喻一提评。君看枝上红桃子，颗颗元来只混成。

透出玄关遮不得，却来深处泛渔船。竿头不挂多般饵，接得盲龟是有缘。

庐州兴化仁岳禅师（十首）

深岩藏白额

白额从来出兽群，且藏威势向昆仑。夜深啸对岩前月，无限风光清胆魂。

五天银烛辉

银烛舒光焰炽然，五天交照一何鲜。明月透映未为妙，转却辉华始透玄。

金针去复来

密用金针不出头，往来无问若还流。绣衣不假虚玄手，争得条条线路周。

妙谈不干舌

口口称扬舌本无,无中演妙作明谟。君臣唱和通玄旨,天下同归绝异途。

秦宫映胆辉

圆明照胆彻心寒,好丑才分足异端。碧眼临台须扑破,免他光境两俱完。

铁锯吹三台

万象森罗本祖心,头头无不演圆音。齇[①]牙锯下三台唱,丝竹笙簧和此吟。

死蛇惊出草

荒草深藏不记时,一朝新活动闻知。吐无喷雾仍收卷,那叱南山鳖鼻儿。

---

① 齇:音扎。齇牙:牙不正。

锦帐无夜衾

明月堂前锦帐垂,无衾覆盖有谁知。拨开合缝华光里,全露非因造化为。

解针枯骨吟

垢衣披挂入鄽[①]中,应病施方助道风。枯骨一吟音韵发,声声无处不圆通。

袖里青蛇吼

袖里青蛇本自藏,偶然哮吼揭真常。门前惊散三千客,那有庄生恃己长。

饶州荐福承古禅师(一首)

知见谣

莫莫莫,大丈夫,何大错。无端咀嚼野狐涎,满肚知音无处着。纵然成现梦还家,物外超然漫斟酌。重玄权要骋纵横,逆顺机锋过电烁。恰如狂鬼乱心神,又似良人中毒

① 鄽:音缠。集市。

药。审须听,急吐却,热病觉来方索索。不论日本与西天,说甚须弥头倒卓。徒将管见自欺谩,枉把禅流眼睛齸[①]。忠言逆耳为童蒙,作者闻之任贬剥。莫莫莫,开口向君早是错。又更问,莫莫莫,琉璃瓶,贮秽恶,甘露味,变毒药。莫莫莫,荆棘林里野狐狸,走出荒郊又被缚。净地上死尸横路着,邪魔外道头卓朔。莫莫莫,三世诸佛鼻孔长,六代祖师眼皮薄。屎上加尖尖更尖,一任喽啰空戏谑。十万八千逾缮那,争似侬家莫莫莫。

东京净因惟岳佛日禅师(四首)

古剑

倚天灵刃自吹毛,非假耶溪更淬磨。生杀交驰机若电,八方从此偃干戈。

古琴

亦无徽轸亦无弦,一弄宫商遍大千。旦暮水声长在耳,古今山色自横天。

古镜

本自圆成铸必难,灵光千古逼人寒。胡来汉现虽无

① 齸:音琢。刺也。

隐,谁敢当前正眼看。

古潭

一片寒光鉴一团,万重山脚管秋天。波心得此澄清后,曾印银蟾几度圆。

饶州荐福道英禅师(十首)

十要颂

谈迷说悟竟如何,迷岂无人悟颇多。迷去固非新世界,悟来还是旧山河。根门贼党皆归款,阴界魔军尽倒戈。从此晏然居我国,谓言尧舜亦如它。

佛性圆融处处谈,就中端的少人谙。应机岐路分千万,造到根源绝二三。叶落乱蝉鸣远树,云收孤月印澄潭。寻枝逐派堪怜愍,特地斯言为指南。

豁然言下忽逢伊,颇类真金出矿时。入冶更须精锻炼,上砧方耐重钳锤。得皮得髓终由己,传法传衣亦是谁。管见庸闻何足道,谩增人我长愚痴。

渐远家乡转不如,劝君早早慕归欤。遨游平地无高下,运动玄机有卷舒。妙矣三平胸着箭,奇哉万卷腹藏书。不能了了明根蒂,毕竟还同死水鱼。

道眼分明真可难，法身埋没转堪哀。衣衫脱去全身露，枕箪离来两眼开。开处更无魔境界，露时那有佛形骸。文殊一念才差互，也到铁围山下来。

投师不正亦徒劳，去就吾今劝尔曹。但取道纯兼德懿，休论名重与年高。直须下意求心要，莫只虚头事气豪。无事身缘两浮脆，拟凭何法作坚牢。

见成公案莫疑猜，先觉分明点破来。便可学能无伎俩，不应如秀拂尘埃。亲疏休苦穷它语，与夺仍须运己财。大底欲归何处去，石桥巇险在天台。

就中寻觅知偏远，向外驰求转觉赊。柳绿华红全漏泄，鸦鸣雀噪已周遮。何须得得论心境，不用嗷嗷辨正邪。生死涅槃知梦幻，莫将梦幻强分拏。

无相无名亘古今，岂教寒暑浪吞侵。到头不许称为佛，垂手何妨指作心。即见即闻非易觅，离声离色转难寻。可怜认得昭昭底，也道传衣继少林。

弊垢衣缠小化身，了无一法为君陈。衣中有宝年年在，眼里无筋世世贫。刍狗生成金翡翠，木鸡啗[①]破玉麒麟。尽言玄妙如坑堑，过得翛然有几人。

① 啗：音淡。同"啖"。

秀州资圣盛勤禅师(五首)

西来意

君问西来意,春深雨水多。熊山藏只履,赤脚过流沙。

君问西来意,春风依旧寒。欲行千界外,举步细须看。

君问西来意,云深差路多。暖风吹晓谷,明月照烟萝。

君问西来意,巧会隔新罗。直饶便恁么,鹤人凤凰窠。

君问西来意,迢迢十万程。举头看北斗,磊磊一天星。

润州金山昙颖达观禅师(五首)

宗门五派

法眼一宗枝,玄沙是祖师。直须明自己,不可阙修持。问里分宾主,言中绝路岐。若论端的事,打瓦了钻龟。

云门嗣雪峰,机与睦州同。理出千差外,言归一句中。九秋残叶雨,三月落花风。常见波斯说,虾蟆咬大虫。

偏正互纵横,迢然忌十成。龙门须要透,鸟道不堪行。

石女霜中织,泥牛火里耕。两头如脱得,枯木一枝荣。

沩山与仰山,机暗独言难。飞鸟开双翼,明珠转一盘。方圆虽可并,起坐不相干。手舞暨足踏,徒劳逞舌端。

临济好儿孙,多将棒喝论。不能明妙用,只是学空言。欲动先携杖,临行又扑盆。便超斯见解,野鸭里馄饨。

荆门军玉泉山承皓禅师(一首)

布袋歌

布袋生来落魄,纵性受居城郭。笠如秋后莲荷,裤似多年盘络。草鞋不见成双,毳衲唯留线索。有时若醉如痴,有时露胸袒膊。饥来信手拈餐,困即街心伸脚。天晴穿履荒忙,顷刻云生碧落。春霖洗足奔走,须臾日辉山阁。生涯只个布袋,盛贮不拘好弱。蓦然抖擞向人,中下安能凑泊。铁锹便言铁锹,木杓直言木杓。低头不觉呵呵,懡㦬一时放却。或乃拊背求知,转脑张眸惊愕。展手乞我一钱,何啻膏肓觅药。彼此失利重重,未审阿谁大错。不知入水入泥,尽谓风狂戏谑。有时喜怒纵横,不选言词好恶。诃骂十圣三贤,大骂志公娄约。谁言断妄趣真,谁言弃苦求乐。更言不生不灭,平地强生沟壑。智者反自筹量,愚者从他卜度。叵耐李老庄周,刚把虚空扪摸。更有吕望黄公,谩说六韬三略。被人拶问元由,不免低头喏喏。白云堂下渔人,望风亭上仙鹤。

婺州宝林果昌宝觉禅师（一首）

担板庵歌

此个茆蓬，外实内空。恒沙妙用，尽在其中。背靠青山渌水，面观翠竹长松。任你风寒霜雪，几经春夏秋冬。指天罩地，为法界宗。禅人游赏，默默相逢。看取题目，水泄不通。

《建中靖国续灯录》卷第三十·偈颂门

明州雪窦山重显明觉禅师(十首)

赞佛

甘蔗流苗应刹尘,觉场高发利生因。紫金莲捧千轮足,白玉毫飞万德身。孤立大方资定慧,等观含类舍怨亲。挨星相好中天主,匝地名闻出世人。螺发右旋仙岛碧,眉月斜印海门新。鸾翔凤舞非殊品,象转龙蟠绝比伦。璎珞聚中腾瑞色,华鬘影里夺芳春。慈仪恋望知何极,梵德言辞莫可陈。胸字杳分无量义,顶珠常照百由旬。双林孰谓归圆寂,坐断乾坤日见真。

赞法

后得智生功德聚,大悲留演润禽鱼。贯华虽自科千品,标月迁归理一如。过量劫应期广布,刹那心合未忘书。四衢道内抛红焰,五欲波中绽白蕖。排斥众魔登寿域,引携诸子上安车。义天星象荧荧也,辞海波澜浩浩欤。违背此恩难拯拔,遭逢末世岂踌躇。闻来半偈须相教,惜去金身莫共居。飞辩恨曾亏激问,赜幽欣且免长嘘。生生顶奉辉心镜,廓照尘劳信有余。

赞僧

方袍圆顶义何宣，续焰千灯岂小缘。华雨座前犹滞相，虎驯庵畔尚稽诠。岩栖冢宿难依望，鹤貌云心回洒然。宝杖夜鸣寒峤月，铜瓶秋漱碧潭烟。名标练若澄諠[①]猾，迹念昏衢警睡眠。林下雅为方外客，人间堪作火中莲。情高不是超三际，道在非同入四禅。浮世勉谁知逝水，深峰甘自听飞泉。苾刍草馥僧祇后，玳瑁盂传古佛先。珍重觉皇有真子，坤维高步列金田。

兔角拄杖

少室传来兔角杖，千圣护持为顶相。虎踞龙蟠势未休，云影山形冷相向。有时闲倚在虚堂，寥寥匝地凝秋霜。有时大作师子吼，德峤临济何茫茫。今日提来还不惜，分明普示诸知识。解拈天下任横行，高振风规有何极。

名实无当

玉转珠回祖佛言，精通犹是污心田。老卢只解长春米，何得黄梅万古传。

---

① 諠：音宣。同“宣”

问缘生义

义列缘生笑未闻，孰呈布鼓向当门。金刚铁券诸方问，报道三千海岳昏。

道贵如愚

雨过云凝晓半开，数峰如画碧崔嵬。空生不解岩中坐，惹得天花动地来。

大功不宰

牛头峰顶锁重云，独座寥寥寄此身。百鸟不来春又过，不知谁是到庵人。

至人不器

谁当机，举不赚，亦还稀。摧残峭峻，销烁玄微。重关曾巨辟，作者未同归。玉兔乍圆乍缺，金乌似飞不飞。卢老不知何处去，白云流水共依依。

为道日损

三分光阴二早过，灵台一点不揩磨。贪生逐日区区去,唤不回头争奈何。

庐山东林常总照觉禅师(八首)

文殊妙智门

文殊何处不文殊,岂止清凉山顶居。今古未尝时隐显,圣凡何必论亲疏。非言七佛为师祖,是与群生作楷模。直下若能明妙得,般柴运水现毗卢。

普贤妙德门

普贤亚圣实称贤,银色光中照大千。法法现成何过恶,尘尘具足或方圆。善财一念全躯露,普眼殷勤欹[①]体偏。好行本来无处所,峨嵋权且示人天。

观音妙力门

观音妙力处烦笼,动静融融法界中。万籁未鸣尝演畅,一声才剖理何穷。陈那有听翻成碍,贤喜无闻远近通。好是文殊能妙拣,圆通从此勿西东。

---

① 欹:音替。喜笑貌。

都颂

妙智妙行与圆音，共显毗卢古佛心。一旨得来无异趣，三门从此见幽深。清凉海岸休佗觅，华藏峨嵋莫外寻。弹指圆成犹特地，那堪拟议隔千峰。

理真事妄

理无动转，事有去来。一念二种，永劫轮回。轮回既息，理事平怀。法尔何尔，途辙安排。

违佗认己

实悟无心，有心有以。叱古存今，非佗是己。法本圆明，道何彼此。更若雕镌，远之远矣。

内心外境

内心外境，迷头认影。摘果空华，充饥画饼。三界茫茫，四生衮衮。心境顿忘，万法根本。

心生灭见

祖道东流，枝分派列。要旨千途，群机万辙。万辙本虚，千途由设。不统宗源，纷纭生灭。

东京惠林德逊佛陀禅师（七首）

物不迁旨

物物本无迁，年来复一年。人从山北去，燕到还南边。春树生还谢，银蟾缺复圆。未明肇公意，对北尽忙然。

不真空观

不真方谓真，年年二月春。桃花开绿野，柳絮送行人。物物殊非物，尘尘不是尘。了然亡所得，迢递隔西秦。

般若无知

船若号无知，相逢话所之。去年初夏月，今日暮春时。临水精神健，登山气力衰。殷勤话消息，眉上更生眉。

涅槃无名

涅槃绝名称，如来悲愿深。何尝生觉树，岂是灭双林。慧泽无高下，昙华亘古今。岩间宴坐者，终日漫沉吟。

真空妙境

真空本不空,日日日生东。流水随方异,青山到处同。雨滋芳草秀,烟淡野华红。触目毗卢境,门门道路通。

理事无碍

理事各无碍,南州又北州。蹄轮非紫陌,歌管动青楼。行客忙应甚,游人醉未休。牧童笑归去,吹笛倒骑牛。

周遍含容

周遍曰含容,头头法界重。谁言德云老,不下妙高峰。静坐嵩阳石,闲听岳寺钟。善财回首处,尘外绝行踪。

泉州资寿捷禅师(十首)

华严颂

华严真境统三千,香社随方种白莲。松径雪消泉韵远,石楼风静磬声圆。云凝古殿炉烟澹,日转幽庭树影偏。翻忆五台多秀丽,异华铺地软如绵。

华严真境极寰区。云散长空雨点无。千器碧渊虽等降，一轮明月岂差殊。青山绿竹轮僧舍，琼苑瑶华属帝都。劫劫波波迷己士，漂沉六趣即须臾。

华严真境岂劳寻，万汇纷纷孰不任。彩凤夜寒归画阁，黄莺春暖转芳林。须知古佛唯心造，自是当人本性沉。尽日倚栏细思审，等闲持论亦幽深。

华严真境广通津，万户千门处处亲。一坐化城弥勒阁，四方瞻仰善财身。云收日现谁无分，虎啸风生自有因。转大法轮人罔测，区区屈己坐微尘。

华严真境显群机，雨涨江湖浪渺弥。匪进匪修超十地，无闻无得越三祇。中秋玉兔团团盛，半夜圭桐旋旋亏。入海波斯贪不已，拟将瓷器换摩尼。

华严真境绝枯荣，触处堂堂耀眼睛。红焰烂中秋藕折，碧波潭底夜灯明。雁飞寥廓双排直，雪布长空一样平。可笑世间迷路者，堕坑落堑只横行。

华严真境海云开，船子何因恋钓台。上接下流偏屈曲，东游西岸转迂回。渐离有相虽凭教，顿悟无生岂用媒。不得毗卢真旨趣，枉参知识去空来。

华严真境普形彰，识得西来路不长。合进趣时宜进趣，非思量处勿思量。默然未必降金粟，微笑何须赞饮光。为报五湖诸上德，休驰言句错传扬。

华严真境只雷同,拟道无功却有功。八圣道支虽易显,万波罗蜜即难穷。危檐冷拂微微雨,幽室凉生凛凛风。深欲善财投猛焰,妙哉犹且乐其中。

华严真境四时周,残腊冰河冻不流。石虎有牙非可惧,铁牛无鼻岂能收。金园柳暗春将暮,玉井桐疏景乍秋。绕座奇峰观不足,徘徊犹止水边楼。

润州金山昙颖达观禅师(四首)

佛教

始从鹿苑亦拘尸,四十九年垂轨仪。迦叶撞钟招结集,阿难升座示传持。金言已是煎残药,藏教空排着了棋。若论谛当一句子,三更打鼓弄波斯。

经

西天贝叶贯华编,梵语传来此土翻。十二部中非易演,五千卷里固难言。说三未免行斜道,第一何曾契上根。信受奉行如了得,生生不堕葛藤村。

律

世尊律藏付波离,灭向尸罗慎所讥。身口意根须善护，贪瞋痴亦在防微。只容朝夕唯持钵，不许经游暂失衣。未达导师方便旨，犹如鸟欲避空飞。

论

迦旃延以论标空，经意论量尽得通。冀引千龙归大海，不留百鸟滞虚空。依佗作解非为上，本自圆成未得中。起信瑜伽唯识外，曹溪谁有马鸣功。

黄龙山祖心宝觉禅师（三首）

大藏经

一毫穿众穴，众穴一毫收。云自帝乡去，水归江汉流。

传灯录

九十芳春日，游蜂竞采华。香归蜜房尽，残叶落谁家。

信心铭

纵饶穷到底，还是涉风波。自古贫堪笑，一身犹恨多。

蕲州四祖山演禅师(四首)

四时般若

三月花开笑暖天,浮云飘飏自牵连。无端下取经旬雨,引得青苔到座前。

夏日辉辉烁太虚,当斯谁敢上抬眸。凉风偏善时人意,袭袭轻飘出玉壶。

秋来何事得人怜,海月腾腾上碧天。无限清光耀心目,与谁相共话团圆。

朔风和雪振溪林,万物潜藏恨不深。唯有岭梅多意气,腊前吐出岁寒心。

苏州昆山元禅师(四首)

般若四题

般若剑,不露锋铓何所验。太平天子坐寰中,边方永息狼烟谈。

般若山,游人终日竞跻攀。须超绝顶通玄处,切莫栖踪半壑间。

般若体，恢廓十方须见底。却于触处现全身，免使伊人遥顶礼。

般若用，闲把勿弦琴品弄。拟操一曲达知音，清净自有松风送。

东京智海清佛印禅师（五首）

华严合论

金色分明世界宽，个中谁谓始心安。园林秋晚叶争坠，雨雪夜深天带寒。佛刹不须论远近，行花何处有雕残。欲知无限重重境，但向毛头国土看。

觉城东际起初因，南去询求五十人。行海幽深虽遍涉，义天空阔不容尘。寒松带雪影长在，修竹含风韵转新。若向此中能摆脱，也应闲却主城神。

华严真境本来周，譬比沧溟纳众流。六道四生纤芥摄，十方三世刹尘收。头头尽是妙峰顶，步步无非慈氏楼。堪笑善财多费力，区区南去更何求。

刹海滔滔莫问津，十方何处有纤尘。曾经塞北三冬雪，却忆江南二月春。河渚到来成底事，刀山投去谩劳神。如今老向千峰下，谁是当年主稼神。

华严真境绝纤埃，老去那能学善财。鸟外烟霞长自在，海边楼阁为谁开。等闲坐石看流水。无事携筇绕绿苔。寄与寒岩旧知己。相逢休作象王回。

益州甘露舒禅师（八首）

觉树

云根不植凡间玉，秀实全资真界风。秋雨秋飙零万物，森森独茂法王宫。

觉花

惠泽真飙习习回，春生觉树觉花开。芬芬性地谁能识，郁郁香飘遍九垓。

法鼓

一击隆隆遍九垓，云奔雨骤尽趋来。须知不是寻常韵，惺得人天醉眼开。

法幢

真界巍然匠莫穷，指佗迷者出樊笼。几多邪党思残毁,争那金人不朽功。

忍草

真飙惠泽沃情田,和气融融忍草鲜。雪压霜凌终不变,青青莫问植何年。

心珠

无象无思无物同,圆明廓照不空空。离娄吃诟无因得,如信徒云耳目聪。

定沼

无象非因疏凿成,境风不起自澄清。虚涵皎皎觉天月,照破群迷大夜明。

慈航

爱水堤边尽日横,帆开忽喜惠风生。滔滔无限迷津者,渡去宁辞浩渺程。

云居山了元佛印禅师（四首）

牧牛

初学看牛日，人牛尽力争。爱从荒草去，不向坦途行。转鼻绳难拽，加鞭眼转生。勿教犯苗稼，犹贵及时耕。

蓦地转头来，胸腰黑渐开。出栏羌笛引，归晚野歌催。见斗情犹愤，逢群目尚抬。良由鞭索在，心地渐成灰。

且喜全躯白，安眠露地中。身心如土木，闻见似盲聋。一朵云生谷，成团雪堕空。皎然无异色，翻与众牛同。

已白仍回黑，还君自在牛。乱山闲放去，千古更无忧。赫赫当中日，腾腾不系舟。超然凡圣外，谁敢向前收。

安州圆明寺着禅师（四首）

广照空有

广照双非妙体融，百千沙界一心中。有情有取真还滞，无念无求事未通。远峤青松音历历，长天白日印空空。分明独露如何说，春至桃花依旧红。

离微体净

离微体净妙心宗,此体凝然窅莫穷。绝相绝名三界外,同尘同境四生中。堂堂真有元非有,荡荡玄空本不空。一点灵源何所示,夜来夜桧起清风。

本际虚玄

本际虚玄妙绝伦。无方应用体全真,圆明似日周沙界,清净如空遍色尘。鹤唳岩松迎暖日,莺鸣谷口送残春。游人到此堪回首,休更寻源去问津。

宗本义旨

宗本兼条玄义赊,朔风吹断暮烟霞。只因五性穷无异,致使三乘见有差。迷去尽同云里月,悟来方信眼中花。虽然语路分迷悟,法界明明共一家。

润州金山瑞新禅师(四首)

从真起妄

法身三际不留踪,三际还将实相同。一念忽生真性内,片云来点太虚中。

灭妄归真

从真起妄有三缘，缘境门门本寂然。云灭推寻无内外，岂言风雨暗山川。

真妄不二

大千国土一沤中，沤体观来与水同。水若真空无万法，须知万法是真空。

真妄不存

病在咸希药有灵，病消休诧药如神。德天黑暗同魔佛，真妄宁存有智人。

剑门关慈云重谥禅师（一首）

衣中宝

衣中宝，衣中宝，历劫随我是处到。今日辉光出衣中，炟赫分明当古道。真空藏，光杲杲，此宝居中绝世好。三贤十圣尽同途，拊掌齐声相告报。穷子晓珠在醉衣，龙女成佛年不老。应受用，得自在，大千沙界常不昧。十字街头婆子家，光明迸出破布袋。

福州法海明慧禅师(十首)

迷

底事朝朝宛似痴，镜中眉面却生疑。长衢走遍狂初歇，门掩春风不语时。

妄

劳生扰扰汩天真，终日忙忙趣妄因。流浪此时遮海水，更疑东海起红尘。

意

意存诸见理还迷，满眼空花不露枝。空果未成心未息，一狐疑了一狐疑。

识

根根分别众尘蒙，暗逐光阴去莫同。好个顶门无入处，青山流水谩相通。

情

去去来来浑未知，几番回首忍分离。长桥野店猿啼后，一过秋风一雨时。

想

日夜猜疑暗动时，百年行处尔尝知。春花未折香犹在，蝴蝶双双绕旧枝。

智

智明千古号灵通，日日都忘决断功。天地水云俱是眼，四园松竹起清风。

慧

慧光临照勿高低，向此都无一法迷。多谢东君漏消息，满园春色鹧鸪啼。

觉

根境识三都了了，了空空外亦无非。沧江万里山重叠，一片孤云自在飞。

悟

悟尽凡心截众疑，此心能有几人知。当时只道花拈去，今日依前红满枝。

随州大洪山恩禅师（四首）

声

枯木龙吟大地秋，最初一句谩轻酬。少林山叟笑无语，静听松风暗点头。

色

极目寥寥绝谓情，十方尘刹共澄明。石城山下无根草，一度春来一度青。

无价香歌

我祖无价香，调和匪今日。万种同收薝卜林，九炼须是波罗蜜。名兮实兮绝真妄，知兮见兮何得失。说牛头，言象藏，优昙末利多般状。天人善应获圆通，鬼神正受成无上。奇哉戒定烧涂丸，利乐群生法界宽。为云为台相可睹，应根应器谁能观。此歌妙通香积国，端的开熏须断惑。

德藏门开慧炬然,清风散去有何极。

还乡谣

任落魄,任落魄,生老病死已是错。五常三宝使精魄,一性六根弄轻薄。遇缘生,欲若缚,尽是无名不着度。只知烟带系虚空,不觉光明出楼阁。休已休,作无作,只么随缘心已乐。还乡一路报人知,独驾白牛离绳索。廓然无限清风生,不劳天地为棺椁。

上皇帝书

七月十五日，法云寺住持传法佛国禅师，（臣）惟白谨昧死上书皇帝陛下。

（臣）闻天地崇高博厚，所以覆载万物也；日月丽明而腾照，所以辉华万方也；孔孟本仁而祖义，所以教养万俗也；佛祖运智而含悲，所以开觉万有也。若此四者，古今罕有齐其功者也。

恭惟皇帝陛下，德普天地，明逾日月，道超孔孟，性侔佛祖。自丕承大业，一日而天下归仁。儒释道俗，草木禽鱼，霈然沾其大恩大泽。沿古抵今，未有如陛下能齐其功也。（臣）缁林一草芥耳，两岁中三遇陛下诏阐宗风，实千载一时之幸会。（臣）所以扪膺忖心，将何以报。（臣）定外窃观，真宗皇帝践祚，改元景德，吴中僧道原集禅门宗师心要语句三十卷进上，蒙诏翰林学士杨亿为序，是曰《景德传灯录》。仁宗皇帝践祚，改元天圣，驸马都尉李遵勖亦集禅门宗师心要语句三十卷进上，蒙御制序文，是曰《天圣广灯录》。皆敕随大藏，传布天下。开悟机器者，数如河沙。然妙道虽不以言，须假言而显于妙道也。自天圣至今，将八十年，未有集录者。（臣）今遇陛下践祚改元，谨集禅门宗师心要语句三十卷，目为《建中靖国续灯录》，昧死上进，伏望陛下特降朝廷，依《传灯》《广灯》录例，赐序文，下印经院，编入大藏目录，随藏流行。使佛焰祖焰光明而无尽，则陛下圣祚国祚绵远而何穷也。

（臣）尝思元丰五年，岁在壬戌。朝廷无事，瑞应有感。海宇肃清，边陲静息。是时，神宗皇帝宴然无为，留神禅悦，建法云禅宇，诏圆通禅师法秀开阐宗风，招延禅众。实陛下诞圣之年。若此兴崇，良有以也。（臣）今所以区区集斯语要，少赞陛下金轮垂裳，佛行仁慈之化，而报神宗皇帝创禅林莫大之恩也。（臣）窃原国朝祖宗已来，以圣继圣，未尝不以佛祖妙道资以周孔仁义而化成天下也。所以圣人之事，必待圣人而后可行。无上法印，今日正赖陛下不忘佛嘱，以永传布。则（臣）死生之大幸，天下禅门之大幸。所有《建中靖国续灯录》三十卷，目录三卷，随书昧死上进，干黩冕旒。（臣）无任瞻天望圣，激切屏营之至。（臣）惟白诚惶诚恐，昧死谨言。

上皇帝劄子

（臣）今有法云寺住持传法佛国禅师惟白投书于臣，乞臣缴进所集《建中靖国续灯录》三十卷，并上皇帝书一封。（臣）窃考惟白所集，其例甚著，其名甚美，其利甚博，其报尤深。例之著，引真宗践祚改元而有《景德传灯录》，仁宗践祚改元而有《天圣广灯录》，皆熙朝盛典，例之著也。名之美者，夫灯续则传，灯续则广；传之与广，具在续灯；相续无尽，名之美也。利之博者，凡四十八世，千七百余人，使悟机器者，当数如河沙，天下受其赐，利之博也。报之深者，其大意率以密严睿算，幽赞皇图，追报先帝为本，潜心为国，报之深也。

（臣）亦自念，元丰初年，寖被先帝道德之泽，祈创禅林于辇下。时岁在壬戌，适丁上圣挺生之期。先帝留神曲成，赐法云之名，有请皆从。至于诏选传法名僧，来学者常逾数百，上资宝祚，代不乏人。今惟白之住持，次当第三，而际会风云，翱翔宫禁；独陞猊座，三对龙颜；海潮之音，师子之吼；人天响震，佛祖光生。且谓知恩报恩，莫如佛法。佛法之要，其在祖灯。佛焰祖灯，既光明而无尽，则帝龄国祚，将绵远而何穷。欲报之心，大率类此。

（臣）又恭睹仁宗皇帝“御制广灯录序”有云：“法云滋荫。”又云：“续千灯而罔穷。”岂非先有所开，嘱有所在。乃至以神功而畅真谛，真宗皇帝以稽古而绎宗风。神宗皇帝阅意最深,储精益专,以大明而研性理,此盖国家以圣继圣,兼资妙道,化成天下之遗则也。恭惟陛下,道自生知,性由天纵;聪文日益,圣学渊深;孝述祖宗,必留宸念。(臣)儒术之暇,粗探禅诠。惟最上乘,乃第一义。不立文字,岂践阶梯。直拄箭锋,旁加鞭影。投针非妙,掣电犹迟。道固无言,因言显道。道既显矣,悟之者多。

今惟白所集之文,盖教外别传之旨。近标契理之句,广引发光之机;详其笔削之公,审其论撰之密。包举八十年之知识,缉熙千万偈之因缘。苟非其人,孰能与此。何但有大功阙典,诚为岂小补于明时。其所集录,并所上书,臣今未敢便行缴进,欲望圣慈,特赐宣取。恭愿陛下,时忘万机,游意法乐,暂垂圣览。如有可辨,乞降朝廷,依《传灯录》等例,赐序入藏,流布天下。取进止。七月十五日集庆军节度观察留后驸马都尉臣张敦礼劄子。

付受次第

七月十五日，通进司投进劄子。当日蒙差阁子下杨太保日言传圣旨，就寺宣取《建中靖国续灯录》并上皇帝书，佛国禅师望阙跪进。续蒙差阁子下黄太保勉传圣旨，承受入内，上进御前。至八月二十六日，蒙圣恩差降中使阁子下李太保敏奉圣旨，就张敦礼宅，诏法云寺住持佛国禅师惟白，赐《建中靖国续灯录》三十卷，目录三卷，仍赐"御制御书序"一轴，销金复帕等。公主望关受赐，仍与阖寺大众等，迎引入寺，就法堂供养奉安讫。即时升座，举扬般若；称谢圣恩，祀严圣寿。寻具语续并谢恩表，附中使李太保赍入内，进呈是日《佛国禅师升堂语录》。

师登座，拈香云："佛祖相传，经无量劫，龙天护祐，遂有今时。若也圣贤嗅着，品类闻知，三十四心断结，五分法身顿圆。如今拈出，焚向炉中。伏愿皇帝陛下，道高尧舜，德迈羲轩。七十二峰耸为寿岳，百千巨海流贯福河。"次拈香云："伏愿中宫皇后、皇太妃、两宫皇后、皇太子、诸王天眷，懋肃宫闱，声高启颂，崇显三宝，永赞万机。"便敷坐。

问："帝泽霶流御制文，显扬祖道赐禅门。续灯从此传千古，师将何法报皇恩？"师云："高提法印归皇化，大续真灯助帝明。"僧曰："若然者，今佛一言光古佛，开发九州禅悦心也。"师云："只将一滴曹溪水，四海为霖报我皇。"僧曰："可谓是字字燕金满目，言言赵璧盈山。"师云："只道得一半。"僧曰:"遮一半请禅师道。"师云:"龙章并凤藻,玉画与金钩。"僧曰:"箭锋相拄禅家用,鞭影齐施又若何?"师云:"皇帝道了。"僧曰:"恁么则少室因兹增道价,法云堂上转光辉。"师云:"知恩报恩。"

问:"承师有言:'唯凭一滴曹溪水,四海为霖报我皇。'只如帝恩已降,祖道重彰,如何即是?"师云:"三十年来,罕逢此问。"僧曰:"过去灯明佛,本光瑞如此。"师云:"龙出洞时云片片,凤栖梧处叶青青。"

问:"承皇帝序云:'直指性宗,单传心印。'可得于眉睫,可荐于言前。如何是直指性宗底句?"师云:"作家。君王方恁么道。"僧曰:"廓然全露真消息,恭览今朝御制文。"师云:"一言妙契寰中旨,千古淳风特地清。"

问:"四海禅宗,今朝光显。学人上来,请师举唱。"师云:"静为天地本,动合圣贤心。"僧曰:"雷音一剖乾坤肃,御笔才挥万象明。"师云:"五云生岳顶,一气镇寰中。"僧曰:"寒松露滴澄潭月,秋菊新开万蕊香。"师云:"知时别宜。"

问:"御书新降,帝泽初沾。正当此时,请师说法。"师云:"圣文轻世宝,宸笔带天香。"僧曰:"祖焰续时光灿灿,觉花开处叶重重。"师云:"不妨道着。"

问:"清焚一炷玉炉烟,上祝吾皇寿万千。佛祖灯从此盛，请师高唱太平年。”师云：“禅林生瑞气，梵刹起祥云。”僧曰：“祝圣一句又作么生？”师云：“近闻南岳僧来说，融顶万年松倍高。”

师乃云：“佛心量廓，明明洞照于十方。祖意渊冲，杳杳冥通于三际。少室而花开万朵，鹫峰而焰列千灯。芬馥满于寰区，光华彻于沙界。或调根而授法，或疏派以凿源。耸干垂枝，腾光潜耀。统归于一致，分立于五宗。所以天台智者，指以一心，通乎三观。莲华谈于一妙，薰风尽于九旬。文句交罗，法性澄湛。作两朝之师表，为千古之规模。贤首国师趣举一毫，七处九会齐彰；剖折一尘，百门万行备足；圆融具德相包容，启顿初心，便成正觉。慈恩法主，宝剑垂袖，悟彻于一心；援笔临文，疏成于百本，六释义而广明；三无性以澄辩，橐籥人天，笙簧宗教。南山律师，具三千威仪，持八万细行，演十诵妙旨；唱五分律文，洞晓开遮，深明轨范；布三番之羯磨，作四果之初因。王臣瞻依，天人侍卫。达磨祖师单传佛印，直指人心。自悟自明，自通自证。潜光资于实行，密旨契于宗风。十圣那知，三贤罔测。

“若临机而大用，固不拘于小慈。抬眸则青嶂千重，拟思则白云万顷。全体分付，觌面相呈。德山一棒，则血溅星飞。临济一喝，则风生霞散。云门顾鉴，分明函盖乾坤。雪岭提撕，便见光辉日月。赵州柏翠，灵云桃花。拂握龟毛，头头指示。杖横兔角，物物全提。轮动般若神锋，八万宁静。磨砻智慧宝剑，四海宴清。迥超心识之端，透出语言之表。由斯性海明珠，光光而满目。形山大宝，涌涌而现前。放去全机，拈来受用。然虽如是，正当今日。如是话会,窃思佛法付授国王,嘱以威德护持,使之流布沙界。

“恭惟皇帝陛下,聪明文思,为三千大千之尊;睿哲英謀,作百亿四洲之主。是真菩萨,现为明君,故能顿悟佛心,顿明祖意;顿圆知见,顿彻性源。运大等慈,不忘授记。降圣文于觉苑,洒宸翰于禅河。诏行《续灯》,助明国祚。非谓释门一时之幸,实为禅宗万古之光。瞻望天庭,不胜感荷。以此举扬,上延睿算,伏愿皇帝陛下,智若日月灯佛,洞照大千;寿如山海慧王,永延长劫。”

师复云:“恭承圣序云:‘箭锋相拄,鞭影齐施。直指性宗,单传心印。可得于眉睫,可荐于言前。’诸禅德,若此消息出在威音王佛已前,超过释迦老子一着。明眼高人,同为证明,伏惟珍重。”

恭发愿文

越国大长公主妾、集庆军节度观察留后上柱国驸马都尉臣张敦礼，偕发虔诚，严备己俸，谨就杭州选工，镂板摹印《建中靖国续灯录》三十卷，目录三卷，以“御制序”冠其首，以臣惟白“上皇帝书”、臣敦礼“上皇帝劄子”并蒙恩“付受节次”录附于后，流布天下。所集胜利，并为上赞皇图，祝严圣寿，永永万年，无穷无尽。法界有情，同沾般若正因，共获金刚种智。

建中靖国元年十月　天宁节日臣张敦礼恭题